인류학자가 들려주는

산티아고
순례 이야기

인류학자가 들려주는
산티아고
순례 이야기

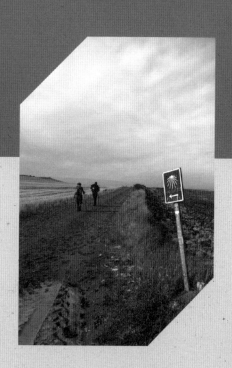

낸시 루이즈 프레이 Nancy Louise Frey
강대훈 옮김

황소걸음
Slow & Steady

일러두기

1. 산티아고 순례에서 숭배되는 성인은 성 야고보입니다. 지은이는 인용 문헌이나 문맥, 정보 제공자의 국적에 따라 성 제임스, 산티아고, 성 야고보, 생 자크 등 명칭을 섞어 씁니다. 이 책에서는 우리말 성서에 통용되는 '성 야고보'를 기본으로 하고, 문맥에 따라 '산티아고'로 옮겼습니다.

2. 지은이는 따로 인용하지 않았지만, 책의 구성이나 각 장의 제목은 T. S. 엘리엇이 쓴 〈네 개의 사중주Four Quartets〉 속 유명한 시구에서 따온 듯합니다.

We shall not cease from exploration	우리의 탐험은 멈추지 않을 것이다
And the end of all our exploring	우리의 모든 탐험의 끝은
Will be to arrive where we started	우리가 출발했던 그곳에 도착하는 것이다
And know the place for the first time.	하여 처음으로 그곳을 알게 되리

3. 지은이 주는 미주[1]로, 옮긴이 주는 각주[*]로 처리했습니다.

4. 본문에 나오는 성경 구절, 관련 인명과 지명 표기는 공동번역성서(대한성서공회, 1999)를 참조했습니다.

내
인생의
기쁨을
위하여

길 위의 민족지

이 책은 우리에게도 유명한 순례 길, 카미노데산티아고에 관한 민족지다. 인류학자인 지은이는 카미노를 여러 번 순례하고, 1년 이상 자원봉사자로 현지에 머무르며 민족지적 조사를 수행했다. 우리는 이 책에서 카미노를 걸은 다양한 순례자의 경험을 생생한 육성으로 접할 수 있다. 사람들은 왜 순례를 떠나며, 어떤 목표와 동기를 가지고 카미노로 오는가? 순례 중에 맞닥뜨리는 기쁨과 시련, 고민은 무엇이고, 순례 경험은 집으로 돌아간 뒤 그들의 삶에 어떤 변화를 가져오는가?

카미노 순례가 귀향한 뒤의 삶에 미친 영향을 추적·조사한 8장은 이 책의 압권이다. 어떤 의미에서 이 책은 '사람은 언제, 어떤 계기로 변하는가?'라는 오래된 물음에 대한 탐구다. 누구

나 알듯이, 사람의 깊숙한 내면까지 변화시키는 사건은 드물다. 인간은 쉽게 변하지 않는다. 어떤 시대나 문화도 이 어려움을 안 듯한데, 여러 전통 사회의 통과의례가 종종 입사자를 위험하리만치 연약한 상태로 밀어 넣고 종종 가혹한 경험을 부과한 것도 그 때문이리라.

  낸시 루이즈 프레이는 '카미노 순례'라는 희귀한 경험이 귀국한 뒤 일상과 어떻게 충돌하며, 순례 경험자가 카미노의 현실과 일상의 현실을 화해하려고 어떤 고충을 겪는지 여러 해에 걸쳐 추적한다. 어떤 경험은 우리를 어제와 다른 사람으로 만든다. 카미노 순례가 사람을 변화시킨다면 그 변화는 어디서 오는가? 어떤 이는 순례한 뒤에 다른 사람이 되고, 어떤 이는 그대로 남는 까닭이 무엇인가?

  어떤 독자는 책장을 덮은 뒤 당장 스페인으로 날아가 카미노를 걷고 싶은 충동을 느낄지도 모르겠다. 굳이 순례가 아니더라도 이 책이 살면서 맞닥뜨리는 결정적 경험이나 변화에 대해 생각할 수 있는 작은 계기가 되었으면 좋겠다.

파리에서 강대훈

차례

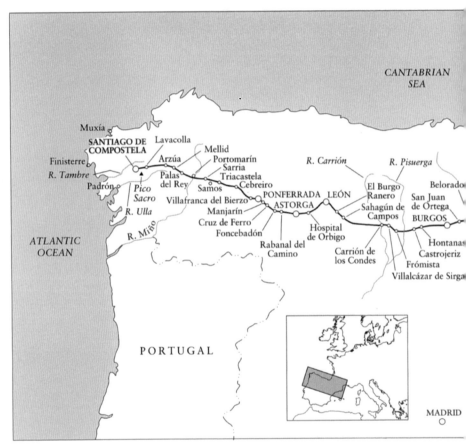

성 야고보의 길(엘카미노데산티아고)

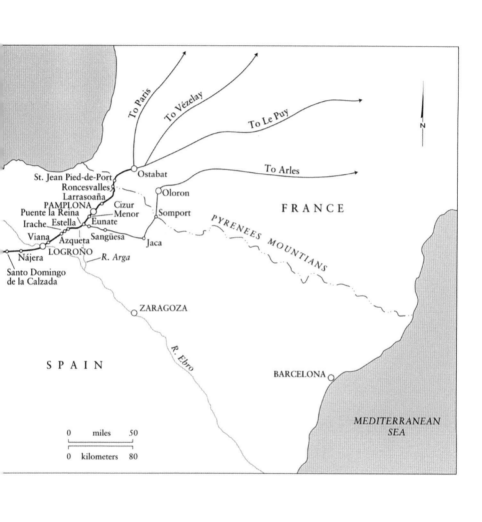

서문_ 종점에 도착하기

© 문진웅

멈춰야겠다고 생각할 틈도 없이,

앨리스는 자신이 깊은 우물 속으로 떨어지고 있음을 깨달았다.

_ 루이스 캐럴(Lewis Carroll), 《이상한 나라의 앨리스(Alice's Adventures in Wonderland)》에서

산티아고데콤포스텔라 시의 장엄한 오브라도이로광장에 발을 디뎠을 때, 나는 순례가 중세와 더불어 사라지기는커녕 여전히 건재하다는 사실에 놀랐다. 역사적 과거와 현재를 모두 자기 안에 체현한 현대의 순례자들이 거기 있었다. 그들의 배낭과 자전거에는 가리비 껍데기가 달렸고, 많은 이들이 순례자 지팡이를 들었다. 광장은 순례자로 가득했다. 어떤 이들은 혼자고, 어떤 이들은 단체 순례자다. 나이와 국적도 다양하다. 어떤 이들은 목적지가 있는 듯했고, 어떤 이들은 자신 속에 침잠했다. 긴 순례로 그을린 얼굴에는 기쁨과 눈물, 실망과 피로가 가득했다. 그들은 광장의 살아 있는 풍경 속에 완벽하게 동화된 듯 보였다. 가끔 투어 버스가 도착하면 중년 남녀들이 광장을 가로질러 대성당의 이중 계단을 향해 걸어갔다. 화강암 계단 아래는 여자 서너 명이 팔에 액막이 은 부적을 차고 기념품을 들고 섰다. 옛 대학생 합창단원들은 검은 망토를 휘날리며 버스킹을 한다. 광장 중앙에는 10대 열 명쯤이 배낭과 지팡이에 앉아 쉰다. 핸들에 가리비 껍데기를 매단 자전거 여행자 두 명은 광장 가운데서 산티아고데콤포스텔라대성당(이하 산티아고대성당)의 바로크 파사드를 쳐

오브라도이로광장과 산티아고대성당, 산티아고데콤포스텔라 시

다보다가 서로 껴안았다. 그들 옆으로 회사원처럼 보이는 이들이 지나갔다. 가끔 검은 사제복을 입은 사제나 수녀도 지나갔다. 성당의 종소리와 감미로운 플루트 선율이 고풍스런 포석 위, 광장의 대기를 가득 채웠다.

화강암 벤치에서 이 광경을 음미할 때, 카메라를 든 젊은 여자가 대성당을 배경으로 자신과 남자 친구의 사진을 찍어달라고 부탁했다. 나는 그녀의 가리비 껍데기 목걸이를 보고 순례자인지 물었다. 그들은 웃으며 고개를 끄덕였다. 스페인과 프랑스 국경에 위치한 론세스바예스Roncesvalles에서 출발해 한 달간 750킬로미터를 걸어 산티아고로 왔다고 했다. 나는 도착하니 기분이 어떠냐고 물었다. 그들은 여행이 끝나서 실망스럽다고 대답했다. 둘 모두 건강에 문제가 없고, 내년에 다시 오고 싶다고 말했다. 몇 분간 대화가 이어지다 그들이 가야 한다고 말했다. 어디로 가느냐고 묻자 "대성당"이라고 대답했다. 같이 가실래요? 현대 순례에 점점 커져가는 호기심을 느끼면서 그러겠다고 말했다. 그들은 가뿐하게 배낭을 메고 광장을 가로질렀다. 신혼여행 중이라고 했다. 예전에 각자 카미노를 걸었지만, 카미노의 아름다운 자연과 사람들을 만나며 둘의 인연을 더 견고히 하고 싶었단다. 왠지 조금 당황스러웠다.

대성당에서 순례자 정오 미사가 시작되었다. 우리는 의자에 앉았다. 젊은 여자는 누군가와 눈이 마주쳤고, 그들은 환하게 웃으며 손을 흔들었다. 미사에는 다른 순례자들이 스무 명 남짓 있었다. 거대한 기둥 아래 놓인 배낭은 장의자를 가득 채운 10대들의 것인 듯했다. 장의자에는 나이 지긋한 북유럽인도 있었다. 희끗희끗한 머리, 폴리프로필렌 재질의 의복, 밝은 피부색. 주위의 것들이 온통 정신을 사로잡아 미사에 집중할 수 없었다. 미사가 끝나고는 성당 남쪽 문을 가로질러 분수 광장으로 갔다. 그 젊은 커플은 거기서 몇몇 동료를 만났다. 그리고 아쉬워하면서 작별 인사를 했다. 그들은 순례 완료 증서(그들의 설명에 따르면, 순례 완료를 인정하는 대성당의 증명서)를 받은 다음 서둘러 기차역으로 떠났다. 둘 모두 이튿날 아침이면 바르셀로나에서 출근해야 했다.

　그러고 나서 도보 순례자 두 명이 나를 순례자 식사에 초대했다. 싸고 푸짐한 식사로 유명한 카사마뇰로Casa Manolo의 점심이다. 같이 걸으면서 그들이 내 질문에 얼마나 열린 마음으로 답하는지 깨닫고 놀랐다. 그들은 거리낌이 없었다. 한 명은 자신의 여행 이야기를 진지하게 들려주고 싶은 눈치였다. 그는 두 달 전 설명할 수 없는 상실감 속에서, 걷다 보면 뭔가 분명해지리라는 희망을 품고 남부 독일을 떠나 걷기 시작했다. 일생에 한 번 있을 중요한 여행을 마친 뒤에도 그는 귀국을 걱정했다. 한편 그의 동료인 바스크 남자는 에너지가 넘치고, 빨리 집으로 돌아가고 싶어 했다. 그 이유를 묻지 못했는데, 곧 우리가 식당에 도착해서 그들의 카미노 동료(스페인과 영국 남자, 네덜란드 여자)와 합류했기 때문이다.

　기억에 남는 식사다. 순례자들은 영어와 스페인어로 끝없는 이야기를 쏟아냈다. 바스크 남자는 원래 친구와 출발했지만, 친구가 심각한 건염에 걸려 부르고스Burgos*에서 멈춰야 했다. 거기서 그는 독일인 친구를 만났다. 같은 순례 루트를 걸었지만, 같은 사건을 다르게 겪은 덕에 테이블은 논쟁과 웃음으로 가득했다. 그들은 길 위에 있던 다른 이들의 소식을 물었다. 당나귀를 타고 가던 프랑스인은 어떻게 됐나? 그 남자는 코골이가 심한지, 모두가 한 주 전 세브레이로에서 잠을 설친 일을 회상했다. 일행 중 두 명은 순례를 멈추지 않고 다음 날 버스로 중세 때 세계의 끝으로 간주된 피니스테레Finisterre 해안으로 간다고 했다. 그들은 모두 우연히 만났다. 혼자 출발했지만 걸으면서 친구가 되었다. 나는 그들의 이야기를 거의 듣기만 했다. 순례자 미사에서는 모두 가톨릭 신자 같았지만, 누군가 카미노는 모두의 길이며 개인의 신앙은 중요치 않다고 말했다. 나는 그 '순례자' 일원이 아니지만 거기 속하고 싶었다. 그래서 이듬해 여름에 배낭을 메고 미국인 교수 두 명, 학생 다섯 명과 카미노로 떠났다. 우리는 750킬로미터를 걸었다. 그리고 1994년에는 인류학 박사 학위논문을 쓰려고 다시 카미노로 와서 13개월 동안 현지 조사를 했다.[1]

현재 카미노의 복잡한 상황에서는 전통적 의미의 '순례'나 '순례자' 범주가 큰 의미가 없어 보인다. 영어권에서 보통 이 단어는 종교적 여행, 신앙, 독실한 구도자 등과 결부된다. 미국인이라면 메이플라워호의 항해를 재현하는 추수감사절 학예회가 떠

---

* 카미노 순례 루트에 위치한 스페인 북부 도시.

오를지 모른다. 순례 개념을 둘러싼 혼란이 북아메리카 대륙만
의 일은 아니다. 예를 들어 한 이탈리아 여성은 산티아고로 출발
하기 전, 산티아고데콤포스텔라가 프랑스 남서부의 치유 성지인
루르드Lourdes와 다를 게 없다는 말을 들었다. 그녀는 카미노에
'비와 종교rain and religion'가 있을 거라고 믿었기에 그 무디고 부정
확한 비교에 놀랐다.* [2] 산티아고 순례는 죄와 용서, 구원이라는
가톨릭 교리에 뿌리를 두며, 이런 요소는 지금도 변용된 채 유지
된다. 그러나 카미노는 초월적 영성, 관광, 육체적 모험, 과거에
대한 향수, 애도의 장소, 비교祕敎적 입사入社, initiation와도 연관된
곳이다. 무엇보다 자연과 합일, 휴가, 일상의 탈출, 자아와 인류
를 찾아가는 영성의 길, 사회적 친목, 개인적 시험의 장이다. 이
모든 것이 순례로 '치러지고' '행해진다면' 오늘날 순례는 무엇을
의미하는가? 카미노 순례는 이 모든 이질적 요소를 품은 듯하다. [3]

발견의 길

카미노데산티아고는 유럽 전역으로 뻗은 여러 길의 네트워크
다. 그 가운데 많은 루트가 로마 시대부터 존재했다. 순례자들은

* 　미국 시인 제프 건디(Jeff Gundy)의 시 〈비와 종교에 대한 명상Contemplation on rain
and religion〉에서 따온 구절로 보인다. '나는 화창한 날에 신을 더 찬미했다'로 시작하는 시
로, 여기서 '비'는 시련의 은유다. 같은 순례 성지라도 장거리 도보 순례의 종점인 산티아고와
자동차나 기차로 짧게 방문하는 루르드를 비교할 수 없다는 의미다.

11세기부터 산티아고데콤포스텔라에 가기 위해 주기적으로 그 길들을 지났다.[4] 카미노는 산티아고로 향하는 다양한 역사적 순례 루트로 구성된다. 먼저 카미노잉글레camino inglés(영국인의 길)는 배를 타고 라코루냐La Coruña*에 도착한 영국 순례자들이 걷던 길이다. 카미노포르투게camino portugués(포르투갈인의 길)는 북진하는 길이고, 비아데라플라타vía de la plata(은의 길)는 이베리아반도 남부와 중부 순례자들이 아스토르가Astorga**에서 카미노프란세스camino francés(프랑스인/프랑크족의 길)와 합류하기 위해 이용하던 길이다.

현재 '카미노'는 보통 카미노프란세스를 지칭한다. 예나 지금이나 순례자 보호소(병원), 도시, 수도원, 은자 주거지, 성당 등 기반 시설이 가장 잘 갖춰졌기 때문이다. 중세 초기에 순례는 지배층이 장려한 기독교 세계의 인구 재배치에 중요한 역할을 했다. 자국 영토에 대한 지배력을 강화하려던 나바라, 카스티야, 갈리시아***의 왕이나 개혁 수도회를 피레네산맥 남부로 확장하려던 교회 지배층이 순례에 관심을 보였다. 그 결과 상인과 장인(특히 프랑크족)이 다시 정착했고, 마을과 다리, 도로 등 방대한 기반 시설, 로마네스크****와 고딕 성당 건축이 발전했다. 스페인 중세 미술, 문학, 음악, 건축의 많은 요소는 동시대 프랑크 문화의 영향을 받았다(그 반대도 마찬가지다). 이 예술적 교류는 대부분 13세

---

* 스페인 서북부의 항구도시.
** 스페인 북서부, 레온 주의 내륙 도시.
*** 셋 모두 중세에 프랑스 남서부와 스페인 북부에 걸쳐 있던 왕국.
**** 10~12세기 서유럽에서 유행한 미술 양식.

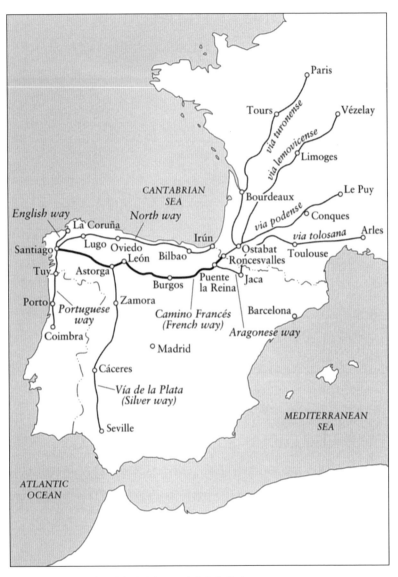

이베리아반도와 프랑스에서 산티아고로 이어진 순례 루트

기경부터 유럽 전역을 이어준 잘 닦인 순례 루트와 교역로를 통해 나타났다. 이 루트와 칸타브리아 해변을 따라 이어진 카미노 델노르테camino del norte(북쪽의 길)가 유럽의 여러 순례자를 산티아고로 데려다주었다. 프랑스 루트 네 개(파리, 베즐레, 아를, 르퓌Le Puy) 중 하나를 경유해 유럽 내륙을 가로지르면 순례자는 자연적 경계인 피레네산맥에 도착했다.[5]

카미노프란세스는 20세기 후반에도 12세기처럼 론세스바예스 길과 송포르Somport 길을 통해 스페인으로 들어간다. 두 길은 푸엔테라레이나Puente la Reina에서 만나 매혹적인 중세의 석조 다리를 통과해 스페인의 다양한 전원 지대를 가로지른다. 순례자는 피레네산맥의 완만한 산부터 초목 지대, 굽이치는 나바라의 언덕, 황소축제가 열리는 팜플로나Pamplona 거리, 라리오하La Rioja의 유명한 포도밭, 자연림과 부르고스 외곽의 고대 주거지를 지나친다. 그리고 너른 밀밭이 펼쳐진 황량한 카스티야 평원(메세타meseta)을 통과해 갈리시아를 에워싼 완만한 산과 마주친다. 끝으로 푸른 유칼립투스가 늘어선 산길을 지나 산티아고에 닿는다. 카미노는 큰 도시와 마을도 지나는데, 그 도시의 역사는 카미노 순례 루트의 역사와 맞물렸다. 카미노의 순례 루트는 대부분 탁 트인 전원 지대의 비포장도로인데, 이는 현대 순례자들이 원하는 것이기도 하다.

나는 20세기 순례의 부활을 연구하면서 위의 역사적 사실이 중요함을 깨달았다. 현대 순례자는 종종 산티아고로 먼저 걸어간 중세 순례자와 같은 길을 걷고, 그들과 같은 경험을 하길 원한다. 산티아고 순례자는 여정과 산티아고에 도달하는 방식을 중시한다. 이 놀라운 사실이 포르투갈 파티마나 프랑스 루르드 같은 유럽의 성지와 큰 차이점이다. 파티마나 루르드는 성모에게 바쳐진 공간이며, 순례자의 중요한 의례도 성지에서 치러진다. 이 경우 보통 순례자의 교통수단이나 이동 방식은 그리 중요치 않다. 그러나 산티아고 순례에서는 대부분 중산층에 백인이며 도시에 거주하는 유럽인 남녀가 도보나 자전거, 말을 타고 짧게는 한 주, 길게는 넉 달까지 순례한다. 현대의 산티아고 순례는 짧게 방문했다가 곧 떠나는 치유 성지와 달리 산티아고라는 도시에 국한되지 않으며, 오랜 신체적 여정과 내적(영적 · 개인적 · 종교적) 여정을 포함한다. 많은 경우 산티아고 순례는 참여자의 인생에서 중요한 경험이 된다. 순례자는 한 걸음 한 걸음(혹은 페달을 밟아가며) 그 길을 직접 느끼고 경험하길 원한다. 비가톨릭 신자, 불가지론자, 무신론자, 비술秘術적 지식을 찾는 이도 가톨릭 신자나 개신교 신자와 나란히 걷는다.

산티아고 순례는 1000년이 넘는 역사와 풍부한 기반 시설을 자랑한다. 그래서 산티아고 순례자는 샤를마뉴대제, 아시시의 성 프란체스코, 페르디난트 왕, 스페인의 이사벨 여왕 등이 포함된 비공식 순례자 사회의 일원이라는 공동체 의식이 생긴다. 성모 신앙을 기반으로 한 다른 가톨릭 성지는 이런 공동체 의식과 장기 순례를 위한 기반 시설이 없다. 카미노 순례가 얼마나 대중화 · 세속화되었는지 공표라도 하듯이 미국 여배우 셜리 매클레인Shirley Maclaine*은 1994년 공개적으로 카미노 도보 순례를 하고, 그 길을 걸은 유명인 목록에 이름을 올렸다(스페인 사람들은 내가 미국인이라고 하면 종종 그녀가 자기 마을에 다녀간 이야기를 했다). 프랑스의 루르드, 포르투갈의 파티마, 보스니아 헤르체코비나의 메주고리예 같은 성모 성지는 대부분 1850년 이후에 일어난 기적이나 성모 현현(가톨릭교회가 공식 인정한 성모마리아의 현세 방문. 하나 혹은 그 이상의 목격자가 있음)에 근거한다. 반면 산티아고 순례의 역사는 초기 기독교 시절까지 거슬러 올라간다.[6]

　1980년대부터 중세 자선 모델을 기반으로 자원봉사자가 운영하는 순례자 숙소refugios가 대대적으로 조성되어 순례자들이 저렴한 가격에 이용할 수 있다. 카미노 루트는 노란 화살표나 가리비 껍데기로 표시되며, 역사 명소 안내판도 마련되었다. 순례자는 순례자 여권이라 불리는 증서credential를 들고 다니며 매일 도장을 받는다. 산티아고대성당 사무소에서는 산티아고 순례를 완수했음을 증명하는 콤포스텔라Compostela 증서를 발급한다. 순례자는 순례 전후에 유럽 전역과 미국, 브라질에 있는 성야고보형제회나 카미노우호협회에 가입하기도 한다. 순례는 여행 결심과 더불어 시작되지만, 산티아고 도착과 더불어 종결되는 경우는 드물다.

---

*　미국의 배우이자 가수, 작가. 1984년 아카데미 여우 주연상을 수상했다.

스페인으로 가는 길

산티아고 순례의 기원은 여전히 수수께끼로 남았다. 이베리아반도의 북서부 오지가 어떻게 예루살렘에서 순교한 사도의 마지막 쉼터가 되었을까? 성경 외전의 구절을 제외하면 성 야고보가 이베리아에 발을 디뎠다는 증거는 없다. 그러나 12세기 무렵에는 성 야고보의 무덤을 방문하는 순례자가 로마나 예루살렘 순례자 숫자와 맞먹을 정도였다. 이 문제는 중세 유럽의 전설, 정치적 음모, 기독교 신앙의 난맥상과 얽혔다. 서기 1000년 이후 산티아고 순례는 빠르게 유명해져 기독교 세계 각지에서 모든 계급의 순례자가 열두제자 중 하나인 성 야고보를 참배하려고 모여들었다.[7]

제베대오의 아들 야고보는 예수의 네 번째 제자가 되기 전에 아버지, 동생 요한과 함께 갈릴래아호수에서 어부로 살았다. 하루는 그물을 고치는데 예수가 지나가다 야고보와 요한을 하느님에게로 불렀다. 그들은 그물을 버리고 성심껏 새 직무를 받아들였다. 예수가 그들을 보아네르게스Boanerges(천둥의 아들)라고 불렀다. 그들은 특별한 사도로서 예수의 산상 변모나 게쎄마니의 고뇌 같은 중요한 순간에도 등장한다. 총애 받은 제자들이라 대담하게도 영원히 예수의 왼편과 오른편에 앉게 해달라고 부탁했고, 무례한 태도 탓에 예수에게 겸손에 관한 뼈아픈 설교를 듣기도 했다. 〈사도행전〉에는 야고보의 때 이른 죽음이 기록되었다. 서기 44년 유대 왕 헤로데 아그리파가 그를 참수했다.[8]

그 시점부터 역사적 사실 대신 전설이 시작된다. 복음서 어디에도 이베리아나 야고보 사후에 대한 언급은 없다. 그러나 후기 문헌과 8~9세기 기록에는 예수가 전도를 위해 야고보를 서쪽 지방, 세계의 끝(피니스테레 갑)으로 보냈다는 내용이 나온다.[9] 야고보는 변변찮은 성과를 거두고 예루살렘으로 돌아왔다. 오는 도중 벽옥 기둥으로 유명한 사라고사의 에브로 강변에서 성모마리아가 현현했다. 그 현현은 야고보의 과업을 실제적·상징적으로 도와주었고, 필라르Pilar 성모 성지와 대중적인 성모 숭배를 낳았다.

야고보는 예루살렘에서 참수당한 뒤 이베리아반도로 돌아온다. 이 귀환이 훨씬 중요하다. 두 제자가 수습한 그의 유해(참수당한 머리를 포함해)는 돛도, 노도 없는 석조 배에 담겨 기적처럼 이베리아반도 북서부 해안에 도착한다.[10] 야고보의 신성한 유해와 그의 제자들이 탄 석조 배는 산티아고에서 16킬로미터 떨어진 파드론Padrón* 근처의 이리아Iria 강변에 정박한다. 이 여행에서 야고보의 첫 번째 기적이 일어나 그는 산티아고 순례의 주요 상징인 가리비 껍데기와 연관된다. "석조 배가 파드론 연안으로 접근하자, 해변에서 말을 타던 남자가 놀란 말 때문에 바다에 빠졌다. 그러나 남자와 말은 익사하지 않고 가리비 껍데기에 싸여 깊은 물 밑에서 다시 떠올랐다."[11] 그들은 (나중에 기독교로 개종한) 그 지역 이교도 여왕 루파Lupa에게 사도의 유해를 묻어도 좋다는 허락을 힘겹게 얻어냈다. 그 후 야고보의 유해는 오늘날 산티아고데

---

* 스페인 서북부의 해안 도시.

산티아고데콤포스텔라 라스플라테리아스(las Platerías) 광장의 화강암 벽 조각. 사도 야고보의 유해가 예루살렘에서 산티아고로 옮겨지는 장면과 익사할 뻔한 말 탄 남자의 전설이 새겨졌다. 가리비 껍데기와 함께 있는 기수(오른쪽 아래)와 작은 물고기(왼쪽)에 주목할 것.

콤포스텔라가 위치한 내륙 언덕으로 운반되었다.

산티아고의 무덤은 그 후 800년 가까이 잊혔다. 그러던 어느 날, 펠라요Pelayo라는 은둔 수사가 환한 빛(혹은 별)을 보았다. 자세히 보니 빛은 사도 야고보가 잠든 곳을 가리켰다. 콤포스텔라라는 명칭은 콤포스티움compostium(무덤) 혹은 캄푸스 스텔라campus stellae(별이 빛나는 들판)에서 유래했다고 알려졌다.[12] 펠라요는 테오도미로 주교에게 갔다. 주교는 조사에 착수했고, 아스투리아스왕국 알폰소 2세의 재정적 지원을 받아 그 장소에 성당을 지으라고 명했다. 그렇게 야고보는 순교 후 기적처럼 이베리아반도로 돌아와 스페인의 수호성인이 되었다. 이것이 교회와 국가의 권위가 제휴하고, 유럽 대륙의 가장 먼 곳에서도 신자를 불러 모을 1000년 순례의 시작이다.[13]

9세기 성 야고보 무덤의 재발견은 무어인에게서 이베리아반도를 탈환할 때 필요한 정치적·종교적 요구를 충족했다. 11~12세기 기독교 세계관에서 성물聖物의 중요성도 보여준다. 생전의 산티아고가 설교로 이루지 못한 과업이 9세기 산티아고 마타모로스Santiago Matamoros 혹은 카발레로(무어인 척살자)의 화신이 되면서 실현되었다. 그는 서기 844년, 클라비호Clavijo(스페인 리오하 지역)에서 라미로 1세 앞에 전설적으로 나타났다. 그 후 이슬람 군대에게 처음으로 결정적 승리를 거뒀다. 산티아고는 꿈속에서 라미로에게 계시했다 한다. "주 예수그리스도가 스페인을 보살펴 이교도의 손에서 건지려고 나를 스페인으로 보내셨으니, 너는 내일 내가 전장에 함께 있는 것을 보리라. 백마를 타고, 백기를 들고, 손에는 눈부시게 빛나는 검을 들고 있을 것이니라."[14] 그렇게 산티아고 마타모로스가 태어났다. 이베리아반도 탈환을 위한 다른 주요 전투에서도 그는 백마를 타고 나타났다. 그 후 산티아고 신앙은 스페인 남부로 전파되었다.[15] 무어인 척살자 산티아고의 이미지는 거의 스페인에서 발견된다. 이 이미지는 이베리아반도 탈환에 중요한 역할을 했고, 그 후 스페인 정치와 종교의 폭력적 국면에서 자주 등장하는 주제가 되었다.[16] 서기 997년, 알만소르Almanzor의 강력한 이슬람 군대가 갓 형성된 산티아고데콤포스텔라 시를 점령하고 완전히 파괴했다. 전설에 따르면 그들은 교회의 종을 코르도바Córdoba로 가져가 거꾸로 세우고, 이슬람교 사원의 램프로 사용했다. 무어인은 침략하긴 했어도 산맥 지형에 가로막힌 쌀쌀하고 고립된 스페인 북서부에 정착하지 않았다. 산티아고는 이베리아반도에서 이슬람 군대에 맞서(711~1492년) 기독교 군대를 통합하고 집결하는 이상적인 상징적 도구다.

콤포스텔라에 신성한 사도가 있다는 믿음은 스페인 남부에 기독교 신앙을 전파하고, 이베리아반도의 인구를 늘리는 데 기여했다. 궁극적으로는 1492년 스페인에서 비기독교도를 완전히 축출하는 데 기여했다. 10~11세기에 기독교 순례 성지로서 콤포스텔라의 위상이 확고해졌다. 이 무렵 아라곤, 나바라, 레온왕국 지배자들이 결혼, 군사적 동맹, 수도원 개혁을 통해 프랑스 왕이나 수도원장과 제휴하는 데 정치적 이익이 따른다는 것을 깨

무어인 척살자(Matamoros, 왼쪽)와 순례자(Peregrino, 오른쪽) 성 야고보

달았다. 클뤼니의 베네딕트회는 스페인에서 인기를 끌었고, 카미노 순례 루트에 위치한 여러 수도원에서도 베네딕트회의 영향이 발견된다. 그 외에 콤포스텔라의 명민한 주교 디에고 겔미레즈Diego Gelmírez의 탁월한 정치 수완 덕에 산티아고는 로마교황청과도 우호적 관계에 있었다.

다면적인 산티아고 이미지에서 발견되는 또 다른 특징은 산티아고 페레그리노Santiago Peregrino(순례자 성 야고보)다. 독특하게도 산티아고는 성화에서 자기 성지를 향해 가는 순례자로 그려진다.[17] 삼각 모자와 가리비 껍데기가 달린 긴 망토 차림에 순례자 지팡이와 물을 마시는 데 쓰는 조롱박, 작은 주머니를 들었다. 순례는 (때로 육체적 희생을 통한) 참회이며 죄의 용서와 영혼의 구원을 이뤄준다고 보는 세계관에서 번성했다.[18] 서기 1000년 이후 몇 세기 동안 신성한 존재(위계상으로 예수부터 성모마리아, 열두제자를 거쳐 여러 성인까지)의 성물이나 유해, 그들과 접촉한 신성한 물건이나 사람을 보고 만져서 참회할 수 있다고 여겨졌다. 이 성물에는 신성한 존재의 머리카락, 손, 발, 몸 등이 포함되며, 순례자는 성물을 만져서 신성성의 일부를 자신에게 옮겨 올 수 있었다. 그들은 성물과 신체적 접촉을 통해 신에게 조금이라도 다가가고자 했다. 가톨릭교회는 참회 순례를 제도화하고 성지 방문자를 속죄해주어 이 신앙을 독려했다. 돈과 여행 시간, 용기가 충분하면 누구나 사후의 구원을 약속받을 수 있었다. 이 세계관은 로마네스크에서 강조되었다. 로마네스크는 많은 문맹자 설교에 활용되어 '돌 속의 성서'라는 별칭을 얻기도 했다. 당시 성당 안팎의 조각과 프레스코는 죄인을 기다리는 공포, 선한 자를 위한 약속, 주로 신약성경에서 따온 장면을 생생하게 묘사한다. 유럽 전역의 순례 루트에서 광범위하게 발견되는 로마네스크와 그 후의 고딕 양식은 성인 숭배 의식을 고취하는 데 기여했다(순례 루트는 로마네스크가 최초의 세계적인 기독교 예술 양식으로 확산되는 데 핵심적 역할을 했다). 갈리시아에 예수의 중요한 제자 한 명이 나타났음이 확인되자, 산티아고데콤포스텔라와 그리로 가는 순례 루트의 성당 수백 곳, 그 안의 성물이 중세 순례자의 새로운 목적이 되었다. 1087년 이슬람이 점령해서 로마와 예루살렘 순례가 불가능해졌을 때는 중요한 대안 성지가 되기도 했다.

로마교황청의 지원에 힘입은 카미노의 초기 대중화는 활자 기록의 권위를 통해 더 공고해졌다. 산티아고의 위상을 높이려던 이들에게 기회는 빨리 찾아왔다. 교황 칼릭스투스 2세는 1122년, 산티아고 순례에 희년Jubilee의 지위를 부여해 산티아고 성지를 찾는 모든 순례자가 전대사全大赦를 받을 수 있게 했다.[19] 초기 기독교 세계에서 산티아고 숭배 확산에 결정적으로 기여한 것은 12세기《성 야고보의 서Liber Sancti Jacobi》출간이다. 거기 실린 소개 장은 교황 칼릭스투스 2세가 썼다고 여겨지며, 현재는《칼릭스티누스 고사본Codex Calixtinus》으로 불린다. 이 놀라운 텍스트는 5개 장으로 구성되며, 성 야고보 숭배의 역사와 음악, 예식, 유해의 이동에 대한 풍부한 자료를 담았다. 논란의 여지가 있으나 산티아고의 영향으로 샤를마뉴대제가 스페인 탈환에 성공했다는 이야기도 실렸다. 신기하게도 산티아고가 일으켰다는 22가지 기적(2장)은 산티아고 성지 바깥에서, 즉 그가 콤포스텔라로 오기 전이나 오는 도중에 일어났다. 이는 카미노 순례의 형성 초기부터 '길'이 중요했음을 말해준다.[20] 5장 '순례자 가이드'는 서방 기독교 세계 최초의 가이드북으로서, 지은이는 푸아투에 있는 파르트네-르-비유Parthenay-le-Vieux 수도원의 에메리 피코Aimery Picaud 수도사로 알려졌다. 이 가이드는 순례 루트와 그곳의 숙소, 유적, 성 유물, 풍경, 강, 주민은 물론 기본적인 바스크어와 12세기 프랑크왕국의 국수주의적 관점을 생생히 보여준다. 《성 야고보의 서》를 출간한 목적은 갈리시아의 산티아고 현현이 진실임을 알리고, 순례 성지로서 콤포스텔라의 중요성을 강조하며, 프랑스 클뤼니파의 교리를 순례 홍보와 연관 짓는 것인 듯하다.[21]

10~13세기에 산티아고로 가기는 쉽지 않았지만 순례는 번성했다. 당시 순례 루트는 위험하고 불안정했다. 늑대, 곰, 멧돼지 같은 동물과 질병 외에도 강도가 우글거렸다. 순례자는 지금과 달리 무리 지어 이동했다. 당시 부자 외에는 거의 짐이 없었고, 종교적 자선이나 보호소, 수도원의 구호품에 의지해 걸어갔다. 모든 계급에서 순례를 했지만 병자와 노인, 가난한 자가 대부분이었다. 중세 순례자도 지금처럼 다양한 동기에서 순례를 떠났다. 수백 년간 문맹자가 대부분이었을 과거 순례자의 순례 동기를 식별하기는 쉽지 않다. 그러나 (미래의 건강, 더 나은 삶에 대

한 희망과 기원을 포함해) 성 야고보에 대한 신앙이 가장 중요한 동기였을 것이다. 당시 사람들은 경미한 죄나 큰 범죄를 속죄하려고 순례를 떠났다. 법적 처벌도 순례로 대신할 수 있었다. 어떤 순례자는 호기심으로, 엄격한 사회규범에서 벗어나고자 모험을 떠났다.[22] 순례의 위상이 높아짐에 따라 왕래가 잦은 순례 루트 근처에서 한밑천 잡으려는 이들도 있었다. 순례 도중 사망 사고도 있었지만, 그런 죽음은 '하늘의 예루살렘'으로 가는 보증수표로 여겨졌다. 순례자는 언제 돌아올지 모르는 여정을 떠나면서 종종 친지와 친척을 뒤에 남겨두었다. 수백만 명이 산티아고와 성지의 효험을 믿고 다양한 위험을 무릅쓰며 콤포스텔라로 향했다. 그때의 순례도 지금과 마찬가지로 큰 모험이었다.

16세기 종교개혁 이후 산티아고 순례는 크게 위축되었다. 14세기부터 17세기에 쓰인 흥미로운 기록을 보면 순례자는 스페인 종교재판은 물론, 피레네 지역과 남프랑스에서 전쟁이 터졌을 때도 순례를 강행했다.[23] 그러나 종교개혁 이후 순례를 비판하는 글이 쓰이고, 순례자는 불신의 대상이 되었다.[24] 설상가상으로 1589년, 드레이크 대령이 산티아고 북부 해안에 도착한다는 소문이 퍼지면서 콤포스텔라의 성물이 소실(은닉)되었다. 그것들은 1879년, 대성당 발굴 작업 때 재발견되었다. 17세기에는 스페인 수호성인이 산티아고에서 신비주의 수녀 아빌라의 성 테레사Saint Teresa of Avila로 대체될 뻔했다. 19세기에도 산티아고 순례자 수가 크게 줄었지만, 명맥이 완전히 끊기지는 않았다. 감소 추세는 2차 세

계대전 후까지 이어졌다. 그 무렵 유럽인의 관심사는 공통의 과거를 통한 유럽의 재건이었기 때문이다.[25]

산티아고 되살리기

평생을 순례에 헌신한 고 엘리아스 발리냐 삼페드로Elías Valiña Sampedro 신부는 1986년에 카미노의 부활을 "이제 불붙어 아무도 멈출 수 없는 유럽의 사회현상"이라고 평가했다.[26] 사실이 그렇다. 카미노의 부활[27]은 유럽 역사에서 교회, 국가, 개인의 이해관계를 모두 만족시킬 수 있는 순간에 시작되었다. 이 과정은 종전 유럽의 정치적·사회적 경계가 무너지면서 촉진되었다. 1940년대 후반부터 서유럽에 지속된 상대적 평화, 여가를 위해 어디로든 이동하기 쉬운 중산층 유럽인, 카미노의 초국가적 명성 덕분에 산티아고 순례는 말 그대로 많은 유럽인의 희망 목록이 되었다.

1960년대부터 시작된 예배 감소, 독실한 종교 인구의 노령화, 공공 사회의 세속화에도 대안적인 영적·종교적 운동의 상승세는 카미노 순례 부활에 기여했다. 베스트셀러가 된 성경 읽기 가이드북의 지은이는 "많은 사람들이 영성을 향한 순례 중에 있다"고 말한다. 은유적 순례가 인기를 끌었지만, 유럽의 성지를 직접 여행하고 싶다는 욕구도 늘어 몇몇 종교적 지도자는 어리둥절해했다. "물질의 추구는 더 많은 놀잇감을 가져다주었지만 삶의 만족감은 감소했다. 문화는 감성을 메마르게 하고, 정치는 악취를 풍기는 것 같다. 그래서 사람들은 본인과 가족을 위한 무엇을 찾는다. 새로운 내면의 삶에서 무엇을 발견하고자 한다."[28]

카미노형제회, 과거의 순례자, 카미노의 열정적이고 의식 있는 사람, 명민한 정치가, 중세 연구자 역시 카미노를 향한 문화적·정치적 관심 증대에 기여했다. 정치적·문화적 향수의 에토스ethos에서 수많은 개인이 산티아고 순례자의 부름에 따랐고, 지는 해를 따라 콤포스텔라가 위치한 서쪽으로 걸어가기 시작했다. 세기말 순례자들이 '순례자 산티아고'에게서 본 것은 정치적으로 덧입힌 그의 이미지를 넘어선다. 이 사실은 옛 순례자들이 그랬듯이 '무엇이 사람들을 산티아고로 이끄는가'라는 질문으로 우리를 데려간다. 두 번째 밀레니엄이 끝나가는 시기에 현대 순례자는 중세 순례와 순례자 속에서 과거와 접촉, 중세 순례자가 겪었다고 상상되는 희생과 인내, 금욕에 근거한 진정성, 도보 여행의 리듬에 따른 영혼의 공동체를 찾아냈다.

책의 구성

1992년 처음 카미노에 갔을 때, 나는 개인적 경험이자 종교적 사회현상으로서 순례의 부활에 관심이 있었다. 그 뒤 연구 관심사는 카미노 순례에서 만난 이들의 삶과 순례 이후의 변화로 옮아

갔다. 현대 순례자는 걷거나 자전거로 이동하면서 세계에 관해 어떤 발언을 하는가? 시공간에서 진행되는 외적 여정과 내적 변화 사이에는 어떤 변증법적 관계가 있는가? 순례자가 집으로 돌아가면 어떤 일이 일어나는가? 귀국이 항상 쉽지는 않음을 나도 겪어서 안다. 다른 이들은 무엇을 경험했는지 궁금했다. 종교가 없는 이들과 신자에게 순례가 어떻게 다시 인기를 얻었는가?

1~4장은 현재 스페인의 카미노와 그 길을 걷는 순례자에 초점을 맞췄다. 순례자는 종종 자연과 순례 루트, 다른 순례자와 만남을 통해 자신을 활짝 열며, 거기서 개인적·사회적 변화의 가능성이 생긴다. 참여자는 카미노 여행의 경험을 통해 '순례자가 되었다'고 느낀다. 이동, 자연경관, 다른 순례자와 접촉을 통해 순례는 점점 의미로 충만해진다. 5~7장은 물리적 여행의 종결과 산티아고데콤포스텔라에 도착했을 때 순례자에게 일어나는 일을 다룬다. 순례자는 종점에 도착하면 일상 복귀를 준비하거나, 산티아고 순례와 연관된 다른 장소를 방문한다. 순례는 산티아고로 가는 도중이나 도착 이후 다양한 신체적·심리적·영적 층위에서 종결된다. 나는 종전 연구처럼 산티아고에서 이야기를 끝내는 대신, 8장에 순례자의 귀향을 다뤘다. 순례자는 자신의 순례 경험을 어떻게 이해하며, 그 경험은 그들의 일상에 어떤 영향을 미칠까?

1.
산티아고로
향하는
순례자들

© 문진웅

일반적 의미에서 순례자는 자신이 사는 고장을 벗어난 사람이다.

좁은 의미에서 순례자는 성 야고보의 집을 향해 여행하거나,

거기서 돌아오는 이들을 지칭한다.

바다 건너 거룩한 땅으로 여행하는 이들은 팔메로palmero라고 부르는데,

그들이 이따금 종려나무 열매palm를 가지고 돌아왔기 때문이다.

갈리시아 성지로 여행하는 이들은 필그림pilgrim이라 부른다.

성 야고보의 무덤은 어떤 사도의 무덤보다 순례자의 고향에서 멀기 때문이다.

_ 단테(Dante Alighieri), 《새로운 인생(La Vita Nuova)》

13세기에 단테는 먼 거리를 걸어 타향의 성지를 찾는 이들이 산티아고 순례자라고 썼다. 오늘날에는 순례자의 유형[1]이나 이동 방식이 다양하고, 성 야고보의 집을 찾는 순례자가 된다는 것이 무엇인가에 대한 해석도 분분하다. 이때 순례자라는 범주를 구성하는 핵심은 여행의 기간보다 방식이다. 그 방식은 크게 인력人力을 이용한 여행과 모터를 이용한 여행으로 나뉜다. 즉 걷거나 자전거를 타거나 짐을 운반할 동물 혹은 말을 타고 이동하는 이와 자동차나 버스, 비행기에 앉아 여행하는 이가 구분된다.

일화 : 이동 방식에 대한 논쟁

나바라의 에우나테에 있는 12세기 기묘한 팔각형 성당 밖에 앉았을 때다. 오전 도보를 마치고 쉬면서 햇볕을 쬐는데, 멀리서 빨간색 형상이 다가왔다. 큰 배낭을 메고 붉은 비옷 차림으로 느리게 걸어오는 사람은 전날 마주친 독일 순례자다. 우리는 인사했고 그는 배낭을 바닥에 내려놓았다. 다행히 성당 문이 열려 있어 시원하고 어두운 실내에서 성당의 특이한 형태와 이름, 소실된 역사와 관련된 전설을 이야기했다. 우리가 장의자에 앉았을 때, 50대 후반으로 보이는 독일인 25명 정도가 시끄럽게 들어와 작은 성당을 가득 채웠다. 통솔자가 한 달 전 쾰른에서 인터뷰한 독일카미노형제회 회원이라 나는 적잖이 놀랐다. 그가 성당에 대한 설명을 마치자, 전부 찬송가를 부르고 기도했다. 그 사이 말수 적던 내 순례자 친구가 갑자기 수다스럽게 그들을 비판했다. 버스로 여행해서 순례가 뭔지 모른다, 자신이 순례자라고 생각하겠지만 사실은 아니다, 저런 종교 행위가 위선적이고 무례하게 느껴진다…. 독일인 단체는 우리를 잠시 호기심 어린 눈으로 쳐다보다가 버스를 타고 떠났다. 우리는 햇볕을 조금 더 쬐다가 배낭을 메고 비포장도로를 걷기 시작했다.

도보와 자전거 순례자는 인력으로 이동하는 이와 교통수단을 이용하는 순례자를 구분한다. 대다수 도보 순례자는 내 독일인 친구처럼 버스를 타는 이들을 관광객으로 취급한다. 진정한 순례자가 아니라는 것이다. 그들에 따르면 버스 이용자는 길과 연결된다는 것이 무슨 뜻이고, '인간의 속도'로 전진하는 일이 무엇인지 이해하지 못한다. 종교적 열정이 아무리 충만해도 순례자라는 지위는 도보와 자전거 여행자에게 어울린다는 것이다. 순례자는 자기 신체와 힘으로 이동한 길을 통해 자신과 사회에 관해 뭔가 표명한다. 이동과 여행 방식이 신성 공간인 카미노를 신성화하거나 모독하는 것이다. 도보 순례자가 보기에 자동차와 버

스위스 남성과 스페인 여성 도보 순례자. 뒤편으로 나바라의 몬하르딘 성과 비야
마요르 마을이 보인다.

스는 카미노의 본질을 훼손한다.[2]

자동차나 버스 순례는 개별 교구나 문화단체에서 주관한다. 그때 대다수 순례자는 산티아고대성당을 방문하고, 성 야고보의 무덤에서 기도한 다음, 미사에 참여하거나 예배단에 헌금을 바친다.[3] 버스 순례자는 유럽 전역과 일본, 미국, 라틴아메리카 등에서 오며, 대부분 가톨릭 신자다. 예를 들어 캘리포니아 반누이스와 이탈리아 로마에 지부를 둔 미국가톨릭여행센터는 전 세계 투어, 순례, 성체성사에 참여할 단체 순례자를 모집한다. 그들의 1993년 산티아고 패키지 투어 일정을 보면 루르드, 바르셀로나, 리스본, 파티마, 산티아고가 포함된다. 짧고 간소한 자동차 패키지 순례도 대부분 유럽 주요 성지로 출발한다. 이런 현상은 "현대 순례의 가장 큰 특징으로, 관광과 결합해 성지 방문 외 여행 일정을 포함하며, 대부분 현대적 교통수단을 이용해 국내나 국외 성지로 이동한다".[4]

자동차 순례자는 대개 카미노와 최대한 가까운 루트로 운전하며, 길의 방향과 순례 기념물, 교회, 다리 등을 찾기 위해 가이드북을 이용한다. 이들 중에는 걸을 수 없거나, 걷기 싫어하거나, 고생하지 않고 산티아고에 가려는 이를 가족으로 둔 종전 순례자도 포함된다. 1994년에 새로 조직된 자동차 순례 단체로 600석형제회Friends of Seat 600가 있다. 600석형제회는 1960~1970년대 스페인에서 유행한 소형차로 캐러밴을 끌고 산티아고로 이동해 대성당 미사에 참여한 다음 산티아고 제단에 꽃을 바친다.

비모터 순례와 그 중간적 형태

도보와 자전거, 말이나 짐을 운반할 동물을 끌고 산티아고로 가는 이는 비非모터 순례자에 포함된다. 한편 조리 도구와 텐트, 책, 기타 필요품 등 무거운 장비를 운반할 때만 자동차를 이용하는 이는 반半모터 순례자에 속한다. 이들은 매일 저녁 정해진 장소까지 도보나 자전거로 이동해서 운반 차량과 합류한다. 때로 운전자와 도보 여행자가 교대하거나, 한 사람이 먼저 운전해서 간 다음 히치하이크로 출발점에 돌아오기도 한다. 1990년대 중반부터 일부 도보 여행자가 경치가 밋밋한 구간을 지나치거나, 피로하거나 시간이 촉박할 때 일부 구간을 택시나 버스로 이동하는 일이 잦아졌다.

이 범주에서도 풀타임 순례자, 파트타임 순례자, 주말 순례자 등 추가적인 구분이 가능하다. 풀타임 순례자는 순례 루트의 한 지점(예를 들어 론세스바예스, 부르고스, 레온)이나 스페인, 프랑스, 벨기에 등에 있는 자신의 고향 도시에서 산티아고까지 멈추지 않고 여행하는 이로, 대다수 산티아고 순례자가 여기에 속한다. 파트타임 순례자는 단계적으로 산티아고를 향해 가는 이로, 개별 구역을 1~2주에 걸어 몇 년간 순례를 완성한다. 이때 순례 소요 시간과 거리는 풀타임 순례자와 비슷하거나 더 길어질 수 있다. 파트타임 순례자는 대개 시간 제약 때문에 쭉 이어서 여행할 수 없다. 어떤 이는 순례를 통해 새로운 시야를 얻으려면 시간이 흘러야 한다고 생각해서 일부러 구역별로 나눠 순례한다. 에스테야 Estella의 순례자 숙소에서 만난 네덜란드 여성은 7년 2주째 콤포스 텔라로 순례하는 중이었다. 그녀는 순례가 떠남과 귀환, 도보와 그 후의 성찰로 구성된 여정이라고 믿으며, 해마다 지난해에 멈춘 곳부터 순례를 시작한다. 그리고 지난해 순례에서 떠오른 생각을 즐거이 반추한다. 그녀는 길 위에서든, 길 밖에서든 자신을 풀타임 순례자라고 느낀다. 심지어 쉬지 않고 순례하는 이를 비판했다. 그들은 카미노가 제공하는 모든 것을 흡수하고 이해할 수 없다는 것이다. 그녀에 따르면 그런 이들은 종종 길 위에서 순례자로 머물며, 그 후에는 순례의 효과가 감소한다.

주말 순례자는 보통 산티아고 순례와 연관된 협회 회원으로, 다양한 순례 루트를 목표로 단기 도보 여행을 기획한다. 자동차나 버스를 타고 출발지로 집결해 카미노의 특정 구간을 걷는 것이다. 순례 기간이나 거리는 짧아도 그들 역시 자신이 순례한다고 믿는다("모든 길은 산티아고로 통하잖아요, 안 그래요?"). 예를 들어 나는 론세르바예스의 순례자 숙소에서 일할 때, 레알 콜레히아타Real Colegiata(작은 마을에 있는 일종의 수도원)의 규율에 따라 장거리 순례자가 제단 가까이 가서 역사가 800년에 이르는 '순례자 축복'을 받을 수 있는 1일 미사에 참석했다. 하루는 부르고스카미노우호협회 소속 스페인 주말 순례자 약 50명이 이틀 일정으로 버스를 타고 찾아왔다. 늘 그랬듯이 신부는 순례자를 앞으로 불렀다. 놀랍게도 그 단체가 장거리 도보·자전거 순례자와 함께 제단으로 나갔다. 사제는 그들이 크게 착각했다고 봤음에도 축복해주었다. 이는 현대 '순례자'가 다양한 의미를 함축하는 것을 보여준 사건이다.

1990년대 초반부터 로메리아romería(성 축일과 결부된 지역적 순례)[5]와 연관된 대규모 산티아고 주말 순례가 조직되기 시작했다. 이 순례는 종종 지역신문에 게재되는 공동체 행사로, 1996년에는 이런 기사가 났다. "카미노데산티아고우호협회에서 기획한 이번 프로그램을 통해 루고Lugo 주민 100명이 포르토마린과 팔라스(갈리시아) 사이 구간을 순례했다."[6] 루고 주민은 1월부터 3월까지 주말마다 산티아고 순례를 떠났는데, 기사 내용은 23킬로미터를 걸은 첫날의 소식이다. 그날 순례자는 전형적인 로메리아 일정대로 문화 유적을 방문하고, 단체로 저녁 식사를 했다.[7]

순례 동기

위의 구분은 사람들이 어째서 산티아고로 여행하며, 그들이 누구인지 거의 말해주지 않는다. 사실상 다양한 가치와 삶의 방식이 도보나 자동차 순례자를 부추긴다. 프랑스 생장피에르포르에서 레스토랑 '아메리칸'을 운영하는 산탄데르Santander* 출신 스페인 여성은 캘리포니아 베이커즈필드에 15년을 거주했다. 우연히

---

* 스페인 북부의 항구도시.

우리는 영어로 대화했고, 그녀는 내가 생장에서 뭘 하는지 물었다. 대화는 자연스럽게 카미노로 이어졌다.

마리아 : 나도 〔1993년〕 산티아고에 간 적이 있어요.

나 : 어떻게요?

마리아 : (웃음) 버스로 갔다가 뭘 받으려고 잠깐은 걷고… 그걸 영어로 뭐라 하는지 모르겠어요. 인두르…

나 : 인둘헨시아indulgencia, 면죄부.

마리아 : 맞아요, 그거. 인둘헨시아.

나 : 여행 기간은요? (나는 일주일 안팎일 거라고 예상했다.)

마리아 : 거의 하루 종일 걸었죠. 우리 버스는 멈춰 산탄데르에서 오는 사람들을 태우기도 했고요. 전부 나흘 걸렸어요.

나 : 산티아고에서는 뭘 했죠?

마리아 : 대성당보다 오브라도이로광장이 감명적이었어요. 스페인에는 더 아름다운 성당도 있지만, 그냥 광장에 서 있는 게 인상적이더군요. 성당에서도 뭔가 느꼈는데, 방문이 워낙 짧았죠.

마리아는 1993년 희년에 버스 순례를 다녀오며 그 과정을 비디오카메라로 촬영했다. 희년에는 (특히 스페인에서) 많은 패키지 순례가 진행된다. 주목적은 산티아고대성당 방문과 친목으로, 당시 마리아의 가족과 친구도 순례에 참여했다. 이는 그녀가 속한 모태 가톨릭 노동자 공동체의 사교 행위가 순례까지 확장된 것이다. 종교와 문화 관광을 결합한 버스 순례는 3~4일 일정으로, 역사적·종교적 기념물 방문, 설교와 미사, 지역 음식 탐방, 가능하면 갈리시아 연안으로 가는 주말여행도 포함한다. 스페인국립사회보장연구소는 퇴직자를 대상으로 저렴한 국내 여행 주선을 비롯해 여러 행사를 기획한다. 1993년 희년에는 산티아고 여행을 여러 차례 조직해, 은퇴자 수천 명이 성 야고보 성지와 갈리시아 연안을 방문했다.

가톨릭 순례의 동기는 희년에 주어지는 대사(면죄)다. 교황 칼릭스투스 2세가 1122년 제도화한 이래, 지금까지 희년(7월 25일이 일요일인 해)이 115번 있었다. 이는 6-5-6-11년 주기를 따르는데, 예를 들어 1993년 이전 희년은 1982년이었다. 다음 희년이자 20세기 마지막 희년은 1999년으로, 두 번째 밀레니엄의 끝을 기념하는 행사가 될 것이다. 희년에는 다음 요건을 충족하는 이들이 전대사를 받을 수 있다. (1) 성당을 방문해 기도문을 암송하고, 가톨릭교회의 목적을 위해 기도하며 (2) 고해성사를 하고 (1번 행위를 하기 15일 전이나 후에) 영성체를 받는다.[8]

가톨릭 교리에 따르면 성당에 도보로 가든, 자동차로 가든 대사를 받는 데 차이가 없다. 그러나 어떤 이는 도보나 자전거 순례자만 대사를 받아야 한다고 믿는다. 희년에는 대개 순례자 숫자나 영성체 횟수가 증가한다. 가장 크게 증가하는 범주는 자동차 순례자다. 1993년에는 총 순례자 600만~800만 명 가운데

10만 명이 콤포스텔라 증서를 받으려고 100킬로미터 이상 걷거나, 200킬로미터 이상을 자전거로 이동했다. 1980년대에 가톨릭 교회가 임의로 설정한 이 거리는 순례 개념이 고통과 희생(시간과 육체적 수고)에 근거함을 말한다.

종종 지역 버스 순례와 갈리시아 외 지역에서 오는 버스 순례도 구분된다. 흔히 교구에서 주선해 온 많은 갈리시아 순례자는 가끔 "성 야고보 사도와 잘 지내야지요"라고 말한다. 스페인 시골은 성인 숭배 전통이 강해서 갈리시아 노인들은 모든 성인, 특히 성 야고보가 '만족스러워'하길 바란다. 사도와 '잘 지내고' 싶다는 심리가 종교 행위와 산티아고 순례 동기가 되는 것이다.

버스 순례는 보통 예배와 역사 탐방을 위해 에우나테 성당을 찾은 독일인 단체 순례자처럼, 스페인 문화와 수백 년 역사가 담긴 카미노상의 의례(카미노와 산티아고 시에서) 중심으로 조직된다. 버스 순례자는 산티아고에서 순례자 지팡이나 가리비 껍데기 같은 기념품을 사며 '진정한' 도보 순례자의 이미지를 추구한다. 산티아고에서는 도보나 자전거 순례자가 매력적인 대상이다. 평범한 관광객은 감행할 수 없는 희생과 노고를 대변하는 신기한 존재가 되는 것이다. 도보 순례자와 함께 사진 찍기를 원하는 버스 순례자(특히 일본인)도 있다.

자동차 순례자도 도보나 자전거 순례자를 부러워하며 이런 의식에 참여하고 싶어 한다. 도보 순례의 맛이라도 보려고 버스에서 내려 '오래된 길'을 1킬로미터쯤 걷는 일정(산탄데르에서 출발

한 마리아의 버스 순례자처럼)이 버스 순례에 포함되기도 한다. 그
외 산티아고에 도착하기 전, 마지막 고지대인 몬테델고소Monte
del Gozo에서 내려 6킬로미터쯤 걷기도 한다. "순례자처럼 콤포스
텔라에 도착하는 건 흥분되는 일이죠." 산세바스티안에서 4일간
버스 순례 후 마지막 구간을 도보로 이동한 순례자의 말이다.[9]

전통적으로 마라가테리아Maragatería와 비에르소Bierzo(레온)의 경
계라 여겨진 몬테이라고 정상에는 유명한 밀라도이로milladoiro(교
차로를 표시하는 바위 더미)가 있다. 로마인은 이 지역을 수은의 산
맥이라 불렀다. 밀라도이로에는 단순하지만 인상적인 철의 십자
가La Cruz de Ferro가 있다. 높이 6미터 떡갈나무 기둥에 솟은 작은
철 십자가다. 전설에 따르면, 이곳을 지나가는 모든 여행자는 십
자가 밑에 돌을 던져야 한다. 오늘날도 많은 순례자가 바위 더미
아래 돌을 던진다. 어떤 순례자는 돌의 무게가 각자 짊어진 내
면의 죄와 부담을 상징한다고 말한다. 그래서 돌멩이를 찾은 장
소, 돌멩이의 크기, 돌멩이의 의미 등 사연이 담긴 돌멩이를 들
고 오는 순례자도 있다. 대다수 돌에는 표시가 없지만, 어떤 것
은 채색이 되었고 표면에 이름과 날짜, 메시지 등이 쓰였다. 이
전통을 아는 순례자는 고향에서 돌을 가져오고, 어떤 이는 십자
가 몇 미터 근처에서 막 주운 돌을 바치기도 한다. 정교한 표식
이 새겨진 돌일수록 인기가 많은데, 누가 가져가는지 알 수 없
다. 철의 십자가는 1990년대 중반에 비공식적인 순례자 성소가
되었다. 십자가 아래 꽃, 순례자의 가리비 껍데기, 메시지, 봉헌

철의 십자가(레온의 몬테이라고)

가까이 본 철의 십자가. 떡갈나무 기둥 아래 봉헌물과 글자가 적힌 돌이 보인다.

물 등이 가득하다.

철의 십자가 아래 돌 던지기는 보통 도보나 자전거 순례자가 '전통'을 이행하고, 자신의 실제적·상징적 죄의 무게를 더는 의식이다. 한 네덜란드 도보 순례자는 자동차 순례자들이 철의 십자가 앞에 차를 세우고 내리더니, 돌을 하나 던지고 다시 운전해서 가더라며 웃음을 터뜨렸다. 내가 자원봉사자로 일한 오르비고 순례자 숙소에는 15명과 함께 2주간 밴으로 여행하는 또 다른 네덜란드 순례자가 있었다. 그는 다른 해석을 내놓았다. 그는 순례자 숙소에 도착해서 일기에 순례자 여권 스탬프를 찍어도 되느냐고 물었다. 늘 그랬듯이 나는 그가 속한 단체를 물었다. 그는 도보 순례와 자동차 순례를 병행하고, 싼 호텔에 머물며, 카미노 의례에도 참여한다고 말했다. 그는 철의 십자가 근처에 도착했을 때 돌을 주워 언덕을 오른 다음, 떡갈나무 기둥 밑에 놓아두고 다시 밴을 몰아 카미노라는 길, 순례 전통, 다른 순례자와 연결되는 느낌을 받았다고 했다.

첫 번째 네덜란드 도보 순례자는 이런 행동이 우스웠나 보다. 그의 순례 동기나 가치와 상반되는 일이었기 때문이다. 그는 피곤한 일상의 업무를 두고 몸과 마음의 모험을 위해 아들과 휴가를 온 참이었다. 그는 카미노가 충분히 고되지 않다고 여겼고, 자세한 실측 지도까지 가져왔다. 나는 가끔 비非순례자가 "저 사람들은 왜 버스를 안 타죠?"라며 비꼬는 소리를 들었다. 제삼자의 눈에는 덥고, 지저분하고, 트럭과 차가 쌩쌩 지나가는 길을 도보나 자전거로 여행하는 게 위험해 보일 수 있다. 도보, 자전거나 말을 타고 산티아고에 가는 행위가 이해되지 않는 것이다. 그럼에도 순례자는 있다. 모든 인간 행위처럼 순례도 사회규범, 삶의 양식, 계급적 가치, 유행, 문화적 이상에 따라 유형화된다. 문제는 어떻게, 왜 특정한 이동 방식이 활용되며, 그 방식을 활용하는 이는 누구인가, 이는 당사자에게 어떤 의미가 있는가이다.

도보나 자전거 순례자는 자신이 순례자고, 버스나 자동차 이용자는 관광객이라고 보는 경향이 있다. 여기서 관광객이라 불리는 것은 치욕적이며 피해야 할 일이다. 한 인류학자가 말했듯이 "영어권에서는 관광(투어리즘)을 피상적이고 경박한 현상으로, 순례는 뭔가 진실하고 진지하며 진정성 있고 정당한 것으로 이해하는 경향이 있다".[10] '순례'란 믿음이나 신앙에 근거한 종교적 여행을 의미한다. 버스 순례자나 도보, 자전거 순례자 모두 다양한 종교적·문화적·개인적 이유와 운동을 위해 여행을 떠난다. 엄격한 종교적 이유로 산티아고를 찾는 사람도 있지만, 대다수 사람의 순례 동기는 복합적이다. 따라서 도보나 자전거 순례자가 버스 순례자를 '관광객'이라 부른다면, 이는 순례 동기가 아니라 이동 방식과 관련된 경멸적 표현이다. 경박하고 피상적인 관광객은 버스나 자동차, 비행기를 타고 단체로 여행하며, 진실하고 진정성 있는 순례자는 걷거나 자전거를 탄다는 것이다.

몸을 쓰는 순례자나 자동차 순례자 모두 산티아고로 향하지만, 이동하는 의미는 참여자마다 다르다. "관광이라는 말로 총칭되는 현대의 여행 형식과 종교적이라고 지칭되는 과거와 현대 여행의 연결 고리는 모두 사람의 이동human mobility이라는 점이다. 단순히 도구적 목적이 아니라 자기표현과 소통을 목적으로 의도적으로 수행한 이동 말이다."[11] 즉 순례자가 걷거나 자전거를 타고 산티아고로 가는 것은 단순히 신앙(도구적 목적) 때문이 아니다. 비현대적 방식으로 이동해서 그들의 사회와 가치에 대한 메시지를 표명(표현과 소통의 목적)하는 것이다. 이런 가치에는 대체로 자연에 대한 존중, 몸 쓰기, 물질주의 거부, 과거(특히 중세)에 대한 향수, 내적 의미의 탐색, 의미 있는 인간적 관계에 대한 욕구, 고독이 포함된다. 예를 들어 개신교도 수잔(26세)은 유치원 교사를 그만두고 살던 아파트에서 나와, 짐을 보관소에 맡기고 평생의 꿈(고향 스위스에서 카미노데산티아고를 거쳐 포르투갈로 걸어가기)을 실현하기로 했다. 그녀는 최근의 개인적 변화(사적 관계, 자존감 상실)로 지친 상태였고, 넉 달간 도보 여행을 하며 거기서 벗어나고 싶었다. "순례와 다른 여행의 가장 큰 차이는 순례가 나라는 사람을 바꾼다는 점 같아요. 자신감이 생기고, 나를 더 긍정하고 사랑하며, 새로운 생각이나 양식에 열린 사람이 된다고 할까요? 그러니까 외적이면서 내적인 여행이죠. 다른 여행자는 대개 바깥의 풍경에 집중해요. 뭔가 배우고, 새로운 사물과 문화, 사람과 환경을 보면서요. '이번 휴가 3주 동안 내 안을 들여다봐야지. 오랜 고민의 답을 찾아야지'라고 말하는 여행자는 본 적이 없어요. 순례자는 그러지만요."

산티아고 순례자가 되는 것이 필연적으로 종교적 여행을 한다는 뜻은 아니다. 도보나 자전거 순례자에게 그건 종종 내적이면서 외적인 여행, 변화를 발견하는 수단을 뜻한다. 어떤 순례자는 여행으로 의미를 발견하고, 무한 경쟁의 쳇바퀴에서 벗어나 휴식을 찾으려 한다. 모험에 이끌리고, 과거와 연결 고리를 발견하며, 자신과 타인, 대지와 의미 있게 연결되고자 한다. 자신의 몸을 느끼고, 오감을 사용하며, 의미 없는 시골 풍경을 빠르게 지나치기보다 풀잎 하나하나 들여다보고, 작은 것에 만족하며, 여유를 즐기고 싶어 한다. 그들은 기도하고 사색하고 명상할 공간을 원한다. 이런 것은 에어컨이 나오는 버스에서 얻을 수 없다.[12]

카미노는 지류가 합류했다 빠져나가는 강의 흐름처럼 유동적이다. 그래서 카미노프란세스를 걷는 순례자 수를 집계하기는 쉽지 않고, 종전 통계도 도보와 자전거 순례자 수를 종종 잘못 표기한다. 순례자 수는 '기점'인 론세스바예스부터 '종점'인 산티아고에 이르기까지 끝없이 변한다. 파트타임 순례자는 론세스바예스나 독일의 아헨Aachen 등에서 출발하지만, 3년 뒤에도 산티아고에 도착하지 않을 수 있다. 같은 장소에 순례를 막 시작하거나 끝마친 이들이 있을 수 있다. 이런 순례자의 들고 남과 별개로, 보통 순례자(특히 스페인인과 갈리시아인)는 레온과 갈리시아 이후 급격히 증가한다. 예를 들어 1996년에 스페인카미노우호협회연방은 약 3만 명이 순례에 참여했다고 집계했다(수여한 순례자 여권 수에 따라). 그러나 산티아고의 대성당순례자사무소는 2만 3218명이 순례를 마쳤다고 발표했다(발급한 순례 완료 증서에 따라). 7000명 가까운 차이는 대부분 순례자의 유동 때문에 발생한다.

카미노의 몇몇 기관은 순례자 통계를 정성 들여 보관한다. 이 자료는 순례 참여자의 일반 정보와 순례 동기의 복잡성, 관료 부서에서 순례자의 경험에 어떻게 영향을 미치려 하는지 잘 보여준다. 1980년대 중반에 론세스바예스, 레알 콜레히아타의 하비에 나바로Javier Navarro 신부는 산티아고 순례자와 그 외 관련 사항을 카탈로그로 만드는 데 심혈을 기울였다. 그 수도원의 순례자 사무소는 지금도 설문지 기법으로 자료를 수집하는데, 영국성공회 교도 데이비드도 1994년에 이 설문지를 접했다. 40년간 축구광이었고, 마라톤을 일곱 번 완주한 데이비드의 사례는 종종 순례 동기가 얼마나 중층적인지 보여준다. "16일 아침에 수도원 원장(?)에게 축복을 받았어요. 순례자 여권에 도장을 받고 설문지를 작성하는데, 가톨릭인지 개신교인지 묻는 내용이더군요. '둘 모두', 나는 존에게 속삭였죠. 그다음 질문은 순례하는 이유였어요. 종교적·영적·문화적 이유 중 어떤 것인가? 나는 '셋 모두'라고 썼어요."[13] 내가 만난 다른 순례자도 순례 동기를 묻는 질문에 당황했다. 그들은 종종 순례 동기를 하나 이상 선택했고, '박스 표시'를 좋아하지 않았다. 어떤 이는 설문지 안내자가 사제 같아 굳이 언짢게 하지 않으려고 종교적·영적 이유 항목에 표시했다고 말했다.

그 설문지는 순례에 관한 기본 정보를 묻는다. 몇몇 순례자 숙소에 도착하면 순례자는 담당자에게 이름, 나이, 국적, 이동 방식, 기점 같은 정보를 알려준다. 대다수 숙소는 이름과 국적만 묻는다. 부르고스나 라바날 등의 숙소는 정보를 더 체계적으로 수집해 도표로 만든다. 정보 수집을 혐오하는 순례자도 있는데, 일상에서 벗어나려고 카미노에 왔기 때문이다.

산티아고의 대성당순례자사무소와 스페인카미노우호협회연방은 공식적인 순례자 숫자를 집계하려고 애쓴다.[14] 대성당순례자사무소의 자료는 산티아고에서 순례를 마치고 증서를 받은 이들의 정보(순례자 수, 기점, 기타 개인 정보(나이, 성별, 이동 방식, 순례 동기) 등)를 비교적 충실히 보여준다. 순례자는 대부분 산티아고에 도착하면 대성당순례자사무소에 들른다. 스페인카미노우호협회연방은 1993~1994년에 순례자들이 귀국한 뒤, 우편으로 설문지를 발송했다. 집계된 순례자 수와 순례 동기(종교적 동기와 관련해)에 큰 차이가 있다는 점을 제외하면 두 기관의 조사 결과는 상당히 일치한다.

이 자료에 따르면 1996년 순례자 2만 3218~3만 명이 산티아고로 떠났다. 71퍼센트는 걸어갔고, 28퍼센트는 자전거를 탔으며, 1퍼센트 이하(2만 3218명 가운데 56명)가 말을 타고 갔다. 성별은 65퍼센트가 남자, 35퍼센트가 여자였다. 평균 나이는 30세였다. 순례자는 대개 고학력(학생, 교사, 사무직 종사자, 사제, 기술자)이고, 도시에 거주하는 경향이 있었다. 스페인 사람이 대부분(70퍼센트)이고, 나머지 30퍼센트(6710명)는 아르헨티나와 크로아티아, 일본, 폴란드를 포함한 63개국 출신이었다. 비스페인 사람 중 가장 많은 숫자를 차지하는 이는 프랑스, 독일, 네덜란드, 벨기에, 이탈리아 순이었다. 지난 5년간 산티아고에서 내가 본 유색인종은 손에 꼽을 정도였다(탄자니아 출신으로 스페인에 거주하는 가톨릭 선교사 한 명, 일본인 남성 여러 명).* 순례자 70퍼센트는 가톨릭이지만(실제 종교 생활은 하지 않더라도 모태 신앙인), 산티아고 순례의 기본 정신은 범기독교적이다. 신을 믿는다고 답한 84퍼센트 중 절반 이하만 꾸준히 신앙생활을 한다고 대답했다. 이 간략한 통계는 순례자가 대부분 도시 출신 교육받은 중산층임을 말해준다. 45퍼센트에 달하는 학생(대부분 7~8월에 여행하는 스페인 학생)을 제외하면, 평균적 순례자는 외국인 중산층 성인이라 할 수 있다.[15] 즉 언제 순례하는가에 따라 카미노의 성격은 끊임없이 달라진다.

카미노 열풍의 기묘한 점은 남성 순례자의 압도적 숫자다. 이는 산티아고 순례의 모험성, 육체적 고생, 남성과 여성의 여가 방식 차이, 유럽(1970년대까지)과 스페인(1980년대까지도)에서 여성의 직업 활동과 스포츠 참여를 탐탁지 않게 여긴 사회 분위기 때문일 수 있다. 많은 남성은 하루 이동 거리를 자랑한다. 순례자는 평균적으로 하루에 20~30킬로미터, 어떤 이는 40~60킬로미터 이동한다. 자전거 순례자는 레이싱 자전거로 하루에 100킬로미터 이상 달린다. 1960~1970년대에 태어난 사람만 해도 남성은

---

* 현재(2018년 기준) 상황이 많이 바뀌었다. 지은이가 책을 집필한 시기가 1990년대 초반임을 감안할 필요가 있다.

대개 운동으로 자신을 표현하도록 사회화되었다. 반면 여성은 독립적인 육체적 여행인 순례를 위해 집을 떠날 자유가 없었다. 현재는 더 많은 40~50대 여성이 순례에 참여하며, 순례 후 훨씬 강해진 것 같다고 말한다. 젊은 층에서는 남성과 여성 순례자의 비율 차이가 현저히 낮은데, 아마 미래에는 거의 동등해질 것이다.

도보나 자전거 순례자에게 길 위에서 누구랑 어울렸는지 물어보면, 버스나 자동차 순례자를 언급하는 이는 거의 없다. 대신 그들은 다양한 도보나 자전거 순례자 집단(하위 집단)을 언급한다. 다음은 30대 영국 여성 안젤라의 설명이다. 그녀는 1992년 프랑스에서 다른 여성과 10주 일정으로 도보 순례를 떠났다. 안젤라는 그때부터 카미노의 역사에 관한 연구를 시작했고, 카미노를 순례한 이들을 가장 소중한 동료로 여긴다. 카미노를 '긍정적 도피주의'로 보는 안젤라는 생애 주기와 순례 동기에 따라 여러 집단을 구분했다. 첫 순례지만 그녀는 생애 주기에 따라 순례자를 다음과 같이 나눴다.

(1) 젊은이 : 자기가 누군지, 왜 거기 있는지 모르지만 카미노 순례가 여름휴가를 보내고 '재미를 보기에' 좋은 방법이라고 생각한다.
(2) 성인층(20대 후반~50대) : 자기가 누군지 알고, 카미노 순례가 제공하는 기회를 반가이 받아들이며, 순례에 진지하게 참여한다.
(3) 은퇴자 : 은퇴를 기념하기 위해 순례한다.

순례 동기에 따른 안젤라의 분류는 다음과 같다.

(1) 스포츠광. 특히 레이싱 자세로 앞만 보며 달리는 자전거 여행자
와 하루에 최대한 먼 거리를 이동하려고 애쓰는 열혈 도보 여행
자(대부분 남성).
(2) 인생의 위기에 처해 뭔가 결단이 필요한 사람.
(3) 종교적 이유로 여행하는 사람(안젤라는 이 부류가 많지 않아도 길 위
에 있다고 말했다).
(4) 역사학자처럼 직업적 이유로 순례하는 사람(그녀는 "당신처럼요"
하고 덧붙였다).
(5) 자기 홍보자('자신의 경험에 대해 책을 쓰고 싶어 하는 사람').

안젤라도 다른 많은 순례자처럼 종교적 동기와 영적 동기를 구
분했다. 대략 정통 신앙은 종교적 동기, 개인적 믿음은 영적 동기
와 연관된다. 어떤 순례자는 둘을 명확히 구분하지만 다른 순례
자, 특히 가톨릭 신자는 둘을 구분하기 어렵다고 봤다. 나는 어
느 오후, 순례자 숙소에서 바르셀로나 출신 젊은 스페인 여성과
산세바스티안 출신 은퇴한 60대 남성이 이 문제로 토론하는 것
을 들었다. 남성은 영성과 종교를 분리할 수 없다, 영성을 완수
하기 위해서는 교회와 의례가 필요하다고 주장했다. 젊은 여성
은 예수와 그의 가르침을 믿지만, 기도나 자연과 교감을 통해 그
와 관계한다고 반박했다. 예를 들어 그녀는 전날 미사에서 자신

이 예수에 가 닿는 데 도움이 되는 어떤 말도 듣지 못했다는 것이다. "나는 중개자가 필요 없어요. 그저 앉아서 눈을 감고 기도를 시작하죠." 그녀는 말했다. 남성은 그 점을 이해할 수 없다, 영성은 교회에서 오는 거라고 주장했다.

둘 다 가톨릭의 관점에서 영성과 종교의 차이를 논했지만, 영적 지향은 특정한 종교적 지향과 전혀 무관한 경우가 많다. 미로迷路를 영적 깨어남을 위한 도구로 쓸 수 있다고 말한 신학자는 다음과 같이 썼다. "종교란 죽어서 지옥에 가는 것을 겁내는 이를 위한 것이다. 영성은 거기 갔다 온 자를 위한 것이다. 이런 구분은 서양 문화에서 생겨났다. 우리는 종교와 영성, 용기用器, container와 과정process을 혼동해왔다. 종교란 외적 형식, '그릇', 특히 예식과 가르침, 설교, 신에게 감사하기 위한 모든 숭배 행위를 말한다. 반면 영성이란 우리 각자 속에서 일어나는 성장과 성숙의 내적 활동이다."[16]

순례자는 카미노를 '영적 여정'이라 말하지만, 그 여정에 대한 공통된 정의는 없다. 다만 일반적으로 개인이 절대적 실재ultimate reality와 맺는 자유롭고, 비구조적이며, 개성적이고, 개인적인, 직접적 관계라는 개념과 연관된다. 걷기와 자전거 타기라는 외적 행위는 '성장과 성숙이라는 내적 활동'과 짝을 이룬다. 바르셀로나 출신 젊은 여성이 말했듯이, 카미노에서 개인은 중개자 없이도 종교적 감정에 이를 수 있다. 그러나 어떤 순례자에게는 카미노가 내면적 여행일 뿐이다. 신에 대한 믿음, 의례의 실천(미사나 묵주기도), 특정한 종교 전통(가톨릭, 개신교, 영국성공회)에 따른 예배와 연관된 종교적 여행 말이다. 가톨릭에서 순례의 구체적 목표는 개종 혹은 신을 향한 전향이다. 여기서 〈요한의 복음서〉 14장 구절이 자주 인용된다. 최후의 만찬 후, 그 없이 길을 잃을까 두렵다는 토마의 말에 예수는 대답한다. "나는 길이요 진리요 생명이다." 산티아고는 물리적 여행의 종점이자 목표다. 내적 변환은 개인적 시련과 예기치 못한 사건을 예수의 메시지와 연관시켜 해석해서 나타난다. 이때 카미노는 삶의 은유가 되며, 순례자들의 연대는 기독교 공동체에 모델이 된다. 정통 가톨릭 관점에서 신앙과 개종을 향한 발걸음을 시작하면, 카미노는 끝이 아니라 다음 단계를 위해 중요한 출발이 된다. '말씀'과 '복음'을 각자의 가정과 공동체에 전파하는 행위 말이다.

종교적 동기에는 프로메사스promesas(서약, 약속)의 완수, 위기와 신앙의 회복, 대사의 취득, 성찰과 명상, 타인을 위한 기도, 자신과 타인의 속죄, 산티아고 성인에 대한 감사, 중보 기도의 간청, 신앙의 간증(한 미국인 가톨릭 전도자가 표현한 대로 '신의 더 큰 영광을 위해 고통 받는' 행위)이 포함된다. 어떤 이는 순례할 수 없는 이를 위해 순례한다. 한 남성은 산티아고에 올 수 없는 부모의 부탁으로 왔다. 어떤 순례자는 신부나 목사가 된 뒤에, 혹은 종교에 투신하겠다는 언약으로 순례한다. 사람들은 종종 실업, 개인과 가족의 불행, 시련, 절망 같은 위기의 순간에 산티아고 순례를 서약한다. 극적인 사례를 들면, 한 영국 남성은 친구가 암으로 죽기 여섯 시간 전에 그를 위한 산티아고 순례를 약속했다. 나는 자전거를 타고 산티아고로 가는 벨기에 출신 형제를 만난 적이 있다. 그들은 원래 산티아고에 별 관심이 없었다. 그러나 절망의 순간에 그들 중 한 명이 성 야고보를 떠올렸고, 그의 아내가 병에서 완쾌되면 산티아고 순례를 하겠다고 서약했다. 그녀는 완쾌되었다. 그들은 최근의 카미노 열풍은 까맣게 모른 채, 그 여성의 고향인 카스티야 마을에서 순례를 시작했다. 어떤 이는 순례를 여러 번 하겠다는 서약도 한다. 그러나 순례자는 이따금 자신의 서약을 구체적으로 말하길 꺼렸다.

많은 젊은이가 종교적인 단체 도보 순례에 참여한다. 이 단체 순례는 가톨릭 교구에서 조직하고 사제들이 가이드를 맡는데, 카미노에서 느끼고 보고 경험한 것을 종교적으로 해석할 수 있도록 영적 성장과 교리문답, 종교교육에 초점을 맞춘다. 스페인 출신 젊은 도보나 자전거 여행자가 많은 까닭은 가톨릭 청년 단체(그리고 비종교적인 보이스카우트와 걸스카우트)들이 카미노를 적극적으로 홍보하기 때문이다. 청년 순례 단체는 쉽게 눈에 띈다. 단체의 구성원은 8~60명으로, 팀의 결속을 위해 종종 같은 색 스카프를 착용하며, 지원용 차량이 뒤따르기도 한다. 그들의 하루 일과는 보통 도보 몇 차례, 겸허와 시련, 형제애, 자선, 금욕 등 특정한 예배 주제에 관한 묵상으로 구성된다. 어떤 단체는 구조나 교육에서 다른 단체보다 훨씬 엄격한데, 이는 유럽 가톨릭 신앙의 성격이 상당히 다양함을 보여준다. 카미노가 현대 소비사회에 대한 긍정적인(심지어 필수적인) 대안이라 믿은 호세 미구엘 부르귀José Miguel Burgui 신부는 많은 청년 단체의 도보 순례를 이끌었다. 그는 순례자가 고되고 금욕적인 여행에서 인생의 귀중한 교훈을 배운다고 주장한다.[17] 비슷한 맥락에서 1996년 8월에 발렌시아의 한 사제와 신학생 두 명, 17~30세 청년들이 론세스바예스에서 도보 여행을 시작해 기도와 기독교적 묵상에 몰두했다. 한 이탈리아 신부(73세)는 자신의 가톨릭 사역 50주년을 기념하려고 토리노의 교구민 스무 명과 산티아고로 자전거 순례를 떠났다. 그들은 이탈리아로 돌아오기 전, 포르투갈에 들러 파티마도 방문했다.

영적 동기란 더욱 모호하게 정의된, 변화를 위한 개인적 탐색이나 내면의 여행을 말한다. 많은 순례자를 배출하는 현대 유럽-아메리카 사회의 에토스 중 하나는 '개인적' 혹은 '초월적'[18] 영성을 강조하면서, 정통 종교적 교리를 거부하는 것이다.[19] 여기에는 창조적인 개인적 대안의 추구, '합리주의와 주류, 테크놀로지에 대한 거부'[20]와 함께 마술적 행위의 재수용이 포함된다. 한 종교학자는 썼다. "이 현상이 태양 아래 완전히 새롭지는 않다 해도, 나는 우리가 전례 없는, 규모가 엄청난 뭔가를 목격하는 게 아닌가 한다. 공동체의 맥락에 근거한 종교 자체에 대한 거부, 자아외 어떤 맥락도 없는 개인화된 영성에 대한 선호 말이다."[21] 미국 사회에 대한 어느 유명한 사회학 연구는 이런 개인화된 창조적 종교성을 '셰일라이즘Sheilaism', 즉 비공동체적이며 '개인화'되었음에도 '다양한' 종교적 표현 형식이라 불렀다.[22] 개인화된 종교운동이 비단 미국의 현상은 아니다. 1980년대 중반부터 카미노를 걸었고, 카미노의 역사적 · 전前기독교적 근원과 혼합적 요소에 관심이 많은 영국 여성 안젤라는 자신이 'DIY' 종교를 실천한다고 말했다. 그게 뭐냐고 묻자 "Do-It-Yourself, 나 스스로 만든다는 거죠"라고 대답했다. DIY 종교와 셰일라이즘은 개인화된 영성의 뚜렷한 사례다.

성찰할 시간과 방랑할 장소가 필요한 사람, 정통 종교가 불편하게 느껴지는 사람, 교회에 대한 환상이 깨진 이에게 카미노는 대안적 공간이 된다. 마드리드 출신 약대생(26세)의 순례 동기를 들어보자. "여자 친구를 차버렸어요. 자신에 대한 의구심이 들어서 뭔가 대답이 필요했습니다. 마침 걷는 것도, 스페인 북부 지방도 좋아해서 이리로 왔죠." 프랑스 르퓌에서 산티아고까지 왕복으로 도보 순례를 한 40대 초반의 프랑스 심리학자 기Guy는 말했다. "사는 게 너무 불만족스러워 카미노로 떠나고 싶었어요." 이런 불만족의 원인은 아주 다양하다. 소르본파리대학교에 다니는 모나코 출신 학생(29세)은 "실패한 첫 번째 순례를 만회하려고 두 번째로 걷는 거예요"라고 말했다. 그는 1년 전에 개인적 · 신체적 문제로 카미노를 완주하지 못해 크게 실망했고, 남겨둔 순례를 마저 끝내고 싶었다.

영성의 강조는 서구에서 전개된 뉴 에이지 종교운동의 특징인 다양한 비교秘敎적 · 컬트적 · 개인적 종교 행위와도 관련 있다.[23]

이 장르의 고전은 후안 페드로 모린Juan Pedro Morín과 하이메 코브레로Jaime Cobreros의 《El Camino Iniciático de Santiago카미노, 입문의 길》이다. 이 책은 카미노프란세스를 통한 영적 깨달음을 위한 가이드북이다. 지은이는 현대사회가 근본적으로 부패했다고 보며 카미노의 다양한 징표와 형상, 석조 건물의 구조적 형태에 비밀스런 지식을 남겨놓은 중세 현자(연금술사, 대성당의 건축가)에게 눈길을 돌려야 한다고 제안한다. 입사는 이런 징표를 발견하고 여러 경험 영역으로 구성된 카미노를 걸으며 영적 깨달음을 얻었을 때 성취된다. 송포르/론세스바예스에서 부르고스까지 보편적 영성의 구간, 부르고스에서 아스토르가까지 상징적 죽음의 구간, 크루즈데페로에서 노야/피니스테레 갑까지 영적 부활의 구간이다.

이 책에 따르면, 비교주의자는 카미노와 간접적으로 이어진 다른 루트를 거쳐 '의식의 새로운 차원'에 가 닿고자 한다. 어떤 순례자는 비의를 품은 징표뿐 아니라 텔루리언 점tellurian point*도 감지한다. 한 젊은 독일 여성은 말했다. "이 길엔 에너지가 있어요. 이 위를 걸은 모든 사람의 에너지, 그들이 걸으면서 남기고 간 에너지요." 어떤 순례자는 전前기독교적·켈트적 영향력뿐 아니라 전설적인 아틀란티스의 에너지까지 탐색하려 한다. 또 다른 이는 카미노를 '뱀과 사다리juego de la oca'**가 있는 보드처럼 지난다. 경관 속을 가로질러 난관을 피하고, 먼 목적지를 향해 이

---

* 지구의 에너지가 응축되었다고 여겨지는 지점.

** 보드게임의 일종. 참가자 두 명 이상이 주사위를 굴려 술집이나 다리, 죽음 같은 장애물을 피해서 63번이 적힌 칸에 가장 먼저 도달하면 이긴다.

동하는 졸병으로서 오카oca(거위)와 카미노Camino라는 낱말의 신비한 어원학적 연관성을 찾아 헤매면서 말이다.

이런 탐색은 별들의 길Camino de las Estrellas(은하수Vía Láctea로도 알려진)과도 연관된다. 전통적으로 이 천상의 길은 지상의 카미노와 짝을 이룬다고 여겨졌다. 어떤 순례자는 은하수가 "뒷날 성 야고보의 길이 된, 중세 순례자들이 밟고 지나간 지상의 길이 천상에 반영된 것"이라고 믿는다. 은하수의 별은 죽은 자의 영혼이 지나가는 길로도 해석된다. 그 별빛은 방황하는 영혼이 한때 지구의 끝에 있다고 믿은 천국으로 가는 데 도움을 준다.[24] 한 순례자는 말했다. "카미노는 영적 죽음과 부활이 담긴 진정한 고대의 길이죠. 특정한 위도(은하수가 있는 위도)상에 머무르면서, 신비한 새와 동물의 이름이 붙은 장소를 지나가면 이 부활을 성취할 수 있습니다."[25] 은하수와 카미노의 이 유명한 연관성은 《칼릭스티누스 고사본》 4권에 실린, 출처가 불분명한 샤를마뉴대제의 꿈 전설에서 큰 영향을 받았다. 샤를마뉴대제가 잠들었을 때 "그는 은하수를 보았다. 사도 야고보가 놀란 황제에게 나타나 별들의 길의 의미를 설명했다. 그 길은 지금은 이교도가 점령해서 갈 수 없는, 성자의 무덤으로 난 길이라는 것이다".[26] 꿈에서 성 야고보는 샤를마뉴가 그 길을 되살릴 것을 촉구했고, 샤를마뉴는 그렇게 했다. 그리고 서쪽으로 계속 걸어가 산티아고에 처음 발을 디딘 전설적 순례자가 되었다.

어떤 순례자는 자신이 현대의 템플기사단(1차 십자군 전쟁 이후

1118년, 성지 순례자를 보호하기 위해 예루살렘에서 결성된 종교기사단)
이라 믿는다. 이 기사단의 정체는 신비에 싸여 있었다. 기사단원
은 자신의 성, 사원, 교회에 내장되었다고 여겨진 비밀스런 지식
을 절대 발설할 수 없었다.[27] 20대와 30대 초반 스페인인, 브라질
인(파울로 코엘료Paulo Coelho가 자신의 비교적·입사적 산티아고 순례
를 묘사한 베스트셀러 소설 덕분에),[28] 비가톨릭 유럽인(25~45세)이
이런 운동에 이끌리는 경향이 있다.

독실한 가톨릭이나 다른 교파 신자라 해서 텔루리언 점이나 카
미노의 '에너지', 기타 카미노의 비교적 요소를 믿지 않는 건 아니
다. 순례는 종종 비교 신앙과 결합된다. 나는 독실한 가톨릭 여
성이 비교적 은유를 사용하는 것을 보고 놀란 적이 있다. "교양
있는 순례자라면 두 에너지 점을 경험해야 해요. 철의 십자가 근
처에 있는 몬테이라고의 산티아고 에르미타지, 몬테델고소에 있
는 산마르코 에르미타지요. 거기서 밤을 보내면 카미노 속으로
더 깊이 들어갈 수 있어요." 그녀는 가톨릭과 텔루리언 점을 동
시에 믿는 데 아무런 곤란도 느끼지 않는 듯했다.

"옛날 순례자는 독실한 가톨릭교도였죠. 요즘 순례자는 모험
과 고독에 더 관심이 있는 것 같아요." 산티아고에서 3일간 취재
한 미국 저널리스트의 말이다.[29] 정확한 진단이다. 카미노의 많
은 순례자는 길 위에서 모험과 고독 사이의 뭔가를 찾는다. 여
행을 통한 탐색, 다시 말해 외부의 길을 걸으며 내면의 길을 찾
으려 하는 것이다. 마드리드 출신 여성 물리치료사(33세)는 말했

다. "산티아고 순례는 모험이자 스포츠, 자연이면서 이전의 휴가와 다른 건강하고 역사적인 여행처럼 느껴졌죠." 순례자는 카미노의 다양한 구간을 하루에 20~30킬로미터씩 걷고, 자전거로는 60~80킬로미터씩 이동한다. 여기에는 스페인의 고속도로, 포장도로와 비포장도로, 흙길, 여러 가지 돌길, 일방통행로 등이 포함된다. 때로 등산광이나 일반인도 야외 활동과 아름다운 풍경 속에 걷기를 즐기려고 카미노로 온다. 시기에 따라 순례자는 숨이 턱턱 막히는 스페인의 햇볕을 쬐거나(7~8월), 2주 동안 격렬한 장마를 경험할 수 있다(10월). 12월에는 눈 덮인 고요한 산길을 지날 수도 있다. 특정 계절에 특정 구간만 여행하는 것도 가능하다. 초봄에는 꽃 피는 산길을 걷고, 초여름에는 리오하 포도밭과 카스티야의 황금빛 밀밭을 구경할 수 있다. 늦여름과 가을에는 일부 지역에서 블랙베리와 견과류, 각종 과일이 익어간다. 그렇게 생명과 자연의 순환을 직접 살아보는 경험은 다른 여행에서 하기 힘들다. 이 생명의 순환과 리듬은 카미노 도처에 보이는 황새 떼에서도 느껴진다. 여름이면 종루에 둥지를 틀고 인상적인 자세로 날아오르는 황새가 순례자의 벗이다. 그렇게 마을에서 도시로, 도시에서 시골로 긴 아침 그림자를 따라 해 질 녘까지 서쪽으로 걸어가며 순례자는 1킬로미터씩 천천히 전진한다.

많은 이들이 혼자 걷거나 자전거를 타고 순례에 나선다. 개인보다 공동체에 가치를 두는 남부 유럽 특유의 문화 때문에 이탈리아, 특히 스페인의 젊은이(15~25세)는 5~15명씩 무리 지어 순

갈리시아 포석 길을 지나는 스페인 자전거 순례자들

례에 나선다. 자립과 고독의 가치를 먼저 배우는 유럽이나 미국의 10대와 달리, 많은 스페인 사람에게 혼자란 사회적 배척이나 연대성의 부족을 뜻한다. 그래서 야외 활동도 인성 함양이나 경쟁보다 우정과 팀워크 형성을 목표로 하는 경향이 있다. 여름방학 동안 대규모 단체 순례에는 자연과 육체 활동을 중시하는 스페인의 새로운 여가 문화가 반영된다. 예를 들어 1996년 8월에는 마드리드에서 온 공대생(20~26세) 14명이 산티아고로 떠났다. 21~40세 '모험가' 9명은 자신들의 지름길을 따라 세 번째 순례 중인데, 스포츠와 도전, 야외 활동이 순례 테마였다. 나는 5년간 순례 연구를 하면서 종교·교육·청년 단체에서 조직한 여행을 제외하고 최소 4명 이상이 함께 순례하는 비스페인 사람은 거의 본 적이 없다. 유럽이나 미국인은 보통 혼자 순례하거나, 친구 한 명 혹은 배우자와 동반한다. 그들은 길에서 만난 외국 동료도 좋아하지만, 고독과 '사람들에게서 떨어져' 자립적으로 움직이는 것을 선호했다.

어떤 순례자는 새로운 만남이나 기념일, 신혼여행을 축하하기 위해 카미노로 온다. 마드리드 출신 젊은 커플(22·25세)은 신혼여행으로 부르고스에서 산티아고까지 500킬로미터를 걷는 중이었다. 하와이로 가라는 말을 들었지만(둘은 각자 2~3회 카미노 순례를 한 뒤였다), 자연과 접촉하고 '느긋하고 고요한' 경험을 하기 위해 카미노로 왔다. "카미노는 카타르시스를 닮았어요. 모든 발걸음이 의미 있는, 뭔가 내밀하고 개인적인 경험이 되죠.

그건 우리를 신에게 가까이 데려다줘요. 일상에서 중요하게 여겨지던 것이 사실은 별게 아님을 깨닫죠."[30] 그들이 말했다. 깨끗하고 탁 트인 카미노를 즐기면서 함께 '충만한 시간'을 찾으려는 가족도 많다. 특히 여름에 그렇다. 많은 가족이 바다로 여름 휴가를 가는 대신 '카미노를 걷는다'. 가끔 부모가 휴직하고 자녀와 순례에 나서는 인상적인 사례도 있다. 남편은 예술가, 아내는 공무원인 벨기에 커플이 그렇다. 그들은 여섯 살, 아홉 살 난 두 딸과 당나귀 두 마리를 데리고 도보 여행을 떠났다. 1997년 5월 1일에 집을 떠나, 길고 고된 여정 끝에 7개월이 지난 11월 말에 산티아고에 도착했다.

역사적·문화적 동기에서 순례하는 이도 있다. 카미노의 유명한 기념물을 감상하거나, 수백 년간 신자 수천 명을 불러 모은 종소리를 들으면서 말이다. 중년의 네덜란드 커플이 그런 이들이다.

모든 기독교인이 1000년 전부터 여행한 스페인 북부 미지의 도시보다 아름다운 목적지가 있을까요? 게다가 산티아고로 가는 길에는 역사적·문화적 기념물이 아주 많아요. 여행하면서 본 로마네스크 성당은 보물 창고예요. 중세 순례자들처럼 우리도 그 앞에서 감동하죠. 이전 시대의 거지나 비참한 사람, 벌 받은 이, 병자, 페스트 환자가 느낀 무엇을 느낀다는 것. 물론 현재 우리는 그들의 두려움과 꿈을 완전히 느낄 수 없겠죠. 무엇보다 그들처럼 어린이 같고 순수한 신앙이 없으니까요. 하지만 이게 우리가 원하는 거예요. 우리의 개인적 과거와 유럽 문화를 연결하고, 이 유대감을 매일 조금씩 맛보는 것, 그 결속을 마음속에 조금씩 쌓아가는 것이지요.[31]

한 미국인 순례자는 카미노에서 생각지도 않게 2000년 된 로마 유적(다리, 길, 유물), 서고트족과 바로크, 무데하르* 예술과 건축은 물론 현대 스페인 건축의 거장 가우디(아스토르가)의 작품을 맞닥뜨리고 장엄함을 느꼈다. 유럽의 가장 뛰어난 두 고딕 성당(레온과 부르고스), 초기의 로마네스크 조각과 일부 건축물도 카미노에 있다. 그렇게 보면 이베리아와 유럽의 역사, 정치, 종교의 우여곡절을 간직한 살아 있는 박물관을 날마다 답사하는 셈이다. 엘시드가 걸은 부르고스 외곽 평원이나, 샤를마뉴와 나폴레옹이 론세스바예스에 도착하려고 넘은 산을 내가 직접 걷는다고 상상해보라. 얼마나 흥분되는 일인가!

순례의 영광스런 과거를 보여주는 유적 외에도 노래, 전설, 속담 등 풍부한 민속 유산이 지금도 순례자를 자극한다. 특히 유명한 전설은 처형된 결백한 순례자의 기적이다. 그와 연관해 산토도밍고데라칼사다의 성당에서 유리 닭장에 흰 닭 한 쌍을 기르는 풍습이 있다. 이 전설은 지난 몇 세기 동안 여러 판본으로 기록되었는데, 줄거리는 다음과 같다. 산티아고로 가던 순례자가 무고하게 도둑 누명을 쓰고 교수대에서 처형되었다. 그러나 그의 결백과 성인의 가호 덕분에 처형되고도 살아 있었다. 때마침

---

* 이슬람의 영향을 받은 스페인 예술 양식.

론세스바예스 근처의 젖은 숲길을 걷는 순례자들(나바라). 순례자의 지팡이와 가리비 껍데기가 보인다.

카미노에 있는 2000년 된 로마 시대의 돌길(나바라)

구운 닭을 먹으려고 자리에 앉은 지역 판사가 그 젊은이가 무죄라면 이 닭이 꼬끼오 하고 울 거라고 말하자, 정말로 닭이 울었다. 결백한 젊은이는 풀려났고, 유럽 전역으로 퍼져 유명한 전설이 되었다. 산토도밍고 성당도 그 전설과 깊이 연관되었다. 성당에서는 지금도 닭과 암탉을 주기적으로 교체해 닭장에 놓아두고 전설의 정신을 이어간다. 지역 빵집에서는 '처형된 순례자' 빵이나 과자류를 팔며, 여러 상점에서는 전설과 관련된 장식용 핀을 판다. 현대의 어떤 순례자는 중세 선조들이 그랬듯이 행운을 위해 적당한 자리에서 수탉이 우는 소리를 듣거나, 닭장 안에서 날아오는 닭 깃털을 붙잡으려 한다.[32]

카미노에서는 종종 '과거의 감정과 사물을 향한 감상적인 그리움(노스탤지어)'[33]이 발견되는데, 특히 중세가 그 대상이다. 1982년에도 순례자의 주요 동기는 1990년대와 마찬가지로 '조상이 걸은 길을 걷기'[34]였다. 이는 카미노에 국한된 트렌드가 아니다. 현대화된 현재보다 과거가 진정성 있는 것으로 여겨지는 후기 산업사회의 한 특징이다. 역사학자 패트릭 기어리Patrick Geary는 "중세 문명이란 대단히 부정확한 용어로, 1000년 가까운 시간 동안 유럽에서 발현된 매우 다양한 문화적·사회적 전통을 제대로 정의하기는커녕 오히려 흐려놓는다"[35]고 썼다. 현대 순례자도 자신의 경험을 긴 시대를 포괄하는 그 과거와 연결하면서 '중세'라는 단어를 대단히 부정확하게 사용한다. 과거에 중요하게 여겨진 장소로 돌아가 자신의 문화와 개인적 뿌리에 다가가려는 것도 도보 순례의 동기다. 개인적 행위를 통해 역사의 일부가 되고, 역사를 창조하겠다는 욕망에서 말이다. 많은 순례자는 순례 기간이 늘어나거나, 조금 돌아간다 해도 '오래된 루트'를 따라 걷길 원한다. 옛길이 포장되었거나 밀밭 사이로 사라졌을 경우, 포장되지 않은 시골길이 '오래된 길'로 여겨진다. 대체로 아스팔트 포장이 덜 되고, 걷는 사람이 많은 길이 좋은 길로 간주된다.

어떤 순례자는 종교적·이타적·정치적·개인적 운동을 위해 카미노를 걷는다. 이 부류의 순례자, 특히 영국인은 걷거나 자전거로 이동한 거리에 따라 돈을 기부하는 자선 운동을 위해 이타적 순례에 참여한다.[36] 1997년 2월에는 스페인시민보호대원 일곱 명이 갈리시아 경계 도시인 세브레이로에서 출발해 154킬로미터를 걸었다. 바스크 지역의 테러 집단인 ETA가 정치적 목적으로 두 민간인을 납치·감금한 데 항의하기 위해서다.[37] 이런 행동은 개인이 지역 문제에 영향을 미치는 것도 쉽지 않은 오늘날, 개인이 세계를 향해 던지는 강력한 전언이다. 단순히 걷고 자전거를 타는 행위로 다양한 운동에 큰 힘을 실어줄 수 있는 것이다. 순례자는 이런 방식으로 질병 퇴치 모금을 하고, 대중의 의식을 고취하고, 혼자서는 극복할 수 없어 보이는 난관 앞에서 결연한 의지와 신체 행위로 세상을 바꿀 수 있음을 보여준다.

《기네스북》에 이름을 올리려고 카미노를 걷는 이도 있다. 언론에 대대적으로 보도된 것처럼 1996년 9월에 독일인 두 명(치과의사와 저널리스트)이 아무것도 먹지 않고 생장피에르포르-산티

아고 구간을 14일 만에 순례하고자 했는데, 그들이 성공했는지는 알려지지 않았다.[38]

　대다수 현대 순례자는 자발적으로 순례에 참여한다. 그러나 중세 참회 순례의 흔적은 지금도 벨기에와 네덜란드의 청소년 형벌 제도에 남았다.[39] 오이코텐Oikoten('집home'을 뜻하는 어근에서 유래)이라는 비영리단체는 1982년부터 벨기에 법무부와 공조하여 청소년 범죄자의 재활에 카미노데산티아고를 활용한다. 이 프로그램은 1980년대 초, 문제 청소년이 6개월간 네바다 사막을 횡단하는 과정을 담은 미국의 다큐멘터리영화 〈벼랑 끝의 캐러밴Caravan of the last chance〉에서 영감을 얻었다. 오이코텐(비슷한 단체는 독일에도 있고, 스페인에도 생겨나는 중이다)은 해당 청소년을 사회로 재통합하기 위해 젊은이 한두 명과 감독관 한 명이나 그 이상을 짝지어 4개월간 산티아고 순례를 보낸다. 반성과 성찰을 위해서다. 오이코텐과 이 '탈출' 프로젝트의 모토는 '집과 모국에서 벗어나, 스스로 알아서, 자신의 힘을 믿으며'다.

　이 프로젝트의 목표는 문제 청소년이 자연과 접촉, 육체 활동, 자립을 통해 삶의 시련을 헤쳐 나갈 수 있게 하는 것이다. 길 위에서 얻은 새로운 이해가 '성장과 성숙의 내적 활동'을 일으켜 돌아왔을 때 그들이 달라질 수 있도록 말이다. 이 프로젝트를 소개하는 책자는 개인이 익숙한 사회적 관계와 사회에서 분리되는 경험을 강조한다. 그 이유는 "그들 자신과 타인을 새로운 방식으로 경험하게 하기 위해서다. 프로젝트가 끝나면 청소년은 또

트리니다드데아레싱모성당(나바라). 현재는 마리아수도회신학대학이자 순례자 숙소로 쓰인다.

다른 이야기를 가지고 집으로 돌아온다. 동료나 가족의 눈에 훨씬 성장한 모습으로. 우리는 이 방법으로 그들의 악순환이 끝나기를 바란다".[40]

내적 세계와 '걸어 다니는 상처'

일기는 순례자의 내면을 이해하는 데 도움이 된다.[41] 순례자는 종종 글로 적기도 힘들 만큼 개인적인 경험과 감정이 일기에 담겼다고 말한다. 카미노에서 마음의 더 깊은 층이 예기치 않게 드러나기도 한다. 안젤라도 카미노가 자아와 다른 세계, 다른 가능성, 다른 사람을 향해 열어젖힌 문을 이야기한 적이 있다. 몸을 쓰며 같은 목적으로 같은 길을 걸은 옛사람의 공동체와 연결된다는 것은 강력한 경험이다. 안젤라는 인터뷰에서 이 부분을 이야기할 때 감정적으로 변했다. "이건 내가 늘 의식한 문제예요. 한 발씩 걷고 또 나아가려 하면서 난 지금 누굴 위해 걷지? 물었죠. 답은 그럴 수 없는 모든 사람, 죽은 사람. 그들을 위해 걸은 거예요. 처음부터 알았어요. 내가 알지도 못하는, 순례를 시작했다가 미처 끝내지 못한 사람들이 있었구나… [여기서 그녀는 울음을 터뜨렸다.] 이 생각만 하면 감정이 북받쳐요. 이유를 모르겠어요." 그녀는 표면적으로 역사에 대한 관심에서 순례를 시작했지만, 다른 많은 이들이 그렇듯이 순례 동기는 시간이 가면서 개인적으로 더 깊고 큰 무엇으로 변해갔다.

순례 동기는 카미노를 걷다가 변하기도 한다. 바스크 출신 한 요리사는 요리 탐방을 위해 카미노로 갔지만, 산티아고에 도착했을 때 훨씬 영적인 것으로 변했다. 그는 감동한 나머지 론세스바예스로 돌아가서 예전에 작성한 설문지를 고칠 수 없느냐고 물었다. 이렇게 복잡한 동기와 다양한 순례자 범주를 감안하면, 순례와 순례자가 된다는 의미는 다종다양하다고 할 수밖에 없다.

순례 동기는 '나는 왜 걷지?'라는 질문을 제기한다. 그러나 이 질문으로 또 다른 관건, 즉 순례자의 내적 상태까지 파악할 수는 없다. '나는 어떤 상태로 카미노에 왔는가?'라는 질문 말이다. 수많은 병자가 희망을 품고 찾아가는 루르드나 파티마 같은 성지와 산티아고 사이에는 놀랄 만한 차이점이 있다. 루르드 순례자도 성지 공간에서 상당한 육체적 희생을 감내할 수 있다. 간구, 묵상, 감사, 중보 기도 간청을 위해 무릎 꿇고 걸을 수 있다. 그 성지는 외국인 수천 명이 모여 십자가의 길*을 지나며 예배하고, 단체 기도나 미사를 드릴 수 있도록 구성되었다. 어떤 이에게는 실망스럽겠지만, 산티아고에는 이런 분위기가 없다. 현대 순례를 잘 모르는 대다수 사람들은 산티아고 순례의 목적이 산티아고이며, 종교적 신앙이 그 여행을 추동했다고 생각한다. 그러나 산티아고 순례의 목표는 종점(산티아고)이 아니라 길 자체에 가깝다. 산티아고로 향하는 도보나 자전거 순례자는 성모 성

---

* 그리스도의 수난을 나타내는 14개 성상.

지 순례자와 달리 종종 육체의 질병이 아니라 마음의 고통 때문에 순례를 떠난다.

산티아고 순례자의 내적 세계와 복합적인 순례 동기를 가장 유려하게 표현한 이는 공무원으로 일하다가 은퇴한 50대 영국인 조지다. 그는 파트타임 순례자로 카미노를 몇 번 방문한 뒤에 생각했다. "동료 순례자랑 같이 있는 게 정말 즐거웠어요. 가끔 왜 그럴까 자문했죠. 우리는 외톨이의 공동체 같아요. 커플은 예외죠. 우리는 모두 원해서든, 타의에 의해서든 외롭다는 게 뭔지 알았어요. 특히 프랑스 친구들이 그랬는데, 모두 상처 받은 사람들이었죠. 걸어 다니는 상처walking wounded[42]라고 할까. 알고 보면 모두 사연이 있었어요."

카미노 순례는 일상에서 곪은 채 방치된 상처(상실, 실패, 공포, 수치, 중독)를 드러낸다. 길에서 경험한 것은 종종 이 상처에 효소 역할을 한다. 카미노는 지금까지 그랬고 앞으로도 그럴 듯한데, 다른 질서를 창조하는 희망과 기적의 길이다. 그래서 어떤 순례자는 카미노를 치유의 길la ruta de la terapia이라 부른다.

순례자의 내적 상태는 종종 전환점, 상실, 단절, 주변성의 경험과 결부된다. 많은 순례자는 인생의 중요한 전환점(청소년에서 성인기로, 중년의 성찰과 위기에서 퇴직으로)에 있었다. 그보다 심각한 상처(한 순례자의 표현에 따르면 '치명적인 삶의 공백기')도 순례 동기가 된다. 한 프랑스 남성은 아들을 잃은 슬픔을 치유하려고 보르도에서 떠나왔다. 또 다른 프랑스 남성은 잘나가던 직업과

집, 아내를 잃고 카미노를 걸었다. 그는 피폐해졌고, 물러설 데가 없었다. 마지막 언덕 삼아 산티아고를 걷기 시작했고, 친구들을 놀라게 했다.

순례자는 종종 자신이 왜 순례를 하는지 설명하느라 애를 먹는다. "내가 도망친 게 뭔지는 알겠는데, 뭘 찾는지는 모르겠어요."[43] 그런 이는 그저 카미노로 이끌려 왔지만, 자기 인생에서 제때 카미노에 도착했다고 느낀다. 조지가 설명했듯이 어떤 이에게는 치유 행위가 필요하다. "그 상처는 발설되지 않은, 느껴지긴 하지만 식별되지 못한 것들이죠. 거기엔 치유 행위가 필요해요. 카미노에서 얻은 용기로 그것을 열어젖히고, 표현하고, 직면해야 해요." 나는 1995년에 세 번째로 자전거 순례를 하는 뉴멕시코 출신 미국 여성을 만났다. 그녀는 10대인 세 딸과 여행하는 중이었다. 그녀는 1990년에 개인적 문제를 안고 떠나온 첫 순례 때, 로그로뇨Logroño의 한 수도원에서 사흘 동안 묵은 일을 이야기했다. 수녀들이 문을 열어 맞이할 때, 그녀는 하염없이 눈물을 쏟았다. 첫 순례에서 그녀는 여러 차례 설명할 수 없이 울음을 터뜨렸다. 결국 그녀는 원인을 짐작했다. 산티아고에서 만난 신부는 그녀에게 카미노에서 흘린 눈물은 정상이라고 했다. 나도 그 말이 옳다고 생각한다. 순례는 참여자가 개인적 층위에서 '과거를 정리하고', 결정되지 않은 '새로운 미래를 향해 움직일 수' 있게 한다.[44]

어떤 순례자는 고향에서 자신이 외톨이나 주변적 존재라고 느낀다. 그때 산티아고는 변화를 위한 시험의 장이자 기회가 되며, '실제 삶'에서는 쉽게 찾을 수 없는 중심과 목표를 제공한다. 순례자는 이방인(순례자)이자 주변인으로서, 많은 동료와 잘 닦인 길을 걸어 성지로 향한다. 이 경험은 종종 그들이 찾던 인생에 새로운 방향성을 부여한다. 아일랜드 여성 제인(33세)이 이국의 일상에서 카미노가 제공하는 소속감을 멋지게 표현했다. 그녀는 스페인과 포르투갈에서 영어를 가르친다. "누구나 다양한 이유로 자신이 이방인이라고 느낄 수 있어요. 예를 들어 내가 나고 자란 가정에서, 직장에서, 세상을 바라보는 방식에서, 여기 스페인에서…. 나는 우리가 겉돌고 소외되는 느낌을 주지 않는 분위기를 만나는 게 중요함을 깨달았어요. 카미노와 거기 사람들한테서 집 같은 편안함을 느낍니다." 이렇듯 어떤 이는 순례에서 한 장소, 한 고향, 한 중심을 발견한다.

2.
순례 계획

나에게 고요의 가리비 껍데기를 다오.

의지할 믿음의 지팡이,

기쁨의 배낭, 불멸의 양식,

구원의 물병을 다오.

영광의 가운과 희망의 진정한 담보물을.

그렇게 나는 나의 순례를 떠나리.

_ 월터 롤리 경(Sir Walter Raleigh)

순례란 첫 발걸음이나 자전거의 첫 페달로 시작되는 게 아니다. 순례자는 집을 나서기 오래전부터 순례를 구상한다. 몸을 움직여 카미노로 움직이기 전에 몇몇 내적 움직임이 일어난다. 어떤 결심이나 충동, 예기치 않은 자극, 실현해야 할 오랜 바람, 완수해야 할 약속, 변화에 대한 희망 등이다. 순례를 떠나기 전에 이 내적 공간이 어떤 방식으로든 동요한다. 기대와 열망, 혼란, 피로, 열림과 함께. 나 역시 1992년 산티아고를 처음 방문한 뒤 다시 산티아고에 가고 싶었다. 이듬해에는 연구에 몰두하며 다시 떠날 상상을 했으나, 당시만 해도 그 여행을 순례(종교적 여행)로 생각하지 않았다. 대학원 박사과정은 심적·감정적으로 고되다. 그래서 잠시 떠나고 싶었고, 산티아고 순례가 마침 그 구실을 제공했다. 연구 주제에 대한 관심이나 스페인을 알리려는 희망 외에도 육체적 도전에 들떴다. 1년 내내 학교에 틀어박혔기 때문이다. 나는 남편과 떨어지기 싫었다. 우리는 10대에 만난 뒤 5주 이상 떨어진 적이 없는데, 이제 9주 반을 떨어져 지내야 했다.

　순례 결심 이후 준비 과정은 다양한 형태를 띤다. 순례자는 출발 전에 여러 가지 선택을 한다. 그 선택은 순례 경험에 영향을 미치고, 당사자의 암묵적인 생각을 드러낸다. 어떤 이는 몇 년간 순례를 계획하고 준비한다. 루트를 조사하고, 순례를 다녀온 친구들과 대화하고, 언제 누구와, 무엇을 들고 갈지 생각한다. 어떤 이는 산티아고 순례를 안 지 며칠 뒤에, 얼마 되지 않아 불쑥 떠난다. 지금도 교구 신부나 목사의 추천서, 축복기도를 받는 등 영적 준비를 하는 이가 있다. 스페인의 한 영성 가이드북에 따르면, 순례를 떠나기 전에 친구나 가족에게 기도를 부탁하고, 출발하기 몇 주 전부터 기도로 영혼을 활짝 여는 것이 좋다. 지은이는 '영적 장비'에 "자신과 타인에 대한 믿음, 우리의 존재 방식이 언제든 변할 수 있다는 희망, 자신과 타인, 자연에 대한 사랑, 진정한 순례를 하려는 강한 동기, 모든 방어 메커니즘 내려놓기, 유머 감각이 꼭 포함되어야 한다"고 말한다.[1] 파트타임 순례자나 순례 경험자의 준비는 이와 다르다. 첫 순례에서 여러 문제를 겪어본 만큼, 예전의 경험을 더 세련하거나 향상하는 것이 관건이다. 순례 경험자는 대부분 순례에 투자할 시간이 더 많았으면 하고 바란다. 어떤 이는 순례 루트나 동료, 계절, 이동 방식에 변화를 주기도 한다.

영국성공회 목사 대니얼(50세)은 안식년을 맞아 새로운 변화를 위해 순례를 떠나기로 결심했다. 그는 혼자 하는 긴 자전거 순례에 켈트 기독교와 중세 순례 모델을 모두 반영하기로 했다. 다음은 그가 쓴 편지다.

잉글랜드 북부, 켈트 기독교의 요람인 노섬벌랜드의 홀리 아일랜드에 갔습니다. 지금까지 중요한 기독교 성지는 꽤 다녔지요. 중세 순례 개념에는 로마나 예루살렘 같은 목적지 개념이 포함돼요. 뭐 나쁘진 않아요. 하지만 더 이른 켈트족 개념에서는 순례자가 일단 집을 떠난 뒤에 신이 어디로, 어떻게 가라고 알려주기를 기도했어요. 나는 이 유명한 두 순례 패턴에서 가장 좋은 부분을 섞기로 했습니다. 고대의 순례지 산티아고에서 여행을 마치는 아이디어가 떠올랐죠. 제 중간 이름 제임스는 아버지의 이름입니다. 아버지가 돌아가시고 5년 뒤였는데, 순례가 그 슬픔을 치유하는 계기가 되리라 느꼈어요. 기점과 종점 사이의 모든 것은 신에게 맡기고 말입니다.

대니얼은 여행을 위해 기독교 순례의 상이한 두 패턴을 참조했다. 목적지만 정하고 여행하는 동안 자유롭게 방랑하길 원했다. 그는 아프리카에서 출발했는데 자아와 사회, 서구 문화에서 철저히 '벗어나' 진짜 이방인이 될 수 있는 '검은 대륙'에 끌렸기 때문이다. 그 여정은 상징적으로 자신을 만나고 아버지를 애도하는 과정의 연장이었다. 오늘날 많은 사람이 대니얼처럼 복합적인 동기로 순례를 떠난다. 그들은 순례를 계획하며 현재와 과거의 순례 모델은 물론, 개인의 경험과 지식도 활용한다.[2]

실제 순례는 휴가 기간과 계절의 영향을 많이 받는다. 물론 어떤 이는 휴직하거나 아예 사표를 쓴다. 순례가 특정 기간에 가능한 것은 아니지만, 1년 중 5~10월에 가장 많이 산티아고로 떠난다. 그중 성수기는 7~8월이다. 유럽의 바캉스 시즌이고, 여행이 수월하며, 성 야고보 축일이 7월 25일이기 때문이다. 축일 때문에 순례하지 않더라도 7월 25일 전후에는 수많은 방문객이 산티아고를 찾는다.

순례자가 여행 전에 결정할 가장 중요한 사항은 이동 방식이다. 걸을까, 더 빠른 자전거를 탈까? 드물긴 해도 짐을 옮기는 데 동물이나 말을 이용할까? 여기에 다른 질문도 추가된다. 길고 느리게 여행할까, 빠르고 독립적으로 여행할까? 혼자 갈까, 아니면 다른 이들과 함께 갈까? 떠나기 전에 순례 관련 책을 읽을까, 가서 직접 부딪칠까? 카미노에서는 성당이나 수도원을 방문할까, 그냥 걸을까? 한 달이나 한 주를 여행할 때 필요한 건 뭘까? 성경, 아니면 제일 좋아하는 시집(아마도 릴케)? 기도할 때 필요한 묵주? 음악? 워크맨? 카메라? 이 물건들이 순례에 방해가 될까? 순례자는 떠나기 전에 이와 같이 많은 결정을 내린다. 카미노에서 다른 순례자와 길의 리듬에 따라 움직이다가 즉흥적으로 결정하기도 한다.

산티아고 순례에 관심 있는 이들은 순례 루트나 접근로, 증명서, 숙소 정보 등을 얻으려고 카미노우호협회를 방문하기도 한다. 그리고 정신적·신체적·영적·실제적 준비를 위한 조언을 듣는다. 영국의 성야고보형제회는 순례 경험자가 순례를 고려 중인 이들에게 강연하거나 조언을 줄 수 있는 워크숍을 개최한다. 거기서 순례자는 카미노의 전반적 사정, 신체를 단련할 필요성,

의류와 장비, 가이드북, 계절, 루트, 들개를 만난 경우 대처법, 순례자 숙소와 기반 시설 등에 대한 정보를 얻는다. 당장 몇 년 간 순례를 떠날 계획이 없지만, 정보를 얻으려고 참여하는 이도 있다. 나는 산세바스티안의 기푸스코아카미노우호협회에서 격주로 열리는 워크숍에 참석한 적이 있다.

보통 도보 순례자는 튼튼한 배낭을 준비하고, 발의 통증과 물집, 근육 좌상 등을 피할 수 있도록 잘 길들인 부츠나 신발을 신고 가라는 조언을 받는다. 그러나 어떤 이는 아무 준비 없이 온다. 내가 라바날에서 자원봉사자로 일할 때다. 무더운 7월 오후, 카나리아제도에서 10대 학생 17명이 찾아왔다. 일주일 여정 가운데 이틀째로, 그들은 산티아고에 가고 싶어 안달인 눈치였다. 나는 안쓰러워 눈물이 날 뻔했다. 거의 모든 학생이 2~3개 물집이 있었고, 한 소년은 물집이 심해서 발바닥이 5센티미터나 찢어져 꿰매야 했다. 그들은 산티아고에 꼭 가고 싶어 했기 때문에 버스로 갈리시아까지 가서 여행을 계속했다.

각자 준비 정도는 천차만별이지만, 대체로 스페인 순례자들이 홀가분하게 출발한다. 관광안내소를 운영하던 스페인 남성은 독일인으로 추정되는 순례자에게서 온 전화를 이야기하며 어이없다는 듯 웃었다. 그 독일인이 카스티야 메세타의 일평균 기온과 우물이 있는 마을 간의 정확한 거리를 알고 싶어 했다는 것이다. 지나친 준비성은 보통 북유럽 순례자의 특징이다. 그들은 여행 일정표를 하루 치씩 인쇄해서 가져오는 것으로 알려졌다. 그런 일정표도 발에 물집이 잡히거나 지독히 습한 날씨, 질병 앞에서는 속수무책이다. 나는 영국인과 독일인처럼 보이는 이들에게서 순례자 숙소를 예약할 수 있느냐는 질문을 받은 적이 있다. 그러나 순례자 숙소는 엄격히 선착순으로 제공된다. 많은 사람이 처음에는 순례를 휴가처럼 계획한다. 아마 예측할 수 없는 것에 대한 불안, 환경을 제어하고 싶다는 욕망 같은 유럽인의 문화적 습관과 관계있을 것이다.

순례자는 출발하기 전에 자신이 순례에서 뭘 원하는지, 순례자는 누구인지, 순례자는 뭘 하며 어떻게 처신하는지, 순례자와 관광객은 어떻게 다른지 숙고하기 시작한다. 론세스바예스에서 현지 사정을 깨닫고 놀란 영국인 데이비드는 자신의 여행을 다음과 같이 설명했다. "우리는 한 달쯤 뒤에 도보 순례를 하면 적당할 거라고 생각했어요. 준비 과정도 순례 훈련의 일부였죠. 순례는 일정한 불편함을 동반하는 모험이자 도전이었어요. 예를 들어 제대로 된 순례자라면 저렴한 바나 레스토랑에서 소박하게 먹고, 그 지방 음식과 와인을 맛봐야 한다고 생각해요. 차를 타선 안 되고, 걷는 내내 배낭은 직접 메야죠. 읍내나 마을에 순례자 숙소가 있을 때는 호스텔이나 펜션을 이용하지 않고요. 그 숙소는 무료지만, 진짜 순례자에게 그렇지요."[3]

데이비드는 진정한(혹은 '적절한') 순례자가 되려면 몇 가지 기본 규칙을 지켜야 한다고 생각했다. 여행 기간(최소 한 달), 불편함(고통은 좋고 당연한 것), 금욕적 행동과 규율(단순, 절제, 검소, 감사), 자급자족(짐은 직접 들고, 자기 힘으로 순례하기). 나는 산티아고에서 또 다른 영국 순례자를 만났다. 40대인 그는 덥수룩한 수염을 만지며 2주간 길렀다고 멋쩍게 말했다. 그는 면도기를 가져오지 않았는데, 순례자를 수염이 덥수룩한 노인의 이미지로 상상했기 때문이다. 청소년기 이후 수염을 기른 것은 그때가 처음이다. 어떤 의미에서 순례자가 된다는 것은 하나의 태도를 취한다는 것, 평소와 다른 것을 한다는 뜻이다. 데이비드와 이 영국남성도 대다수 순례자처럼 다른 사람들, 여행기, 개인적 선입관을 참조했을 것이다. 이런 '규칙'은 대개 어디에도 쓰이지 않은 암묵적인 것, '걷다 보면 저절로 깨닫는' 것이다.

예를 들어 많은 미국 순례자는 잡지나 신문 기사(1994년《스미소니언Smithsonian》에 실린 유명한 기사처럼)를 읽고 산티아고로 향한다.[4] 버지니아에서 온 미국 여성 스테파니(58세)는 '하이킹, 배낭여행, 캠핑은 해본 적이 없고'(당연히 산티아고도 몰랐고) 본인이 표현한 대로 '클리버 부인Mrs. Cleaver'[5]으로 살았다. 그러다 우연히 그 기사를 보고 '산티아고 순례를 진지하게 고려'했다. 그녀는 말했다. "필자가 혼자 도보 순례를 떠난 영국 여성을 묘사했더군요. 길 위에서 진짜 친절을 경험하고, 적게 쓰며 본질적인 것을 만나고, 혼자 걷고 명상하는 동안 크게 성장했다고요. 나도 그러고 싶었어요." 그런 기사는 종종 순례에 대한 관심을 일깨우는 데 크게 기여하며, 기회가 오면 그 관심은 현실이 된다(스테파니는 1년 뒤 순례를 떠났다).

독서도 순례자가 결정하고 카미노를 이해하는 데 중요하지만, 그게 전부는 아니다. 스테파니는 자신이 만날 사람들, 육체적 모험, 내적 변화에 대한 기대를 품었다. 순례자는 떠나기 한참 전부터 카미노가 자신의 삶에 여러모로 영향을 주리라 생각한다. "모든 사람에게 그렇듯이 카미노가 날 도와주길 바랐어요. 신, 타인, 나 자신을 찾을 수 있도록 말이에요." 한 스페인 여성이 산티아고 여행 첫날에 쓴 내용이다.[6] 예를 들어 파울로 코엘료의《순례자O Diário de um mago》를 읽은 사람은 카미노에 있다고 여겨지는 비교적 요소에 이끌려 그 흔적을 찾고, 자신의 영적 입사를 기대한다. 어떤 이는 환대를 기대하고 왔다가 실망하기도 한다. 과거의 순례를 그대로 따라 하려는 이도 있다. 예를 들어 영국의 여행 작가 롭 닐란즈Rob Neilands는 자전거 순례를 결심했다. "자전거가 말타기와 가장 유사하고, 순례자의 본질, 건강하고 정직한 땀에 대해 많은 것을 가르쳐주기" 때문이다.[7]

순례자는 독서나 언론뿐 아니라 순례를 다녀온 친구들, 드물게는 여행사에서도 정보를 얻는다. 한 스위스 자원봉사자는 스위스 순례자 부부가 벨로라도 순례자 숙소에서 들려준 이야기에 놀랐다. 부부는 둘 다 실직한 상태였지만 가능한 범위에서 휴가를 원했다. 그들은 취리히 관광안내소에 가 상황을 설명했고, 안내소에서 카미노데산티아고를 추천했다. 그들은 정말 순례를 떠났다.[8] 나는 스트레스 해소와 건강 개선을 위해 환자에게 산티아고 순례를 처방한 브라질과 스페인 의사도 안다. 지금까지 내용을 정리하면, 순례 참여자들이 순례에 대해 아무 생각 없이 카미노로 오는 경우는 드물다.

출발

순례자는 출발지에 도착하기 전에 예민해지거나 걱정하고, 심지어 후회하기도 한다. 내가 여기서 뭘 하는 거지? 해낼 수 있을까? 바보처럼 변덕을 부린 건 아닐까? 단순히 꿈꾸는 것과 실제 배낭을 메고 출발하는 일은 엄연히 다르다. 둘의 충돌이 여행에 새로운 현실성을 부여한다. 첫 자전거 순례를 떠난 바스크 출신 앵스톤Anxton은 출발할 때의 초조함을 기억한다. "가족에게 작별 인사를 할 때가 오니까 신경이 날카로워졌어요. 충고를 잊지 않았나? 그래서 배낭을 다시 쌌죠. 아무 문제도 없었지만요."[9] 대다수 순례자는 종교의식 없이 집을 떠나지만, 어떤 순례자는 교회에서 축복기도를 받고 온다. 알리칸테카미노우호협회에서 제공하는 축복기도는 옛 순례 전통에 따라 두 부분으로 나뉜다. 먼저 순례자와 그의 친구, 가족, 협회 회원과 사제가 교회나 에르미타주, 예배당으로 가서 새로운 순례자에게 산티아고의 상징(가리비 껍데기, 지팡이, 주머니, 순례자 증서)을 건네며 복을 빌어준다. 그다음 순례자가 여행을 떠나기 전에 모두 함께 식사한다.

　도보나 자전거 순례를 결심했다면 어디서 출발하는가? 산티아고는 카미노의 종점이므로 순례자는 어디서든 출발할 수 있다. 종종 순례자는 개인적 이유로 특정한 장소에서 출발한다. 예를 들어 대니얼은 아프리카에서 출발해 스페인 남부를 가로지른 다음, 세비야를 거쳐 자전거로 북진했다. 여행 기간도 대단히 중요한 요소다. 영국 남성 데이비드는 진짜 순례자처럼 한 달을 걷고 싶었기에 론세스바예스에서 출발했다. 미국 여성 스테파니는 시간이 2주뿐이라 레온에서 출발했다. 요즘 유행하는 카미노 '완주'도 출발지에 영향을 미친다. 카미노에서는 흔히 "완주했어요"라는 말을 듣는다. 이는 카미노프란세스를 따라 스페인과 프랑스 국경(론세스바예스나 생장피에르포르)에서 여행을 시작했다는 뜻인데, 여기서 완주란 20세기 후반에 생겨난 자의적 개념이다. 750킬로미터에 이르는 그 길을 걷는 데 22~30일이 걸리며, 자전거는 10~14일이 걸린다. 중세 순례자는 그저 집을 떠나 산티아고로 이어진 순례 루트 중 하나에 몸을 실었다. 현대 순례자는 진짜 순례를 위해서는 이 카미노 구역을 최소 한 달 이상 여행해야 한다고 믿는다. 나는 팜플로나에서 론세스바예스로 가는 택시를 타거나(약 40분 거리, 미화 50달러 정도) 갈리시아, 세비야, 미국, 브라질, 독일 등지에서 이 '출발점'에 도착하려고 장거리 버스, 자동차, 기차, 비행기를 이용하는 사람들을 봤다. 현재는 '완주'라는 개념이 진정한 순례자 되기의 중요한 요소다.

순례자는 순례 역사에서 중요한 장소에 직접 가봄으로써 그들이 진짜 카미노라고 믿는 요소와 연결되며, 그들의 경험도 더욱 의미 있어진다. 하지만 그런 명소의 실태는 의외로 알려지지 않았다. 나는 자원봉사자가 되기 전, 론세스바예스에 대해 너무 많은 이야기를 들어서 그 작은 마을이나 몇 킬로미터 근방의 도시로 가는 직행열차가 없다는 사실에 놀랐다. 게다가 버스도 일주일에 몇 번 운행될 뿐이었다. 많은 이들이 〈롤랑의 노래La Chanson de Roland〉, 순례자 숙소, 재건축된 두 고딕 성당이 있는 론세스바예스에서 크게 감동했음을 고백한다. 마드리드 출신 한 남성은 순례자 숙소의 방명록에 썼다. "오늘 순례를 시작한다. 어제 론세스바예스에 도착하자마자 내가 순례자라고 느꼈다. 하루하루 충만히 살고, 느끼고, 만지고 싶다. 가장 단순하고 작은 것을 보고 싶다. 카미노뿐 아니라 마드리드에 돌아가서도."[10]

많은 이들에게 수 세기 동안 순례자 수백만 명이 거쳐 간 론세스바예스는 순례의 시작이자, 뿌리로 회귀를 의미하는 장소다. 그곳의 저녁 미사에서는 800년 역사를 자랑하는 순례자 축복기도를 읊는다. 이 미사는 종교가 없는 순례자에게도 여행의 분위기를 이해하는 데 도움을 준다. 다음은 그중 일부다.

그 문은 모든 이에게 열렸네, 병자에게나 부자에게도
가톨릭교도뿐 아니라 이방인에게도
유대인, 이단자, 게으름뱅이, 오만한 자에게도
그러니까 선한 이와 속된 이 모두에게.

론세스바예스의 순례자들. 서사시 〈롤랑의 노래〉 속 전투를 기념하는 명판 옆의
영국과 벨기에 순례자.

프랑스에서 건너온 영국 순례자 윌리엄은 이 미사에 꼭 참여하고 싶었다. "언덕길을 급히 내려와 간신히 저녁 미사에 도착했는데, 마침 '주께서 내 눈물을 그치게 하시고, 내가 넘어지지 않게 하셨으니'라는 찬송가가 들렸어요." 독실한 가톨릭 신자이자 진지한 순례자인 그에게 때맞춘 도착과 이 찬송가는 순례의 시작을 의미로 가득 채웠다. 여행을 위한 축복이 필요하다고 느끼는 이들에게 미사는 종종 기대치 않게 출발의 느낌과 축성식을 동시에 제공한다.

계절, 여행의 속도, 검박함, 여행 경비에 관한 결정도 순례자 정체성의 발전에 영향을 준다. 장기 순례 중이던 순례 경험자 앨리슨은 영국야고보형제회 사보에 〈겨울 순례자Winter Pilgrim〉라는 글을 기고했다. 그중 계절과 순례가 진정성과 연관되는 대목을 읽어보자.

9월 말부터 1월 초까지 파리에서 아를을 거쳐 산티아고로 걸어갈 때, 길에서 만난 많은 사람이 늘 상반된 이야기를 해서 놀랐다. "겨울에 카미노 순례를 하면 얻는 게 많아요." "카미노 순례는 여름에 하세요. 그게 나아요." 첫 번째 순례의 '장점'이란 그 자체로 고된 도보 순례가 겨울엔 춥고 궂은 날씨 탓에 더 괴롭다는 데서 오는 것이다. 반면 여름 순례의 '나은 점'은 '따뜻한 날씨'와 '이야기를 나눌' 순례자가 많다는 사실이다. (내가 꿈꾸던 고적한 도보 여행은 여름에 불가능했다.) 그러니까 어떤 이에게는 (완벽한 순간은 아니라도) 순례하기에 더 나은 순간이 있는지 모른다. 흥미롭게도 성 야고보 축일(7월 25일)에 산티아고에 도착해보라고 말하는 사람은 없었다.[11]

　한 여행 사회학자가 말했듯이 "여행 형식의 의미는 다중적이고, 우열을 가리기 힘들며, 시간에 따라 변할 수 있다".[12] 여행의 한 형식인 순례와 여행자의 한 형식인 순례자도 예외는 아니다. 어떤 순례자는 이 점을 간과하고 종종 자신과 타인에게 매우 엄격하게 군다. 앨리슨은 여행 시즌에 초점을 맞춘 위 글을 끝맺으며 썼다. "도보나 자전거, 자동차를 타고 산티아고로 여행할 때 적절하거나 옳은 시즌이 있다는 생각, 심지어 시즌이 있다는 생각은 접어두는 게 좋다."[13]

순례자의 표식

비스페인어권 순례자들이 카미노에서 맨 처음 배우는 낱말은 페레그리노(순례자)다. 사실 대다수 순례자는 국적을 불문하고 영어로 대화한다. 그러나 이 스페인어 '페레그리노peregrino'는 영어 '필그림pilgrim'보다 자주 사용된다. 길을 가며 모르는 낱말이나 정보를 조금씩 알아가듯, 순례자도 길 위에서 순례자가 무엇인지 조금씩 배워간다.

　내가 오스피탈데오르비고Hospital de Órbigo에서 자원봉사자로 일한 1994년 8월, 산티아고로 걸어가는 40대 후반 네덜란드 커플을 만난 적이 있다. 둘 다 여름방학을 맞은 교사인데, 넉 달 뒤에 귀국해서 편지를 보냈다. "우리에게 카미노는 스포츠이자 문화 행사였어요. 종교적 요소는 플러스알파였죠. 카미노에서는 페레그리노라 불리는 걸 피할 수 없어요. 사람들은 페레그리노에 걸맞은 혜택을 받고, 어느 정도 순례자가 되지요. 내 생각에 이건 종교적 목표가 있다는 것과 달라요. 산티아고에 도착했을 때, 우리가 처음 품은 순례자의 의미가 달라졌음을 깨달았어요. 그래서 지금은 누구한테나 말해요. 우리는 순례를 했다고요."

사람들은 어떻게 순례자를 알아볼까? 산티아고 순례자는 가리비 껍데기, 배낭, 순례자 지팡이로 유명하다. 이 사물은 시각적으로 카미노 여행자를 순례자로 표시하며 그들을 과거, 길, 순례자 공동체와 연결시킨다.[14]

가리비 껍데기

현대 순례자는 자신이 순례자임을 표시하려고 종종 가리비 껍데기를 목에 걸거나 모자, 배낭에 꿰맨다. 자전거 순례자는 핸들이나 바구니에 붙이고 다니기도 한다. 가리비는 지름이 10센티미터가 넘는 것도 있고, 조금 특이한 것, 가리비로 만든 장신구도 있다. 그 외에 순례자나 가리비 로고가 박힌 카미노우호협회 배지를 착용하기도 한다.

가리비 껍데기와 순례의 연관성은 카미노 초기 역사에서 발견된다. 전설에 따르면, 사도 산티아고의 초기 기적 중 하나는 바다에 빠져 익사할 뻔한 말 탄 남자를 살린 일이다. 그 남자는 갈리시아 연안에 풍부한 가리비 껍데기에 둘러싸여 수면 위로 솟구쳤다. 가리비scallop(스페인어 venera)는 어원상 비너스와 연관되며 탄생, 재생의 의미가 있다. 이 껍데기는 12세기부터 산티아고 순례자 이미지에 지속적으로 등장했고, "순례자가 수행해야 할 선행의 상징으로 여겨졌다. 손등 방향으로 펼쳐진 손가락이 떠오르기 때문이다".[15] 12~15세기 순례자는 보통 가리비를 가지고 출발하기보다 산티아고에 도착해서 여정을 완수한 순례자의 표식으로 가리비를 받았다.[16] 전설에 따르면, 프랑스로 돌아오는 순례자들이 이 가리비를 프랑스 요리에 도입했다. 생자크Saint-Jacques 조개 요리가 이렇게 만들어졌다.

가리비는 종종 순례자의 정체성 형성에 중요한 역할을 한다. 론세스바예스에서 자원봉사자로 일할 때, 갓 여행을 시작한 이들은 종종 어디서 가리비를 살 수 있는지 물었다. 기념품 상점에서 붉은 산티아고 십자가가 그려진 가리비 껍데기를 사는 것은 자신을 순례자 역할에 동화시키는 중요한 절차다. 1993년 순례 때, 내가 속한 단체의 안내인은 여행 초기에 가리비 껍데기를 나눠주었다. 처음에는 거부감이 들어 주머니에 넣었지만, 몇 주 뒤에는 가리비를 배낭에 꿰매고 걸었다. 잠깐 따라온 연구자가 아니라 서서히 나 자신을 순례자로 느끼면서 처음의 거부감이 사라졌기 때문이다.

가리비 껍데기 목걸이를 건 독일인 자전거 순례자들

전부는 아니라도 대다수 순례자가 가리비를 착용하는데, 부분적으로는 전통을 따라야 한다는 압력 때문이다. 어떤 이유든 순례자에게 가리비가 없을 경우, 길 위의 비순례자는 이를 알아채고 가리비를 주거나 어서 구하라고 권한다. 순례를 내적·외적 여행으로 생각한 젊은 스위스 여성 수잔은 순례 이틀째 되는 날, 콘스탄스 호수 근처에서 우연히 만난 순례 경험자에게 가리비를 받았다. 그는 자전거로 두 차례 순례를 했는데, 수잔에게 가이드북을 주고 약간의 조언을 건넸다. 지도와 가리비를 주면서 그녀는 순례자이므로 이 물건이 중요하다고 한 것이다. 한 스페인 자전거 순례자도 그를 멈춰 세운 마을 주민에게서 가리비를 받았다. 그 후 고속도로에서 그를 격려하는 경적 소리가 늘어났고, 그를 순례자로 인정하는 사람도 많아졌다. 다른 순례자나 비순례자는 이런 식으로 카미노 순례자를 돕고, 그들의 순례자 되기 과정에도 도움을 준다.

순례자 지팡이

도보 순례자는 흔히 도보용 지팡이나 막대기를 쓴다. 순례자는 종종 동료 순례자, 가이드북, 현지 주민에게서 가리비 껍데기처럼 중요한 순례 경험 중 하나가 지팡이를 지참하는 것임을 배운다. 그것이 '전통'이기 때문에 지팡이는 순례자를 보호하고, 지금까지 순례자는 그런 지팡이를 사용했다는 것이다. 《칼릭스티누스 고사본》에도 지팡이는 순례자의 '세 번째 발'로 언급된다.[17]

중세 순례자들은 늑대나 개와 같은 카미노의 맹수에게서 자신을 지키고, 험한 지역을 가로지르기 위해 지팡이를 썼다. 지팡이는 여러 가지로 해석되는데 남근의 상징, 승천의 재현, 예수가 매달려 죽은 십자가 등이 그 예다.[18]

이런 해석은 지팡이의 개인적 의미, 산티아고 순례의 다층적 성격, 내적이며 외적인 여정의 발전에 대해서 거의 말해주지 않는다. 스위스의 순례자 겸 연구자 바바라 하압Barbara Haab은 지팡이를 다음과 같이 묘사했다. "지팡이는 발걸음마다 나 자신의 중심을 찾게 도와줘요. 그러면 내가 하늘과 땅의 연결 고리처럼 느껴집니다."[19] 그에게 지팡이는 길을 안내할 뿐 아니라, 하늘이 순례자를 내리누르지 못하도록 보호 공간을 만들어내는 것이었다. 몇몇 브라질 순례자는 그것을 '마술 지팡이'라고 불렀다. 또 다른 이는 지팡이를 동료이자 보조자로 여긴다. 지팡이는 걷는 속도를 유지하고 리듬을 만드는 악기가 되기도 한다. 40대의 프랑스 심리학자 기는 새벽에 단체로 걸을 때 지팡이로 땅을 치며 그 리듬으로 소통했다고 말했다. 그들의 지팡이는 소속감 형성에 기여한 것이다. 반대로 젊은 캐나다 여성은 말했다. "지팡이를 들고 다니려고도 했는데 저한테는 아무 의미가 없었어요. 맨몸으로 카미노를 걷고 싶더군요."

지팡이에는 순례자의 사연이 깃들고, 정교한 조각도 새겨진다. 순례자는 때로 길을 가면서 조각을 한다. 여행의 기억할 만한 순간을 지팡이 표면에 새기는 것이다. 어떤 지팡이는 기능적 역할

지팡이에 기댄 프랑스 순례자(카스티야). 모자에 가리비 모양 배지를 달았다.

만 한다. 도보용 지팡이는 보통 사람 허리에서 머리 높이인데, 더 큰 것도 있다. 어떤 순례자, 특히 알프스 등산객은 가장 험난한 코스에서 접이식 스키 폴을 쓴다. 어떤 이는 양산 겸 지팡이로 우산을 들고 다닌다. 순례자는 종종 길에서 만나는 개를 쫓기 위해 지팡이를 휘두른다.

　도보용 지팡이는 주인이나 그의 사연처럼 하나의 세계를 구성한다. 나는 몇몇 독특한 지팡이를 보고 놀랐다. 한 순례자 숙소에서는 허리쯤 오는 높이에, 빨간 돌을 입에 문 도마뱀이 굽이치듯 감겨서 조각된 지팡이를 보았다. 주인인 스위스 순례자는 걷다가 주웠는데, 그 곡선에 매료되었다고 했다. 그러고 나서 죽은 도마뱀을 보고 뱀과 도마뱀, 용(카미노에서도 볼 수 있는 성 조지의 용)을 새긴 것이다. "우리 모두 내면의 용을 받아들이고 인정해야 해요. 빨간 돌은 그 용이 우리에게 줄 수 있는 보물이나 힘을 의미합니다."

　1993년에 두 번째 순례를 한 바르셀로나 출신 남성은 자신의 정교한 지팡이가 '산티아고와 함께 시작된 이야기'라고 말했다. 지팡이 꼭대기와 아래 성 야고보가 조각되었고, '나는 길이니I am the Way'라는 영어 문구가 새겨졌다. 그 아래도 복잡하고 섬세한 문양이 있었다. 많은 사람이 그에게 직업적 조각가인지 물었다. 그는 늘 대답했다. "아니요, 나는 기독교인이고 이건 내 믿음에서 온 겁니다." 그 조각은 그의 종교적 순간과 여행의 상징이다.

　콜로라도 출신 미국인 심리학자 벳시는 자신의 지팡이와 조각이 여행 '과정의 지도map of the process'가 되었다고 말했다. 그녀가 나바라의 한 작은 마을에 도착했을 때였다. 1990년대에 순례자 사이에서 유명한 남자가 자신이 만든 900여 개 지팡이 중 4개를 그녀에게 주었다.[20] 그건 대단한 영광이었다. 지팡이는 개암나무로 만들어 길고 곧으며 잘생긴 물건이었다. "개암은 제가 좋아하는 견과인데다, 지팡이가 정말 멋졌어요. 당신 키보다 컸죠." 그녀는 지팡이 끝에 '깃발처럼' 스카프를 꽂고 다녔다. 8년 전 남미 여행 때부터 가지고 있던 것이다. 벳시는 그 후 여러 번 스페인 시골 사람들에게 마녀로 오해받아 붙잡혔다. 그들은 그녀가 지팡이로 마법을 거는 건 아닌지 물었다. 아스토르가에서는 한 스페인 여성이 그녀를 보자 펄쩍 뛰어오르더니 웃으며 말했다. "당신이 지팡이로 마술을 거는 마녀bruja라고 생각했어요." 사람들은 1.8미터가 넘는 지팡이의 아름다움을 칭찬했다(그녀의 키는 170센티미터 후반이다). 어디서 얻었는지 묻거나, 조각을 보려는 사람들도 있었다. 벳시는 지팡이를 받은 뒤 이집트의 별, 나무, 달, 연꽃 등을 조각했다. 그것의 변화와 관련된 벳시의 개인적 상징이다. 다른 조각은 길 위의 특정 장소나 경험과 관련이 있다. 예를 들어 언젠가 화가 났을 때, 그녀는 지팡이에 피뢰침을 새겼다. 입을 연 뱀처럼 보이는 다소 무서운 형상이다. 메세타의 한 나무 아래 앉아 오랫동안 쉴 때는 도토리를 조각했다. 외따로운 나무와 그때의 경험은 지팡이 위 '지도'의 또 다른 장소가 되었다.

배낭

가리비나 지팡이가 없어도 배낭으로 순례자를 식별할 수 있다. 예를 들어 르퓌에서 출발한 순례자는 "산티아고로 갑니까?Vous faites le Chemin de Saint Jacques?"라는 질문을 받고 놀랐다. 종점과 거의 1600킬로미터 떨어진 곳에서 누군가 그들의 목표를 알아봤다는 사실에 자신의 순례 동기를 되물었다. 그 질문은 그들의 행위가 수백 년 역사를 자랑하는 순례자 공동체와 더 방대한 의례적 맥락의 일부임을 일깨운다. 순례자는 스쳐 가는 이방인이지만, 주목의 대상이기도 하다.

그런 인정과 더불어 도시나 마을의 현지인 혹은 관광객과 구별되는 존재(순례자)라는 자각이 생긴다. 나는 한 영국인에게 언제 처음 순례자라고 느꼈는지 물었다. 그건 순례를 시작하려고 플리머스에서 빌바오로 배를 타고 왔는데, 부두에 있던 한 남자가 그의 배낭을 보고 성호를 그어준 때다. 별난 경험이지만 자신이 가장 순례자라고 느낀 순간이라고 한다. 이따금 자신이 순례자 흉내만 낸다고 생각했기 때문이다. 벨로라도의 어느 현지인은 1990년대 순례 붐이 일기 전에, 순례자는 종종 거지나 도둑 취급을 받았다고 말했다. 시간이 지나면서 현지 주민도 가리비를 산티아고 순례와 연관 지었다(가리비는 스페인의 '집단적 기억'의 일부가 아니었다). '걸어 다니는 상처'라는 표현을 쓴 영국 순례자 조지는 프랑스인에게서 그런 의심쩍은 태도를 느꼈다고 말했다. 예를 들어 '순례 상징이 거의 잊힌' 베즐레 루트가 그랬다.

카미노프란세스 이외 루트로 스페인을 여행한 순례자는 종종 마을 주민이 그들이 뭘 하는지 몰랐고, 순례자가 아니라 관광객 취급을 했다고 말했다.

배낭은 독립적 여행자의 표지일 뿐 아니라 개인적 의미가 있으며, 순례자의 정체성 형성에도 영향을 미친다. 배낭은 여행자의 자아나 그 삶의 '무게'를 의미하거나, (독실한 스페인 가톨릭 신자의 경우) 십자가와 자기 죄의 무게를 나타낸다.[21] '가볍게' 여행하려는 욕망도 배낭에서 드러난다. 어떤 순례자는 가능한 모든 재난에 대비하거나, 지독하게 고생하기 위해 20킬로그램에 달하는 배낭을 가져온다. 보통 미국인과 독일인이 가장 무거운 배낭을 멘다. 나는 1997년에 36킬로그램이 넘는 가죽 배낭을 멘 유쾌한 프랑스 남성을 만났다. 그는 다리 사이에 마구 비슷한 벨트를 하고, 자신을 훈련 중인 산악 등반가라고 소개했다. 그러나 짐을 잔뜩 가져온 순례자는 종종 우체국에서 불필요한 물건을 집으로 부친다. 배낭을 비우면 여행이 훨씬 간소해진다. 내가 대신 짐을 부쳐준 이탈리아 여성은 말했다. "순례자가 되는 건 소유나 일, 삶에서 약간 거리를 두는 거예요. 내가 관광객이나 도보 여행자는 아니라고 생각했지만, 가끔은 '돈이 있는' 순례자라고 느꼈어요." 그녀에게 이상적인 순례자의 배낭은 극도로 가벼워야 하고, 돈조차 불필요한 것이었다. 그녀의 순례자 모델은 "마른 빵을 배낭에 넣고 가슴 주머니에는 성경이 있는"[22] 19세기 어느 러시아 순례자다. 대다수 순례자는 돈을 들고 오지만, 어떤 순례자(특히 프랑스인)는 돈 없이 다른 이들의 도움으로 여행한다. 부유한 집안 출신 프랑스 남성은 자신의 가문을 부담스러워했다. 젊은 프랑스 여성은 수도회 입단을 고려하고 있었다. 카미노에서는 종종 간소한 여행이 이상적으로 여겨진다. 배낭의 내용물은 삶의 내용물의 은유가 된다. 한 순례자는 신용카드와 무거운 배낭을 메고 출발했는데, 배낭은 점점 비웠지만 신용카드는 끝내 포기하지 못했다.

배낭을 자전거에 달고 다니는 자전거 순례자도 상황은 마찬가지다. 짐의 무게는 자전거 바퀴에 분산되지만, 페달을 밟는 데 힘이 드니 불필요한 짐은 없는 게 좋다.

순례자의 정체성은 사회적으로 부여되는 동시에 개인적으로 창조된다. 순례자의 상징 없이 걷거나 자전거를 탈 수도 있지만, 많은 이들은 자신을 다른 순례자나 카미노, 순례자의 역할과 관련지어 규정하고 싶어 한다. '순례자'는 당사자에게 상당한 자유, 심지어 권력을 부여하는 성취 지위다. 여행자는 관광객보다 순례자로 간주되는 게 훨씬 유리하다. 특히 스페인에서는 순례자라는 이유로 상당한 환대를 받기 때문이다. 혼자 걷거나 소규모로 움직이는 순례자는 종종 그들의 가리비나 지팡이를 알아본 이들에게 시원한 음료수나 간식을 대접받는다. 하지만 관광객이 마을 주민의 집에 초대받는 일은 드물다. 이런 대접 때문에 카미노가 우리한테 '빚을 졌다'며 뻔뻔하게 유난을 떠는 순례자도 있다.

상징의 힘은 많은 이에게 많은 것을 의미할 수 있다는 사실에서 온다. 상징의 의미는 유동적이며, 시간에 따라 변한다. 동일한 시기의 동일한 상징이라도 여러 의미(공식적·전복적·개인적)가 있다. 오늘날 카미노 순례의 성공은 부분적으로 순례와 연관된 상징의 유연성 덕분이다. 그 상징은 변함없는 듯 보이면서도 다양한 해석에 열려 있다. 순례자와 현지인은 고정된 내용물 없이도 공유와 다양한 해석이 가능한 순례 '상징의 다의성'에 모두 동의할 것이다.[23] 순례자는 대부분 호의를 경험하지만, 기피하는 대상이 되거나 비웃음을 사는 경우도 있다. 관광객은 순례자를 신기해하는데, 그들이 걸어서 산티아고로 오기 때문이 아니라 그들이 착용한 가리비, 지팡이, 배낭(긴 여행)의 의미 때문이다. 상징은 '나는 산티아고로 가는 순례자입니다'라는 메시지를 전달할 뿐 아니라, 그 자체가 순례자 여행과 이야기의 일부가 된다.[24]

순례와 희생

순례는 초기의 준비 과정과 순례자가 상징과 맺는 관계를 통해 형태를 갖춰간다. 그 과정에서 여행의 의미가 드러나며, 다른 순례자나 카미노와 상호작용, 개인적 성찰을 통해 꾸준히 생성된다. 나는 혼자 산티아고 순례 중이던 1995년 어느 날, 커피를 마시다가 순례와 희생의 관계에 대해 자문했다. 나바라의 작은 마을을 지나갈 때, 미카엘라Micaela라는 여성이 잠깐 쉬었다 가라며 집으로 초대했다. 나는 초대를 받아들였고 어느 순간 그녀는 말했다. "카미노를 걷다니 얼마나 대단한 희생입니까!" 그녀는 고향을 떠나 카미노를 걸어 혼자 콤포스텔라까지 가는 여행이 얼마나 숭고한지 말했다. 나는 다른 생각을 했다. 어떤 이들에게 순례는 희생일 것이다. 그러나 대대수 여행자에게 순례는 종점에 도착하는 일이 아니라 과정이다. 그게 산티아고 경험에서 가장 의미 있다. 미카엘라에게 내 산티아고 순례가 희생이 아니라고 말하기는 어려웠다. 다른 이들에게 그렇듯이 순례는 내게 개인적 보상과 자기 탐색, 인간적 접촉, 눈과 몸의 즐거움, 카타르시스, 자발적으로 부과한 시련이었다. 나는 궁금했다. 그녀는 내가 희생한다고 생각해서 초대했을까? 나는 미카엘라가 희생하는 누군가를 도와줬다고 생각하길 바랐고, 그녀가 품은 진정한 순례자의 이미지를 깨뜨리기 싫었다. 마크라메(매듭 공예품), 그녀와 순례자의 사진이 있는 작은 응접실에서 커피를 마시며 생각했다. 나는 무슨 권리로 여기 앉았을까?

우리는 마을 모퉁이에서 만났다. 배달 중인 채소 가게 남성을 봤을 때다. 트럭 경적 소리가 들릴 때 쇼핑백을 든 중년 여성 두 명을 봤다. 누군가 "페레그리나?" 하고 물었다. 가리비나 지팡이는 없지만 내 배낭이 징표였다. 나는 웃으며 그렇다고 말했다. 잠시 대화를 나누다가 한 여성이 마을의 첫 번째 집으로 오라고 했다. 나를 초대한다는 뜻이었다.

미카엘라는 21명이 사는 작은 마을에서 태어나 쭉 거기서 혼자 살았다. 그녀가 어릴 때나 지금이나 마을 인구는 거의 변하지 않았다. 마을 생활은 조용했다. 얼마 안 되는 젊은이는 대부분 도시로 떠났다. 언제부터인가 신기하게도 마을 한쪽에서 순례자들이 계속 나타나 일상의 리듬을 깨뜨렸다. 무거운 배낭을 짊어진 외로워 보이는 사람들 말이다. 그들은 재밌게도 한낮의 열기를 뚫고 걸어왔다. 그렇다면 한 명쯤 불러 사연을 들어봐도 좋지 않은가? 나는 그녀가 그렇게 생각했으리라고 상상했다. 순례자에게 환대를 베풀자. 그러면 이야기를 들려줄 테고, 채소 트럭을 기다리는 단조로운 일상에 조금이나마 활기가 생길 것이다.

미카엘라는 마을 표식이 새겨진 순례자 여권 스탬프를 내주었다. 그녀는 순례자에게 관심 있는 현지인이 종종 그렇듯이, 순례자 공동체에서 나름의 입지와 명성이 있었다. 그녀가 순례자를 환대하는 이유가 카미노의 가십 네트워크에서 유명세를 타려는 허영 때문은 아닌 듯했다. 선한 가톨릭 신자가 되겠다는 마음이 그 친절의 동기였을 것이다. 자발적 환대를 통해 그녀의 삶이 훨씬 풍성해졌다는 것도 눈치챌 수 있었다.

카미노를 걷는 일이 희생인가 아닌가 하는 문제는 덜 중요해졌다. 미카엘라 자신이 순례자에게 베푸는 것을 희생으로 이해했다. 그녀는 순례자가 희생하는 중이라고 생각하면서, 평소 하지 않던 행위(모르는 남녀를 집으로 초대해 커피나 식사를 대접하는 것)를 하는 자신을 합리화한 게 아닐까.

순례는 순례자뿐 아니라 카미노 근처에 거주하는 현지인의 새로운 정체성 형성에도 기여한다. 사실 순례자의 진정성이 늘 제도적 차원에서만 보증되지는 않는다. 그보다 카미노 위에서 전개되는 상호작용의 전 과정을 통해 만들어진다. 카미노의 교환은 돈이라는 노골적 수단에만 의지하지 않는다. 미카엘라와 나는 카미노 순례의 부흥 이후 생겨난 역할에 충실했을 뿐이다. 그녀는 길 위의 원조자고 나는 순례자다. 그녀가 희생에 대해 말할 때, 거기에는 미묘한 압력도 있었다. 그녀는 순례자를 '희생하는 자'로 정의했다. 그럼 희생이 없으면 순례자가 아니고, 뭔가 희생한 사람만 기독교적 환대를 받을 수 있는가? 이런 질문은 순례자가 자신의 경험을 반추하게 만든다. 나는 왜 여기 있나? 순례자가 된다는 것은 무엇을 의미하나? 그럴 여유가 없어 보이는 이들의 도움을 받는 건 윤리적일까?

카미노 근처에 사는 현지인은 길 위의 순례자를 돕는다. 그들은 순례자에게 자신의 목표와 목적지도 상기시킨다. 나는 당신이 계속 갈 수 있도록, 내가 할 수 없는 여행을 당신이 완수해, 나의 기원을 당신이 성인에게 전달할 수 있도록 당신을 돕습니다. 미카엘라에게 그것은 희생이다. 순례자들이 그렇듯이 그녀의 행위는 자발적이다. 아무도 그녀에게 순례자를 집으로 초대하라고 강요하지 않았다. 우리는 미카엘라의 일상과 (영적·의례적·여가 생활의 맥락에서) 순례자의 실천을 모두 고려해야 그녀의 행위를 이해할 수 있다.

영적 전령으로서 순례자

배낭을 둘러메고 미카엘라의 집을 떠날 때, 나는 성 야고보에게 그녀의 기도를 잘 전해주겠다고 했다. 카미노 근방에 사는 현지인은 사도 산티아고에게 바치는 기원이나 돈, 기도를 전해달라고 순례자에게 부탁한다. 산티아고 순례를 단순히 '스페인에서 하는 긴 도보 여행'으로 여기는 불가지론자에게 영적 전령이 되어달라는 부탁은 고민일 수 있다. 가톨릭 신자가 아니거나 성 야고보와 순례에 대해 아는 게 별로 없는 사람이라면 '성 야고보의 성상을 껴안아달라'는 부탁이 의아할 것이다.[25] 타인의 영적인 바람을 떠맡으면 종종 순례자로서 역할과 특권적 위치를 성찰한다. 그런 사건이 없었다면 훨씬 희박했을 진정성과 의미가 여행에 주어진다. 순례가 자신의 좁은 울타리를 넘어 큰 의미가 되는 것이다. 나는 다른 이들의 희망과 공포, 감사를 맡아 가지고 있다. 그러면 순례는 혼자 하는 여행이 아니라 길 위에서 만나 친절을 나눈(따라서 여행을 공유한) 모든 이들의 여행이 된다. 개인은 이런 식으로 자신을 더욱더 순례자로 느끼며, 순례자와 현지인을 포함한 더 큰 공동체의 일부로 여긴다. 한 프랑스 남성은 이런 참여를 통해, 순례자는 자신도 모르는 사이에 가톨릭교회의 일부가 된다고 말했다.

카미노에서 만나 대화하는 주민은 영적인 부탁을 하지 않더라도 순례자의 정체성을 형성하는 데 큰 역할을 한다. 오후의 햇살을 즐기는 나이 지긋한 스페인(특히 나바라 · 아라곤 · 라리오하 지역) 사람들은 순례자와 자주 대화한다. 그들은 수천이나 되는 순례자를 만났지만, 여전히 새 순례자를 특별하게 여긴다. 순례자예요? 어디서 왔어요? 혼자인가요? 순례자가 대답하면 그들은 놀라서 외친다. "걷는다고요?(자전거를 탄다고요?) 산티아고까지?" 단순한 도보나 자전거 여행자는 이렇게 순례자임을 밝히고 확인받는 과정을 통해 순례자가 된다.

순례 여행의 의미는 상징뿐 아니라 길 위에서 만나는 이들과 상호작용을 통해서도 생겨난다. 사람도 하나의 장소이며, 멈춘 움직임pause in movement이다. 카미노의 추상적 공간은 만남과 사건을 통해 장소로 변한다. 앞서 소개한 마을은 단지 나바라의 마을 중 하나가 아니라 미카엘라의 사연, 우리의 만남, 그것이 준 의미와 깊이 얽힌 마을이며, 공간은 이런 식으로 의미를 품는다.[26]

순례자 여권

현재 카미노의 인기를 감안하면 여러 조직에서 카미노의 팽창을 통제하려고 애쓰는 것도 무리는 아니다. 데이비드 치데스터David Chidester와 에드워드 리넨탈Edward T. Linenthal이 말했듯이 "신성 공간은 단순히 발견 · 창조 · 구축되는 것이 아니다. 특정 이해관계 당사자들이 그 공간에 대한 권리를 주장 · 소유 · 운영한다".[27] 정치적 차원에서 카미노를 통제하는 시도는 교회나 공공·민간 자원을 통한 기반 시설 구축을 예로 들 수 있다. 구체적으로 순례 루트 표시, 순례자 숙소 건설과 유지, 기념물 보존, 관광안내소와 팸플릿, 안내 책자 구비, '카미노의 전통적 환대'(정부 지원으로 발간된 안내 책자의 표현)를 부활하려는 노력이 여기 포함된다. 이 환대는 자원봉사 형식을 띠며, 종교 계율에 따라 병들고 가난한 순례자에게 기독교적 자선을 베푼 중세 모델을 기반으로 한다. 순례자는 식사나 기호품 같은 기본 지출을 제외하고 카미노 기반 시설을 무료로 이용할 수 있다. 그러나 순례자 여권이 있어야 하고, 숙소에 기부금을 내는 것이 이상적이다. 어떤 숙소는 하룻밤에 2~4달러를 받는다.

순례자 여권은 가톨릭교회와 그 하위 기관(교구, 형제회 등), 교회가 허가한 단체(스페인카미노우호협회연방에 속한 협회, 몇몇 순례자 숙소)에서 발급한다. 이 여권은 도보나 자전거, 말을 이용하거나 '가장 폭넓은 의미에서 기독교적 순례를 하려는 자'에게 발급된다. 이 여권을 발급하는 목적은 순례자 식별인데, 카미노 기반 시설 이용과 콤포스텔라 증서 발급에 쓰인다. 콤포스텔라 증서는 종교적 동기에서, 다시 말해 신앙이나 종교적 이유로 순례를 마친 이에게 가톨릭교회가 수여한다. 순례자 여권을 받으려면 본인이 속한 지역 교구 신부가 발행한 추천장을 제출해야 한다. 몇몇 발급 기관은 절차가 까다롭지만, 대다수 기관에서는 여행 동기를 묻지 않고 발급해준다. 이 여권은 한편으로 순례자가 연대,

순례자 여권을 보여주는 이탈리아 커플. 산티아고로 오면서 찍은 스탬프가 빼곡
하다.

겸허, 품위 있는 관대함을 갖춘 존재임을 상기시킨다.

순례자 여권에도 오늘날과 사뭇 다른 역사가 깃들었다. 11세기부터 순례자는 종교 기관에서 발급한 순례 허가서를 들고 다녔다. 양식은 정형화되었지만 현대처럼 표준화된 서류 형태는 아니었다. 발급 목적은 순례자에게 주어지는 환대 체계를 이용하려는 '가짜' 순례자를 가려내기 위함이었다. 오늘날 이 증서는 순례에 완수해야 할 목적이라는 새로운 성격을 부여한다. 순례자는 하루에 한 번씩 스탬프를 찍으라고 교육받는데, 순례자 숙소나 성당, 시청, 때로는 지역 술집에서 찍을 수 있다. 1980년대 후반부터 카미노 붐이 일어남에 따라 여러 지역에서 스탬프가 생겼다. 아직 여기에 대한 통제가 없어 누구나 자유롭게 스탬프를 만들고 쓸 수 있다. 어떤 이에게는 스탬프 찍기가 중요한 일과이자, 여행의 소중한 추억이 된다. 순례자 여권은 현지인과 순례자의 교환을 가능케 하는 수단이 된다.

순례자는 출발지에 따라 여권을 발급받으며 특정 단체나 담당자의 권력을 경험한다. 이 경험도 순례의 의미 형성에 중요한 역할을 한다. 생장피에르포르에서 출발하는 순례자는 대개 순례 첫날 여권을 받으려고 중세 성곽의 구석에 있는 부엌 딸린 순례자사무소에서 지루하고 때로 불쾌한 시간을 보낸다. 나는 기분이 상한 여러 순례자에게 그곳 담당자가 어떤 대우를 했는지 들었다. 심사관의 평가는 가혹했다. 그녀는 순례자가 캐주얼한 차림으로 오거나, 건들거리며 걷거나, 추천장이 없다는 이유로 여권 발급을 거부했다. 순례자는 자괴감과 좌절감을 경험했고, 심지어 울기도 했다. 반면 자신의 기준에 부합하는 진짜 순례자를 보면 환하게 웃으며 향긋한 와인까지 대접했다.

그 심사관은 나와 면담할 때 가짜 순례자가 많다고 말했다. 예를 들어 순례 시스템으로 휴가를 즐기려는 자들이 있다. 한번은 이탈리아 남성이 순례를 하겠다고 찾아왔다. 그는 지역 교구의 추천장이 없었고, 심사관은 순례자 여권을 발급받으려면 그의 종교적 동기를 증명할 교구 신부의 편지를 팩스로 받아 오라고 했다. 그는 놀랐고 언짢았다. 팩스를 받을 데가 없고, 그 심사관에게 자신의 순례를 정당화할 필요도 못 느꼈다. 그는 그녀의 말을 무시하고 순례를 떠났고, 론세스바예스에서 여권을 발급받았다. 그 심사관이 순례자의 진정한 마음가짐을 요구하면서 현대 기술의 산물인 팩스를 요구한 것은 아이러니하다. 이 장면에서 드러나는 순례자와 순례자의 행실에 대한 상반된 관점은, 서유럽 사회의 여가 활동과 변화하는 순례의 성격과 연관된 해결되지 않은 긴장을 보여준다. 그 심사관의 행동은 때로 다른 성야고보협회 회원의 눈에도 곤혹스럽게 비쳤다. 피레네자틀랑티크 성야고보협회는 그녀의 수고를 덜어주고 이 중요한 통행로를 지나가는 순례자를 더 따뜻하게 맞이하기 위해 1990년대 중반, 생장피에르포르에 자원봉사자로 구성된 또 다른 순례자사무소를 열었다.

이 일화에서 논의할 만한 또 다른 점은 순례자 여권이 유럽연합EU이 장려하는 '국경 없는 유럽' 개념과 어긋난다는 것이다. 원론적으로 유럽 시민은 자유로이 유럽을 이동할 수 있다. 순례자 여권은 이와 상반된 통제 과정이다. 프랑스와 스페인 국경을 넘는 도보 순례자는 자신의 여권이 아니라 순례자 여권 스탬프 때문에 고생한다. 스페인카미노우호협회연방은 스페인에서 사용되는 모든 순례자 여권의 표준화를 시도했다.[28] 스페인에 입국하기 전에는 상이한 형제회나 카미노우호협회가 발급한 순례자 여권을 이용할 수 있다. 그러나 스페인에서는 때로 거만한 심사관이 순례자 기반 시설을 이용하려면 공식 여권을 갖추라고 요청한다. 카미노에서 순례자는 사회에서 벗어났다고 느끼지만, 여기에는 관료주의적 방식으로 순례자를 사회와 다시 연결 짓는 미묘한 권력이 작동한다.

3.
새로운 리듬

© 문진웅

내가 이 세계의 황량함 속을 걷고 있을 때…

_ 버니언(John Bunyan), 《천로역정(The Pilgrim's Progress)》에서

나는 걷기 시작했어요. 가슴이 기쁨으로 뛰던 순간부터 발견이 시작되었죠. 풍경, 눈부신 하늘, 식물, 꽃, 믿을 수 없는 색을 띠는 나무, 새들의 장엄한 비행, 한마디 격려와 과일 한 개, 물 한 잔을 건네며 자신이 사는 마을의 이야기를 들려주는 매혹적인 사람들, 연령과 직업, 국적, 계급, 신앙이 다른 순례자…. 그들은 애정과 연대감, 존중을 통해 최선의 것을 보여주었고, 그래서 날마다 특별했어요. 나는 자신을 긍정할 수 있었지만, 체력이 떨어져 큰 고통을 겪었죠. 몸을 더 잘 관리하고 규칙적으로 운동했어야 한다고 생각했죠. 카미노에서 고통과 어려움을 극복하는 내 능력을 알았어요. 나는 많은 경우에 할 수 있다고 믿으며 신체적·심리적 한계를 넘었지만, 늘 그럴 수는 없었죠.

내가 고독과 혼자 있는 데 얼마나 잘 대처하는지, 새로운 상황에 얼마나 잘 적응하는지, 물질적인 것이 얼마나 하찮은지 배웠어요. 삶의 무게를 줄일수록 훨씬 쉽게 걸을 수 있다는 것도요. 건강한 삶을 사랑하는 법, 자연에서 그 일부가 되는 것이 얼마나 좋은지도 배웠죠. 오직 현재에 존재하며, 뉴스나 일상 없이 안녕과 행복, 에너지, 자유, 도보가 중요한 또 다른 세기, 또 다른 세계에 사는 느낌이었어요. 시간이 가도 카미노를 생각하거나 말할 때마다 새로운 발견이 떠올라요.

마드리드 출신 물리치료사 마리나(33세)가 1994년 여름에 산티아고 순례를 마치고 석 달 뒤 보내준 편지의 일부다. 나는 어느 무더운 8월 오후, 벨로라도의 순례자 숙소에서 마리나를 만났다. 그녀는 도보 여행을 시작한 지 2주째였다. 자원봉사 하던 나는 그녀가 순례자 숙소 장부에 서명할 때 여권에 스탬프를 찍어주었다. 마리나는 현대의 많은 순례자처럼 모태 가톨릭 신자지만 신앙생활은 하지 않았다. 처음에 그녀는 도시의 단조로운 리듬에서 벗어나 해변과 숙취가 없는 휴가를 원했다. 카미노에서 의미 있는 여가를 찾을 수 있으리라 믿었다. 마리나는 부르주아적 삶의 스트레스 대신 신체 활동, 자연, 시련, 고독, 검약, 예기치 못한 새로움, 새로운 시공간 감각, 과거, 확고한 목표가 있는 카미노로 와서 자신과 타인을 새로운 방식으로 발견했다. 그것은 타인과 접촉, 개인적 성찰, 몸의 움직임을 통해 시공간의 변화 속에서 나타난 육체적 · 심리적(외적이며 내적인) 과정이었다.

순례자가 걷기 시작하면 보통 세계 인식에 변화가 생기며, 그 변화는 여행 내내 계속된다. 그들은 변화된 시간 감각, 감각의 고양, 몸과 경관에 대한 새로운 인식을 경험한다. 마리나는 '나는 걷기 시작했어요'라고 쓴 다음, 몸의 움직임을 기쁨, 발견과 연관시킨다. 걷기는 일상적 시간 바깥에 존재하는 자연의 아름다움을 드러낸다. 이 순간에 계획과 우연이 뒤섞인다. 신체적 · 정신적 · 영적으로 아무리 많은 준비를 해도 예기치 않은 카미노의 요소에 모두 대비할 수는 없다. 미지未知를 향한 발돋움은 순례자

되기의 중요한 첫걸음이다. 젊은 독일 남성이 말했다. "걷는 경험에서 발걸음은 사색이다. 당신은 자신에게서 벗어날 수 없다."

시간, 장소, 이동, 인식

시간의 흐름이 태양, 허기, 그림자의 위치, 배고픔을 통해 지각되는 세계에서는 종종 직선적 시간이 순환적 시간에 자리를 내준다. 두 시간 모두 카미노에 존재하며, 둘 다 순례자에게 영향을 미친다. 누구나 직선적 목표를 따라가지만, 장소에 장소를 거쳐 천천히 카미노를 걸을 때 움직임은 대부분 순환적으로 변한다. 정신 건강 전문가 빔Wim(50세)은 네덜란드에 아내와 가족을 두고 산티아고로 걸었다. 그는 삶을 재점검할 시간이 절실히 필요했다. 그는 여행이 시간에 어떻게 영향을 주는지 다음과 같이 표현했다. "시간에 쫓기지 않는 경험이 그리웠어요. 그냥 하루하루, 1킬로미터 1킬로미터 걷다 보면 어디든 도착하는 거죠. 고향에서는 늘 시간에 매여 살았어요. 카미노에서는 시간이 넘쳐난다는 느낌이 좋아 하루하루, 영원히 살 수 있을 것 같아요." 여행자는 대부분 회의나 약속, 강의, 급한 이동으로 점철된 일상에 산다. 어떤 이는 여행 초기에 빠르게 걷다가, 어딘가에 도착하려고 서두를 필요가 없음을 깨닫고 점점 느긋하게 걷는다.[1]

순례자는 그렇게 자신의 몸을 발견하고 다른 리듬에 내맡긴다.

어떤 이는 자신의 생체리듬에 따라 이동 속도를 조절한다. 예를 들어 허기가 느껴질 때까지, 지칠 때까지 걷는다거나 햇빛을 피하기 위해 아침 일찍 출발하는 식이다. 순례자는 '지금, 여기'라는 감각을 강렬하게 느낀다고 고백한다. 론세스바예스부터 걸어온 바스크인 앵스톤은 말했다. "카미노에선 자기 시간으로 뭐든 할 수 있어요. 기도하고 성당이나 기념물, 수도원을 방문하고 마을 신부나 자기 문제를 이야기하는 농부, 양치기, 노인, 어린이와 대화할 수도 있죠."[2] 바깥세상은 멀리 있다. 순례자는 바에 들어가 스포츠나 투우, 온갖 비극적인 국제 뉴스를 볼 수도 있지만, 이는 대화나 식사, 뜨거운 오후에 마시는 시원한 물이나 맥주 한 잔보다 덜 중요하다. '시간을 벗어난' 듯한 이 분위기는 직장, 사회규범, 매일의 계획으로 둘러싸인 일상과 날카롭게 대조된다. 한 순례자가 말했듯이 "서둘러 가야 할 어떤 목적지도 없어요. 내가 한없이 접촉하는 이 지구가 있을 뿐이죠".[3] 산티아고로 걷거나 자전거를 타고 갈 때, 일상적 시간은 전복된다.

새로운 시간 감각과 더불어 과거의 삶을 구조 짓던 일상적 의례도 파기된다. 몇몇 스페인 사람이 말했듯이, 카미노는 종전의 습관을 파괴하고 새로운 자신감을 체득할 기회를 준다. 비스페인 순례자들은 저녁 8시 30분 이전에 식사할 곳을 찾지 못해 애먹는다. 그들은 고향의 식사 시간과 관습을 포기하고, 시계 대신 몸의 허기에 귀 기울이는 법을 배워야 한다. 스페인 사람에게 오후 2~3시에 먹는 점심 대신, 배고플 때마다 뭔가 먹는다는 생각은 충격적이다. 산티아고로 걷거나 자전거를 탈 때는 순간에 집중하며 자기 시간의 주인이 되기가 훨씬 쉽다. 순례자의 말대로 산티아고는 사회가 억누르는 '자유'가 살아 있는 곳이다.

하지만 시간은 무한하지 않다. 여행자는 순례 후 집으로 돌아가야 한다. 대다수 여행자는 한정된 일정으로 카미노에 온다. 내가 만나본 순례자는 최소 일주일, 최대 7개월 일정으로 왔고, 대부분 2~4주 일정으로 순례에 참여했다. 옛 습관이 카미노의 새로운 시간 감각과 충돌하기도 한다. 순례 가이드북은 시간 활용에 유의하라고 말한다. 예를 들어 일찍 일어나 오전에 걷고, 오후에 명소를 관람하는 식이다. 순례자 숙소에서도 야간 통행금지나 취침 시간을 정해놓는다. 어떤 이는 원래 일정을 포기하고 여행의 리듬에 따르지만, 어떤 이는 그런 타협을 원치 않는다.

나이 지긋한 독일 사업가 안톤도 이런 갈등을 겪었다. 그는 느긋하게 움직이는 대신 산티아고에 도착하기 위해 서둘렀다. 그래서 중요한 기회를 놓쳤다고 느꼈다. 카스티야-레온과 갈리시아 사이 초원 지대를 걸으면서, 그는 또 다른 시공간 속에 있는 듯한 작은 마을에 도착했다. 농부는 트랙터 대신 황소를 이용하고, 비포장도로에, 여성은 전부 검은 옷을 입었다. 작은 벽돌집 앞을 지나갈 때, 한 할머니가 잠시 쉬었다 가라고 말했다. 그는 망설였지만 계속 가야 한다는 생각에 멈추지 않았다. 마을 경계에 도착해서 크게 후회하고 돌아갔는데, 10분 뒤 놀랍게도 마을에는 아무도 없었다. 그 할머니 집 문을 두드렸지만 대답이 없었고 후회는 커졌다. 카미노가 준 기회가 사라진 것이다. 안톤은 그때부터 목적에 집착하는 대신 순간을 음미해야겠다고 생각했다. 산티아고 혹은 죽음과 같은 종착지는 그가 서두르든 말든 언제나 거기 있을 것이다.

더 느리게 움직이며 '발걸음이 사색'이 되는 '인간적 속도'의 리듬에서는 공간과 자연경관[4]을 경험하는 방식도 달라진다. 처음에 머릿속에 상상되는 카미노는 거대한 공간이다. 어쩌면 소소한 역사 지식, 지인에게 주워들은 몇몇 일화의 배경인지 모른다. 그러나 걷고 자전거를 타다 보면 그 길은 개인적 의미가 담긴 장소, 이야기의 배경이 된다. 나는 희생을 언급한 미카엘라를 만난 뒤에 이 사실을 실감했다. 그녀가 사는 마을은 내 기억 속에서 언제나 그 사건과 결부될 것이다. 독일에서 도미니크회 신부를 지냈고, 현재는 정치학 교수이자 아마추어 농부인 미국의 가톨릭 신자 리Lee는 말했다.

몇 시간 뒤에 뭔가 새로운 것, 전혀 경험한 적 없는 것을 느끼기 시작했어요. 정말 강하게, 온몸으로 내가 한 장소에서 다른 장소로 움직인다는 걸 느꼈습니다. 차나 비행기를 탈 때처럼 공간space을 통과해 움직이는 게 아니라, 장소place에 있다고 느꼈습니다. 수많은 장소에요. 나는 미분화된 공간에 있는 게 아니었어요. 사실상 비非장소라 할 수 있는 현대의 많은 장소가 그렇지만요. 단순히 공간적 개념의 반복인 병원 공간, 쇼핑몰 공간, 공항 공간…. 하지만 카미노에서는 발걸음마다 내가 장소에 있어요. 1센티미터든, 0.5미터든 어떤 장소에서 다음 장소로 이동하죠. 내 모든 감각도 점점 열리는 것 같아요. 무한히 다양한 인식을 헤쳐 나간다고 할까. 나는 걸음마다 다른 장소에 있고, 각 장소에 고유한 성격이 있어요.[5]

리는 도보 순례 둘째 날에 이 '철저히 다른 감각'을 느꼈다. 무의미한 공간을 통과하는 대신 장소에 대한 감각이 예민해졌고, 세상 속에 존재하는 방식도 달라졌다. 그는 발걸음을 느끼고, 새로운 장소에 있는 자신을 의식했으며, 그 발걸음과 어떤 영향을 주고받는지 깨달았다. 이 장소 감각의 발견은 부분적으로 그가 움직이는 방식, 인식하고 만지는 사물에게서 왔다. 길은 단지 평평하고 울퉁불퉁한 곳이 아니었다. 언덕은 늘 푸르고, 새도 늘 노래하는 것이 아니었다. 걷다 보면 풀잎 하나하나, 길 위의 돌멩이 하나하나가 눈에 띈다. 그렇게 감각이 고양되어 디테일이 생생해진다. "풍경은 걸음마다 변한다. 땅을 디디고 나아갈 때마다 발밑으로 다른 돌이 느껴진다. 나는 같은 장소를 두 번 걷지 못하고, 똑같은 지표면을 두 번 느낄 수 없다. 바닥의 딱딱함, 부드러움, 날카로움도 갈 때마다 변한다. 하늘을 보면 구름의 모양이 매번 새롭고, 주변을 둘러보면 모든 풍경이 독특하다."[6] 경관은 단지 중립적 배경이 아니라 공간 인식, 움직임, 순례자에게 의미 있는 이야기와 연계된 다차원적 개념이다.[7] 순례자가 막연하게 개념화된 카미노 위를 걸어갈 때, 그의 발걸음과 마주침은 순례자 여권에 찍히는 스탬프와 같다. 처음에는 백지이자 구조적 틀이 있었을 뿐이지만, 하루하루 천천히 무엇이 채워진다. 휴식, 성찰, 스탬프, 커피 한 잔이 기억의 일부가 되며, 막연히 상상하던 실체(카미노)에 새로운 의미를 입힌다. 순례가 끝날 때쯤엔 공간이 개인적 경험으로 채워지며 각인된다. 순례자는 순례를 반복하면 미지의 공간이 주는 새로움이 사라져 단조로운 일상이 되지 않을까 걱정한다. 그러나 많은 이들은 경관이 유일한 변수가 아님을 깨닫는다. 순례마다 사람들과 마주침, 자신의 상태, 계절, 순례자 숙소, 동행자가 달라진다.

순례자는 보통 카미노 공간을 피레네산맥 구역, 카스티야와 레온의 메세타 구역, 갈리시아의 산악 구역으로 나눈다. 이 공간은 전혀 중립적이지 않으며, 순례자들이 부여한 개인적 의미로 가득하다. 독실한 순례자나 몇몇 가톨릭 단체는 카미노를 전례典禮를 이해하고 개인의 삶에 적용하기 위한 은유로 간주한다. 여러 번 순례했고 카미노를 통해 종교적 거듭남을 경험한 스페인 남성(순례 가이드북의 지은이)은 지형과 테마에 따라 카미노를 네 부분으로 나눴다. 첫째는 용서의 구역으로, 나바라와 '으깬 포도주스'가 있는 라리오하다. 이는 '우리 내면으로 내려가기, 신에게서 멀어진 우리 삶을 으깨기, 신과 화해를 뜻하는 와인을 음미하기'를 의미한다. 둘째 구역은 카스티야 메세타(예수의 삶)로, 헐벗고 황량한 경관에서 금욕과 엄격함, 겸허의 교훈을 배운다. 셋째 구역은 레온에서 엘비에르소(예수의 수난)까지로, 메세타가 끝나고 몇몇 중요한 고개(성배가 있다고 여겨지며 성변화聖變化의 기적을 나타내는 철의 십자가와 세브레이로)를 지난다. 이 구역은 순례자에 게 성찬식의 기적, 고독, 십자가의 의미를 일깨운다. 넷째 구역 인 갈리시아는 예수의 기쁨을 상징한다. 오르막과 내리막은 예 수의 부활, 기쁨, 승천의 관점에서 해석된다.[8]

이와 달리 바바라 하압은 순례를 입사의 여정으로 보고, 카미 노를 상응하는 지리적·경험적 단계로 나눈다. 그녀의 모델은 개 인적 변화를 신과 자신의 관계나 성찬식과 연관 지어 이해하는 대신, 영적·개인적 변화를 추구하는 순례자에 초점을 맞춘다. 카미노에는 그녀가 '길의 입사적 구조initiatory structure of the Way'라 부르는 것이 있다. 그녀는 메세타 같은 공간이나 레온 대성당 같 은 장소를 모두 영적 변화라는 내면의 과정과 연관 짓는다.[9] 예 를 들어 카스티야 메세타는 보통 위기, 질병, 카타르시스, 정화 의 공간이다. 타는 듯한 햇살과 탁 트인 경관이 순례자의 인식을 바꾸기 때문이다. 두 지은이의 관점은 모두 카미노의 지형에 개 인적 변화와 경험의 구조를 덧입히지만, 결론은 상이한 목적에 이른다. 전자의 경우, 순례자는 가톨릭교회와 사도에 대한 더 큰 믿음을 지니고 산티아고에 도착한다. 반면 하압은 도보 경험과 카미노 공간이 꼭 특정한 신앙이나 신조와 연관되지는 않는, 영 적 깨달음에 이른다고 본다.[10]

두 모델 다 설득력이 있다. 그러나 장소 인식과 그것이 순례자 의 감정 상태에 영향을 미치는 방식은 다양하다. 순례자에게 깊은 영향을 미치고, 자주 경험적 해석의 대상이 되는 구역 중 하나는 메세타다. 이는 부르고스에서 레온까지 대략 200킬로미터 구간을 말한다. 메세타는 건조하고 타는 듯이 더우며 인구밀도도 낮다. 순례자는 종종 이 구역을 걸을 때 매우 외로웠다고 말한다. 어떤 이에게는 긍정적 경험이지만, 어떤 이에게는 불쾌하고 고된 구역이다. 어떤 순례자는 병이나 컨디션 저하, 지독한 허기, 하압이 말한 정신적 위기를 경험한다.[11] 메세타 구역의 특징 가운데 하나는 끝나지 않을 듯한 지평선이다. 한 영국 순례자는 영국의 시골과 너무 다른 메세타에서 심리적으로 끝나지 않는다는 느낌과 '좌절감'이 들었다고 고백한다. "메세타의 황량한 600미터 고지대에서 아무것도 보이는 게 없었어요. 지평선은 영국과 비교도 안 될 만큼 아득했습니다. 영국에선 울타리와 나무, 전신주, 헛간, 농장 따위가 일종의 거리감이랄까, 비례감을 주지요. (메세타에선) 날이 저물 무렵, 땀에 절고 더위에 지쳐서 앞을 보는 것조차 겁이 났어요. 가도 가도 끝이 없었습니다."[12] 새로운 공간에서 헛간이나 구부러진 길 같은 그의 통상적인 지리적 기준점은 큰 쓸모가 없었다. 공간 인식이 달라지자, 거리 감각도 제구실을 하지 못했다. 한눈에 들어오는 풍경에 익숙한 그에게 끝없는 지평선은 당황스러웠고, 빨리 끝까지 가야 한다는 조바심이 생겼다.

걸으며 장소에 대한 새로운 감각을 경험한 미국인 리는 다르게 평가했다. "항상 지평선을 본다는 것, 지평선과 함께 산다는

메세타 도보 여행(카스티야)

게 어떤 의미인지 알았어요. 현대인에게는 상실된 경험이니까요. 카미노에서는 나 자신을 옥죌 필요가 없어요. 전부 내려놓고 가죠. 메세타는 고통 없이 자유롭게 이동할 수 있는 첫 번째 장소였어요. 전혀 무리하지 않았거든요. 지평선은 저기 있고 대단히 멀어 보이지만, 사실 그리 멀지 않다는 걸 알았어요. 지평선의 포근한 품에 안긴 느낌이었습니다. 하루가 끝나기 전에 거기 닿으리라는 걸 알았죠."[13]

메세타에 관한 공간적·경험적 해석은 더 있다. 신앙생활을 하지 않는 가톨릭 신자인 이탈리아 여성은 말했다. "어떤 죄의식도 없고, 고요와 침묵만 있는 메세타 같은 곳에 머물고 싶어요. 카미노의 물리적 공간이 내 마음속에 새로운 공간을 만들었어요." 그녀는 날마다 메세타 같은 곳에 살고 싶었다. 혹은 내면에서 메세타를 느끼길 원했다. 내 경우는 카미노에서 인상적인 기억 중 하나가 메세타의 달빛이다. 당시 나는 순례자 두 명과 출렁이는 밀밭 사이로 뻗은 흙길을 걷다가, 밀밭으로 들어가서 누웠다. 익어가는 밀 이삭 한가운데 파묻힌 채, 하늘에는 달빛과 별빛뿐이었다. 밀밭을 흔드는 따뜻한 바람 소리가 들렸다. 나는 모든 곳에 있었고, 아무 데도 없었다. 그 순간 모든 것에서 떨어져 완전히 자유롭고, 혼자이며, 행복하다고 느꼈다.

메세타의 순례자 숙소에서 일하던 바스크 남성은 순례자들이 보통 끝없는 지평선에 깊은 인상을 받는다고 말했다. 이 특이한 길에서는 몇 킬로미터를 걸어야 도착하는 나무 한 그루가 있다.

이 나무는 많은 순례자에게 그들이 천천히 다가가는 희망을 상징한다. 바스크 남성도 그 나무를 버거운 순간을 이겨내게 도와주는 상징으로 여겼다. "그 떡갈나무에 도착할 때처럼 한 걸음 한 걸음 가다 보면 언젠가 도착하게 마련이에요." 앞서 어느 미국인 심리학자가 기대앉아 순례자 지팡이에 도토리를 조각한 나무도 이것이다. 이제 길 위의 여러 장소가 개인의 고유한 경험이 될 때, "공간이 어떻게 개인의 삶과 사회관계 형성에 깊은 영향을 미치는지" 살펴볼 수 있다.[14] 각자 생활하는 세계가 다르므로 카미노의 장소를 해석하는 한 가지 방식은 없다. 순례자가 어떤 장소를 특별히 의미 있게 경험할 수도 있다. 그러나 그 경험과 거기에 덧붙이는 개인적 의미나 이야기는 각자 다르다.

이동 중에 더욱 예민해지는 장소에 대한 감각과 여행 중의 이야기는 종종 경관 인식뿐 아니라 경관이 순례자의 몸과 마음에 미치는 영향도 심화한다. 토머스 머튼Thomas Merton은 말했다. "지리상의 순례란 내적 여행의 상징적 발현이다. 내적 여행이란 외적 순례의 의미와 기호를 정신에 써넣는 것이다. 둘 중 하나만 존재하는 순례도 있다. 물론 최선은 내적·외적 순례를 모두 행하는 것이다."[15] 두 여행은 떼놓을 수 없으며 때로는 병행된다. 이 장 첫 부분에 인용한 편지에서 마리나는 나무와 새, 사람들을 본다. 그다음에 자연과, 사람들과 더 깊이 연결되었다고 느끼기 시작한다. 여기에는 대지와 하나라는, 혹은 피조물의 일부라는 느낌이 있다. 한 스페인 신부는 도보 순례 중 시간 감각의 변화, 특히 대지와 연결되었다는 느낌에 압도되었다. "나는 대지의 일부였고, 대지는 나의 어머니였죠. 나는 시골 출신이라 시골적인 것이 공포를 불러일으킬 수 있음을 압니다. 하지만 내게는 정반대였어요. 대지는 큰 집이었고, 내 것과 주변의 자연을 분간할 수 없었어요. 나는 모든 피조물의 일부였고 어느 순간에는 내가 신인지, 단지 신의 일부인지 알 수 없었어요. 내가 나무였을까요, 나무가 나였을까요? 나는 성당에서 울리는 종소리와 내 안에서 울리는 소리를 구분할 수 없었어요." 많은 이들이 자연 속에서 자아의 망각이나 확장, 모든 것과 하나 되는 느낌, 몸과 세계의 경계가 어디인지 알 수 없어지는 느낌을 카미노에서 경험한다. 어떤 이는 이를 하늘과 대지가 인간 속에서 만나는 마술적이고 신비주의적인 순간이라 표현한다. 시간은 멈춘 듯하고, 세계는 완전한 전체가 된 듯하며, 우리는 훨씬 크고 시원적인 어떤 것과 연결된다. 마드리드 출신 스페인 신부는 이 경험을 종교적으로 해석하면서 말했다. "이것은 분명한 초월의 감각을 불러일으켜요. 종교적 경험에서 신의 사랑과 은총이라 부르는 것을 말이죠."[16] 독실한 순례자는 카미노를 에워싼 신의 손을 보며, 카미노의 여러 모습을 신과 연관 지어 해석한다. 샘물은 신의 은총이며, 산이나 바위는 신앙의 견고함이라는 식이다.[17] 어떤 이는 론세스바예스 순례자 숙소의 휴게실 벽에 성 아우구스티누스Aurelius Augustinus가 썼다고 알려진 초월적 합일의 노래를 붙여놓았다.

레온 시를 가로지르는 순례자들

우리는 걸어 다니는 숨결

대지의 정신

살아 있으며 걷는 존재들

우리가 있는 장소는 아름답네

나는 도토리, 조개, 씨앗

신은 내 안에 있고 신은 나무여라

나는 나라는 길을 펼치네

신의 손이라는 토양에 심겨

신의 대지라는 토양에 심겨

과거와 미래가 실재한다면

그것은 어디에 있을까?

이런 느낌은 종종 신비주의 경험과 연관되지만, 늘 종교적 관점에서 해석되지는 않는다. 어떤 이는 이 영적 합일을 '지금, 여기'의 경험 혹은 자연 속의 행복이라 부른다.[18]

폴 포스트Paul Post는 네덜란드와 벨기에 순례자가 남긴 기록에서 합일과 피조물이라는 테마가 흔하다는 사실을 발견했다. 그는 자연과 하나 되는 느낌을 진리, 길, 빛, 희망이라는 기독교 은유와 상징 언어를 기반으로 한 '야외 전례outdoor liturgy'(한 스페인 신부의 설명대로 '자연이라는 대성당 안에서 신을 만나기')로 볼 수 있다고 쓴다. "이들의 순례 일지에는 이전의 부르주아적 삶과 상반되는 여담이 쓰였다. 자연에서 소외된 현대인, 자연에 관한 논의와 의미 부여, 장소, 자연과 어우러진 삶의 풍요로움에 대한 논의도 있다."[19]

자연과 합일과 대조되는 도시적 삶의 기호를 만날 때는 자연에서 이탈감이 생겨난다. 시간을 벗어난 듯한 스페인 시골 풍경에 익숙해진 순례자는 종종 카미노의 주요 도시(팜플로나, 로그로뇨, 부르고스, 레온, 폰페라다Ponferrada, 산티아고)로 와서 놀란다. 황량한 흙길을 걷다가 문득 차가운 도시의 소음과 속도, 포장도로를 접하면 길을 잃은 느낌이 밀려온다. 하압이 관찰한 바에 따르면 "카미노의 특정 구역에는 큰 도로가 있고, 시끄러운 차와 트럭이 끊임없이 지나간다. 때로 치이지 않으려고 도랑으로 뛰어야 하는 곳도 있다. 인간 문명이 치어버린 도로 위의 모든 것은 절망과 분노, 슬픔을 불러일으킨다. 치여 죽은 나방, 도마뱀, 뱀, 새, 개, 고양이 말이다!"[20] 어떤 이는 도시의 일상에서는 맛볼 수 없는 자연과 합일, '시간을 벗어난 시간'의 경험을 통해 인간의 유한성을 사색한다.

죽은 자들과 걷기

20세기 중반의 순례자 월터 스타키Walter Starkie*는 다음과 같이 썼다. "사색하는 카미노 순례자는 자신의 기억을 더듬으며 언제나

---

* 아일랜드 출신 여행 작가, 스페인 연구자.

이중의 여행을 한다. 그는 시간의 측면에서 뒤로 가고, 공간의 측면에서 앞으로 간다. 오늘날 프랑스에서 북부 스페인으로 뻗은 길을 따라가는 순례자의 발걸음은 수 세기 동안 그 길을 걷고 또 걸은 이들의 기억을 되살아나게 한다."[21] 순례자는 이따금 직선적인 시간이 아니라 과거, 현재, 미래가 섞이고 구부러져 공존하는 시간을 경험한다. 순례자는 걷고, 쉬고, 숙소를 찾고, 샘에서 물을 마시고, 다리를 건너고, 교회에서 기도할 때, 흔히 과거의 순례자와 함께 있다고 느낀다. 과거에는 많은 순례자가 산티아고로 가다가 사망했다. 현대의 어떤 순례자는 이곳에서 죽은 이들의 존재를 강하게 느낀다. 미국인 리는 말했다. "카미노와 계속 접촉 중이고 개인적으로 죽은 자들에게 친근함을 느끼기 때문인지, 그들이 아주 가까이 있다고 느껴요. 카미노의 흙을 밟는다는 이 감각적·세속적 경험 덕분에 나보다 먼저 걸은 이들, 그중 일부는 내 발밑에 묻힌 이들과 함께 걷는다고 느껴요."[22] 여기서는 도보의 경험과 시간 감각의 뒤틀림이 순례자를 다른 차원으로 인도한다. 걷기라는 인간 보편의 경험이 '함께하는 여행'의 느낌을 선물한 것이다.

현재에는 과거의 순례자뿐 아니라 미래에 올 이들에 대한 느낌도 존재한다. 어떤 이는 이를 '미래의 기억future memory'이라고 불렀다. '걸어 다니는 상처'라고 말한 영국 순례자 조지는 이 생각을 시로 표현했다.

산꼭대기 위 작은 예배당

두 순례 루트가 만나네

한때 수많은 순례자가 찾아온 곳

완전한 침묵에 잠겼네

그러나 휴식과 시원한 물,

빵, 치즈, 제철 과일,

간단한 성물이

우리를 후손과 이어주네

어느 날 우리도

그들에 속하리,

한때 먼저 걸은 자들에

많은 순례사는 옛 순례자, 앞으로 올 이들의 넋과 함께 여행했다고 말한다. 동시에 공통의 여행을 통해 더 큰 공동체와 살아 있는 역사의 일부가 되었다고 느낀다. 그들은 걷기라는 행위, 잠시나마 기본으로 돌아간 생활(물론 현대 문명의 이기인 온수 샤워, 멋진 신발, 튼튼한 배낭, 전화박스, 응급 서비스 등은 제외하고)을 통해 이런 유대를 느낀다.

함께 걷는 망자는 과거의 순례자일 수도 있지만, 순례자가 개인적으로 아는 사람일 수도 있다. 과거에 직접 순례하지 못해서 자신이 대신 순례해주는 익명의 망자일 수도 있다. 다른 시공간을 통과하다 보면 오래 잊고 지낸 기억이 떠오른다. 가족과 친구, 유년 시절의 장소와 비밀, 고통스러운 상황. 이 새로운 인식은 종종 순례자를 거의 잊고 지낸 내면의 장소로 데려간다. 카미노 순례는 대부분 긴 도보와 자전거 여행으로 이어진다. 그들은 혼자나 다른 순례자와 함께하는 이 긴 시간에, 도시의 일상에서는 거의 경험할 수 없는 텅 빈 시간을 만난다. 이 고요한 순간에 설명할 수 없는 눈물이 터지기도 한다. 나바라 출신 남성 순례자는 에스테야의 어느 성당에 들어갔을 때, 프랑스 여성이 예배단 앞에서 무릎을 꿇고 우는 모습을 봤다. 모르는 사이지만 그녀는 그의 팔에 기대 울었다. 어떤 상실의 슬픔을 겪는지 말해주지는 않았다. 순례자는 그런 감정 분출이 카타르시스와 비슷하다고 말한다. 무엇이 감정을 건드렸는지 종종 그들도 알지 못한다. 이 여성은 공간적인 이유(거리감, 새로운 관점, 자유로운 시간)나 개인적인 이유(또 다른 순례자) 혹은 경험적인 이유(메세타 도보) 때문에 울었을 수 있다.

순례자는 특별한 꿈을 꾸기도 한다. 돌멩이가 차이는 외로운 길을 도보나 자전거로 이동하는 사이, 과거의 순간이나 꼭꼭 여며둔 비밀이 불현듯 떠올라 움직이기 시작한다. 나는 부르고뉴 출신의 70대 초반 프랑스 남성을 만난 적이 있다. 그는 혼자였지만 종종 죽은 자들과 함께 걷는다고 말했다. 그는 나바라와 라리오하의 경계를 막 통과한 뒤에 자신이 2차 세계대전에 참전했고, 많은 이들의 죽음을 봤다고 말했다. 그는 눈물을 글썽였다. "나는 운이 좋았어요. 오늘 나는 독일인과 걸었습니다." 그는 턱을 들어 5센티미터쯤 되는 선명한 흉터를 보여주었다. "전쟁에서 독일군의 총에 맞은 자리예요." 그는 운이 좋았다는 말을 반복했다. "신이 이 경험을 주신 거예요. 여기서는 혼자라는 느낌이 안 들어요. 죽어서 여기 올 수 없는 모든 이들의 존재를 느낍니다. 그 고통은 너무, 너무 깊어요." 순례하면서 그의 깊은 슬픔이 누그러졌다. 어떤 의미에서 그는 한때 적이던 독일군의 후손과 걸으며 치유를 경험했다. 죽은 자 그리고 산 자와 예측하지 못한 만남을 통해 자신의 과거와 새로이 만났다. 과거와 현재가 섞인 것이다. 죽은 아들을 위한 서약 때문에 순례에 다시 참여한 스페인 커플은 순례는 꼭 도보로 해야 하며, 순례라는 트렌드가 역사적으로 재창조돼야 한다고 믿는다. 아내가 말했다. "(매일 카미노는) 거대한 공동묘지 같아요. 나는 순간순간 죽은 순례자를 기억하면서 보냈어요." 과거에 대한 그들의 관심은 카미노와 아들을 동시에 부활시키기 위한 노력처럼 보였다. 무지한 이들에 의해 아들의 죽음이 변색되고, 잊히고, 무의미해지는 것을 막기 위해서 말이다.

어떤 이는 죽은 자들과 동행하며 자신의 유한성을 깨닫는다. 많은 중세 순례자처럼 지금도 산티아고로 가다가 사망하는 이들이 있다. 대부분 노인으로, 자전거를 타고 가던 한 독일 순례자는 엘비에르소의 산길에서 심장마비로 사망했다. 그의 마지막 안식처에 철로 된 자전거가 세워졌다. 또 갈리시아 순례의 마지막 날 사망한 남성을 위해 청동 도금된 신발과 기념물이 세워졌다.

1996년에는 한 네덜란드 남성이 순례가 거의 끝날 무렵, 숙소에서 심장마비로 사망했다. 당시 그의 아내는 산티아고에 먼저 도착해 귀국 티켓을 끊어둔 상태였다. 다른 순례자는 순례를 마치지 못한 이들과 연대를 위해 꽃과 작은 십자가, 천 장식 등을 놓아둔다.

몇몇 순례자는 카미노에서 비극적인 죽음을 맞았다. 라리오하의 나헤라Najera 근처에는 자전거를 타다가 차에 치여 사망한 여성을 위한 명판이 있다. 갈리시아의 아르수아Arzúa 근처에서는 젊은 사제가 교구의 10대 신자들과 걸어가다가 차에 치여 사망했다. 70대 영국 남성은 더 홀가분한 마지막을 원했다. 1996년 여름, 그는 지난해 세비야에서 함께 순례한 카탈루냐 여성과 산티아고에서 피니스테레 갑까지 걸을 계획이었다. 그녀는 1996년 10월, 내게 편지를 썼다. "여름 전에 돌아가셨어요. 그의 유해는 론세스바예스에 있는 성령의소성당과 카미노에서 그가 특히 좋아한 몇몇 지점에 묻혔습니다. 마지막 유해는 몬테델고소에 있는데, 내가 쓰던 순례 지팡이로 십자가를 만들어 표시했어요. 이제 나는 피니스테레로 갈 이유가 없습니다." 카미노의 바람 속에 흩어지고 싶다는 그의 마지막 바람은 카미노가 누군가의 삶과 죽음에 얼마나 깊이 관여하는지 잘 보여준다. 가톨릭교회는 순례 중의 죽음을 다음과 같이 설명한다. "헤어지는 슬픔은 크지만 산티아고로 걸어가는 도중의 죽음은 기독교도의 위안입니다." 이 경우 자동적으로 가톨릭교회의 전대사가 주어지며, 산티아고에서 고인을 위한 미사가 집전된다.

한 독일 순례자의 죽음을 기리며 세워진 자전거 조형물. 엘아세보(El Acebo, 레온)에 있다.

카미노는 종종 인생의 덧없음을 상기시킨다. 카미노에서 마음의 평화를 찾은 아일랜드 여성 제인은 어느 날 걷다가 '신선한 꽃으로 가득한 아름다운 부케를 발견'했다. 그녀는 말했다. "그걸 집어 들고 뭘 할까 생각했죠. 눌러 담기에는 크고, 들고 가기엔 부담스러웠어요. 그러다 비석 하나를 발견했고, 내 고민은 풀렸습니다." 그녀는 철로 된 자전거 기념물 앞에 부케를 놓았다. 그리고 '내 마지막 날을 침대에 누워 죽어가고 싶지는 않다'고 다짐했다. 제인은 그 사건을 통해 자신의 유한성을 깨닫고, 죽음을 어떻게 맞이하고 싶은지 생각했다. 카미노에서 눈감은 순례자처럼 마지막 숨이 다할 때까지 충만하게 살리라 다짐한 것이다.

또 다른 시공간에 와 있다는 느낌은 자신과 타인을 보는 관점에도 영향을 미친다. 순례자는 카미노에서 보통 성 없이 이름만 쓰며, 자신이 고향에서 지리적·감정적으로 멀리 있음을 깨닫는다. 카미노에서 외교관이 농장 노동자와, 교사가 경찰관이나 대학원생과 같이 걸을 수 있다는 것은 대단히 매력적이다. 익명이면서 동등한 존재라는 느낌은 많은 이에게 해방감을 선사한다. 한 스페인 신부는 카미노 순례 초기에 직업이 아니라 인간으로 대우받는 데서 큰 위안을 느꼈다고 말했다. 평소 다른 이들의 말을 듣고 조언했지만, 카미노에서는 자신을 더 표현하고 나눌 수 있었다. 비스페인 사람에게 이런 리미널리티liminality*의 경험에는 더듬거리는 스페인어나 몸짓을 이용한 의사소통, 카미노뿐 아니

---

* 영국 인류학자 빅터 터너(Victor Tuner)가 아프리카 의례 연구에서 발전시킨 개념. 사회 구조적 규범이 일시적으로 보류·중지되는 '전이 단계' 혹은 그 단계의 특성을 총칭한다.

라 스페인의 전반적인 삶의 리듬에 적응하는 일이 포함된다. 한 젊은 스페인 여성은 그 반대 상황을 겪었다. 그녀는 1994년 여름에 영어를 쓰는 외국인 사이에 있다가, 며칠 뒤 다른 스페인 동료를 만나고야 안도감을 느꼈다.

카미노 순례자의 경험은 '단순한 움직임이 어떻게 예술이 될 수 있는가'라는 화두와도 관련이 있다. 카미노는 참여자가 뭔가 그려 넣을 수 있는 캔버스다. 순례자가 시공간 속을 이동할 때 풍경은 계속 진화하고 모습을 바꾼다. 많은 순례자에게 새로운 리듬이란 속도 늦추기, 사소하고 특수한 것을 주목하기, 시각 외의 감각을 더 활짝 열어놓기, 길과 그곳의 자연경관과 연결되고 싶다는 욕망, 다가오는 것을 수용하기와 연관된다. 한 프랑스 순례자는 새로운 시공간의 리듬을 경험하고 말했다. "그 뒤로는 자기 현실을 같은 눈으로 바라볼 수 없습니다." 시공간적 현실의 변화는 그 변화를 자기 삶에 적용하려는 시도와, 또 다른 삶의 질서에 대한 상상으로 이어진다. 카미노를 더 깊이 경험하며 새로운 관점은 개인의 변화를 불러온다.

4.
발견으로
가득한
풍경

여행자여, 그때그때

한 걸음씩 가게나

길은 없는 것,

길은 걸으면서 만들어지니

_ 마차도(Antonio Machado), 〈카스티야 들판(Campos de Castilla)〉에서

순례 전에 사람들은 길에서 '뭔가' 찾을 수 있으리라 믿는다. 신이나 우정, 자신이나 타인을 말이다. 어떤 이는 의미를 찾으려고 상징에 몰두하고, 어떤 이는 길이나 특별한 경험을 추구하며, 어떤 이는 신앙이나 진정한 순례자, 고독을 추구한다. 여행의 의미는 보통 길을 걸으며 경험하는 미래와 과거, 내면을 향한 움직임에서 생겨난다.[1] 순례자의 이야기는 카미노의 경관뿐만 아니라 기이한 만남, 숙소, 사람, 순례자로 구성된다. 추상적 공간이던 카미노는 이야기, 느낌, 변화된 인식으로 구성된 내면화된 장소의 집합소가 된다. 오랜 순례자가 말했듯이 "카미노는 그 위를 걸은 사람들의 마음속에, 그들이 더는 배낭을 메고 카미노를 걸을 수 없는 세계나 환경에 처했을 때 찾아갈 장소 하나를 만들어 준다".[2] 린다Linda는 1970년대에 산티아고로 첫 도보 여행을 떠났다. 그 후 그녀는 카미노 연구에 일생을 바쳤고, 나를 포함한 여러 미국 학생을 순례 연구로 이끌었다. '우리 마음속의 장소 하나'가 만들어지면 순례자는 그때까지 모르던 잠재력을 발견하거나, 가치를 다시 설정하거나, 자신과 타인에 대한 새로운 비전, 현재와 미래 행위에 대한 로드 맵을 얻을 수 있다.[3]

길 위에서

스페인 북부의 시골과 도시는 사회적·문화적으로 아주 다채로운 곳이다. 여름에 순례하다 보면 강렬한 색채와 의상, 행렬, 팡파르, 음악으로 가득한 축제를 경험한다. 어떤 순례자는 거기 참여하고, 어떤 이는 밤낮으로 울려 퍼지는 '소음'과 '야단법석'에 정신없어 한다. 순례자는 카미노프란세스에 위치한 네 자치구(나바라, 라리오하, 카스티야와 레온, 갈리시아)를 지나며 카스티야, 바스크, 가예고 방언의 독특한 억양을 접한다. 순례자의 국적은 다양하지만 공용어는 영어로, 어떤 순례자는 4개 언어를 구사한다. 북부 스페인은 풍부하고 다양한 먹거리도 유명하다. 보통 경관이 달라지면 와인, 빵, 지역 특산물도 달라진다. 한 자전거 순례자가 말했다. "우리는 천천히, 느긋하게 움직였어요. 그러다 즉흥적으로 시원한 강둑에 앉아 염소 치즈와 바삭한 파이사노*를 먹고, 친절한 지방 레스토랑에서 저렴한 순례자 세트를 먹었지요."[4] 순례자는 카미노에서 나바라의 하얀 이층집, 메세타의 진흙 벽돌집, 갈리시아의 석조 가옥 등 여러 건축양식을 발견한다.

　스페인 문화를 몰라서 겪는 혼란은 더 큰 문화적·개인적 깨달음으로 이어지기도 한다. 오랫동안 동경하다 홀로 도보 순례를 떠난 은퇴한 네덜란드 남성은 귀국하고 6개월 뒤에 편지를 썼다. 그는 '사아군Sahagún에서 황소에게 치일 뻔한' 뒤, 처음 예

---

*　밀, 통밀 등으로 만든 둥글고 두툼한 빵.

사아군(레온) 지방 근처의 양치기

상보다 훨씬 많은 것을 경험했다고 한다. 당시 그는 축제가 열리는 (레온의 메세타에 위치한) 사아군에 도착했다. 도로는 울타리로 막혔고, 사람들이 늘어섰다. 처음에는 상황을 파악하지 못했다. "갑자기 누가 소리치는 걸 들었어요. 거기, 조심해, 황소들이 온다고!" 황소들이 거리를 달려올 때, 전날 만난 순례자 몇 명이 '때맞춰' 그를 울타리 밖으로 꺼내주었다. "나중에 모두 그 얘기를 하면서 무척 재밌어 했죠." 이 아찔한 경험은 그의 '카미노 모험' 일화가 되었다. 이런 식으로 미지의 마을이나 도시는 생생하고 개인적인 의미로 충만해진다. 이 일화는 그에게 문화 비평cultural critique의 기회를 제공했다. "나는 투우를 좋아하지 않아요. 많은 스페인 사람이 투우에 반대하지만, 전반적으로 스페인은 동물을 존중하지 않죠." 이 편지는 그가 스페인에서 받은 이질감과 순례자의 연대감을 보여주는 동시에, 스페인 사회 내부의 차이까지 고려한 균형 잡힌 사회 비평이 담긴 글이다. 순례자는 더 큰 공동체의 일원이라 느끼면서도 자신의 국가적 정체성을 간직하고 있다.

순례자는 카미노의 특정한 장소와 사람들에 대한 이야기를 적극적으로 주고받으며 개인적 이야기를 만들고 우정을 쌓는다. 보통 도시에 이야깃거리가 많지만, 많은 이들은 시골 사람들과 인간적으로 접촉하고 그들이 환대해준 점에 깊은 인상을 받는다. 순례자는 이런 환대가 순례자를 잠재적인 예수로 보는 기독교적 관점에서 왔다는 사실을 잘 모른다(〈마태오의 복음서〉 10장 42절에는 사도에게 베풀면 보상을 받는다고 나온다. "너희는 내가 굶주렸을 때에 먹을 것을 주었고 목말랐을 때에 마실 것을 주었으며 나그네 되었을 때에 따뜻하게 맞이하였다"〈마태오의 복음서〉25장 35절*). 카미노에 거주하는 파블로, 미카엘라 같은 현지인은 순례자를 환대하고 카미노를 보존하는 데 정성을 쏟는다. 이런 현지인의 이름은 순례자에게도 유명하다. 라라소아냐Larrasoaña 시의 정력적인 시장 산티아고, 시수르메노르Cizur Menor의 순례자 숙소 주인, 로그로뇨 외곽의 펠리사, 산후안데오르테가San Juan de Ortega의 호세 마리아 신부, 비야프랑카델비에르소Villafranca del Bierzo의 치유자 하토와 그의 가족, 산토도밍고데라칼사다의 호세 이그나시오 신부, 만하린Manjarín의 비밀 기사단원 토마스, 비얄카사르델카미노Villalcázar del Camino의 인심 좋은 레스토랑 주인 파블리토 같은 사람들 말이다. 이들은 순례자 숙소 운영, 순례자 지팡이 구해주기, 순례자를 초대해 휴식과 식사 제공하기, 병 고쳐주기, 노란색 길 표지판 그리기 같은 활동을 한다.

카미노에서 순례자의 이야기에 가장 자주 등장하는 소재는 비야프랑카델비에르소에 있는 헤수스 하토Jesús Jato의 독특한 순례자 숙소다(미국 애리조나 피닉스에 위치한 국제순례협회가 이 숙소를 지원한다). 한 영국 자전거 순례자는 형제회 회보에 실은 〈The Jato Experience하토의 숙소를 경험하다〉라는 글에서 그곳에 묵은 것을 "궁극의 숙소 경험"이라 했다. [5] 그 숙소는 플라스틱 시트로 지

---

* 공동번역성서에서 발췌.

었는데, '가설 서커스 텐트' '온실' '끔찍한 가축우리' 등으로 불린다. 미심쩍고 더러운 첫인상에도 안으로 들어가 하토라는 남자를 만나고 싶은 욕망이 드는 곳이다. 그는 50대 후반으로, 비야프랑카에 있는 친할머니 집 앞으로 어느 순례자가 지나가던 날에 태어났다. 하토의 명성은 그의 순례자 숙소, 치유 능력, 카미노에 대한 헌신(그와 그의 아내 카르멘은 가진 것을 모두 순례자에게 베푸는 전업 자원봉사자다)에서 비롯되었다. 순례자는 종종 하토의 숙소에서 관대함, 공동체 의식, 현대 기술과 거리가 먼 누추함, 약간의 마법, 늘 열린 문 같은 '진짜 카미노 정신'을 발견한다. 하토는 1990년대 중반에 이와 비슷한 새 숙소를 짓기 시작했다. 전 세계 순례자가 돌을 가져와 재료를 보태고 일손을 제공했다. 무르시아 출신 스페인 사람은 그곳 순례자 방명록에 썼다. "나의 친구 헤수스에게, 모든 애정을 담아 지난해 베풀어준 배려에 감사를 표합니다. 당신은 돈 없이 떠난 내게 쉼터와 음식을 제공했습니다. 당신은 내가 삶의 의지를 잃고 절망 속에 있을 때 앞으로 나아가도록 도와주었습니다."[6] 하토는 밤에 이따금 케이마다queimada를 만들었다. 케이마다는 갈리시아 지방의 유명한 음료로, 강한 증류주에 설탕과 커피콩, 레몬, 오렌지 껍질을 섞고 불을 붙여 마신다. 어둠 속에서 이 음료를 돌려 마시는 감흥은 굉장하다. 그때 하토는 순례를 위한 유머러스하고 아이러니한 주문을 왼다. 그는 순례자 사이에서 유명하지만, 마을에서는 논쟁의 대상이다. 때로는 비교祕教와 관련 있다고 여겨져 젊은 남성들이 제자가 되겠다고 찾아오지만, 그는 단호히 거절한다. 어떤 이에게 이런 친밀한 순간과 의례 참여는 중요한 순례 경험의 일부다. 나중에 다른 이들과 각자의 경험을 비교하며 농담할 수도 있다. 한 독일인 순례자가 표현한 대로 '서로 공유하는 카미노의 순간'이다. 어떤 순례자는 특정한 사람이나 장소를 놓쳐 소외감이 들기도 한다.

카미노의 순례자에게 사교적 요소는 중요하다. 카미노의 현지인뿐 아니라 산티아고로 가는 도보나 자전거 여행자에게 특히 그렇다. 흔히 순례는 혼자 시작해서 동료들과 끝낸다고 말한다. 성별, 나이, 계급, 국적, 결혼 여부 같은 통상적인 사회분화 기준을 가로질러 형성되는 우정과 동료 집단은 순례자 되기 경험의 중요한 일부이자, 더 큰 공동체에 소속되었다는 느낌을 부여한다. 한 스페인 순례자는 말했다. "첫날에 벨기에인 세 명, 갈리시아인 두 명, 독일인 두 명과 필리핀 사람 한 명을 만났죠. 여행하고 걸으면서 새로운 사람을 만나는 건 환상적인 경험이에요."[7] 물론 수많은 순례자가 카미노로 모여드는 여름이 그렇고, 10월 말부터 5월까지는 그보다 적다.

여행자는 순례라는 열린 사회적 맥락에서 자신과 서로(심지어 전 인류)를 상당히 신뢰한다. 순례자 숙소에서 절도는 드물고, 순례자 사이에서는 더욱 드물다. 현대 도시 사회에서 상실된 것으로 여겨진 가치가 카미노의 단순성과 대면 관계를 통해 회복된다. 아일랜드 출신 교사 제인은 말했다. "카미노에서 대단히 똑똑한 스페인 친구를 만났어요. 프로페셔널한 야심가에 재능이 많고,

매력적인 아내까지 둔 것 같았죠. 하루는 길을 걷다가 서로의 인생 이야기를 했어요. 둘 다 발이 아파 힘을 내려는 때였죠. 그는 카미노로 온 이유 중 하나가 사람들이 자신을 좋아하지 않기 때문이라고 했어요. 거기에 대해 곰곰이 생각하고 싶었다고요. 그 이야기가 대단히 의미심장하게 들렸습니다." 두 사람이 막 친해질 무렵이어서 제인은 더 놀랐다. 그의 고백은 그녀를 신뢰하며, 사교성에 자신이 있다는 것을 보여준다.

여행자가 자신을 더욱 순례자(이자 순례자 공동체의 일원)라 느끼면, 종종 카미노 사람들 사이에서 통용되는 별명이나 명성이 생긴다. 비공식적인 가십 네트워크가 형성되는 것이다. '유쾌한 가톨릭 신자'라 불린 영국의 물리학자 윌리엄은 생장피에르포르에서 부르고스까지 2주간 도보 순례를 마치고 편지를 썼다. 당시 나는 라바날델카미노Rabanal del Camino*의 자원봉사자였는데, 그는 내가 만날 이들을 알려주고 싶어 했다.

순례자 친구들 무리가 그쪽으로 갑니다. 처음 도착할 친구는 자전거를 탄 영국인 JP죠. 부르고스에서 출발하는데 내가 거기 막 도착했을 때 만났어요. 그 뒤에는 도보 순례자 앤젤Angel이 가요. 키가 크고 수염이 텁수룩하고 코골이로 악명 높은 산세바스티안 출신 바스크인이에요. 그리고 팜플로나의 루이스, 테루엘의 후안이 있는데 후안은 자신을 카미노 중독자라고 부릅니다. 북아메리카 친구들도 있어요. 토

*   스페인 서북부의 작은 마을.

론토의 MH, 매사추세츠 앤도버에서 온 교수 JM(내가 론세스바예스에서 위스키를 나눠 주었죠), 부르고스에서 출발해 예수회 입단을 생각 중인 예일대학교 출신 MK입니다. 나이 든 벨기에인 에티엔은 천천히 갑니다. 벨기에에서 당나귀 로잘리를 타고 여기까지 왔죠.

카미노는 어떤 순간에 어른들의 여름 캠프처럼 흥겨운 분위기가 만들어진다. 어떤 이는 그게 심오한 영적 경험이나 성찰의 시간을 흐리는 게 아니라 여행의 또 다른 면이라고 말한다. 한 스페인 사람이 말했다. "방금 만난 이가 당신을 가장 친한 친구처럼 대해줘 뭐라 표현할 수 없는 순간이 있습니다."[8] 고된 상황에서 서로 알아가고, 하루의 피로와 언어적 곤란을 극복하며 의지하는 과정에 커뮤니타스communitas의 감정과 관대함이 생긴다. 집단 도보 순례에 참여한 카탈루냐 여성은 동료를 여러 개 면으로 된 거울에 비유했다. 그녀는 걷다가 동료에게서 자기 안의 여러 면을 발견했고, 타인에게서 자신을 발견하는 '거울 경험'을 사랑했다.

많은 순례자는 문화, 국가, 계급, 연령을 가로질러 형성되는 의미 있는 관계를 가치 있게 여긴다. 부르고스 출신 노동자 남성은 도보 중에 대학생 두 명과 잊지 못할 관계를 맺었다. 일상에서는 교류하기 힘든 두 젊은이가 그를 동등하게 대해줘 감격한 것이다. 처음으로 혼자 여행을 떠나 2주 동안 자전거 순례를 한 라코루냐 출신 전기공은 순례 첫날 프랑스 교수를 만났다. 교수는 그의 친구이자 '아버지 같은' 존재가 되었고, 그는 삶에서 가

한 성당 아래서 쉬는 프랑스 순례자들

장 행복한 2주를 보냈다. 마드리드 출신 도보 순례자는 첫인상으로 사람을 평가해서는 안 된다는 것을 배웠다. 그는 처음에 이유 없이 싫어서 멀리한 동료와 깊은 우정을 쌓았다. 어떤 이는 순례를 마친 뒤에 더욱 유럽인다워졌다고 느꼈다.

물론 관계에서 오는 좌절감도 있다. 동료 한두 명이나 집단과 걷다가 어느 순간 주먹다짐까지 하는 순례자도 적지 않다. 예를 들어 팜플로나로 가던 마드리드 출신 자전거 순례자 요나스(26세)는 또 다른 자전거 순례자를 만났다. 사진광이자 카미노 유적에 관심 있는 요나스는 최대한 빨리 다음 목적지로 가, 바에서 죽치고 기다리는 새 동료와 마찰을 겪었다. 평소 수줍음이 많은 그가 폭발했고, 상당한 감정 소모를 한 뒤에 상대와 갈라섰다. 이 경험은 요나스의 순례에 전환점이 되었다. 순례가 스포츠 대신 내면의 탐색이 된 것이다. 한시도 떨어질 틈 없는 여행의 형식 때문에 오랜 친구 사이에도 마찰이나 단절이 생긴다. 이동 속도의 차이나 몸 상태도 마찰의 원인이 된다. 이때는 한 사람이 결단해야 한다. 자기 속도대로 갈지, 동료를 기다릴지. 점점 커지는 자아의 욕구, 상이한 리듬, 원기 회복, 모험의 욕망 때문에 우정이 흔들린다. 카미노에서 흔한 일이다. 따로 여행하다 보면 다시 오해나 단절이 생기기도 한다.

순례자 숙소는 여행에 인간적 리듬을 부여하고 강렬한 개인적 관계와 음미할 수 있는 '커뮤니타스'의 형성에 핵심적인 곳이다. 1990년대 초에는 순례자 숙소 시스템이 거의 없었다. 순례자는 헛간이나 폐교, 성당, 가장 흔하게 별빛 아래서 잠들었다. 그러다 순례자 숙소가 필수적인 순례 기관이 되었다. 종교 기관, 교구, 시 정부나 지역 정부(특히 갈리시아), 외국(영국, 이탈리아, 독일)과 스페인의 카미노우호협회는 순례자 숙소 건립과 유지에 필요한 비용을 모금하고 후원한다. 대다수 숙소는 공공 기금의 지원 없이 운영된다. 이런 숙소는 호텔이 아니며, 산속에 있는 몇몇 호스텔처럼 예약을 받지 않는다. 75개쯤 되는 순례자 숙소는 입실 조건이 다양하다. 대부분 1박만 허용하며, 입실 · 퇴실 시간과 규정이 비슷하다. 숙소는 공동 화장실과 욕실, 침실, 세탁실, 글쓰기나 휴식, 식사와 잡담을 위한 공동 휴게실 등을 갖췄다. 가끔 조리 시설을 갖춘 곳도 있다. 이 숙소에서 사생활을 찾기는 어렵다. 순례자는 큰 객실 하나 혹은 소형 객실 여러 개에 놓인 벙커 침대(혹은 매트리스)에서 자야 한다. 몇몇 숙소는 남녀 객실과 욕실을 구분하며, 한 숙소는 코 고는 사람을 분리한다.

공동 취침이 늘 쉽지는 않다. 숙소가 미어터지는 여름이 특히 그렇다. 스페인 사람들은 창문과 차양을 닫고 잠들기로 유명해서, 콩나물시루 같은 실내가 시큼한 땀 냄새로 가득 찬다. 대다수 북유럽인과 미국인은 이 문화적 차이를 견디기 힘들어 한다. 코 고는 사람에 대한 농담도 많다. 그럼에도 순례자는 대개 같이 저녁을 먹고 하루 이야기를 나누며, 발의 물집을 치료하거나 서로 마사지해주며 어려운 상황에도 화목하게 지낸다.

때로 순례하는 것이 무슨 감투라도 되는 양, 숙소나 지역 상점

산토도밍고데라칼사다(라리오하)의 순례자 숙소에서 저녁 식사 중인 순례자들. 오른쪽 여성은 순례자 방명록을 읽는다.

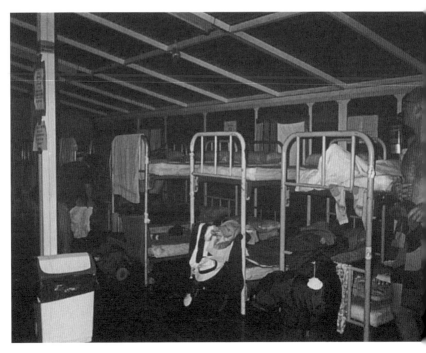

부르고스 순례자 숙소의 취침 준비

에서 무리한 요구를 하는 이들이 있다. 더 나은 서비스를 원하는 이들은 지역 호스텔이나 호텔에 묵으면 된다. 그러나 대다수 순례자는 순례자 숙소의 분위기를 즐기고, 침낭을 펼 수 있는 단출한 침대와 숙소의 환대에 감사한다.

순례자 숙소는 이따금 자원봉사자가 운영한다. 그들은 보통 순례 경험자로, 최소 2주 이상 봉사에 참여한다. 1994년 여름에는 숙소 20여 곳에서 봉사자 137명이 활동했는데, 그중 93명은 스페인 출신, 44명은 외국인이었다(영국인 14명, 스위스인 6명, 이탈리아인 10명, 독일인 5명, 벨기에인 4명, 미국인 2명, 네덜란드인 2명, 프랑스인 1명). 1997년에는 자원봉사자가 230명으로 늘었는데, 국적 분포는 이전과 비슷했다. 많은 영국인과 이탈리아인은 자국의 카미노우호협회를 통해 카미노프란세스에 위치한 숙소 건립에 참여했다. 독일 협회들은 아소프라Azofra와 오스피탈데오르비고의 숙소 건립을 도왔지만, 영국과 이탈리아 협회가 활동한 다른 장소에서는 활동하지 않았다. 카미노를 걷는 프랑스 순례자의 비율을 감안하면 '뭔가 돌려주러' 오는 프랑스인이 극히 적다는 점이 놀랍다. 어떤 봉사자는 자신이 하는 일을 '엄청난 경험' '순례하는 또 다른 방식'이라고 표현한다.

자원봉사자의 역할은 다양한데, 행정 업무와 투숙객 관리, 청소 등이 포함된다. 숙소에 따라 재정 관리나 실내 청소, 순례자 지원(응급처치, 카미노와 마을에 대한 정보 제공, 정서적 지원, 필요한 경우 영적·개인적 가이드 역할 등)까지 책임진다. 비스페인 봉사자

산토도밍고데라칼사다 숙소의 순례자들이 다음 날 여정을 준비한다. 기둥에 '기부
(DONATIVO)'라고 적혔다.

가 숙소를 열고 닫는 시간이나 규율을 엄격히 준수하는 경향이 있다. 여름 성수기가 끝나갈 무렵, 스페인 자원봉사자 20명과 회의한 적이 있다. 그들은 웃으면서 독일인과 스위스인 봉사자를 규율이 엄격한 숙소로 보내라고 제안했다.

카미노에서는 순례자나 자원봉사자가 상대를 신뢰할 수 있는 익명의 존재로 여긴다. 그래서 보통 가까운 관계에서나 허용되는 친밀함이 쉽게 형성된다. 어떤 이는 말없이 걷지만, 어떤 이는 몇 년 만에 처음 입을 땐 것처럼 쉴 새 없이 재잘거린다. 순례자는 보통 자원봉사자를 믿을 만한 경청자로 여기며 고백하거나, 새로운 아이디어와 과거의 사건을 털어놓는다. 자원봉사자도 보통 이런 역할을 인식한다. 바르셀로나 출신 의사는 자원봉사 경험이 "매일매일 사회학 강의 같았다"고 말한다.[9] 어떤 순례자에게 카미노는 엄청난 슬픔, 개인적 수치, 절망을 쏟아내는 카타르시스의 기회가 된다. 따라서 판단하지 않고 사려 깊은 경청자는 그들에게 엄청난 선물이 된다.

순례자 숙소에서는 글을 통해 또 다른 연대감이 형성된다. 거의 모든 숙소에는 평가(감사나 때로는 불평), 개인적 고백, 다른 순례자에게 메시지를 남기는 방명록이 있다. 방명록은 뒤따라오는 동료에게 메시지를 남기는 중요한 소통 수단이다. 순례자는 길 위의 고통("오늘 오른발에 물집이 잡혔다"), 자연과 영성, 사람들에 대한 깨달음, 그날의 일정, 시詩, 스케치, 간단한 개인적 흔적을 방명록에 남긴다. 메시지는 보통 이름과 국적을 함께 적는다. 순

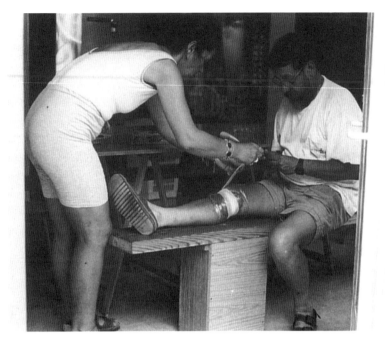

에스테야 순례자 숙소(나바라). 한 스페인 순례자가 진흙 민간요법으로 다른 순례
자의 무릎을 치료한다.

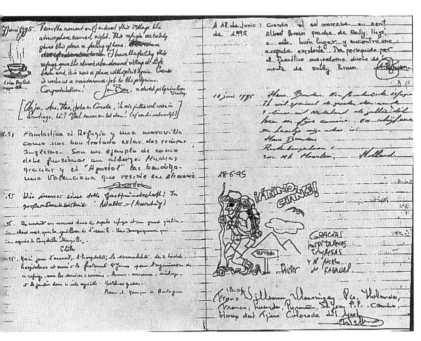

라바날델카미노의 가우셀모(Gaucelmo) 순례자 숙소(레온)에 있는 방명록

례자는 자연스럽게 모국어를 쓰는데, 그 결과 방명록에는 여러 언어로 쓴 매력적인 코멘트가 가득하다.[10] 순례자는 서로 격려하며, '울트레이아Ultreia!'라는 문구를 자주 남긴다. '전진'이라는 뜻으로, 12세기 순례자의 노래 '둠 파테르 파밀리아Dum Pater Familias'에서 유래했다. 신기하게도 많은 순례자는 뜻을 모르면서 이 표현을 쓴다. 현대 순례의 관습이기 때문이다.

순례자 숙소는 대개 화기애애하지만 긴장된 순간도 있다. 순례자 사이에도 위계가 있어서, 이동 방식에 따라 취침 공간이 할당된다. 도보 여행자에게 우선권이 부여되고, 그다음이 자전거 여행자다(말을 탄 순례자는 너무 적어서 고려할 대상이 되지 못한다). 그다음이 보조 차량을 이용하는 순례자다. 카미노 순례자가 많지 않은 1993년 이전에는 보조 차량 순례자도 수용이 가능했다. 그러다 1993년 희년, 순례자가 폭발적으로 증가하면서 일부 순례자가 보조 차량 여행자의 숙박에 항의했다. 한 스페인 자원봉사자는 침대 분배에 대해 설명한다. "일부 예외는 제외하고 자전거 순례자는 별도 공간을 마련해요. 습관이나 행동 방식이 다른 이들과 완전히 다르거든요. 대부분 제일 늦게 도착하고 아침에도 제일 늦게 떠나죠."[11] 이 차별적 관점에 따르면 자전거 순례자는 비사회적이고, 늦게 도착하며, 시끄럽고, 아침에도 꾸물거린다. 자전거 순례를 한 적이 없는 도보 순례자와 자원봉사자는 순례자 숙소 시스템이 얼마나 도보 순례자 중심인지 알지 못한다. 대다수 도보 순례자는 오후 1~5시에 도착해서 샤워하고 쉬며 오후를 즐긴다.

식사하고, 마을을 산책하고, 밤이 내리면 취침 준비를 한다. 반대로 자전거 순례자는 사람들이 북적대는 여름에 보통 침대 배정이 오후 6시 이후에 가능하다는 말을 듣는다. 앞의 자원봉사자는 자전거 순례자가 늦게 온다고 불평했지만, 많은 자전거 순례자는 일찍 도착하면 기다려야 한다고 통보받는다. 딜레마다. 많은 도보 순례자는 한낮의 열기를 피해 평균 20~30킬로미터 일정을 소화하려고 날이 밝자마자 떠난다. 한 자원봉사자가 말했듯이 어떤 '숙소 순례자'는 다음 숙소의 침대를 확보하고, 걸음이 느린 동료의 자리도 구해주고, 숙소가 머물 만한 곳인지 보려고 아침 일찍 떠난다. 자전거 순례자는 이런 선택지가 없다. 오전 6~8시에는 아직 길이 어둡다. 그들은 하루 여정이 도보 순례자보다 길고 (7~10시간), 더 긴 거리(60~80킬로미터)를 더 빨리 이동한다. 자전거 순례자가 서두르지 않는 것은 게을러서가 아니다.

자전거 순례자는 도보 순례자와 어울리지 않기 때문에 흔히 비사회적으로 여겨진다. 자전거와 도보의 이동 속도가 다르니 둘은 대부분 같이 여행할 수 없다. 자전거 순례자가 숙소에 도착하면 파티는 거의 끝난 상태다. 도보 순례자는 서로 알고, 몇 시간이나 함께 보냈다. 자원봉사자와도 유대를 쌓았다. 자전거 순례자의 비사회적 행동은 정확히 말해 사회적 불이익이 된다. 자전거 순례자와 개인적으로 대화해본 자원봉사자는 보통 비판적 태도를 누그러뜨린다. 이동의 리듬은 우정의 형성에도 영향을 준다. 예를 들어 빨리 걷는 순례자는 지속적으로 다른 이들을 앞지르기 때문에 친구를 만들기 힘들다(너무 느려도 마찬가지다). 물론 어떤 순례자는 혼자 있고 싶어 한다. 끊임없이 도보 순례자를 지나쳐 가는 자전거 순례자는 비슷한 속도로 달리는 동료를 만나지 못하면 친구를 만들기 어렵다. 도보 순례자가 나누는 공동체 의식을 쌓기는 더 힘들다. 자전거를 타고 세 번 순례한 독일인 로베르트는 말한다. "자전거 순례자는 개인주의자예요. 고양이와 비슷하죠. 예외도 있지만, 대다수 자전거 순례자는 특정 순간에나 교류를 원하고 혼자 여행하기를 선호합니다." 다른 자전거 순례자와 단체로 이동하거나 열심히 동료를 찾지 않는 한, 그들의 여정은 혼자 하는 내면의 경험이 된다.

자전거 순례자와 도보 순례자는 저녁에 숙소에서 잠깐 마주칠 뿐, 낮에는 각자 길을 간다. 도보 순례자는 자전거 순례의 여행 속도가 상당히 다르다고 느낀다. 그럼에도 대다수 도시에서 자전거와 도보 순례자는 서로 편안함과 친근함을 느낀다. 순례자는 현지인에게 하듯이 활짝 웃으며 인사한다. 한 순례자가 말했다. "카미노에는 사람이 별보다 환하게 빛나는 장소가 있어요."[12] 많은 이에게 카미노는 스트레스가 최소화된, 일상에서 벗어난 중립적인 영감의 장소다. 거기서 순례자는 내적·외적으로 자신을 타인에게 활짝 연다. 한 여성은 카미노를 걸으며 강한 소속감과 '집' 같은 편안함을 느꼈다. 자신이 받아들여지고 가치를 인정받은 듯했다. 뜻이 비슷한 동료와 걷고, 같은 목적지를 향하며, 비슷한 고통과 기쁨, 시련을 나누는 경험은 우정이나 사랑뿐 아니

오스피탈데오르비고 순례자 숙소(레온)의 하루는 일찍 시작된다.

라 자신이 사교적이며 매력 있는 존재라는 새로운 자아관을 형성하는 계기가 된다.

방향감각의 발견

다양한 루트가 있지만, 카미노는 산티아고와 스페인 서부 연안이라는 목적지를 향한다. 종점은 명확하다. 순례 루트는 (종종 가리비 껍데기와 함께) 선명한 노란색 화살표로 표시되는데, 다양한 루트를 산티아고라는 중심으로 인도한다. 가이드북은 각 순례 루트의 성격, 로마 시대 유적의 역사, 각 장소에 깃든 전설도 소개한다. 카미노에서는 떠오르는 해와 밤하늘의 별까지 한 방향으로 움직이는 듯하다. 산티아고 순례는 다른 장거리 여행과 달리 한 방향으로 간다는 특성이 있다.

카미노가 제공하는 뚜렷한 방향성은 날마다 일정을 짜고 새로운 리듬을 체화하는 데 도움을 준다. 카미노만큼 가야 할 길을 '훤히' 보여주는 공간은 없다. 하루의 리듬과 시간 경험은 순환적이지만, '노란 화살표'는 한 방향으로 길을 안내하는 중요한 원리가 된다. 화살표에는 시간적·공간적 의미가 모두 담겼다. 한편으로 언젠가 도착할 종점을 향해 배열된 시간을, 다른 한편으로 '목적지를 향한 공간적 움직임'[13]을 나타낸다. 화살표는 분명한 목적지를 가리키며, 카미노는 양방향의 길이 아니다.

순례자 세 명이 '산티아고(A Santiago)'라 적힌 표지판을 지나친다. 가운데 시멘트 표석은 알토델페르돈(Alto del Perdón, 나바라)을 경유하는 길을 가리킨다. 순례자의 배낭에 붙은 가리비 껍데기에 주목할 것.

나는 가끔 현대 산티아고 순례가 미국의 애팔래치아 트레일이 나 캘리포니아 존 뮤어 트레일,* 프랑스와 피레네산맥에 있는 방 대한 도보 네트워크 등 다른 장거리 도보 여행과 어떻게 다르냐 는 질문을 받는다. 어떤 이는 카미노와 구조적으로 비슷해 보이 는 각지의 유명 트레킹 루트를 횡단하는 도보 여행이 카미노와 어떻게 다른지 묻는다. 물론 그 루트에서도 개인적 발견과 성취 감, '길은 인생'이라는 은유를 찾아볼 수 있다. 카미노의 독특함 은 그 길의 종교적 · 역사적 전통, 순례를 응원하는 비순례자의 존재, 순례자 여권과 스탬프, 여행의 일방향성, 순례자 숙소와 보호소 네트워크에 있다. 산티아고 여행자는 단순한 도보 여행 자가 아니라 순례자다. 순례 중인 네덜란드 교사 커플이 말했듯 이 "카미노에서 순례자라고 불리는 일을 피할 수는 없다". 순례 자는 대부분 산티아고를 향해 이동하며, 도보나 자전거로 되돌아 오는 이는 드물다. 카미노의 표지판은 서쪽으로 가는 이를 위한 것이다(물론 남에서 북으로 향하는 루트도 있다). 되돌아오는 순례자 는 가끔 방향이 틀렸다는 말을 듣는다. 이때는 혼자 돌아오므로 다른 순례자와 유대도 잠깐 마주치는 것이 전부다.[14]

순례자는 자신이 종점을 향해 인도되며, 방향감각이 있고, 날 마다 어디로 가는지 확고하게 경험한다. 이는 일상에서 맛보기 힘든 것이다. 모든 것이 순례자의 방향으로 움직이는 듯한 카미 노에서 하루하루는 목적지를 향한 작은 성취가 된다. 벨기에 사

---

* 미국 서부 시에라네바다산맥에 위치한 도보 코스로, 요세미티국립공원과 킹스캐니언을 지나간다.

업가 앤드루(50세)는 말했다. "두 달 반 동안 내가 어디로 가고, 목표가 뭔지, 날마다 무엇을 해야 하는지 알았어요. 걱정할 건 없었습니다. 거추장스럽게 느껴진 신용카드 외에 소유물이 없었고, 논의할 안건이나 회의, 만나서 설득할 거물도 없었죠. 텔레비전, 종이, 도시의 일상을 떠올리게 하는 어떤 것도 없었습니다. 말 그대로 충만한 '카르페 디엠'의 경험, 날마다 전날보다 좋았어요." 순례자는 산티아고로 가며 경험한 방향감각을 설명할 때 '성취, 목적, 능력, 인도된' 같은 단어를 반복해서 사용했다.

길 잃음, 두려움과 고통의 극복

순례자의 이야기에는 의혹, 절망, 고통도 등장한다. 길을 잃은 경험은 은유적으로 통제력 상실, 시간과 에너지 낭비, 무력감과 동의어다. 이 상태는 종종 위기감을 불러일으키며, 길을 찾은 뒤에야 해소된다. 1995년에 영국 성야고보형제회가 후원한 순례자의 날 행사에서 '길 잃음'이라는 주제가 논의되었다. 40대 여성 사라는 '겁 많은 이들을 위한 [프랑스] 르퓌'라는 발표에서 "카미노의 수많은 '슈퍼 히어로' 사이에서 '불쌍하고 겁 많은 사람'을 대변하고 싶다"고 말했다. 사라는 순례를 떠나기 전해에 준비 프로그램에 참여했음에도 '모든 게 엉망'이 되었고 엄청난 외로움과 의혹, 내내 길 잃은 느낌 속에 산티아고로 가야 했다. 그녀는 처음에 진짜 순례를 위해서는 비포장도로를 걸어야 한다고 생각했다. 그러나 곧 생각이 바뀌어 여러 루트와 다양한 길을 따라 걷는 것이 제대로 된 경험이라고 믿었다. 어느 날 사라는 프랑스에서 한 독일 남성을 만나 전통적 순례 루트에 관한 이야기를 나눴다. 그는 순례자가 된다는 것은 한 루트만 따라가는 게 아니라고 말했다.

사라는 그 발표에서 가이드북이나 표지판이 있는데도 길을 잃을지 모른다는 두려움을 떨쳐낼 수 없었다고 강조했다. 길 잃음, 서두름, 재촉하기. 이 모든 것이 자괴감을 낳았다. 그녀는 자신이 다른 순례자는 물론 카미노와 의미 있게 관계 맺는 데 실패했다고 믿었다. 사라는 다른 이들보다 늦게 도착했고, 그녀가 쉴 때쯤 다른 이들은 저녁을 먹으러 갔다. 그녀가 저녁을 먹고 오면 동료들은 잠들었다. 사라는 카미노의 리듬 대신 개인적인 도시적 리듬을 고집하면서 분투했다. '옳은' 길을 찾겠다는 강박이 오히려 길을 잃게 만들었다. 이런 말까지 했다. "누가 와서 어디로 가라고 알려주면 진짜로 고마웠을 거예요." '겁 많은 순례자'의 이런 곤란과 별개로, 당시에는 부정적이고 괴로운 길 잃은 경험은 위기의 해결을 통해 새로운 힘과 통찰을 준다.

어떤 이는 길 잃음에서 겸허를 배운다. 노련한 도보 여행자인 한 남성은 길을 안다고 믿고 시수르메노르 마을을 벗어난 적이 있다. 갑자기 그는 표지판을 놓쳤음을 깨달았다. 돌아가거나 자신이 생각하는 방향으로 계속 갈 수밖에 없었다. 그는 헤매는 쪽을 택했고, 작은 마을을 가로지르며 사나운 개들의 방해를 받았다. 작아 보이는 밀밭을 가로질러 한참을 걸었고, 결국 멀리서 한 순례자를 발견했다. 그는 헤매다 카미노로 돌아온 뒤에, '잘난 체'하지 않고 늘 주의했다.

1970~1980년대에 카미노를 걸은 순례자는 카미노의 기반 시설 확충, 표지판 증가 등으로 길 잃음이 주는 '긍정적' 경험이 줄어든다고 걱정한다. 그러나 길 잃음은 표지판보다는 산만한 정신 상태와 관계있다. 걷다 보면 가끔 '자기 생각에 골몰'하다가 화살표나 가리비 표지를 놓친다. 당황스럽지만 순례자는 보통 길 잃음을 긍정적으로 평가한다. 미국인 리는 아스토르가 외곽의 산속에서 길 잃은 경험을 말하며 소로Henry David Thoreau를 인용했다. "우리가 길을 잃기 전에는, 하나의 세계를 잃기 전에는, 자신을 찾는 여정을 시작하거나 우리가 누구인지도, 우리가 다른 존재들과 맺는 관계의 무한함이 어느 정도인지도 깨닫지 못한다." 그는 의혹, 두려움, 불확실성 속에서 옛 순례자의 '순례 경험'과 더 깊이 연결된다고 느꼈다. 리는 길을 잃었음에도 자신이 올바른 방향으로 간다고 느꼈고, "나의 수호천사가 도왔을까요?"라고 물었다. "나는 우연의 세계에 사는 게 아닙니다. 운에 의존하지 않아요."[15] 리는 이 경험에서 자신의 세계에 목적이 있다고 느꼈다. "신의 창조에는 어떤 사고도, 우연도 없다는 것을 다시 배웠어요. 고통이든, 통찰이든, 특정한 장소에서 경험한 비전이든, 기도의 경험이든 선물뿐입니다."[16] 이 결론은 그의 신앙이나 신이 세계를 창조했다는 확신과도 일맥상통한다. 어떤 순례자는 길 잃음

과 다른 시련을 통해 위기를 경험하고 극복한다. 그 결과, 예기치 않은 것에도 대처할 수 있다는 자신감을 얻는다. 더 사려 깊고, 관대하고, 개방적이며, 시련을 견딜 줄 아는 사람이 되었다고 느끼기도 한다. 이 경험은 순례자가 카미노를 겪고, 의미를 만들고, 개인적으로 변화하는 과정이다.

조력자와 현대의 기적

설명할 수 없는 도움을 느낀 사람은 리뿐만 아니다. 다른 순례자도 비슷한 도움, 완벽한 타이밍, 절묘한 우연의 일치를 경험하고 자신의 세계관과 신앙 체계에 따라 설명한다. 어떤 이들은 그저 의아해한다. '인과성이란 존재하는가?' 이 문장은 바스크 기푸스코아 출신 순례자가 자신의 카미노우호협회 뉴스레터에 쓴 글의 제목이다. 그는 몇 가지 굉장한 경험을 말했다. 빛의 유희, 길을 잃었는데 갑자기 누군가 나타나 안내해준 것, 혼자 걸으려던 사람들이 단체 동료가 된 것.[17] 세계 평화와 영적·신체적 건강, 스페인어 배우기, 스페인을 경험하기 위해 여덟 살 난 아들과 알래스카에서 온 커플은 말했다. "질병, 추위, 곤경으로 더는 못 갈 것 같을 때 항상 누군가 우리를 도와서 계속 가게 해주었죠. 그때 주님과 성 야고보가 우리와 함께한다는 걸 알아요." "스페인의 자연과 사람들 속에서 신의 손길을 봤어요. 그리고 세계에 존재하는 선함goodness을 생각했습니다. 신의 사랑 속에서 믿음을 새롭게 하는 계기가 되었습니다."[18] 카미노에는 성 야고보가 예상치 못한 순간에 여러 형상으로 나타난다는 믿음이 존재한다. 그래서 딱히 종교적이지 않은 순례자조차 기적적이거나 행운의 만남을 성 야고보의 은혜로 돌린다. 이를 통해 삶과 타인에 대한 믿음도 커진다. 어떤 이들은 이런 만남에서 실제로 야고보 성인을 본다. 성 야고보가 동료 순례자나 현지인의 형상으로 나타났다는 것이다.

대다수 순례자가 절묘한 순간에 찾아온 길 위의 도움을 이야기한다. 한 영국 순례자는 말했다. "카미노에는 행운이 다른 곳보다 2~3퍼센트 많은 것 같아요." 순례자가 곤경에 처했을 때 나타난 사람(다른 순례자나 현지인)이나 사물(표지판, 노란 화살표, 무지개, 다리 등)은 길을 찾고 위기를 해결하는 데 도움을 준다. 적절한 타이밍에 만난 사람이 내적 변화의 촉매가 되기도 한다. 한 독일 순례자는 역사적 건축물을 감상하고 뭔가 마시기 위해 산토도밍고데라칼사다의 파라도르parador(4~5성급 호텔)에 들어간 또 다른 독일 순례자의 이야기를 들려주었다. 그 순례자가 대기실에 있는데 누가 어깨에 손을 올렸다. 돌아보니 감정이 틀어져 6년간 말을 섞지 않은 동생이었다. 그들은 쓰라린 기억을 잊고 포옹하면서 그 우연에 놀라워했다. 동생이 그곳에 숙박 중일 때 순례자가 들어간 것이다. 콘스탄츠 호수에서 포르투갈까지 도보 순례를 한 스위스 개신교도 여성 수장은 말했다. "이런 우연의 일치 덕분에 누군가(신이든 아니면 뭐라고 부르든) 나와 함께 있다는 느낌이 들었어요."

개

오래된 속담에 따르면 개는 인간의 가장 좋은 친구다. 카미노에서 개는 야생적이고, 길들여지지 않은, 위험한 요소와 결부된다. 입사적 시련이든, 공포의 경험이든 '사나운 개'는 가끔 순례자의 중요한 경험이 된다. 나는 도시 외곽의 개 떼에 관한 소문, 만약의 공격을 위해 지팡이를 준비하라는 이야기를 흘려들었다. 그러나 실제로 개는 위협적이고, 많은 순례자를 겁먹게 한다는 것을 깨달았다. 개의 이미지는 때로 과거나 '원시적인 것'(몇몇 순례자에 따르면 인간의 육체적 힘, 면대면인 것, 자연적인 것, 혼자인 것)과 연결 고리가 된다. 스페인에서 개는 애완동물이라기보다 긴 줄에 묶여 집이나 마을을 지키는 존재에 가깝다.

20세기 말의 카미노 순례는 중세보다 훨씬 안전하다. 중세의 카미노는 더러운 물, 악덕 숙박업주, 강도, 어두운 숲, 야생 멧돼지와 늑대 등 위험으로 가득했다. 오늘날 개는 카미노에 모험적 차원을 더해준다. 알리칸테카미노우호협회 회보에는 카미노의 순례 루트를 네 가지 기준에 따라 평가한 대목이 있다. 이 기준은 루트의 길이, 순례자 수, 날씨, 개의 숫자다. 유머이긴 해도 순례자의 의식에 개가 분명히 있음을 보여주는 예다. 순례자의 이야기는 개에 대한 공포를 조장하며, 여행 막바지에는 시련을 극복했다는 성취감을 더해준다. 영국 자전거 순례자는 형제회 회보에 썼다. "카미노에는 신나는 모험이 있습니다. 천둥과 번개가 칠 때 성당 현관 아래서 비를 피한 경험, 개 떼에게 쫓기다가 어디선가 우리를 불쌍히 여긴(저는 그렇게 믿어요) 사냥개 한 마리가 개 떼를 쫓아낸 경험 같은 거요."[19]

여행 전부터 개를 만날까 봐 걱정하는 순례자도 있다. 앞서 소개한 영국의 순례자 워크숍에서 한 중년 여성은 산티아고 외곽의 개들에 대해 진지하게 질문했다. 그녀는 정말로 걱정스러워 보였다. 그 짐승을 어떻게 해야 합니까? 개들이 정말로 사람을 위협하나요? 나는 그녀에게 아무 문제도 없을 거라고 말해주면서 이런 걱정이 제어 불가능한 카미노의 요소, 안전한 순례와 관련된 여행 전의 염려를 잘 보여준다고 생각했다. 순례자 워크숍에 참석한 이들은 미지의 것을 어느 정도 파악하고, '실무적' 정보를 얻고 싶어 한다. 여행을 계획·조직하고 정보를 수집하며, 휴가 갈 때 그렇듯 신비적 요소는 덜어내고 싶어 한다.

한 순례자는 개 떼를 만나 자신의 원시적 자아와 조우했다. 미국 작가 잭 히트Jack Hitt는 유명한 산티아고 여행기에 다음과 같이 썼다. "순례자는 개를 싫어한다. 나는 론세스바예스의 박물관에서 대여섯 마리 개에게 삼켜지는 목조 순례자 부조를 봤다. 순례자의 원시적 두려움이 섬세하게 조각된 대단히 인상적인 작품이었다." 그는 카스티야 평원에서 들개와 마주친 경험을 묘사하면서 이 기억을 인용한다. "한 번도 느껴본 적 없는 이상한 두려움이 나를 사로잡았다. 개를 죽일 준비가 되었다는 걸 알았기 때문에 겁이 났다. 나는 왼손에 칼을, 오른손에 지팡이를 들었다. 카스티야 평원에서 나는 짖었다. 인간이 맹금류가 까악거리듯, 고양잇과 맹수나 코요테가 으르렁거리듯 할 수 있다는 걸 그때 알았다. 사람도 그럴 수 있다. 온몸이 폭발하듯 경련을 일으켰고, 랄룰랄룰랄룰라라라라… 나는 그 비슷하게 짖었다."[20] 문학적 효과를 위해 과장된 측면이 있지만, 자기 안의 원초성에 닿았다는 히트의 느낌은 진실하다. 그 순간 그는 순수한 본능 자체였다. 이런 순간은 사람들이 순례에서 찾고자 하는 '나는 살아 있다, 나는 현대적 기계 속의 단순한 톱니바퀴가 아니다'라는 감각을 다시 확인하게 해준다.

개 일화는 장소와도 관련 있다. 히트는 다른 순례자들처럼 카스티야의 황량한 평원에서 개를 만났다. 철의 십자가 아래 버려진 마을 폰세바돈Foncebadón에서 개를 만났다는 이야기가 심심찮게 들린다. 폰세바돈에서 개는 악마나 길 위의 사악한 것과 연관된 듯하다.

어떤 순례자는 들개뿐 아니라 신기하게도 '개 순례자dog pilgrim'에 관해 말한다. 그들은 두려움과 놀라움, 신비, 애정을 표현한다. 개와 걷는 순례자와 대화하며 놀란 점은, 그 개들이 애완견이 아니라 길 위 어느 지점에서 그들을 따라왔다는 것이다. 때로 개들은 살던 곳을 떠나 수백 킬로미터 이상 따라온다. 가끔 울퉁불퉁한 돌길을 걷다 발에 상처가 난 채, 발에 붕대를 하고 순례자 숙소로 들어온다. '주인' 순례자는 그런 고통에도 개들이 계속 따라오는 데 놀란다. 버려졌거나, 굶어 죽어가거나, 외로웠을지 모를 그 개들은 항상 유순하고 대개 나이가 많으며, 인간 동료에게 극도로 충성스럽다.

　한 포르투갈 남성은 1995년 첫 순례를 할 때 로그로뇨 외곽에서 크고 흰 암캐를 만나 음식을 주었다. 그는 녀석이 산티아고까지 따라올 거라고는 생각하지 않았다. 그러나 개는 날마다 몸을 일으켜 그와 동료들을 따라왔다. 그가 보기에 산티아고에 도착한 날, 녀석도 여행이 끝났음을 아는 것 같았다. 산티아고대성당을 방문한 일행은 근처의 공원으로 향했다. 그 개는 공원에 누웠다가 숨을 거뒀다.

　다른 순례자처럼 그 역시 예상치 못한 개와 동행을 카미노의 신비로 해석했다. 그는 개도 엄연한 순례자라고 말했다. 어떤 이들은 개에게 산티아고에 도착하지 못한 옛 순례자가 있다고 말한다.

고통과 피로

거의 모든 순례자는 카미노에서 고통과 피로를 경험한다. 그러나 그에 대한 해석은 사람마다 다르다. 어떤 순례자는 고통과 피로가 중세 카미노의 강력한 유산이라고 말한다. 독실한 가톨릭 신자는 종종 고통을 '이마에 흐르는 땀으로 영혼을 씻어주는'[21] 시련이나 참회로 해석한다. 많은 경우 서원을 이행하려고 카미노에 오는 이들은 꾸준히 운동하는 이들에 비해 신체적으로 훨씬 준비가 덜 된 상태다. 그들은 대개 고통을 신에게 다가가기 위한 방편으로서 희생(한 미국인 복음주의 가톨릭 신자의 표현에 따르면 '더 많은 신의 영광'을 얻기 위한)이라 여긴다. 라리오하의 작은 마을에서 공무원으로 일하는 남성(33세)은 여행의 고통이 어떻게 영적 변화나 종교적 회심과 조금씩 연결되었는지 설명했다. 그는 여행 이튿날부터 단체를 이끄는 신부의 도움을 받아 '개인적 변화에 필요한 시련을 견디고, 모든 결과를 감수하면서 카미노에 모든 걸 던지기로' 결심했다. "열기, 갈증, 피로, 고통은 내적 변화와 카미노의 역사를 이해하는 데 도움을 주었습니다." 그에게 길 위의 고통과 시련은 신의 재발견, 과거와 연결, 일상적 기적과 신의 편재에 대한 믿음을 강화하는 계기가 되었다. 고통은 더 큰 통찰을 주는 선물로도 해석되었다.

어떤 종교적 순례자는 여행에서 시련이 또 다른 교훈을 준다고 말한다. 고령의 스페인 남성은 론세스바예스에서 산티아고까지 간 경험을 〈Pilgrim's Tears순례자의 눈물〉이라는 짧은 글에 묘사했다. 그는 활동적인 사람이라 신체적 문제가 없을 거라 여겼다. 그러나 순례 첫날, 발에 온통 물집이 잡힌 것을 보고 겸허에 관한 교훈을 얻었다. 계속 걷자 발의 고통이 다리로 갔다. 메세타를 지나고는 고통이 너무 커서 이제 여행은 끝났구나, 생각하며 길가에 앉아 울었다. 그는 속수무책으로 성 야고보에게 소리 내어 기도했고, 산티아고까지 걸어가 안을 수 있게 해달라고 부탁했다. 놀랍게도 몇 분 뒤에 두 순례자가 도착했는데, 그중 한 여성을 다음 마을에서 만났다. 그녀는 그에게 마사지를 해주었다. 그는 말했다. "성 야고보여, 모자를 벗어 경의를 표합니다. 내 기도에 빠른 응답을 주셨군요." 그 무렵 그가 만나 마사지를 받은 순례자 가운데 프랑스의 물리치료사가 있었다. 그는 몬테델고소에 도착해서 기쁨에 겨워 울며 노래 불렀다. "야훼 집에 가자 할 때, 나는 몹시도 기뻤다. 우리는 벌써 왔다, 예루살렘아, 네 문 앞에 발걸음을 멈추었다."(〈시편〉 122장 1~2절) 그는 산티아고대성당에 도착해서 감정에 북받쳐 울며 산티아고상을 껴안았다. 그리고 기도도 하지 못한 채 지하실에서 흐느꼈다("아니면 그게 기도였을까요?" 그는 물었다). 고통과 기쁨의 눈물은 그에게 순례 과정이었다. "길을 걸으며 당신은 자신을 걷는 거예요. 몸이 지칠수록 정신은 자유로워집니다."[22] 이런 종교적 관점에 따르면 신체의 고통과 더불어 세계를 보는 관점이 변하고, 개인적 변화와 개종의 가능성이 생겨난다.

종교가 없는 순례자에게 고통과 피로는 극복해야 할 시련이다. 카미노에서 많은 순례자는 신체의 한계를 시험해보고자 한다. 주된 곤란은 발, 아킬레스건, 다리 근육, 등, 어깨의 통증이다. 순례자는 대개 한 달 일정으로 걷는데 쉬는 날이 있을 때도, 없을 때도 있다. 신체를 단련하지 않은 이들이 휴식 없이 한두 달, 심지어 넉 달쯤 걷기는 어렵다. 그러나 불가능해 보이던 고통을 극복하면 엄청난 성취감과 만족감, 자신의 몸에 더 많은 지식과 존중, 살아 있다는 느낌이 밀려온다.

고통의 경험은 순례자뿐 아니라 순례자와 자원봉사자의 연대감 형성에 핵심적 역할을 한다. 고통은 순례자의 중요한 대화 주제다. 순례자는 서로 조언하고, 치료를 도와주며, 응급처치 약과

지친 순례자가 한 마을 광장 그늘에서 쉰다. 배낭에 꽂힌 들꽃, 순례자 지팡이, 무
릎에 동여맨 붕대에 주목할 것.

갈리시아 길가에서 발에 난 물집을 치료하는 스페인 여성

면봉, 소독약을 빌려준다. 하루가 끝날 무렵 서로 마사지도 해준다. 소금과 식초를 넣은 찬물 족욕은 순례자가 기대하는 즐거운 저녁 일과다. 많은 순례자 숙소에는 족욕 통이 있는데, 발을 씻는 행위는 기독교에서 겸허와 평등을 실천하는 상징적 행위다. 이탈리아계 순례자 숙소에서는 그 전통에 따라 자원봉사자가 순례자의 발을 씻어준다. 카미노는 일상적 시공간을 벗어난 장소이므로, 일상적으로 더럽고 낮은 것이 드높아질 수 있다.

순례자는 종종 육체적 분투로 더 강해졌다는 느낌과 몸에 대한 자신감을 얻고, 자신의 한계를 배우고 시험할 수 있었다고 말한다. 체중이 빠지고 더 강해진 느낌에 사기도 고양된다. 발에 잡힌 물집은 인생을 위한 은유가 되기도 한다. 마드리드 출신 약학과 대학생 호세Jose(26세)는 말했다.

카미노에서 인생이 생각보다 훨씬 쉽다는 걸 배웠어요. 여자 친구가 날 사랑하지 않거나, 다른 사람이랑 있거나 별로 중요치 않아요. 인생에는 즐길 것이 훨씬 많고, 하나가 잘 안 풀린다고 멈출 순 없죠. 카미노와 같아요. 발에 물집이 잡히면 치료하고 계속 가면 됩니다. 카미노는 이어져요. 물집이 잡혔다고 포기하면 영영 후회할 거예요. 카미노의 물집은 삶의 문제와 같죠. 물집이 잡혀도 계속 걸으면 고통과 동시에 기쁨이 생겨요. 문제없는 삶은 물집 없는 카미노와 같습니다. 그건 꿈이고 관광객의 루트지, 삶이 아니에요.

호세는 고통을 유익하다고 여기지만 종교적으로 보지는 않았다. 그에게 고통은 자기 이해를 증진하고 개인적 철학의 발전을 돕는 것이다.

자기 신체 능력을 처음으로 신뢰하는 일은 순례자뿐 아니라 고향의 가족에게도 고무적이다. 어린 시절에 운동과 거리가 멀었다는 스페인 교사(26세)는 친구와 순례를 떠났다. 아버지는 그가 완수하지 못할 거라 믿었다. 아들이 카미노에서 전화했을 때, 그는 아들은 물론 순례도 다시 봤다. 아버지는 아들의 용기가 자랑스러웠고, 지도를 사서 그의 여정을 그려보기 시작했다. 그 순례자는 개인적으로도 얻은 게 많지만, 기대치 않게 아버지와 관계가 돈독해졌다고 느꼈다.

순례자는 카미노에서 자기 몸의 변화를 느낀다. 일상에서는 옷이나 신발을 고르고 외모나 위생에 신경 썼지만, 길 위에서 그런 것은 덜 중요해진다. 순례자는 여러 날 흘린 땀과 먼지, 빨지 못한 옷에서 나는 지독한 '순례자 냄새'로 농담한다. 일상에서 늘 다른 사람에게 도움을 받던 고령의 순례자는 카미노에서 혼자 몸을 씻으며 낯선 환경에 적응해야 한다. 카미노가 새롭게 열어준 몸과 몸의 감각은 아직 탐험하지 않은 새로운 영토가 된다. 한 미국인 교수는 순례를 끝낼 무렵에 말했다. "이제 몸이 저절로 걷고, 길이 몸을 굴리는 것 같아요."(차를 탈 때처럼) 단지 길 위를 이동하며 길을 지배하는 게 아니라, 몸이 길과 그 길의 요구에 감응하는 것이다. 대다수 순례자는 육체노동자가 아니다. 면도한 순례자를 상상할 수 없다고 면도기를 가져오지 않은 영국인도 자신의 '순례자 복장'을 불편해했다. 그는 일상에서 늘 양복을 입었고 그걸 즐겼다. 카미노에서 '어색한' 옷을 걸친 뒤로는 물건을 어디에 넣었는지 늘 헷갈렸다. 카미노에서 순례자는 전적으로 몸에 의지해 이동한다. 어떤 순례자는 낙담했을 때조차 계속 전진해 순례를 마친 자기 몸의 능력에 놀란다. 그러면서 몸이 얼마나 낯선 장소인지 깨닫는다.

순례자가 새로운 감각과 고통, 근육과 인내심의 단련을 통해 자기 몸에 귀 기울일 줄 알면, 몸은 중요한 정보의 창고가 된다. 순례자는 대개 심리적 문제는 몸으로 드러나며, 그때는 속도를 조절해서 몸과 마음의 상태에 모두 신경 써야 한다고 믿는다. 네덜란드 자원봉사자의 말이다. "우리는 순례자의 몸을 비롯해 모든 것을 돌봅니다. 이 숙소에도 발의 통증이나 건염 때문이 아니라 영적·개인적·심리적 문제 때문에 일정을 넘겨서 머무르는 순례자가 네 명 있어요." 프랑스 자원봉사자는 말했다. "발의 통증은 육체적 준비보다 마음의 준비가 부족해서 생겨요." 그와 대화하던 여성이 자기 머리를 가리키며 "나는 발보다 여기가 아파요"[23]라고 한 것에 대한 응답이었다. 다른 봉사자들도 많은 신체적 고통은 개인적 문제(흔히 인간관계)와 연관된다고 말한다. 어떤 이는 신체 각 부위의 통증과 문제를 연관 짓는다. 어깨와 등의 통증은 스트레스의 표현, 다리의 고통은 인간관계 문제, 허리의 통증은 무책임이나 뭔가 완수하는 능력의 결여와 관련 있다는 식이다.[24]

현대 순례에서 발은 사적인 신체 부위가 아니라 일종의 공공 영역이다. 순례자는 서로 발을 만지고, 점검하고, 논의하고, 마사지하거나, 바늘로 물집을 터뜨려준다. 발은 정직한 여행의 징표이자 힘의 상징이다. "이 모든 걸 내 발로 해냈어!" 순례자는 이런 식으로 발을 은밀한 신체 범주로 여기는 대신 드높인다. 카미노에서 순례자는 평소 모르고 지나친 발의 힘과 중요성을 깨닫는다. 발은 순례자를 길, 과거, 의미 있는 관계, 자연, 자아와 직접적으로 이어주는 통로다. 발은 진정한 것이다.[25] 발에 대한 가치 부여(와 그에 따른 '공공 영역화')는 부분적으로 카미노에서 일어나는 가치의 재구성과 관련 있다. 카미노에서 중요한 것은 고가의 신발이 아니라 발이다. 순례자를 걷게 하여 '진짜'라고 여겨지는 무엇(어떻게 정의하든)과 연결하는 것도 발이다. 발이 사람을 근원으로, 진정성으로, 자아로, 순례의 기원으로 데려간다. 한 캐나다 여성은 고통 속에서 은총을 발견했다. 이 이야기를 할 때 그녀는 순례자 숙소 테이블에 발을 올려놓았다. 그녀는 거칠지만 물집 없는 발을 자랑스러워했다. 여행 초기에 그녀는 자신이 느끼는 모든 고통에 감사하겠다고 결심했고, 실제로 그렇게 했다. 그러자 놀랍게도 고통이 사라졌다. 산티아고 순례는 그녀에게 감사와 기쁨의 여정이었다.

길 위의 여러 시련과 좌절에 무릎 꿇는 것 역시 중요한 순례자 경험의 일부다. 때로는 고통이 심해 카미노에서 며칠을 쉬며 회복을 기다리거나, 순례를 도중하차하거나, '착한 사마리아인'으로서 성 야고보에게 기도드리지 못하고 귀국한다. 추산하기 힘들지만 론세스바예스에서 출발한 순례자 가운데 20퍼센트 정도는 일정, 계획 부족, 신체적 문제, 드물게는 실망감 등 다양한 이유로 카미노 완주에 실패한다. 순례를 포기하는 결심은 쉽지 않다. 그런 이들은 첫 번째 실패를 극복한 뒤 다시 카미노에 오고 싶다고 말한다. 카미노 순례는 짧은 시간이라도 참여자에게 강렬한 인상을 남긴다. 한 독일 여성(24세)은 말했다. "정말로 카미노를 완주하고 싶어요. '시작한 건 끝내야지' 하는 마음 때문이 아니라, 오랫동안 걷는 행위의 힘을 발견했거든요. 카미노는 저한테 엄청난 힘을 줬어요." 그녀는 처음에 일주일 걷다가 바다로 가려 했지만, 멈추지 않고 한 주 더 걸었다.

신체적·정신적 한계를 극복함으로써 전에 모르던 몸을 재발견한다. 순례자의 일정은 신체적으로 상당히 고되다. 그럼에도 순례자는 자신의 에너지와 낙관주의, 힘이 놀랄 만큼 증가했다고 느낀다. 바르셀로나와 라리오하 출신 30대 후반의 두 스페인 여성도 몸이 가뿐해진 것을 경험하고, 스트레스가 적은 카미노의 환경 덕분이 아닐까 추측했다. 둘 다 저체중이고 고된 직장 생활과 집안일에 시달린 터라, 단체 순례에 참여해 개별적으로 카미노를 완주하기로 했다. 둘 다 체중이 빠질까 봐 걱정했다. 한 명은 억압적인 어머니와 건선으로 고통 받았고, 다른 여성은 최근 아버지를 잃었다. 놀랍게도 걷는 동안 체중이 빠지기는커녕 늘었다. 그들은 숙면을 취했고, 전반적으로 행복감이 들었다. 건선으로 고통 받던 여성은 순례 후 상태가 훨씬 호전되었다. 그녀는 스트레스가 줄었기 때문이라고 생각했다. 그들은 1980년대 말에 처음 카미노에 온 뒤, 반복해서 순례에 참여한다.

잘 논의되지 않지만 중요한 신체 변화가 하나 있다. 스트레스 없고, 자유로우며, 개방적인 순례 환경에서는 성적 변화도 일어난다. 나는 60대 초반인 발렌시아 출신 작가 루이스와 대화하다가 이 주제를 처음 접했다. 그는 1993년 첫 순례를 하고 이듬해 다시 카미노에 갔을 때, 완전히 '진이 빠졌다'. 과중한 노동, 도시의 소음과 불결함에 질린 상태였고, 길고 고통스런 이혼으로 정신도 피폐해졌다. 그는 좀 쉬면서 아무 생각 없이 걷고 싶다는 욕망으로(그 외 몇 가지 기대와 함께) 카미노에 왔다. 놀랍게도 여행하면서 즉각 기운이 살아났고, 신체적·감정적으로도 충전되는 느낌을 받았다. 면담이 끝날 무렵, 산티아고 기차역에서 헤어지기 전에 그는 문득 덧붙일 말이 있다고 했다. 내가 연구자니 다른 이들도 그와 비슷한 신체 반응을 경험했는지 알고 싶어 털어놓는다고 했다. 그는 상당히 멋쩍어하면서 25일간 카미노를 걸으며 감정뿐 아니라 몸도 '일어섰다'고 말했다. 평소 그렇지 않는데 매일 아침 발기한 상태로 눈을 뜬 것이다. 더 강한 성욕을 느끼지는 않았지만, 온몸 구석구석 차오르는 강한 힘을 느꼈다. 10대 시절처럼 완벽하게 충전된 것 같았다. 이런 신체 반응은 발렌시아에 와서 멈췄지만, 이듬해 카미노로 오자 발기는 다시 이어졌다.

이 주제는 40대 프랑스 여성 로빈, 그리고 순례 여행 중인 한 신부와 대화할 때 다시 등장했다. 로빈이 중세연구학회 회의실에서 갑자기 신부에게 물었다. 순례자가 경험하는 성적 변화에 대해 아시나요? 나는 귀를 의심했다. 그녀는 순례 준비 단계에서 대다수 참여자가 신체적·영적·정신적 측면을 논의하지만, 성적 측면은 언급하지 않는다고 말했다. 로빈은 조용히 자기 삶을 돌아보려고 시작한 첫 번째 순례에서 카미노의 '에너지'와 '힘', 자연경관에 둘러싸인 자기 몸의 반응에 당황했다. 로빈은 메세타를 혼자 걷다가 이런 경험을 했다. "마을에 도착했을 때 거의 쓰러질 듯 지친 상태였어요. 지평선에 해가 지는데 내가 온 걸 반기듯 성당 종소리가 울리더군요. 강렬한 감흥, 피로, 환희가 뒤섞여 오르가슴이 밀려왔어요. 얼마나 강렬한지 내 몸에 전 세계 모든 여자가 있는 것 같았죠. 그 믿기 힘든 환상적 경험을 어떻게 표현해야 할지 모르겠어요."

이 경험은 이듬해 순례에서도 반복되었다. 로빈은 둘째 해에 그 경험을 순례의 일부로 받아들였다. 루이스와 마찬가지로 고양된 성적 에너지가 성욕의 증가로 이어지진 않았지만, 그녀도 모르던 잠재성을 드러냈다. 루이스는 10대처럼 몸이 가뿐하다고 했지만, 로빈은 더 여자답고 강한 여성이 되었다고 느꼈다.

카미노의 우호적 분위기와 스트레스 감소 덕에 순례자의 성적인 장벽이 낮아진다. 앞선 두 사례에서 성적 능력의 강화는 개인의 충전과 잠재성의 발견에 머물렀다. 그러나 고양된 성적 감정은 타인을 향하기도 한다. 순례의 익명적·개방적 분위기에서 일시적 만남이나 순례 후 이어지는 로맨스도 자주 생겨난다. 솔로의 연애뿐 아니라 배우자 있는 순례자의 치정도 솔깃한 일일 수 있다. 이는 가끔 실제로 일어나는 일이다.

순례자와 자원봉사자, 순례자와 현지인 사이에도 그런 관계가 형성된다. 로그로뇨에서 자원봉사자로 일할 때, 나는 산부인과 의사 여덟 명과 순례 중인 제약 회사 판매 사원(그도 예전에 자원봉사자였다)을 만났다. 그는 성적 에너지가 증가하는 원인을 스트레스 감소라고 보면서, 팜플로나의 한 의사가 심신의 안정이 필요한 이들에게 카미노를 처방하더라고 말했다. 카미노의 친밀하고, 공동체적이며, 근심 없는 분위기가 성적 긴장감(한 순례자 숙소 주인의 표현에 따르면 '가벼운 에로티시즘')을 증진하기도 한다. 그러나 성적 관계는 대부분 '비밀에' 부친다. 바르셀로나 출신 한 남성은 30일간 산티아고를 걸으면서 순례자 여성 세 명과 사랑을 나눴다. 그는 자연 풍광이 너무 아름다웠기 때문이라고 말했다. 특히 그중 한 명과 가끔 주말에 만나 관계를 이어갔다. 어떤 이들은 카미노에서 사랑을 나누고, 귀국한 뒤에는 각자의 현실 속에 살아간다. 함께 카미노를 걷는 커플(개중에는 금혼식을 기념하는 이들도 있다)은 신체적·성적 에너지 증가가 관계 개선에 도움이 되기도 한다.

어떤 순례자들은 이런 이야기를 듣고 놀란다. 카미노에서 많은 이에게 신체 변화가 없었는지 질문했지만, 성적 능력 변화를 경험하지 못한 이도 많았다. 전체적으로 몸이 가뿐해지긴 했어도 성적인 측면은 아니라고 했다. 여기서도 카미노가 개인에게 미치는 영향이 제각각임을 알 수 있다.

홀로 있기

순례는 고독과 연대를 경험할 수 있는 다양한 기회를 제공한다. 두 경우 모두 순례자는 내면의 여러 영역을 발견·시험할 수 있다. 가족이나 동료, 친구에 둘러싸여 사는 이들에게는 혼자 하는 순례가 삶에서 처음으로 자신만 의지해야 하는 새로운 환경일 수 있다.

　보통 순례자는 광활한 메세타 평원에서 깊은 고독을 느낀다. 그러나 고독은 순례자의 주관적 상태에 따라 언제 어디서든 찾아올 수 있다. 혼자 있는 두려움을 극복하면 자기 이해에 가 닿고, 카미노는 불확실한 모험에서 폭넓은 의미의 자아를 탐색하는 여정이 된다. 스페인 대도시 출신 40대 초반 남성 라몬Ramón은 유명한 투우사가 카미노에서 개인적 문제의 해답을 찾았다는 말을 라디오에서 들었다. 당시 삶에서 혼란을 겪던 라몬은 일주일 뒤에 혼자 론세스바예스로 갔다. 라몬은 1년도 더 지나 마드리드의 한 바에서 그때의 막막함과 외로움을 설명했다. "1993년 5월, 론세스바예스 외곽에서 보낸 첫 밤은 끔찍했어요. 도착한 날 눈이 내렸고, 다음 날 걷기 시작했죠. 그러다 길을 잃었는데 전등이 없었어요." 밤이 되었고 그는 추위와 어둠 속에 혼자 남았다. 라몬은 두려움에 사로잡혔다. 그날은 겁에 질려 야외에서 자며 침낭 속에서 눈물을 흘렸다. 자신이 불쌍해서, 완전히 혼자라는 느낌 때문에 말이다. 아무도 위로할 이 없는 어둠 속의 소년이 된 듯했다. 라몬은 그 고통스러운 카타르시스의 순간을 묘사하며, 자신을 위로하려는 소년처럼 침낭을 머리 위로 올리던 동작을 흉내 냈다. 그는 평소 자신을 바보라고 느꼈고, 카미노에 와서도 똑같은 짓을 반복했다. 그날 밤을 무사히 넘길 자신이 없었지만 결국 해냈다.

그날 밤 라몬은 두려움 속에 고통스러운 유년의 기억을 다시 경험한 것을 깨달았다. 카미노에서 그는 의지할 사람 없이 혼자였다. 자기 안에서 힘을 발견해 나는 살아갈 수 있고, 앞으로도 괜찮으리라는 것을 깨달아야 했다. 라몬은 다음 날 카미노를 떠나는 대신 계속 걸었다. 중요한 장벽 하나를 넘지 않았나. 혼자라는 두려움은 사라지지 않았지만 더 많은 자신감을 얻었고, 자기 인생을 혼자서 혹은 다른 이들과 함께 마주할 준비가 되었다. 첫 순례에서 그럴 수 있음을 깨달았기에 이제 혼자 순례할 필요는 없었다. 이듬해(1994년) 여름, 그는 조카와 카미노로 왔다. 그때는 고독의 가치를 배운 상태였다.

순례자는 고통스럽거나 지루하거나 즐거울 수 있는 이동 시간을 사색, 기도, 명상, 노래 등 색다른 방식으로 채운다. 많은 순례자는 자신이 아는 모든 노래를 두세 번씩 부르며 유년의 기억 속에 있던 선율까지 기억한다. 벨기에 사업가이자 세 아이의 아버지 앤드루는 삶을 돌아볼 시간이 필요했고, '젊은 시절 하지 못한 입사 여행journey of initiation을 위해' 카미노에 왔다. "마음 가는 대로 했어요. 아이처럼 놀고, 오버도 하고, 감정에 젖고, 바보 같은 시를 쓰고, 딸 또래 여성한테 사흘 동안 연애 감정을 느껴 스페인어를 배워서 대화하고 프랑스어로는 차마 못 할 이야기도 하고요." 순례자는 하루하루 외롭고 탁 트인 길을 오래 걷거나 자전거로 이동하다 보면 사색에 잠긴다. 카미노는 일상적 시공간에서 구조적으로 분리된, 성찰을 위한 이상적 공간을 제공한다. 한 독일 남성(26세)은 첫 순례를 이렇게 묘사했다. "생각할 시간이 엄청나게 많았어요. 결국 나 자신과 대면해야 했죠. 내 과거와 현재, 미래가 거대한 진창 같더군요. 직장에 다니는 동안 좌절할까 봐 늘 두려워했음을 깨달았어요. 공학을 그만둬야겠다고 생각했죠." 발걸음이 성찰이 되는 고독 속의 순례는 결단하는 데 도움을 준다. 어떤 이들은 '걷는 기계처럼 무심히' 움직이는 리듬 속에서 길을 잃었다고 느낀다. 한 프랑스 남성은 아무 생각 없는 두발짐승처럼 움직이면서도 '왜 여기 있지? 왜 이런 희생을 치르지? 이 쓸데없어 보이는 모든 고생은 무엇 때문에? 마지막에 주님은 내 기도를 들어주실까?' 같은 실존적 질문과 맞닥뜨렸다.[26] 도보 여행의 속도는 길에서 자연스레 떠오르는 질문이나 상념에서 의미를 찾아낼 수 있는 기회를 제공한다.

종교적 순례자에게는 고독과 침묵의 경험이 여행의 핵심이다.[27] 마드리드 출신 한 신부에 따르면 "혼자 몇 킬로미터씩 걷다 보면 눈이 열리고", 기도와 명상, 자아 탐색, 감사 같은 영성 훈

나바라에서 한 자전거 순례자가 허리 높이나 되는 밀밭 길을 지난다.

련에 도움이 된다. 자연 속 명상의 순간에 종교적 근원과 합일이 일어나기도 한다. 침묵을 통해 '카미노는 생명의 성찬식'이 되며, 오랜 도보는 순례자가 길 위에서 살고 느낀 모든 것을 내면화하는 데 도움을 준다.[28] 성경 구절을 깊이 묵상하고, 걸음마다 묵주기도를 떠올리며, 어린 시절 배운 기도문을 암송하는 행위도 도보의 리듬 속에 새로운 의미가 될 수 있다. 이런 기도는 단순한 암송이 아니라 카미노를 더 충만하게 경험하는 데 도움을 준다. 리와 다른 순례자들은 이런 행위를 '발로 하는 기도praying with his feet'[29]라 불렀다. 그는 서두르지 않고 도보의 리듬에 따라 주변 세계와 연결되면서 묵주기도를 새로 이해할 수 있었다. 산티아고 순례자사무소는 순례자가 도보나 미사 혹은 하루 중에 어느 때나 기도하면 신에게 드리는 개인적 기도, 자연 속 신의 찬미, 간구, 감사, 여행 중 고통이나 순례자의 연대를 위한 봉헌물 가운데 하나로 인정해준다.

스페인의 교리문답 단체나 개인이 행하는 종교 순례에서는 순례 과정과 순례자 경험(공동체 의식, 고통, 자연과 합일 등)을 이해시키기 위해 성경 구절을 자주 활용한다. 가장 유명한 은유는 은퇴한 스페인 남성(60세)이 몇 해 전 겪은 신앙의 위기를 설명할 때 인용한 구절이다. "1990년의 첫 카미노 순례 덕분에 진리를 재발견했습니다. 길과 생명 말입니다." 그에게 카미노는 종교적 의미에서 예수의 길(《요한의 복음서》 14장 4~6절)을 뜻한다. 그가 해마다 여름 순례를 하는 것은 '생명이자 길'인 예수를 향한 영적·개인적 거듭남과 감사의 표현이다. 종교적 순례자와 스페인 가톨릭교회는 모두 길을 통해 예수와 영적으로 교감(예수의 고통과 시련, 사랑을 몸으로 체험)하는 것이 인간을 신과 구원으로 데려다준다고 말한다. 이 메시지와 깊이 관련된 것이 엠마오로 가는 길 에피소드(〈루가의 복음서〉 24장 13~31절)*다. 두 구절 모두 성찬식의 중요성을 강조하고, 순례와 연관된 은총 속에서 신의 손길을 보게 한다. 형제애, 청빈, 내적 평화라는 순례의 가치도 보여준다. 가톨릭교회는 이 성경 구절을 통해 카미노를 '목적지인 신, 신에게 가는 통로인 예수, 움막이자 쉼터인 교회, 순례자의 진정한 빵인 천국의 빵이 놓인 주님의 테이블'[30]이 등장하는 우화로 본다. 이 모델에서 개인의 변화와 개종은 과정process이다. 가톨릭교회는 처음 카미노에 도착한 많은 순례자의 모호한 순례 동기를 카미노 경험이 곧 싹틔울 잠재적 영성으로 본다. 은총은 모든 이에게 거하지만, 어떤 이에게는 신과 소통을 가로막는 '장애물'이 있다. 카미노는 이 장애물을 최소한 일정 기간이라도 제거하는 데 도움을 주어, 순례자가 여행의 종교적 뿌리를 이해하고 깨닫게 한다.[31]

개인 차원에서 영적·종교적 여행을 하는 이들은 자기만의 독특한 의식이 있다. 어떤 이들은 찬송가집을 들고 다니며, 어떤 이들은 아침에 뭔가 읽고 하루 종일 묵상한다. 스페인 가톨릭 신

---

* 두 제자가 예루살렘에서 30리(약 12킬로미터)쯤 떨어진 엠마오로 가는 길에 예수가 동행하지만, 그들의 눈이 가려져 알아보지 못한다. 날이 저물어 하룻밤 묵어갈 때 예수가 빵을 떼어 나눠주자 그들의 눈이 열려 알아보지만, 예수는 사라지고 없다.

카스티야의 긴 길

자에게는 유럽이나 미국과 달리 성경이 그리 중요한 영적 도구가 아닌 것 같다. 한 바스크 출신 순례자가 말했다. "예수님은 서로 사랑하라고 하셨죠. 사람 사이에 필요한 모든 게 여기 있어요. 카미노 순례자 사이에서 이런 모습을 자주 봅니다. 서로 돕고, 이해하고, 격려하면서 웃는 모습이요."[32]

자연, 타인과 관계에서 평화를 느끼기, 건강하고 단순하게 살기, 매일 동료 순례자와 빵과 와인을 나눠 먹기, 카미노의 일상에서 선함과 '신의 현존'을 느끼기. 이런 행위는 굳이 종교적이 아니라도 개인의 영적 감각을 고양한다. 한 젊은 독일인이 말했다. "저는 신에 대한 이해가 분명하지 않았어요. 하지만 사람들을 만나 대화하고, 마음을 나누고, 자연 속에서 자신을 돌아보며 신을 만났죠. 인생이 얼마나 쉬운지, 인간 공동체가 얼마나 아름답게 협업할 수 있는지 봤어요. 우리는 산티아고 순례자지만 삶과 우리 자신, 어떤 의미에서는 신을 향한 순례자예요." 그가 이해한 복합적 의미의 '순례자 되기'는 주목할 가치가 있다. 순례자가 된다는 것은 일생의 과제이자 자기 탐색이고, 신을 향한 여정이다. 이 설명은 개인적 변화가 시간을 두고 차근차근, 길 위의 경험을 이야기하고 자신에게 통합하면서 일어나는 과정임을 말해준다. 한편 가톨릭 전통에서는 예수나 신이 밟은 길을 따라가는 행위에 근본적 중요성이 있다. 프랑스나 독일 순례자는 신과 더 직접적으로 연결되는 듯했지만, 스페인이나 복음주의 순례자는 예수가 자주 영적 매개자가 되었다.

어떤 순례자는 자신의 종교적 감정을 표현하려고 새로운 방식을 고안한다. 종교적 순례자든, 더 일반적 차원의 영적 순례자든 빛이나 깨달음의 발견이라는 주제를 말한다. 카미노는 빛La Luz이자 생명La Vida으로서, 내적으로 깨닫고 영적으로 거듭날 기회를 제공한다. '성장과 성숙의 내적 활동'을 통해서 말이다. 모태 신앙인 30대 이탈리아 여성은 가톨릭교회가 지나치게 '교리 중심적'이고 '죄의식'에 집중한다고 봤다. 그녀는 이런 상황에 설명할 수 없는 공허를 느껴 카미노에 왔다. 카미노는 그녀에게 '영성의 토대'와 내적 충동을 표현할 수 있는 방법을 제공했다. 그녀는 개인화된 종교를 추구하지만, 그것도 각자가 '자신을 발견할 수 있는' 카미노의 경험(침묵의 힘, 모든 이에게 열려 있음) 덕분이었다. 가톨릭에 염증을 느낀 많은 사람은 카미노의 '진리', 간소한 '인류 공동체'에 대한 비전, 제도 종교의 정치나 위선이 없다는 점에서 위안을 발견한다. 어떤 이는 신이나 종교가 아니라 성 야고보에 끌리기도 한다.

한편 어떤 순례자는 카미노에서 기도하고 싶은 욕망을 느끼며 어린 시절 거부한 종교로 이끌린다. 때로 순례자 본인도 의식하지 못한 충격이 그런 욕망을 자극한다. 신의 은혜를 경험하고 잠든 종교적 감수성을 되살리거나, 영적 삶을 향해 자신을 열기도 한다. 갓 대학을 졸업한 캐나다인이 말했다. "종교에는 딱히 관심이 없었어요. 집안 배경도 기독교보다 동방정교회 쪽이고요. 하지만 카미노에서 부인할 수 없는 은총을 느꼈습니다. 나

약하고 실패하고 부서지기 쉬운데도 인간에게 주어지는 은혜 말이에요." 순례자는 카미노에서 평소보다 자주 성당에 들르고 미사에 참여한다. 나는 비야프랑카델비에르소에서 열린 미사에 참석했다가 도보 순례 중인 영국성공회 신부를 만난 적이 있다. 그는 스페인 미사가 실망스럽다고 했다. 신부나 대부분 노년 여성인 신도가 기계적으로 미사를 드리는 듯 보였다. 그는 전혀 감흥을 받지 못했다. 유럽이나 미국 교회에는 보통 안내소나 안내 책자, 교회 역사가 담긴 인쇄 자료가 구비되었다. 카미노우호협회는 다양한 활동을 기획하고, 성당 개축이나 스테인드글라스 수리 등을 위한 모금 활동을 벌인다. 그러나 스페인에서는 이런 분위기를 느낄 수 없어, 어떤 비스페인 순례자들은 영국성공회 신부처럼 스페인 가톨릭의 신앙 형식에 상당한 거리감이 든다. 성당이 닫혔거나 신부들이 영적 요구를 만족시키지 못해 실망하기도 한다. 많은 비가톨릭 순례자는 호기심이나 종교적 교감, 외국어로 집전되는 의례 참여, 스페인 지방 마을의 종교적 경험을 목적으로 미사에 참석한다. 비가톨릭 신자나 비스페인 순례자라면 궁금할 수 있다. 왜 양초를 켜지? 성인은 누구지? 산티아고에 가면 성 야고보에게 자신의 서원을 빌어달라는 사람들은 뭘 원하지? 왜 스페인에서는 노년 여성만 미사를 드리지? 왜 어떤 마을에서는 여성이 앞에, 남성이 뒤에 앉지? 어떤 비가톨릭 신자는 종교 행위가 아니라 양초를 켜는 동작이나 성인의 상징성에 이끌려 양초를 켜고 성인에게 관심을 보인다. 이는 순례자가 영적 여행spiritual journey이라 부르는 것의 일부로, 예를 들어 자신을 도와준 카미노 위의 사람들에게 감사를 표한다. 그들은 개인적 의미와 의례를 창조하려고 종교적 상징을 사용한 것이다.

카미노의 자유와 위험

카미노에서는 개인적·영적·신체적·사회적 차원에서 새로운 자아가 눈을 뜬다. 순례자는 자신의 다양한 정체성을 새로이 실험하며, 그 과정에서 죄책감이나 위험하다는 느낌도 따라온다. 순례자의 행동은 '이래야 한다'는 당위와 경험된 현실이 상충할 때 특히 그렇다. 예를 들어 로빈은 순례 중에 오르가슴을 느끼리라고는 상상하지 못했다. 이 경험은 그녀가 상상한 카미노 순례와 달랐고, 그녀는 친구나 사제를 포함한 여러 사람과 그 이야기를 해야 했다.

순례자는 수십 일에 걸친 여행에서 새로운 경험과 이야기에 노출된다. 기혼자는 진지한 영적 모험인 순례 현장에서 사랑의 모험에 발을 들여 죄책감에 시달리기도 한다. 대개 순례자의 고향은 몸과 마음에서 멀리 있다. 카미노의 연애는 전인적 경험이 특징인 리미널리티의 일부지만, 고향의 가족을 감안하면 적잖은 위험이기도 하다.

한 순례자는 카미노의 자유와 위험을 솔직하게 털어놨다. 나는 자원봉사자로 있던 순례자 숙소에서 마르틴(60세)을 다시 만나 반가웠다. 그는 나를 한참 보더니 내 이름을 부르며 눈물을 흘렸다. "나는 나쁜 순례자가 되었어요." 그는 탄식했다. "내가 카미노 전체를 망친 것 같아요." 퇴직 후 카미노를 걷겠다는 꿈을 따라 35년 만에 처음으로 집을 떠난 독일 남성에게 유혹의 손길이 찾아왔다. 마르틴은 어느 날 오후, 스페인의 바에서 한 여성과 밥을 먹고 술을 마셨다. 그들은 약간 취해서 작열하는 스페인의 태양 속을 걸었다. 그리고 지쳐서 길옆에 누워 잠이 들었다(그는 아무 일도 일어나지 않았다고 강조했다). 나중에 그들은 숙소까지 걸어갔다. 그는 숙취 때문에 숙소에 남았고, 여성은 물이나 음식도 챙기지 않고 떠나버렸다. 죄책감이 더 커졌다.

돌이켜 보니 자기 행동이 이상하고 거북했다. 여성과 술에 취했고 선을 넘을 뻔했다. '아무 일도 없었지만' 여전히 찜찜했고, 자기 행동이 순례자답지 않다고 느꼈다. 길가에 누워 잔 것도 부랑자가 된 듯 수치심이 들었다. 그는 고민했다. 어떻게 아내한테 돌아가지? 어떻게 순례를 계속하나? 마르틴은 나와 대화하며 마음을 추스른 뒤에 그 경험을 순례의 시련으로 봤다. 죄책감에 휩싸인 뒤에 자신이 지켜온 가치, 가족의 소중함, 오류를 범할 수 있는 인간의 본성을 다시 생각했다. 처음에는 자신이 '나쁜' 순례자 같았지만, 위기를 겪고 경험에서 배우며 이를 극복하는 존재가 순례자라는 생각으로 발전해갔다. 그는 이듬해 아내와 함께 자동차를 타고 카미노로 돌아왔다.

결단

순례자는 가끔 카미노에서 삶의 중요한 결단을 내린다. 한 여성은 카미노에서 자기 몸의 저력을 경험하고 신체를 계속 단련했다. 마르틴은 가족과 일상에 대한 새로운 애정과 책임감을 느꼈다. 로빈과 루이스는 카미노에서 감정적 · 신체적으로 깊이 충전한 뒤 다시 순례하길 원했다. 카미노는 고향의 직업, 인간관계, 사업과 연관된 중요한 결단의 기회도 제공한다.

진정성

마르틴이 글썽이며 "나는 나쁜 순례자가 되었어요"라고 했을 때, 그는 좋은 순례자의 요건도 말한 셈이다. 그는 자신의 순례가 다른 사람과 엮이는 여행이 아니라, 길에 몰두하는 진지한 여행이길 바랐다. 많은 이에게 진정한 순례자의 상은 마르틴처럼 여행 중에 변할 수 있다. 보통 진짜 순례자의 이미지는 지팡이, 망토, 가리비, 펠트 모자, 작은 배낭을 멘 중세 순례자에 가깝다. 순례자는 자족, 겸허, 품위, 연대, 관대함, 자신과 타인, 자연에 대한 존중이라는 가치를 체화한다. 여행자는 자신의 행동과 태도, 여행 방식으로 이 이미지를 재현하면 진짜 순례자가 될 수 있다. 그럼으로써 순례자는 자신과 신, 카미노, 과거를 더 잘 이해하길 원한다. 그 외에도 진정성 개념이 오늘날의 순례 경험을 형성하고, 인도하고, 영향을 준다. 인류학자 존 에드John Eade와 마이클 샐로Michael Sallnow가 제안했듯이 "순례를 단순히 사회관계의 장이 아니라 경쟁하는 담론의 왕국으로 바라볼 필요가 있다". [33] 순례는 어떤 의미에서 일정 수준의 합의에 근거한 사회성의 장, 즉 순례자와 현지인 사이에 강한 선의와 연대감이 존재하는 장소다. 여러 개인이나 기관이 순례나 순례자 되기를 어떻게 이해·활용하는지도 고려할 문제다. 브루너Edward M. Bruner는 '진정성authenticity'에 최소한 네 가지 의미(신뢰성, 진실성, 독창성, 인증)가 있다고 본다. 산티아고 순례에서는 경험의 진실성이 강조되는데, 이는 순례자가 되는 과정과 '내가 해냈어'라는 성취감을 통해 생겨난다. 진실성은 길 위의 사람, 동료 순례자, 자원봉사자, 자아에 의해서도 부여된다. 신뢰성은 개인이 어떻게 여행하고 처신하는가와 관련되며, 순례자 여권과 콤포스텔라 증서를 통해 인증된다. 각 항목에서 다양한 기관과 집단이 의식적이든 아니든 순례의 의미를 제어하려고 노력한다.

'순례자다움'이란 무엇인가? 이 논쟁의 뿌리에는 종종 권력투쟁, 순례의 의미에 대한 개인적 견해, 권위의 주장이라는 문제가 깔렸다. 순례 장소에 대해 말할 권리는 누구에게 있는가? 순례가 개인적 행위라면, 무엇이 진정하고 진정하지 않은지 누가 결정하는가? 브루너가 '진정한 재생산authentic reproduction'에 대한 논의에서 말했듯이 "근본적 질문은 특정 대상이나 장소의 진정성이 아니라, 누가 그 진정성을 부여하는 권위가 있느냐다. 이는 결국 권력의 문제다".[34] 현재 많은 사람이 산티아고 순례기를 쓴다. 교회와 정부의 영향력도 무시할 수 없지만, '이야기를 들려주려고' 애쓰는 이들은 순례자 본인이다.

가톨릭교회는 제도적으로 '전통'과 순례 동기에 근거해 순례의 진정성을 판별하지만, 최근의 산티아고 순례 붐도 고려한다. 스페인교구위원회는 1993년 회의에서 다음과 같이 천명했다. "전통적으로 산티아고 순례는 도보 순례였으며, 도보 순례는 여전히 특별한 가치가 있다. 그러나 순례의 본질은 믿음의 정신으로 이동하는 것이며, 특정 이동 양식에 국한되지 않는다."[35] 여기서 핵심은 믿음, 신앙, 헌신이다. 여전히 도보 순례가 특별하다는 진술은 순례 동기가 성 야고보 신앙과 관계있다는 뜻이다. 순례는 속죄의 고통과 감사의 표현이자, 예수가 겪은 시련과 동일시이기 때문이다. 20세기 이전의 '전통' 순례는 도보 순례였다. 대다수 순례자는 다른 이동 수단이 없었다. 그러나 대다수 현대 순례자는 희생이나 신앙을 위해 순례를 떠나지 않는다.

가톨릭교회는 순례자 여권과 콤포스텔라 증서로 순례에 개입한다. 순례자 여권에 쓰인 문구에 따르면, 그 문서를 소지한 사람은 믿음의 정신으로 여행해야 한다. 순례자는 산티아고에 도착하면 순례 완료를 증명하는 콤포스텔라 증서를 받는다. 가톨릭교회는 순례자의 종교적 동기를 확인한 뒤 증서를 발급한다. 1990년대에는 순례자의 요구로 종교적 동기 외에 '영적' 동기라는 범주가 생겼다. 콤포스텔라 증서 발급에 필요한 이동 거리는 정해진 바 없다. 대성당순례자사무소는 콤포스텔라 증서를 발급하고 순례 동기를 확인한 결과 종교적 순례의 비율이 높은 것을 자랑스러워한다. 순례자는 보통 라틴어로 쓰인 콤포스텔라 증서를 특별한 기념물이자 여행의 징표로 높이 평가한다. 가톨릭교회가 '가짜' 순례자를 공격하는 순간은 대안적 신앙 체계가 가톨릭의 관점에 도전할 때다. 가톨릭교회는 '비교주의자'나 '영지주의자'는 순례자로 인정하지 않고, 순례에서 그 사상의 영향력을 단호히 배격한다. 순례자사무소에 이 주제를 다룬 팸플릿이 비치되었고, 순례자사무소와 긴밀히 연관된 성야고보형제회 회지 《Compostela콤포스텔라》에도 종종 관련 기사가 실린다.[36]

가톨릭교회가 카미노 순례에 엄격한 제한을 두지는 않는다. 개방적인 카미노가 더 많은 순례자를 끌어들이기 때문이다. 가톨릭교회는 현재 카미노의 인기를 활용해 미래의 통합된 유럽이라는 기치 아래 유럽 청년을 전도·개종하고자 한다. 가톨릭교회도 순례가 과정process이라는 것을 알며, 순례자는 때로 카미노를 걷다가 개종한다.

스페인카미노우호협회연방은 유럽회의Council of Europe와 스페인 문화부의 지원을 받아 어떻게 순례자가 되는지 설명하는 팸플릿 시리즈를 발간한다. 그중 하나는 현대 순례를 다음과 같이 묘사한다. "전통적 산티아고 순례는 단순히 아름다운 자연 속을 걷는 관광이나 스포츠 여행이 아닙니다. 순례는 그 모든 것을 포함하며 넘어섭니다. 산티아고 순례는 유럽의 종교적·역사적 루트에서 당신 자신을 발견하고, 내적 변화를 추구하며, 지난 세기의 리듬 속을 걷는 행위이자 방랑입니다." 이 광범위한 정의는 순례를 예술, 자연, 개인적 변화, 유럽, 역사, 여행과 연관 짓는다. '전통적' 방식으로, 다시 말해 걸어서 산티아고로 가는 모든 이는 순례자다. 스페인카미노우호협회연방은 순례 경험의 만족도에도 관심이 많아서, 설문 조사를 통해 지역별 순례자 서비스의 등급을 매겨달라고 요청한다.[37]

가톨릭교회가 종교적 해석을 통해 카미노의 부활을 지지하고, 부분적으로 정부의 지원을 받는 스페인카미노우호협회연방이 '전통적' 순례자의 높은 만족감을 홍보하려는 것도 우연이 아니다. 연대감을 중시하는 순례자 사이에서 구별하기가 발견되는 점이 놀랍다. 예를 들어 나바라카미노우호협회의 한 회원은 〈What Should the Authentic Pilgrim Be?진정한 순례자는 어때야 하는가〉라는 기사를 썼다.[38] 그는 유머러스한 문체로 순례자가 자주 지적하는 문제나 비판을 참조해 '진정한' 순례자와 순례의 특성을 열거한다. 가장 중요한 요소는 이동 방식(도보), 자세(진지하고 금욕적일 것), 시간(느린 속도로 장기 여행), 순례 동기(종교적일 것), 품행(카미노의 기반 시설을 이용할 것, 혼자일 것), 공간(유명한 옛 순례 루트를 따를 것) 등이다. 이 글은 풍자적이긴 해도 포용보다 배척의 원리로 기능하는 카미노의 '진정성 숭배'를 잘 그려낸다.

순례자는 길 위의 여러 지점에서 진정성이라는 주제를 접한다. 순례 준비 기간에는 '적절한 순례자'가 어떤 것인지 안다. 영국인 데이비드는 부분적이나마 '진정한 순례'에 걸맞은 출발지, 순례 기간, 품행 등을 생각하며 여행 계획을 짰다. 겨울에 순례한 영국인 앨리슨은 순례에 '최적기'가 있다는 생각이 겨울 순례를 포기하게 만든다고 말한다. 어떤 이들은 배에서 내리자마자 한 선원이 자신에게 성호 긋는 걸 본 영국인처럼, 다른 사람이 자신을 순례자로 인정할 때(영적 전령이 되어달라고 부탁하거나 가리비 껍데기를 선물로 건넬 때) 자신이 순례자라고 느낀다. 한 영국 남성은 자신이 '사기꾼' 같다고 느꼈는데, 순례자 흉내를 낸다고 생각했기 때문이다. 카미노에서는 혼자 걸으며 적절히 행동하면 순례자 대접을 받고, 그에 따른 혜택을 누릴 수 있다. 극소수 영악한 이들은 진정한 순례자인 양, 가난을 연기하면서 카미노에 얹혀산다. 사람들은 보통 그들에게 돈이나 음식을 준다. 한 남성이 표현한 대로 이런 풍경은 카미노 순례의 '음지'에 해당한다.

순례자는 진정성 문제에서 순례 동기를 중요시한다. 고령의 스페인 사람이 한 순례자 잡지에 썼다. "순례자란 순례 속에서 기독교적 신앙을 표현하고, 참회나 성 야고보와 영적 만남을 위해 사도의 무덤을 향해 걷는 이들이다."[39] 그의 관점은 가톨릭교회와 비슷하지만 그보다 엄격하다. 그는 진정한, 다시 말해 종교적 동기가 있는 순례자만 카미노로 와야 한다고 본다. 종교적 순례자는 가끔 비신자의 순례를 무의미하다고 본다. 어떤 이들은 순례의 본질을 역사와 예술에서 찾고, 카미노의 모든 성당에 들러 건축양식을 분석한다. 그들은 카미노 유적에 관심 없는 이들은 카미노도, 순례도 이해하지 못한다고 폄하한다.

흔히 비진정성은 종교적·역사적 동기의 결여보다 관광객 되기나 순례 방식과 긴밀히 연관된다. 카미노에서 순례자와 관광객은 확연히 다르며, 순례자는 그에 따라 자신과 다른 순례자를 평가한다. 일단 모든 자동차 순례자와 도보나 자전거 순례자가 구별된다. 그러나 후자의 범주에도 구별하기는 존재한다. 예를 들어 자전거 순례자는 가끔 카미노의 '신성모독자'인 버스나 자동차 순례자처럼 카미노의 '순수성'과 신성성을 망치는 이로 여겨진다. 순례자 사이에는 커뮤니타스뿐 아니라 분열도 있다. 어떤 스페인 도보 순례자는 자전거 순례자를 '디카페인 순례자'라 부른다. '진짜'에 물을 타서 희석했다는 뜻이다. 순례자는 무의식적으로 타인을 서슴없이 평가하며, 자신이 카미노의 '진실'을 쥐고 있다고 여긴다. '우리는 모두 순례자'지만 '어떤 이는 다른 이보다 나은 순례자'라는 것이다. 어떤 이에게 진정한 순례자 되기는 남과 동등해지는 게 아니라, 남보다 높아지는 것이다.

프로미스타Frómista 순례자 숙소 방명록에 쓰인 내용이 이런 갈등을 보여준다. 한 도보 순례자는 스페인어로 썼다. "그건 아니지. 순례자란 발로 걸어야지. 자전거 탄 사람은 관광객이다." 다른 스페인 순례자가 그 아래 적은 격한 반응에 나는 놀랐다. "바보 새끼야. 자전거 타고 언덕길 올라봤냐. 불알이 터질 것 같구만." 둘 다 순례자지만 관점이 완전히 다르다. 도보 순례자는 걷기가 순례의 본질이라고 주장하고, 자전거 순례자는 순례란 이동 방식이 아니라 시련이나 고통의 문제라고 주장한다. 어느 쪽도 순례 동기를 문제 삼지 않는다.

독일의 대학원생 로베르트(29세)는 '호기심'과 문화적·역사적 이유에서 1985년 자전거를 타고 첫 산티아고 순례를 떠났다. 그는 대학을 졸업하고 1988년에 다시 순례했다. 나는 로베르트가 박사 학위논문을 제출하고 세 번째 순례에 나선 1994년, 산티아고 시에서 그를 만났다. 그는 1985년과 1994년 순례자의 태도 변화를 회상했다.

요즘은 자전거 여행자가 순례자인지, 도보 순례자만 '진짜'인지 말이 많아요. 도보가 진짜라는 사람은 알게 모르게 순례자는 고통 받아야 한다고 생각하죠. 더 고통 받을수록 진짜 순례자다. 도보는 경관 속을 가장 직접적으로 이동하는 방식이에요. 고통스럽거나 불쾌한 상황에서 자전거 여행자만큼 쉽게 빠져나오지 못하죠. 순례자가 고통 받아야 한다는 생각은 누가 했을까요? 죄 많은 지상의 삶은 오직 고통과 시련 속에 의미가 있다는 중세 가톨릭의 이데올로기일 뿐이에요. 우리 자전거 순례자에게 더 많은 관용이 필요합니다!

로베르트는 다른 자전거 순례자와 달리 순례와 고통이 짝패라는 생각을 거부한다. 그 관념의 기원은 '중세 가톨릭 이데올로기'라는 것이다. 그는 과거를 복제하려는 자가 순례자라는 견해도 거부한다. 로베르트는 도보 순례자와 같은 루트를 달리고, 같은 의례에 참여하고, 같은 영적 여행을 즐겼다. 그러나 진정성이 시련과 속도, 과거를 반복하려는 의지에 있다는 견해도 거부했다. 처음에는 자전거로, 두 번째는 도보로 순례한 바스크 남성은 이 주제를 다룬 기사에 다음과 같은 평을 달았다. "자전거는 누구나 탈 수 있다, 도보가 더 가치 있다고 생각할 수 있지요. 진심으로 말하건대, 나는 도보보다 자전거 여행이 훨씬 힘들었습니다."[40] 이 남성도 순례의 어려움을 강조하지만, 동기는 언급하지 않는다. 그는 더 느긋하고 열린 태도로 순례할 수 있는 도보 쪽을 선호한다며 글을 마쳤다. 자전거 순례자 중에서도 카미노 이용자(보통 산악자전거 여행자)와 고속도로 이용자가 구분된다. 자전거 순례자의 대화에서도 도보 순례자처럼 이동 속도와 루트, 시련 등 비슷한 기준이 등장할 것이다.

잠깐 히치하이크하거나 버스를 타는 것도 진정성에서 감점 원인이 된다. 의지나 스태미나 부족, 고통을 회피하려는 자세, 시련을 견디고 과거의 가치를 회복하는 대신 문명의 이기에 굴복하는 행위로 해석되기 때문이다. 그들은 스페인 북부의 명소를 편안히 둘러보는 도보 관광객이 아니라 도보 순례자를 위해 마련된 순례자 기반 시설을 뻔뻔하게 점거한 이들로 여겨지기도 한다. 어떤 순례자는 히치하이크나 버스 이용을 부끄러워한다. 어떤 이들은 카미노 전체를 도보나 자전거로 순례하는 이들에게 자신의 행위가 언짢을 수 있다는 것도 모른다. 자전거 순례자는 진정성

담론 탓에 종종 내년에는 '진정한 방식'으로 순례할 거라고 말한다. 이런 사례도 있다. 실직한 세고비아 남성이 부르고스대성당 밖에서 갈리시아 출신 순례자 두 명을 만났다. 당신들은 뭘 하고 있습니까, 그는 물었다. 그들은 순례를 한다고 설명했다. 그와 그의 친구는 순례가 저렴하게 여행할 기회다 싶어 순례자 여권을 만들고 카미노로 왔다. 그들은 어느 구역은 걷고 어느 구역은 히치하이크했다. 그는 부르고스에서 만난 순례자 한 명과 계속 연락했는데, 자신의 카미노 여행 방식에 죄책감이 들어 다시 '제대로' 순례하고 자원봉사도 하고 싶다고 말했다. 실제로 그는 세 가지 모두 했다. 이 사례는 진정성 모델이 참여자의 행위에 어떤 영향을 미치는지 보여준다.

진정성을 판별하는 핵심 기준은 현대 기술과 거리 두기다. 차를 타고 카미노를 달리면 가장 낮은 평가를 받는다. 여전히 미심쩍은 현대 문명의 이기를 이용하기 때문이다. 자전거 순례자는 자력으로 움직이지만, 짐 운반용 보조 차량을 쓰는 순례자보다 조금 나은 평가를 받을 뿐이다. 자전거의 메탈 프레임, 바퀴, 체인, 오일로 상당한 속도를 내며 카미노와 관계하기 때문이다. 최고 지위는 혼자서, 자력으로, 느리게 이동하는 도보 순례자의 것이다. 말을 타거나 짐을 운반할 동물을 데려오는 극소수 순례자는 도보 순례자와 자전거 순례자 사이에 놓인다. 신체적 수고는 덜해도 말은 자연에 속하며, 옛 인류의 이동 방식과 연관되므로 더 진정하다고 여겨진다. 보통 말을 끌고 오려면 보조 차량이

레온 주 아스토르가에서 말을 탄 독일 여성과 스페인 남성 순례자

필요하다. 낭만적으로 느껴지는 짐 운반 동물은 종종 골칫거리가 되고(아프면 재우거나 음식을 먹일 장소가 없다), 순례를 떠나기 전에 상상한 것보다 훨씬 많은 시간을 잡아먹는다. 그러면 산티아고로 데려온 동물들은 어떻게 될까? 그런 짐을 실어주는 기차나 비행기는 없다. 준비한 이동 차량이 없을 때 순례자는 그 동물을 팔아버린다.[41]

도보는 현대 유럽과 미국 중산층에게 거의 퇴화된 이동 수단이다. 걸어서 출퇴근하는 이는 극소수다. 걷기는 보통 여가와 연관된다. 순례자는 자신과 세계의 뭔가 진정한 것을 발견하기 위한 모험을 추구하는 것이 기독교와 서양철학의 오랜 논쟁(변화란 어디서 오는가, 정지인가 움직임인가)과 관련 있다는 점을 잘 모른다.[42] 1964년에 마셜 맥루한Marshall McLuhan은 썼다.

기계식 생산방식이 도입되면서 점차 과거의 농경적 삶의 양식과 기술, 공예로 구성된 새로운 환경이 생겨났다. 새로운 기계적 환경은 예전의 환경을 예술적 형식으로 고양했다. 기계가 자연을 예술형식으로 변화시킨 것이다. 인간은 인류 역사상 처음으로 자연을 미적·영적 가치의 근원으로 보기 시작했다. 그들은 선조들이 '예술로서 자연'에 그토록 무지했다는 사실에 놀랐다. 모든 새로운 기술은 부패하고 품위 없는 것으로 간주되는 환경을 만들어낸다. 그러나 이 기술은 이전의 환경을 예술형식으로 변화시킨다.[43]

한 아일랜드 여성도 비슷하게 봤다. "신기하죠. 20세기 초까지 가장 중요하던 두 가지 이동 방식이 이제는 특별한 취미가 됐다니요." 어떤 의미에서 카미노 걷기는 예술이 되었다. 두 발은 붓이고, 카미노는 캔버스다. 진정성의 핵심적 평가 기준은 그려진 내용이 아니라 테크닉이다. 도보 순례자는 순수주의자며, 다른 이들은 그 순수성을 방해한다. 도보 순례자가 보기에는 자신의 테크닉이 가장 심오한 결과를 낳는다.

카미노 순례라는 예술을 위협하는 원인 가운데 하나는 관광 순례자다. 1994년에 한 스위스 자원봉사자가 썼다. "순례자 절반은 관광객이에요. 내적·영적 여행에 관심이 있었기 때문에 그런 순례자와는 말을 섞지 않았어요."[44] "진짜 순례자도 있지만, 최대한 돈 안 들이고 도보 여행을 하려고 순례자 숙소로 오는 사람도 있어요." 한 스페인 자원봉사자는 말했다. "레온이나 아스토르가에서 출발하는 순례자는 대부분 행실에 문제가 있어요. 카미노의 정신이 몸에 배지 않았죠."[45] 이런 견해에 따르면 내적 탐색을 하고, 카미노의 기반 시설을 존중하며, 카미노 '정신'을 갖춘 이들이 진짜 순례자다. 피상적이고, 불쾌하며, 불만과 요구가 많은 이들은 관광객이다. 그들은 대부분 '카미노 문화'를 체현하지 못한 '초짜'로, 행동에 실수를 저지른다.

진정성 개념은 순례자의 대화나 방명록에서 발견되는 이런 에토스에서 자라난다. 자원봉사자는 영향력이 적지 않다. 그들은 순례자 숙소의 분위기를 결정하고, 무엇이 진정한(혹은 진정하지 않은) 순례자의 자세인지 메시지를 전달한다. 때로 그들은 무엇이 진정한 순례자의 행동인지 '교육'하려 한다. 편협한 판단을 하거나 자신의 지식과 경험을 강요하기도 한다. 하압은 순례자 대우와 관련된 자신의 철학을 다음과 같이 설명한다. "카미노를 순례하는 가장 좋은 방법이 무엇인지 개인적 견해를 강요하지 않으려고 노력할 필요가 있어요. 강요하면 사랑이 아니라 또 다른 권력 행사가 되죠. 사랑인 척하는 권력 행사가 더 나쁩니다. 순례자는 이 애매한 태도를 꿰뚫어 봐요. 사랑이란 조건이 없는 거예요. 누가 득을 보고 손해 보는지 따지지 않고 순례자의 기본 욕구를 충족하는 것이 사랑이죠."[46]

나는 1997년에 한 동료와 자전거로 카미노를 순례했다. 당시 우리는 순례자와 자원봉사자, 현지 주민과 진정성에 대해 여러 차례 토론했다. 그들은 도보 순례가 더 훌륭하고 어렵다고 봤다. 한 자전거 순례자가 표현한 대로 자전거 순례자를 '이류'로 취급하기도 했다. 우리가 만난 자원봉사자 열에 여섯은 우리가 도보 순례 경험이 없는 줄 알고 도보 순례의 미덕을 늘어놓았다. 그들 중 자전거 순례를 해본 사람은 없었지만, 자기 경험과 권위 정도면 타인의 여행을 판단하기에 충분하다고 느끼는 듯했다. 우리는 카미노보다 국도를 따라가라는 조언도 들었다. 카미노는 자전거로 달리기 어렵고, 도보 순례자에게 적합하다는 것이다.

단체로 도보나 자전거 순례를 하는 이들도 높은 평가를 받지 못한다. 개인과 단체 순례를 모두 경험한 어느 스페인 신부는 말했다. "개인 순례와 단체 순례는 너무 다른 경험이라 직접 비교할 수 없죠. 몇몇 장소에서 단체 순례를 은근히 비판하는 자원봉사자를 만났어요. 그들은 카미노를 개인의 경험으로 생각하더군요."[47] 그 신부에 따르면 혼자 걷거나 자전거를 타면 고독과 내적 침묵을 경험하고, 단체 순례에서는 불가능한 새로운 환경에 자신을 드러낼 수 있다. 카미노에서 개인 순례는 자연 속에서 자신을 돌아보고, 영적·개인적 통찰을 얻는 이상적 방법으로 여겨진다. 반대로 특히 단체 자전거 여행자는 순례자라기보다 관광객이나 운동선수로 여겨진다.

그러나 진정성이 단체 순례, 자전거 순례, 도보 순례의 구분으로 모두 정의되지 않는다. 순례 거리와 이동 시간도 중요한 변수다. 이때는 시간과 거리에서 가장 길게 여행한 이들이 가장 진정하다고 여겨진다. 여기에 함축된 가정은 긴 여행을 할수록 심오한 내적 변화가 일어날 수 있다는 것이다. 장거리 도보나 자전거 순례자는 한 달에서 넉 달가량 여행하며, 적어도 프랑스와 스페인 국경 지역(스페인의 론세스바예스나 더 이상적으로는 프랑스의 생장피에르포르)에서 출발한 이들이다. 이런 기준도 어디까지나 임의적인 최근의 트렌드다. 20세기 후반에 등장한 파트타임 순례자는 진정성에 '하자'가 있는, '여행 기간=경험의 깊이'라는 공식을 더럽히는 자로 인식된다. 나 역시 오랫동안 연구 주제와 무관하다고 여겨 파트타임 순례라는 현대의 양식을 무시해왔다. 진정성이라는 덫에 걸렸을 때다. 그러나 파트타임 순례자와 대화한 뒤,

처음에 정한 협소한 범주를 수정해야 한다는 사실을 깨달았다.

현실적으로 순례자는 알게 모르게 이런 범주를 통해 자신의 경험을 구성한다. 어떤 이에겐 자신의 진정성을 느끼고 진정한 경험을 하는 것이 대단히 중요하지만, 어떤 이에겐 그렇지 않다. 한 스위스 순례자는 말했다. "나는 내가 도보 여행자라고 생각해요. 육체적·정신적 도전을 하러 왔으니까요. 부르고스나 레온 같은 대도시에서 관광할 때는 내가 관광객 같았어요. 생각해 본 적은 있어도 나를 순례자라고 느낀 적은 없습니다." 어떤 이들은 걷는 도중에 순례 동기가 바뀐다. 산티아고에 도착했을 때나 집에 돌아가 카미노 경험을 반추할 때, 예상치 못하게 자신을 순례자라고 느끼기도 한다. 위의 스위스 남성은 상당한 이동 거리와 국적, 행실 덕분에 진정성의 분위기가 가득했지만, 자신은 관광객이라고 느꼈다. 진정성의 신화는 카미노에서 자신을 순례자로 느껴야 한다는 기대치를 설정한다. 그래서 어떤 이들은 불만과 혼란이 가중된다. 카미노를 진정한 방식으로 완주했는데도 달라진 게 없다고 느낄 때, 자신이 무엇을 놓쳤는지 묻는 것이다.

겸허로 나아가는 대신 진정성을 완장처럼 달고 특별 대접을 바라는 이도 있다. 그런 사람은 자기가 그런 줄 의식하지 못한다. 한 네덜란드 커플이 말했듯이 순례자가 되면 '상당한 혜택'이 따라온다. 어떤 순례자는 그 혜택에 익숙해져 종종 현지 주민이나 자원봉사자, 다른 순례자를 욕보인다. 1970년대부터 개인과 단체 순례에 여러 번 참여한 스페인 신부는 메세타의 작은 마을에서 벌어진 사건을 이야기했다. 그는 현지 주민이 '지나가는 모든 순례자의 필요'를 충족할 거라고 기대해서는 안 된다고 말했다. 당시 그는 한 친구와 순례하다가 어느 바에 들어가서 저녁을 부탁했다. 여주인은 재료가 없다고 말했다. "우리는 하루 일정을 설명하고 배가 고프다고 했죠. 그래도 부정적 대답이 돌아왔어요." 그들은 그날 밤 쫄쫄 굶은 채 자야 하고, 침대나 테라스도 생각보다 훨씬 낡았다는 이야기를 주고받았다. 그의 친구는 한 술 더 떠, 집에 전화해서 그날의 부당한 처사를 불평했다. 그날 묵은 순례자 숙소의 방명록에 현지 주민이 순례자를 얼마나 푸대접하는지도 썼다. 바의 여주인이 그 소식을 듣고 매콤한 소시지로 만든 토르티야(달걀과 감자, 고기가 들어간 팬케이크) 두 개를 준비해서 남편에게 그들이 묵는 마을로 보냈다.[48] 신부는 이 이야기를 하면서 거리낌이 없었다. 여주인이 사람들의 손가락질이 두려워 바에 있는 유일한 음식을 줬을지 모른다는 생각은 떠오르지 않는 듯했다. 그들은 원하는 것을 얻으려고 순례자 지위를 이용했는데, 그런 사람이 그들만은 아니다.

　진정성 개념에 큰 의미를 두지 않는 순례자는 여행이 중요하다. 여행은 그들 정체성의 일부다. 그들은 여행을 하려고 일하며, 경험이 풍부한 장거리 도보 여행자이기도 하다. 그들은 다른 여행에서도 고통, 길을 잃은 외로움, 장엄한 자연 속의 환희, 없이 사는 불편을 경험했다. 카미노도 그런 루트 중 하나일 뿐이다. "긴 인생에서 나는 언제나 도보 여행자였어요. 카미노라고 특별할

건 없죠. 걷는 즐거움, 흥미로운 사람들을 만나는 재미가 있지만
요. 그러나 본질상 카미노는 부르주아로 가득한, 부르주아의 길
이에요." 이 그라나다 출신 남성(50세)처럼 카미노에서 큰 감흥을
느끼지 못한 사람은 보통 여행 경험이 풍부한 이들이다. 피레네
산맥을 걷다 우연히 카미노를 알고 찾아온 독일 목수는 말했다.
"나는 여행자예요. 딱히 산티아고 순례자인 적은 없습니다. 그렇
게 보면 나만의 카미노에서 늘 순례자였어요."

진정성은 과거에서 유래한다고 여겨지지만, 사람들은 진정한
순례자의 상에 대한 동일시와 의문 제기, 성찰을 통해 개인적 의
미를 찾는다. 카미노는 정체성을 실험하고, 영혼을 탐색하며, 과
거를 더듬고, 우정을 만들고, 진지한 종교적·개인적 사색에 몰
두하고, 좋은 시간을 보내려는 이들에게 의미를 제공하는 공간
이 되었다. 순례자는 종종 자신과 타인 속에서 뭔가 본질적인(진
정한) 것을 발견한다. 요는 진정한 순례자란 존재하지 않는다는
말이 아니라, 수많은 진정성이 존재한다는 것이다. 카미노에서는
누구나 저마다 의미 있는 경험을 한다. 처음에 '진정한 순례자는
어때야 하는가?'라고 물은 나바라 출신 순례자는 진정성이 궁극
적으로 '개인적으로 결정되는personally negotiated'[49] 것이라는 결론을
내렸다. 우리는 거의 확실하게 말할 수 있다. '가장 좋거나' '가장
진정한' 길은 없다. 그 길은 시대에 따라, 카미노를 둘러싼 사회
적·지리적·종교적 상황에 따라 변하기 때문이다.[50]

5.
순례가
끝나는
곳

당신의 진실한 사랑을 다른 사랑과 어떻게 구별하나?

가리비 껍데기, 모자, 순례자 지팡이

그리고 샌들을 통해.

_ 셰익스피어(William Shakespeare), 《햄릿(Hamlet)》

이탈리아의 물리치료사가 론세스바예스에서 순례를 시작하고 2주 뒤에 엽서를 보냈다. "부르고스에서 진짜 순례가 시작됐어요!" 이 선언은 놀라웠다. 그녀의 순례가 그때까지 시작되지 않았거나, 론세스바예스 출발 후 어딘가에서 끝났다가 새로운 정신으로 다시 시작됐다는 말 같았기 때문이다. 그녀는 후자였다. 그때 나는 순례의 끝이 꼭 장소와 결부되지 않는다는 걸 알았다. 내적 순례의 종결은 각자의 목표와 동기에 따라 물리적인 산티아고 도착과 상관없이 어떤 순간에도 찾아올 수 있다.

순례자는 대부분 지리적 종점인 산티아고에 도착하길 원한다. 그러나 카미노의 다른 장소에서 이미 목적지에 다다른 순례자도 있다. 이 경우 산티아고까지 가는 일이 별 의미 없을 수 있다. 브라질 소설가 파울로 코엘료의 비교祕敎적인 입사 여행(1996년)이 유명한 예다. 그는 자신을 마술사mago로 바꿔줄, 그토록 찾아 헤맨 영적 깨달음과 신비한 검을 세브레이로에서 발견했다. 그의 순례는 거기서 끝났다. 그 순간 목적지에 닿았고 임무를 완수했다. 그는 거기서 버스를 타고 산티아고로 갔다.

조금 덜 신비주의적인 브라질 젊은 변호사의 예도 있다. 그는 카미노를 순례한 친구들의 권유로 10월에 혼자 순례를 떠났다. 간간이 소나기가 쏟아지는 춥고 쓸쓸한 가을 날씨를 뚫고서 말이다. 산티아고에서 그는 산후안데오르테가에서 한 신부가 베푼 친절을 이야기했다. 그가 12세기에 수도원이던 순례자 숙소로 갔을 때, 그 신부는 불가에서 몸을 녹이게 하고 따뜻한 마늘수프를 대접했다. 그는 여러 곤란을 겪으며 부르고스를 지나 메세타로 갔다. 그 과정에서 자신이 지나온 카미노가 자기 것이 아니었음을 깨달았다. 친구들이 설정한 진정성의 기준(혼자 걷기)에 맞추려고 애쓴 것이다. 그는 메세타의 한 지점에서 정해진 방식으로 카미노를 이동하는 게 의미가 없음을 깨달았다. 그리고 엄청난 안도감이 들었다. "그제야 카미노가 나의 카미노가 됐어요." 그는 메세타에서 버스를 타고 산티아고로 갔다. 여행이 끝났다고 느꼈고 결과에 만족했다. 자아감sense of self이 강해지고, 삶의 우선순위를 새롭게 조정했다. 물리적으로 산티아고에 도착하는 것은 더 의미가 없었다.

미국인 리는 11일을 걸은 뒤에 자신이 카미노로 온 이유를 더 깊이 이해했다. '믿음의 인간'이 되기 위해서다. 그는 카미노에서 받은 믿음이라는 선물을 회상하며 이렇게 말했다. "끝은 또 다른 시작이죠. 카미노의 종점을 향해 가면서, 내 근원인 믿음에 도달했어요."[1] 가톨릭교회 관점에서 순례자의 목표는 사도 야고보의 무덤이며, 이것이 순례자의 고통과 피로를 정당화한다. 순례자의 종교적 여행은 단지 개인적 여행이 아니라 더 크고 신성한 맥락에 놓인다. 순례자는 산티아고로 걸어가면서 기독교 신앙의 뿌리를 향해 간다. 가톨릭 관점에서 순례자의 여정은 신앙의 증거이며, 그렇게 순례자는 새로운 사도가 된다. 리가 설명한 대로 산티아고에서 출발과 도착, 순례 종결이 동시에 일어날 수 있다.

이런 이야기는 순례의 종착지가 유동적이며, 다양한 장소에 위치할 수 있음을 보여준다. 산티아고는 지리적 종점이지만, 늘 순례자의 내적 여정의 종점은 아니다. 따라서 물리적인 여행의 종결과 순례의 종결을 혼동해서는 안 된다.[2] 물리적 여행을 마치고 집에 돌아가면, 순례 종결의 다층적 질감이 더 선명하게 보인다. 순례는 단순히 산티아고 도착과 더불어 끝나는 게 아니다. 도착 전에 끝날 수도 있고, 순례자가 일상으로 복귀해 카미노의 경험을 계속 반추하고 해석하면 무한히 연장될 수도 있다.

산티아고 도착

순례자는 산티아고 시에 진입해 대성당으로 이어진 화강암 포석을 밟기 전부터 도착이 멀지 않았음을 느낀다. 도보 순례자는 마지막 주에, 자전거 순례자는 며칠 전에 도착이 가까웠음을 체감한다. 빠듯한 일정에 맞춰 순례한 경우, 마지막 며칠은 카운트다운 하듯 지나간다.

마지막 2주의 지형과 날씨도 끝이 가까웠다는 느낌을 불러일으킨다. 아스토르가에 도착하면 무덥고 평평한 갈색 메세타는 사라지고, 카스티야-레온의 광활한 들판이나 부르고스와 레온 같은 대도시가 등장한다. 그다음에 기후와 지리, 문화가 다른 라마라가테리아와 엘비에르소가 나타난다. 라마라가테리아는 종종 과거로 떠나는 여행으로 묘사된다. 현대적 건물은 거의 없고, 주민은 대부분 노년층이다. 고속도로가 마을을 비켜 놓아 현대의 교통수단도 닿지 않는다. 그곳의 음악과 음식, 춤 역시 독특한 풍미가 있다.

'갈리시아의 다섯 번째 주'라는 별명이 있는 엘비에르소는 갈리시아 초입에 자리한다. 그 지역은 카미노프란세스에서 가장 높은 지대에 있는 갈리시아의 유명한 마을, 세브레이로와 접한다. 도보로 사흘, 자전거로 하루면 이동할 수 있지만, 끝없이 펼쳐진 메세타와 갈리시아의 굽이치는 푸른 오솔길 구역 사이의 언덕 지역이라 중요하다.

계절에 따라 순례 단체의 숫자도 산티아고에 가까웠음을 알려준다. 여름에는 레온, 아스토르가, 폰페라다 심지어 세브레이로에서 출발해 1~2주 순례하는 이들이 많다. 장거리 순례자는 이 지점에서 순례자 증가를 분명히 실감한다. 북적대는 순례자와 주민 사이에서 군중 속의 외로움을 느끼거나, 홀로 이동한 거리를 생각하며 놀라움을 경험한다.

갈리시아 진입

순례자는 산티아고로 접근하면서 보통 이동 리듬과 환희부터 슬픔에 이르기까지 감정의 변화를 경험한다. 이들은 대개 갈리시아의 두 장소에서 여행의 끝을 체감한다. 첫 번째는 체력적으로 산티아고에 도착하기 전, 마지막 난관인 오세브레이로다. 두 번째는 고대하던 산티아고가 처음으로 눈에 보이는 고지대, 몬테 델고소(기쁨의 산)다. 도착했다는 예감이 두 장소에서만 드는 것은 아니다. 그러나 순례자는 여기서 끝이 가까웠다는 느낌, 성취감, 때로 실패할지 모른다는 두려움이 강해진다.

갈리시아 진입로는 길고 고되며 가파른 오르막길이다. 세브레이로 근처는 고도가 1300미터쯤 된다. 흔한 안개나 비, 바람이 불 때는 이동하기 더 힘들다. 갈리시아에 진입하기 직전에는 갈리시아 농민이 밭에 갈 때 사용하는 코레도이라corredoira라는 흙길을 지난다. 한 가이드북의 저자는 이 오르막길을 극적으로 묘사한다. "세브레이로로 향하는 오르막길에서 심장은 더 빠르게 뛴다. 몸이 힘들어서가 아니라 갈리시아에 발을 디뎠다는 벅찬 감정 때문이다. 고개를 넘으면 이제 순례자를 괴롭히는 산길은 없다."[3] 하압은 이곳이 '새로운 힘을 불어넣는' 경계 구역이라고 했다.[4] 그래서 어떤 순례자는 기쁨의 비명을 지르기도 한다.

종점이 가까워지면 흔히 승리감과 성취감이 찾아온다. 내면의 감흥 변화는 몸의 상태 변화를 반영한다.[5] 이 고지대는 여러 주

동안 분투한 순례자라도 마지막 난관(심지어 두려운 장소)이다. 고지 정상에서 산티아고까지 150킬로미터 거리로, 도보로는 한 주 이하, 자전거로는 며칠이 걸린다.

프랑스와 스페인 국경에서 출발해 다양한 지리 영역을 가로지른 순례자는 세브레이로에서 다시 극적 변화를 경험한다. 세브레이로는 16세기까지 갈리시아로 진입하는 몇 안 되는 통행로였다. 이 마을은 스페인의 다른 지역과 연결되는 거점이면서 카미노 순례와도 역사적으로 관계가 깊다. 11세기에는 순례자 보호소(1854년까지 운영되었다), 12세기에는 산타마리아 성당이 세워졌고, 15세기에는 성찬식 빵과 포도주가 예수와 살과 피로 변한 기적이 나타났다.[6] 그때 사용한 성배가 여전히 마을에 있다. 이 기적은 지금도 일부 가톨릭 신자를 끌어들이며 신이 편재遍在하는 증거물 역할을 한다. 이 밖에 중요한 분수령이 마을에 있어 잦은 폭우에 물을 대서양과 칸타브리아 해로 흘려보낸다.

이 극적인 고지대를 지날 때 뚜렷이 달라진 건축양식도 신비로움을 더한다. 카스티야-레온 지방에 흔한 붉은 점토 주택이 갑자기 석조 주택으로 변한다. 무엇보다 로마 시대 이전, 추정컨대 켈트 사회의 주거 건축인 파요사palloza를 볼 수 있다. 담이 낮고 억새 지붕을 올린 원형 가옥 아홉 채가 눈에 띄지만(그중 하나는 민족학박물관이 되었다) 거주자는 없다. 고고학적으로 갈리시아의 많은 유적과 카스트로스castros(요새화된 원형 마을)가 켈트 유적으로 여겨져 켈트 문화에 관심 있는 순례자를 끌어들인다. 갈리시

갈리시아 세브레이로의 파요사와 돌집

아 정부가 세브레이로에 침대 90개가 있는 순례자 숙소를 세운 1993년까지 순례자는 파요사에서 잤다. 정리하면 순례자는 세브레이로에서 시간과 국면 전환을 경험하고, 환경의 변화와 더불어 내적인 변화도 느낀다.

세브레이로는 종종 고된 오르막길이 끝나고 새로운 통찰을 얻거나 시야가 트이는 곳이다. 안톤은 세브레이로 꼭대기에서 순례의 끝을 예감했는데, 거의 신비적 경험이었다. 춥고 축축한 날씨가 이어지다가 정상에 도착하니 구름이 걷혔다. 그는 갈리시아를 처음으로 내려다봤다. 구름이 걷히며 저 멀리 바다까지 보이는 듯했다. 주위에 바다는 없지만 강한 바람에 짭짤한 바다 내음까지 실려 오는 것 같았다. 상상 속에서 순례의 끝과 바다가 장엄하게 얽혔다. 그의 마음은 산티아고를 넘어 바다에 있었다.

유럽 순례자는 대부분 갈리시아를 지나며 고향에서 가장 멀리 떠나왔다고 느낀다. 그러나 갈리시아 순례자는 종점이자 고향에 오는 셈이다. 산티아고나 갈리시아 사람들은 순례자가 프랑스와 스페인 국경까지 버스를 타고 가서 750킬로미터 넘게 걸어 산티아고로 오는 행위를 신기해한다. 스페인의 다른 지방 출신 순례자는 고향을 등지고 산티아고로 향하지만, 갈리시아 출신 순례자는 늘 고향을 앞에 두고 걷는다. 15년간 갈리시아를 떠나 있던 한 선원은 서원을 지키려고 순례에 참여했다. 그에게 세브레이로에 도착한 순간은 예상외로 '중요하고 고통스러웠다'. 그는 귀향의 감정에 강하게 사로잡혔다. 다시 말해 갈리시아 출신 순례자는 갈리시아 경계를 넘으며 이중으로 얽힌 중심(고향과 순례의 종점)을 향해 전진한다. 대다수 갈리시아 순례자는 한 연구서의 표현대로 '갈리시아의 대문'인 세브레이로에서 출발한다. 멀리 가서 돌아오는 대신 가까운 곳에서 출발하는 것이다.

세브레이로를 벗어나면 수세기 동안 순례자를 환영한 갈리시아의 전원과 마을이 나타난다. 12세기 《칼릭스티누스 고사본》은 이 순간을 다음과 같이 묘사한다. "레온 땅을 지나 몬테이라고와 세브레이로 고지대를 넘으면 갈리시아가 나온다. 나무와 물이 풍부한 이 땅에는 강과 초원, 훌륭한 과수원, 맛있는 열매와 맑은 샘물이 있다. 그러나 소도시나 마을, 경작지는 별로 없다. 밀로 만든 빵이나 포도주도 거의 찾을 수 없다. 그러나 호밀빵과 사과주, 가축과 말, 우유와 꿀, 크고 작은 생선이 풍부하다."[7]

800년이 흘렀지만, 갈리시아는 여전히 비가 많고 해산물이 풍부하며 인구밀도가 낮다. 이곳은 오랫동안 스페인의 오지, 산맥 너머 신비한 초원 지대, 성 야고보의 유해가 있는 성지, 세계의 끝(피니스테레)을 품은 땅이었다. 순례자는 갈리시아에서 떡갈나무와 유칼립투스, 소나무, 밤나무 숲을 쉼 없이 지난다. 갈리시아 방언, 독특한 마을 구조, 기계를 쓰지 않는 농업 방식, 주택 건축, 잘 보존된 전원 풍경이 순례자의 눈길을 끈다. 더 외진 시골을 지날 때는 갈리시아의 독특한 지역 경관인 크루세이로스cruceiros(교차로를 표시하는 석조 십자가)와 오레오스hórreos(커다란 곡물 창고)를 볼 수 있다.[8]

갈리시아의 사모스 수도원과 마을 풍경

갈리시아로 들어선 뒤에는 자치 정부가 1993년 희년에 실시한 카미노 환경 '개선'(관점에 따라 평가가 다르겠지만) 사업의 결과도 산티아고가 멀지 않았음을 전한다. 500미터마다 시멘트로 만든 표석이 산티아고까지 남은 거리를 알려준다. 대략 10킬로미터 간격으로 폐교나 다른 건물을 활용한 순례자 숙소가 있고, 새로 정비된 카미노의 풍경(대개 고속도로에서 떨어진 가로수 길)이 도착의 감흥을 더한다. 순례 마지막 주의 이 모든 변화가 끝이 가까웠음을 알린다. 산티아고에서는 시간과 공간, 인간이 뒤섞여 허리 부분에 가장 큰 압력이 걸리는 모래시계 효과가 나타난다. 순례자는 이곳에서 신체적·감정적 측면의 모래시계 효과를 경험한다.

도착의 양가성

순례자는 긴 육체적·개인적·영적 여행이 끝나가는 마지막 구간에서 양가감정을 경험한다.[9] 순례자의 여행 리듬은 서로 다르다. 어떤 이는 새로운 근육, 자신의 한계에 대한 믿음, 몸의 일부처럼 느껴지는 배낭을 메고 힘이 넘치는 상태로 도착하지만, 영적·개인적 차원에서는 전혀 준비되지 않았을 수 있다. 순례자는 이 사실을 종종 고향에 돌아가서야 깨닫는다. 하압은 산티아고에 접근하는 순례자가 '상당히 다른 두 경향'을 보여준다고 말한다. "어떤 이는 도착을 미루려고 점점 느리게 걷죠. 긴 여행이 끝나 일상으로 돌아가야 한다는 걸 괴로워해요. 어떤 이는 더 기다릴 수 없다는 듯 점점 빨리 걸어요."[10] 여기에는 부분적으로 생리 심리적 이유가 있다. 어떤 순례자는 속도를 높이는데, 푸른 언덕이 많은 갈리시아가 걷기 수월해서다. 메세타 여행이 힘들었던 영국인 데이비드는 갈리시아의 지평선 변화를 다음과 같이 설명한다. "갈리시아에서 벤네비스 산Ben Nevis* 정도의 산을 계속 지나쳤어요. 유칼립투스 숲, 능선을 따라 난 오솔길, 푸른 초원에 감싸인 아기자기한 마을, 예쁜 들꽃을 보며 걸었지요."[11] 이는 유칼립투스 숲을 제외하면 영국 전원 지역의 풍경이다. 어떤 순례자는 걷기 쉬운 갈리시아에서 왜 속도를 늦출까? 이는 훨씬 의아한 문제다.

이동 리듬의 변화는 순례자의 내적 상태와도 관련 있다. 석 달 넘게 순례한 오스트리아 젊은이는 마지막 열흘간 속도를 높였다. '도착할 때'가 되었다는 생각 때문이다. 나는 그에게 마음이 어땠는지 물었다. 그는 딱히 허탈하지는 않고, 집에 갈 준비가 되었다고 했다. 석 달은 충분히 긴 여행이다. 카미노로 가져온 질문은 걸으면서 풀렸고, 여행은 잘 끝났다. 이제 마침표를 찍을 시간이다. 그래도 바로 귀국하는 대신 종점인 산티아고까지 걷고 싶었다. 내적으로 끝난 순례지만 마지막까지 걷기 위해 속도를 높인 것이다. 삼촌이 카미노로 찾아와 마지막 이틀은 둘이 걸었다. 그가 말했다. "삼촌이 저를 데리러 왔어요."

---

* 스코틀랜드 중서부의 산으로, 해발고도 1343미터다.

갈리시아의 유칼립투스 숲길

마지막 1~2주는 친척이 합류해서 순례자와 함께 걷는 경우가 많다. 여기에도 양가감정이 존재한다. 순례자는 그동안 여행을 통해 자신의 세계를 만들었다. 따라서 모험과 새로 발견하는 여행에 '고향'의 요소가 끼어드는 게 반갑지 않을 수 있다. 어떤 이는 친구나 친척과 함께 순례해서 대단히 기뻐한다.

많은 순례자는 영적인 문제나 삶의 문제에 해답을 찾으려고 카미노로 오며, 순례 중에 이를 '찾아야' 한다는 압박감에 시달린다. 어떤 이는 큰 기대 없이 와서 새로운 지평을 경험하고, 뜻밖의 것을 발견한다. 산티아고 도착은 발견의 기쁨이 돌연 중단되는 불쾌한 충격이기도 하다. 물론 원하는 것을 찾은 순례자도, 그러지 못해 빈손으로 오는 이도 있다.

아직 뭔가 찾지 못한 이들은 순례 후반부에 나름의 위기의식에 사로잡힌다. 카미노가 그들이 기대한 것을 내주지 않았기 때문이다. 그런 순례자는 종종 카미노를 충분히 즐기지 못했다고 후회한다. 여기에 순간의 역설이 있다. 나는 라바날 순례자 숙소에서 산티아고 도착을 열흘쯤 앞둔 30대 독일 여성을 만났다. 그녀는 순례의 끝을 이야기하다가 말했다.

출발하기 전에는 카미노에 대한 환상이 있었어요. 좀 쉬면서 개인적인 문제를 정리하고 싶었죠. 생각하며 걷다 보면 모든 문제가 명확해질 줄 알았는데 아니더군요. 산티아고에 거의 도착했는데 여기서 끝내고 싶지 않아요. 피니스테레에 들러서 동료 순례자가 추천한 수도원에 묵을까 해요. 환상 때문에 몸 생각을 전혀 못 했어요. 발의 통증이 심해 풍경이나 자연의 아름다움을 충분히 즐길 수 없었습니다. 충만한 경험과 음미를 방해하는 소소한 것이 많더군요.

신체적 고통과 물집은 정신적 고통을 해결하기는커녕 내면에 집중하는 데 방해가 되었다. 도착할 때가 가까워오자 압박감이 들었다. 그녀는 산티아고에 도착한 뒤에도 해답을 찾지 못할까 봐 피니스테레 여행을 계획하고 있었다.

풀리지 않은 문제나 어긋난 기대로 순례를 그만두는 이도 있다. 한 스웨덴 여성은 불안이 너무 커서 산티아고 도착을 하루쯤 앞두고 순례를 포기했다. 그녀는 집에 갔다가, 그래도 산티아고는 밟아야 한다는 생각으로 일주일 뒤에 돌아왔다. 예외적이긴 해도 그녀의 포기는 여행 막바지에 순례자의 복잡한 심정을 말해준다. 스페인 저널리스트 그레고리오 모란Gregorio Morán이 쓴 《Nunca llegaré a Santiago나는 산티아고에 가지 않을 것이다》에도 비슷한 환멸이 담겼다. 그는 레온까지 걷는 내내 자신이 떠나온 마드리드에서 경험한 천박성과 상업주의를 발견하고, '세계의 끝' 피니스테레로 떠났다. 카미노의 '거짓말'을 뒤로한 채, 산티아고를 건너뛰고서 말이다. 그는 걷다가 카미노와 그곳의 비참한 광경에 실망한 나머지, 지팡이를 사서 버스에 오른 다음 레온을 떠났다.[12]

도착을 앞두고 겪는 양가감정을 순례 출발 전에 느끼는 이도 있다. 영국의 파트타임 순례자 조지는 순례 전에 "오래 열망한 뭔가에 실망하고 싶지 않다는 바람과 열반이라는 불교적 이상"에 따라 '산티아고대성당 정문' 앞에서 되돌아오는 상상을 했다. 그러나 실제로 산티아고에 도착해서는 생각이 바뀌었다. "그 여행의 진짜 종점은 자신"임을 깨달았기 때문이다.

마드리드 출신 여성 마리나(30세)는 론세스바예스에서 걷기 시작했을 때 기쁨으로 가슴이 뛰었다. 그러나 갈리시아에서는 불안했다. "갈리시아에 오니까 산티아고 도착에 대한 불안이 정말 커졌어요. 카미노에서 제일 힘든 구간이었죠. 갈리시아 사람들이 우리를 순례자보다 관광객으로 대하기도 했고요." 그녀의 설명은 카미노에서 사회적 요소가 항상 중요함을 확인해준다. 다른 지역에서 경험한 사람들의 지지가 줄자, 순례자라는 정체성도 약해진 것이다. 여기에는 이제 특별한 존재로 대우받지 못한다는 상실감이 있다. 개인적·사회적 의미로 구성된 순례자의 정체성이 갈리시아라는 새 환경과 임박한 종점 앞에서 흔들린 것이다. 흥미롭게도 마리나는 자신의 여행을 페레그리나시온peregrinación(순례) 대신 비아헤viaje(여행)라 불렀다. 이는 순례자의 역할과 경험을 탈신성화하는 표현이다.

어떤 마을 주민은 실제로 순례자를 관광객으로 여긴다. 산티아고에서 동쪽으로 18킬로미터 떨어진 아르카Arca 마을 주민은 카미노의 부활이 가져온 가장 큰 이점이 규칙적인 쓰레기 수거라고 비아냥거렸다. 그곳 주민은 순례자가 이해할 수 없는 이들이며, 그중 대부분이 관광객이라 여긴다. 특히 젊은 스페인 순례자가 그렇다. 딱히 할 일이 없고 돈이 없어서 카미노로 몰려온다는 것이다. 그들은 도시의 물질적 가치에 질려 궁핍하게 여행하려는 이를 이해하지 못했다. 돈 없는 순례를 '대단한 배짱', 사람들의 선의와 카미노를 이용해 먹으려는 심보라고 생각했다. 그들에 따르면 1993년 희년 이전의 순례자가 훨씬 진실했고, 지금은 카미노 순례가 유행moda이 되었다. 그리고 나이 든 외국인이 더 진지해 보이고, 보통 더 멀리서 온다. 그래서 종교적 여행자인 진정한 순례자 이미지에 가깝다.

마을 주민은 시골길을 걷는 많은 순례자가 카미노의 '주인인 양' 구는 데 불쾌해한다. 주민이 트랙터를 몰고 밭에 갈 때 순례자가 종종 못마땅하게 쳐다보며, 자신의 평화를 방해하는 존재처럼 여긴다는 것이다. 그들이 잠깐 방문하는 순례자보다 훨씬 오랫동안, 평생을 카미노에 살았다는 걸 알지도 못하면서 말이다. 여기에는 가치의 충돌이 있다. 마을 주민은 도시인의 실존적 공허에 크게 공감하지 못했다. 그들에게 카미노와 순례자 되기란 종교적인 노력인데, 대다수 현대 순례자는 그렇게 보이지 않았다. 평생을 카미노에 살았고, 문 앞으로 지나가는 순례자 수천 명을 본 한 남성은 카미노 순례를 꿈꾼 적이 없다. 카미노는 언제나 거기 있는 길이다.

순례자도 이해할 수 없기는 마찬가지다. 대다수 자원봉사자는 순례자나 마을 주민과 긍정적 관계를 유지하려고 노력한다. 그러나 한 프랑스 자원봉사자는 현지 주민을 이렇게 평했다. "그

양반들은 수확과 트랙터 얘기밖에 안 해요." 그가 올해 순례자 숙소에서 무료 수프를 제공하면 내년에 순례자는 돼지갈비를 원할 거라는 이야기를 그곳 시장에게 들었다고 말할 때였다. 순례자 숙소가 지역 경제와 경쟁하며, 대다수 순례자는 저렴한 관광을 원할 뿐이라는 우려. 순례자의 지위 개선을 지지하던 그는 시장에게 말했다. "그들도 돼지갈비를 먹을 권리가 있어요. 저는 여건이 되면 그들에게 돼지갈비를 제공하고 싶어요."[13] 내가 만난 아르카 주민처럼 그 시장의 주요 관심사도 경제였다. 순례자의 실존적 동기에 공감할 수 없으니, 고려할 대상은 돈 문제뿐이다. 어떤 이는 묻는다. 관광객인 순례자가 왜 특별 대우를 받아야 하나? 한편 위의 프랑스 남성은 순례자를 돕는 게 자기 임무라 믿었고, 현지 주민과 그들의 삶에는 관심이 없었다. (물론 대다수 순례자와 자원봉사자는 현지 주민과 우호적 관계를 맺는다.)

갈리시아 정부는 아르카 주민과 협상하지 않고 순례자 숙박 체계를 개선했다. 이는 약간의 문제를 가져왔다. 주 정부가 이 지역의 몇몇 수원지를 폐쇄해서, 순례자 숙소에는 온수가 나오는데 일부 마을 주민은 온수를 쓸 수 없는 사태가 벌어졌다. 한 남성은 카미노가 마을을 되살린다고 말했지만, 그는 순례자를 위해 수도세를 내야 했다(갈리시아의 모든 순례자 숙소는 무료이며 기부로 운영된다). 많은 순례자는 온수를 당연하게 여기며 귀하다고 생각지 않는다. 마을 주민에게 또 하나 아이러니는 쓰레기 수거 문제다. 1993년 이전에는 쓰레기 수거가 없었다. 그러다 외국 순례자와 언론에 비치는 이미지를 위해 갈리시아 주 정부가 쓰레기 수거 서비스를 시작했다. 티 없이 깨끗한 카미노라는 발상은 단기적 이익을 위해 카미노를 이용하려는 산티아고 시장, 갈리시아 주 정부 공무원, 기타 관계자의 전형적 사고방식이다.

이런 가치 충돌이 갈리시아에 국한된 문제는 아니다. 메세타 서쪽 끝의 작은 마을, 오스피탈데오르비고에서 자원봉사자로 일할 때도 비슷한 일을 겪고 놀란 적이 있다. 하루는 옛 사제관이던 순례자 숙소에서 튼튼한 나무 빗자루를 발견했다. '시골풍 예스런' 물건 같아 장식용으로 숙소 입구에 두었다. 그러자 한 마을 여성이 들어오더니 깜짝 놀라며 물었다. "이게 왜 여기 있죠? 얼른 문 뒤로 치워요!" 서구식으로 말하면 진공청소기를 현관에 놓은 꼴이었다. 그 빗자루는 내게 색다른 예술품처럼 보였지만, 그녀에겐 일상이었다.

몬테델고소

산티아고와 6킬로미터쯤 떨어진 몬테델고소에서 처음으로 산티아고대성당 종루를 볼 수 있다. 이곳은 정치적·경제적 이유로 여러 변화와 도시화(많은 이에게는 탈신성화)가 진행되어 상당한 분노와 항의를 불러일으켰다. 오랫동안 고대한 산티아고의 첫 풍광은 다소 실망스러울지 모른다. 산티아고 근교의 도시적 풍광

사이에서 힘들게 대성당 첨탑을 찾아야 하기 때문이다. 영국카
미노형제회 가이드북에는 다음과 같이 적혔다. "한때 이곳은 조
용하고 푸른 언덕이었다. 1993년 갈리시아 정부가 이 역사적 장
소에 여러 흉측한 건물을 세웠다. 침대 800개가 있는 무료 순례
자 숙소, 원형극장, 캠프장, 도로, 주차장, 레스토랑이 그 예다.
부적절한 현대적 기념물도 많다. 1994년에 심을 나무들이 이 지
역 경관을 조금이나마 개선하길 바란다."[14] 많은 이가 중세 카미
노의 신성한 경관이 의식 없는 모더니티와 조악한 개발로 훼손
된 것을 안타까워한다. 순례자는 다양한 전원 지역과 역사 유적
사이를 헤쳐 오면서 중세 그대로 보전된 산티아고를 볼 수 있으
리라 상상한다. 그러나 눈에 들어오는 건 비대해진 도시뿐이다.

그럼에도 이곳은 중요한 변화의 장소다. 사라고사 출신 한 신
부는 여러 번 순례했지만 대성당 첨탑이 보일 때마다 눈시울이
붉어지고, '뭔가 북받치는' 감정이 든다.[15] 어떤 이는 자석에 끌
리듯 최대한 빨리 산티아고에 가고 싶어 한다. 한 순례자의 표
현에 따르면 '도착의 고통pain of arrival'을 빨리 끝내고 싶기 때문
이다. 어떤 이는 마지막을 앞두고 마음을 다잡거나 정화 의식
을 위해 몬테델고소에 머문다. 거기서 몇 킬로미터 떨어진 자렐
라Sarela 강가의 라바코야Lavacolla가 의례적 정화로 유명하기 때문
이다.[16] 한 순례자는 동료 순례자가 가장 깨끗한 복장으로 성 야
고보를 만나려고 론세스바예스에서 가져와 한 번도 입지 않은 옷
을 꺼내 입는 것을 보고 놀랐다.

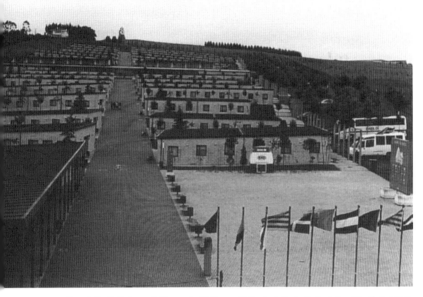

서쪽에서 바라본 몬테델고소와 침대 800개가 마련된 순례자 숙소. 한 가이드북은
이를 두고 '여러 흉측한 건물'이라 표현했다.

순례자는 가끔 몬테델고소에서 산티아고 입성 계획을 짠다. 동료와 갈까, 혼자 갈까, 아니면 동이 틀 무렵에 갈까. 캐나다 출신 대학생 카렌의 경험은 순례자가 극적 엔딩을 희망하며 짜놓은 계획도 산티아고에 도착하기 전에는 별 소용이 없음을 보여준다.

산티아고에서 환영 받는다는 느낌을 받지 못했어요. 그 전에 몬테델고소에 머물렀는데 정말 끔찍하더군요. 군대 막사 같았어요. 거기서는 아무리 둘러봐도 산티아고가 어떤 모습일지 상상이 안 갔죠. 이튿날은 해 뜨자마자 걸으려고 새벽 5시 30분에 일어났어요. 그런데 그날은 해가 안 떴습니다. 산티아고에 도착한 뒤에도요. 사실 우린 산티아고에 도착한 줄도 몰랐어요. 대성당에 도착하기 전에 두 성당을 방문했고, 대성당에 갔을 때도 대성당이 맞는지 긴가민가했어요. 그래도 산티아고 성인을 껴안는 건 기뻤어요. 그의 몸에 걸린 보석을 조금 느슨하게 해줬죠. 그렇지만 수소 바Suso Bar에서 피터를 만나기 전에는 정말 환영 받는 느낌이 들지 않았어요. 피터는 우릴 보고 기쁘게 포옹하면서 축하한다고 말했어요. 그제야 모든 게 끝났습니다. 산티아고에 도착하면 누가 날 껴안아주기를 오랫동안 바랐는데 피터가 그걸 해줬어요.

카렌은 몬테델고소에서 극적으로 산티아고에 입성해 순례를 마치길 기대했다. 그러나 순례의 마무리는 산티아고 도착이 아니라 피터가 보여준 환대 덕분에 가능했다. 산티아고를 향한 마지막 접근이 항상 쉬운 것은 아니다. 카렌도 방향감각 상실('아무리 둘러봐도')과 몬테델고소에 대한 혐오감('끔찍하더군요')을 언급한다. 그녀에게 몬테델고소는 산티아고 입성을 앞두고 마지막 호흡을 고르는 기쁨과 기념의 장소가 아니라 최후의 난관이었다. 해가 뜨지 않아 길은 어둡고 방향도 부정확했다(카렌은 대성당을 찾지 못했다). 어둡고 축축한 상태로 도착한 산티아고는 실망스러웠다. 몸은 도착했지만 마음은 아니었다. 그녀는 피터를 만나기까지 산티아고에 정말로 도착하지 못했다.

미국인 교수 에드워드가 말했듯이, 마지막 내리막길은 중요한 사색과 성찰의 장소다. "마지막으로 산티아고를 바라봤습니다. 이지러진 달이 서쪽 하늘에서 창백한 빛을 뿌렸죠. 순례 첫째 날 밤을 길에서 보내고 론세스바예스를 떠날 때 본 것과 같은 달이었어요. 겨우 30일이 지났을 뿐이라고? 나는 이렇게 변했는데? 열기, 땀, 먼지, 진흙, 비, 안개… 모든 것이 몸을 단련하고, 고통을 주고, 유연하고 참을성 있게 만들었죠. 너무 많은 지역을 보고, 너무 많은 이를 만나고, 너무 많은 생각을 했어요. 압도됐다고 느낍니다. 너무 많은 일이 일어났어요. 결코 그걸 다 이해하지 못할 겁니다."[17]

6.
산티아고

© 문진웅

시간이 흐른 뒤에도 우리는 산티아고대성당을 찾고 또 찾았다.

그때 우리에게 성당은 커다란 아치나 궁륭, 성야고보상의 공간이 아니었다.

그 안에서 살아 움직이는 어떤 형태가 보였다.

_루스 앤더슨(Ruth Anderson), 《Pontevedra and La Coruña폰테베드라와 라코루냐》

1994년 10월 중순, 나는 론세스바예스에서 자원봉사를 그만두고 산티아고로 갔다. 도착하자마자 대성당에 갔는데, 바라던 대로 그달 초 론세스바예스에서 순례를 시작한 스위스 젊은이 수잔을 만났다. 그녀는 감격해서 울며 실패와 고통, 성취로 가득한 여행 담을 들려주었다. 우리는 오랜 친구처럼 며칠을 보냈고, 그녀는 어느 날 기차를 타고 스위스로 떠났다. 이제 어떡하지? 나는 생각했다. 수잔은 순례가 끝났다는 상실감에 빠졌지만, 나는 그녀가 떠났다는 상실감이 들었다.

　나는 그 겨울 산티아고에서 비공식 자원봉사자처럼 환영과 작별 의식을 반복했다. 론세스바예스를 거쳐 간 수많은 도보와 자전거 순례자를 다시 보고 싶어 순례자 미사에 참석하고, 순례자 사무소에 들렀다. 몇몇 순례자의 소식은 영영 듣지 못했다. 도중 하차한 이도 있고, 다른 이유로 보지 못한 이도 있다. 나는 많은 시간 산티아고를 배회하며, 초조하게 다음 일정을 기다리는 순례자를 따라다녔다. 그리고 그들의 카미노 이야기와 앞으로 계획을 경청했다. 중세에 조성된 산티아고 구시가지는 화강암 포석이 깔린 소규모 지구다. 그 지구를 허브 삼아 산티아고 신시가지가 모든 방향으로 뻗어 나가는데, 중세 도시의 일곱 개 성문 중에 현재 하나만 남았다. 그래도 1950~1970년대에 제멋대로 개발된 신시가지와 중세의 도시 공간은 구별하기 쉽다.

막 도착하는 순례자의 시선을 끄는 랜드마크는 대성당이다. 순례자는 푸에르타델카미노Puerta del Camino('카미노의 문'이라는 뜻으로, 성벽에 둘러싸인 중세 산티아고의 일곱 성문 중 하나)를 지나 도시로 들어와서 좌우로 늘어선 몇몇 성당을 지나친다. 계속 오르면 희년에 개방되는 '성스러운 문Puerta Santa'이 나타난다. 포석이 깔린 길을 가로지르면 갑자기 탁 트인 오브라도이로광장과 화강암으로 지은 대성당이 보인다. 한 순례자는 썼다. "꿈속에서처럼 천천히, 나는 포석이 깔린 거대한 광장을 걸어갔다. 탁, 탁, 탁, 돌 위로 울리는 지팡이 소리에 집중하면서."[1] 도보객이 주로 이용하는 화강암 광장은 라호이궁, 대학목사관, 15세기 유적인 페르디난드와 이사벨라 순례자 숙소(현재 5성급 호텔), 대성당의 장엄한 파사드와 접하고 있다. "대성당 앞 광장에서 경쾌하게 뻗어 오른 계단은 전망대로 이어진 듯하다. 대성당 서쪽에 있는 두 첨탑은 화려한 바로크양식으로, 푸른 하늘을 향해 솟았다. 그리고 어디서든 순례자 모습을 한 성야고보상이 보인다. 군데군데 푸른 이끼와 금어초로 뒤덮인 사도상은 쾌활한 만족감과 기쁨이 가득한 표정이다."[2]

순례자로 북적이는 여름에 광장은 활기가 넘친다. 광장 바닥이나 석조 벤치를 차지한 관광객과 순례자, 수녀와 신부, 정장을 입은 공무원, 산티아고 주민으로 가득하다. 산티아고마타모로스 상은 현 시 청사가 들어선 라호이궁 꼭대기에 칼을 치켜들고 섰다. 이곳은 종교, 정치, 지식, 관광이 경합하는 장이다.

도착했다가 곧 떠나는 순례자와 많은 시간을 보낸 뒤, 순례의 목적지가 공간뿐 아니라 시간 위의 한 점이라는 사실도 깨달았다.[3] 장소로서 목적지는 이른바 약속의 땅, 이베리아반도 서쪽 끝에 위치한 산티아고일 것이다. 그 목적지는 추상적일 수도 있다. 목적으로서 산티아고는 물리적 장소이자, 순례자가 희망과 꿈을 쏟아부을 수 있는 상상된 용기容器라는 추상적 개념이다. 순례자는 출발지부터 휴식과 멈춤을 반복하며 그 장소와 추상적 목적지를 향해 전진한다. 순례자가 말하듯이 물리적 도착이 반드시 다른 목적지(영적 깨달음이나 결단) 도착과 겹치지는 않는다. 어떤 이에게 산티아고 도착은 새로운 여행의 시작이다. 어떤 이에게는 큰 실망이나 단순한 환승 지역이다. 순례가 끝날 무렵중요한 이슈는 여행 의미의 재점검, 순례의 마무리, 과거와 대화, 미래에 대한 숙고, 자아의 상징적 죽음, 귀향 준비 등이다. 물리적으로 어디선가 여행을 끝내야 한다. 산티아고 도착은 (추상적 목적지에는 도착하지 못했어도) 지리적 의미의 순례 종결을 뜻한다. 이제 집으로 돌아가는 일이 남았다.

산티아고에서 순례자는 이따금 육체적·정신적으로 힘든 여행을 마치고 목적지에 도착했다는 환희와 순례가 끝났다는 허탈감이 동시에 든다.[4] 대다수 순례자에게 산티아고대성당 도착은 순례의 클라이맥스이자 끝이다. 가끔 그들은 큰 시련을 극복했다는 엄청난 기쁨과 환희, 성취감을 고백한다. 대성당의 첨탑을 보거나 계단을 밟을 때, 성당으로 들어갈 때 울음을 터뜨리기도 한다. 실망감을 표현한 앞의 캐나다 여성과 달리, 두 번째 순례에 참여한 어느 스페인 남성은 친구들과 새벽 2시경 산티아고에 도착해 오브라도이로광장에서 카미노의 깊이를 보여주는 예상치 않은 장면을 목격했다. 젊은 프랑스 남성이 대성당 앞에 무릎 꿇고 기도하고 있었다. 그들은 천천히 그에게 다가갔고, 남성은 고개를 들었다. 그리고 "그의 얼굴에서 눈물이 흘러 가슴에 달린 가리비 껍데기로 떨어지는 것을 보았다. 거기에는 '카미노데산티아고-파리'라고 적혔다". 그 남성은 75일 전에 순례를 시작했고, 친구들을 몬테델고소에 남겨두고 혼자 산티아고로 왔다. "그의 목표는 산티아고였지만 그는 다른 것을 위해 울었다. 그 순간 이후 진정한 카미노가 시작되리라는 것, 그 순간 삶을 보는 관점이 달라질 것임을 깨달았기 때문이다. 몇 년 만에 처음으로 자신이 달라졌다는 것, 미지未知 앞에 선 모든 이처럼 두렵지만 행복하다는 것을 알았다."[5] 종교적 동기로 순례를 시작한 이들은 종종 몬테델고소와 사도의 무덤 앞에서 강렬한 기쁨을 맛본다. 그들의 신앙에 의미 있는 장소이기 때문이다.

함께 카미노를 걸은 독일 대학원생 세 명에게 산티아고 도착은 엄청나게 흥분되는 일이었다. 소피는 썼다. "마지막 날 빗속을 달렸어요. 굵은 장대비가 내렸죠. 우리는 순례자 미사에 참석하려고 뛰었어요. 딱 맞춰 도착했을 때 어찌나 기쁘던지! 미사에서 네덜란드, 프랑스, 스페인 등에서 온 순례자를 만났어요. 미사는 우리에게 중요한 의식이었고, 그 순간 모두 함께하는 게 좋더군요. 그리고 헤어져야 해서, 우리를 이어주던 끈이 사라지는 게 슬펐습니다." 달리기, 순례자 미사에 참석하고 싶은 욕구, 동료와 예기치 않은 우정, 함께하는 느낌. 이 모든 것이 그들의 도착을 장식했다. 비는 산티아고에서 순례자의 친구다. 그곳 사람들은 산티아고를 '비가 예술인 곳donde la lluvia es arte'이라고 말한다.

대성당순례자사무소 방명록에서 가장 흔히 접할 수 있는 반응은 강한 기쁨과 성취감이다. 산티아고 도착은 몸이 힘들었어도 그 모든 노고에 값한다는 것이다. 많은 이가 다시 순례하고 싶다고 말하며, 신과 산티아고, 길 위에서 도움을 준 이들에 고마움을 표한다.

론세스바예스에서 자전거를 타고 온 톨레도 출신 남성(60세)은 산티아고대성당에 도착했을 때 전형적인 의식을 이렇게 표현했다. "긴 순례 끝에 산티아고에 도착하면 성야고보상으로 가서 감사 인사를 하죠. 그리고 순례자 미사에 참석하고, 주님께 가능하면 다시 한 번 순례할 수 있는 힘을 달라고 기도합니다."

대성당 동쪽 출입구로 들어와 이중 계단을 오르면 로마네스크 조각의 걸작이자 800년 이상 순례자를 맞은 마에스트로 마테오Maestro Mateo*의 '영광의 문Pórtico de la Gloria'이 보인다. 아치 세 개

---

* 　12세기에 활동한 스페인의 조각가.

로 구성된 이 놀랍도록 정교한 주랑 현관에는 복음서의 저자, 악기를 든 기사 24명, 구약과 신약의 인물이 새겨졌다. 산티아고 좌상이 있는 중앙 기둥은 '이새Jesse의 나무'*로 알려졌는데, 순례의 오랜 전통을 증언하듯 대리석이 손바닥 자국으로 닳았다. 순례자는 수백만 번 손이 거쳐 간 홈 위에 오른손을 얹으며 과거와 강한 유대감을 맛본다. 하압에게 그 기둥은 하늘과 땅을 잇는 연결 고리다. "그 기둥은 성 야고보의 인도 아래 제 영혼을 일으켜 세우는 축이에요."[6] 순례자는 종종 거기에 오른손을 얹고 기도하거나 소원을 빈다.

순례자가 산티아고상을 껴안거나 제단 아래 지하실에서 기도하는 모습도 흔하다. 중앙 제단 뒤에는 야고보 좌상이 있는데, 뒤쪽 계단을 따라 접근할 수 있다. 보석으로 장식된 성인의 널찍한 등이 보이면 순례자는 '사도를 껴안고' 감격에 젖어 아래쪽 장의자를 내려다본다. 왼쪽으로 빠져나가 지하실에 가면 성인의 유물이 들었다는 화려한 은궤가 보인다. 신앙이 있는 순례자는 이때 종종 눈물을 흘리거나 무릎 꿇고 기도한다.

많은 순례자는 이런 의식을 가이드북이나 다른 순례자 혹은 성당에서 보고 배운다. 순례자가 거기 참여하는 이유는 기념과 감사의 의미로, 이전에 다녀간 순례자와 연결되기 위해, '순례자라면 그래야 할 것 같아서', 신앙의 한 형식으로, 의례적 행위를 통해 유종의 미를 거두려고 등 다양하다. 성 야고보가 순례자를

---

* 성경에 따르면 이새는 다윗의 아버지로, 그의 족보에서 예수가 났다.

산티아고대성당에서 사도상을 껴안은 스페인 순례자

환영한다는 생각도 소속감을 강화한다. 성인상을 껴안으면 모든 이를 위한 성 야고보가 '오랜 친구이자 동료 순례자'처럼 느껴진다.[7] 한 남아프리카 남성(25세)은 산티아고에 도착한 뒤의 충격이 이 친밀감 덕분에 누그러졌다. "성 야고보가 저를 맞아줬어요. 당신이 도착한 것을 인정해주는 사람이 있으니 기분 좋은 일이잖아요. 그래서 사람들이 순례를 하는지 모르겠어요. 언제나 끝에 야고보 성인이 있으니까요. 꼭 실재하지 않더라도 상상으로요." 앞서 말한 캐나다 여성은 성인상을 껴안고도 이런 감정을 경험하지 못했다(어찌나 세게 안았는지 성인의 어깨에 있는 '보석 일부가' 떨어질 뻔했는데도 말이다). 그럼에도 사도가 주는 친밀감은 많은 이에게 그 성인이 길 위의 동반자이자 목표임을 증언한다. 한 순례자는 자신이 사도상을 껴안는 사진으로 만든 크리스마스 카드를 보냈다. 사진 속 그의 얼굴엔 성인에 대한 감사, 기쁨, 개인적 유대감이 가득했다.

개인화되긴 했어도 이런 의식이 홀로 행해지는 법은 거의 없다. 대성당은 비순례자에게도 중요한 곳으로, 그들 역시 순례자 미사에 참석하고 순례자와 동일한 의례 행위에 참여한다. 가장 중요한 볼거리는 70킬로그램이 넘는 향로다. 남성 여덟 명이 향로를 끌어 올려 남북 방향으로 뻗은 익랑*을 따라가며 그네 태우듯 흔들면, 숨죽인 군중 사이로 연기가 퍼진다. 비주기적인 행사지만 희년에는 매일 향을 피운다(특별한 경우가 아니면 후원이 있어

---

*   십자형 교회의 날개 부분.

야 한다). 군중의 소란은 미사 중에도 멈추지 않는다. 미사 중에도 성야고보상 뒤로 걸어가 성인을 껴안는 소리가 난다.

순례자는 때로 눈요깃거리가 되었다는 느낌에 '관광객'에게 분개한다. 어떤 이는 소음과 인파 때문에 대성당에 도착한 감흥을 잃어버린다. 멋진 지팡이를 조각한 미국의 심리학자 벳시는 대성당 계단에 올라 눈물 흘릴 때, 사람들이 사진을 찍는 걸 눈치챘다. 주랑 현관 앞에 와서도 특별한 순간이 잡쳤다는 불쾌감을 떨칠 수 없었다. 짜증스럽게도 대성당 안에는 기둥을 만지려고 늘어선 '관광객'과 버스 순례자가 있었다. 그녀는 자문했다. 내가 왜 이자들을 상대해야 하지? 그리고 맨 앞으로 갔다. 그럴 자격이 있다고 느껴서다. 도착한 다음 날 나와 면담할 때, 그녀는 혹시 옛날에는 정말 고생한 순례자만 기둥에 손을 대고 성인을 껴안는 의례 행위를 할 수 있지 않았느냐고 물었다. 나는 "어떤 사람이 순례자죠?"라고 물었다. 많은 이가 산티아고에 도착하면 '내가 진짜 순례자'라는 감정에 젖는다. 한 순례자는 말했다. "우리가 나머지 사람보다 제대로 느끼잖아요."

순례자 미사의 힘은 의례의 내용보다 형식에 있다. 매일 정오미사는 (대부분 스페인어로 집전해도) 가톨릭교회가 현대의 도보와 자전거 순례자에게 제공하는 중요한 의식 중 하나다. 때로 가톨릭 신부인 순례자가 도착하면 본인이 요구하거나 성당 측이 부탁해서 그의 모국어로 미사를 집전하기도 한다. 대성당의 순례 담당자는 새로 도착하는 순례자의 국적과 이동 수단을 큰 소리로 읊어준다. 1990년대 중반에 순례 담당자 돈 하이메 가르시아 로드리게스Don Jaime García Rodríguez 씨는 대개 비스페인 순례자에게 성경 구절을 봉독하거나, 미사를 위한 기도문을 작성해달라고 부탁했다. 순례자도 유종의 미를 거둔다고 생각해서 이를 반겼다. 순례자는 고해성사를 할 수도 있다. 산티아고대성당 신부에 따르면, 순례자는 대개 여행 중 양심에 걸리는 일에 용서를 구한다. 특이하지만 언급할 만한 케이스로 미국 텍사스 휴스턴에서 온 디스크자키(30세)가 있다. 그는 미국에서 영적 훈련을 하고, 론세스바예스에서 출발해 산티아고에 도착하자마자 세례를 받았다. 산티아고순례자사무소는 사실관계를 확인하려고 휴스턴에 팩스를 보냈다. 그는 좀 늦어졌어도 세례를 받았다. 세례는 대성당 내 다른 예배당에서 치러졌다.[8]

순례자 미사는 종교적 순례자나 비종교적 순례자에게 필수적인 마무리 의식이다. 그때 순례자는 지나간 것과 앞으로 올 것을 숙고하고, 사도의 발아래서 성찬식에 참여하며, 고대하던 목적지에 도착했다는 벅찬 기쁨을 맛본다. 그 미사는 중요한 사회적 기능도 수행한다. 그 순간은 길 위에서 형성된 순례자 집단이 다시 만나고 헤어지는 자리다. 미사는 개인적이면서 집단적이다. 다른 순례자와 다시 한 번 뭔가 공유하는 기회로, 종종 카타르시스가 되고 순례를 마무리하는 순간이다.

대다수 순례자에게 중요한 마무리 의식이 하나 더 있다. 대성당 남쪽 순례자사무소에서 콤포스텔라 증서를 받는 것이다. 중세 후기에 이 증서는 순례자가 종교적·시민적 의무를 완수했음을 보증하는 신임장이었다. 중세 말에는 "진짜 순례자와 가짜 순례자를 구별하는 목적"도 있었다.[9] 현재 콤포스텔라 증서는 순례 완료를 의미하는 개인적 징표이자, 가톨릭교회가 순례의 종교적 의미를 통제하는 중요한 메커니즘이다.

증서를 받으려면 순례자사무소로 가서 담당자에게 순례자 여권을 보여주고, 자신이 진짜 순례자임을 입증해야 한다. 담당자는 순례자가 가톨릭 신자인지 묻고, 그간의 여정에 관한 간략한 사실(언제 어디서 출발했는지, 이름, 주소, 순례 동기, 나이, 성별 등)을 요구한다. 순례자는 도보로 100킬로미터, 자전거나 말을 타고 200킬로미터 이상 여행해야 한다. 어떤 순례자는 순례 동기를 '영적'이라고 말해야 할 것 같은 압박감이 든다. 순례 동기가 관광이나 스포츠, 문화적인 것이면 '순례자−관광객'에게 배포하는 다른 증서가 발급되기 때문이다.

순례 동기를 묻는 장면에서 순례의 의미를 통제하려는 가톨릭교회의 의도가 분명히 읽힌다. 종교적 동기 없이는 콤포스텔라 증서를 받을 수 없다. 이런 이유로 순례자 4퍼센트 정도가 증서를 받지 못한다. 증서를 원하는 순례자는 대부분 순례 동기에 대한 답을 준비하고 사무소에 도착한다. 많은 순례자는 난처해한다. 자신의 이름을 라틴어로 기재한, 순례의 끝을 상징하는 징표이자 기념물을 원하지만 종교적 동기에서 순례한 것은 아니기 때문이다. 순례자사무소도 종교적 동기를 (a) 영적 동기 (b) 종교적 동기 (c) 종교적·문화적 동기로 관대하게 규정한다. 가톨릭 교회는 이런 식으로 아무 설명 없이 종교적 항목과 영적 항목을 합쳐서, 순례자 96퍼센트가 종교적 동기나 종교적·문화적 동기에서 순례했다고 주장한다. '영적 동기' 항목에서도 개인적 탐색이나 교육 등 다양한 하위 동기를 선택할 수 있다.

현대 순례자란 누구인가에 관한 상충되는 입장을 보여주는 두 일화가 있다. 먼저 1994년, 한 일본 순례자가 스페인 일간지 〈엘파이스El País〉 편집자에게 항의 서한을 보냈다. 실망스럽게도 콤포스텔라 증서 발급을 거부당한 것이다. 그는 카미노의 동료처럼(많은 이가 비종교인이지만 증서를 받았다) 론세스바예스에서 출발해 자연 속에 기뻐하고, 궂은 날씨로 고생하며, 영적으로 감동하고, 대성당 첨탑을 보고 눈물을 흘렸다고 썼다. 그러나 그는 가톨릭 신자가 아니라는 이유로 증서를 받지 못했다. "내 진심은 인정받지 못했습니다. 나의 노고는 증서 하나 받을 가치도 없었습니다. 가톨릭교회는 신앙을, 더 정확히 말하면 한 인간의 진심을 차별하고 있습니다."[10] 그는 영적 탐색에 '진심'을 담으면 충분하다고 생각했다. 흥미롭게도 그는 사적인 종교 조직에 공적으로 호소한 것이다. 많은 순례자가 자신의 카미노 경험이 진정한 순례의 모든 요소(시간적·공간적·육체적)를 포함한다고 본다. 그 역시 여행 중에 자신만의 '진정한 순례자'상을 발전시켰지만, 가톨릭교회의 그것과 합치되지 않았다.

두 번째는 "1983년 팜플로나에서 해마다 치르는 성 페르민San

코팅한 콤포스텔라 증서를 든 미국 여성과 프랑스 남성 순례자

Fermín 축제에 처음 참가"해 카미노에 대해 처음 들은 영국 순례자의 일화다. 그는 1992년에 서른 살 된 아들을 암으로 잃은 뒤 카미노 순례를 결심했다. 그리고 신앙 없이(굳이 말하자면 프랑스와 스페인 사람의 일상을 보고 싶어서) 겨울에 출발했다. 그는 걸으면서 암 퇴치 기금을 모금했다. 산티아고에 도착해서 종교적 동기나 신앙 없이 조금 걱정하며 순례자사무소로 갔다. "담당자가 아무 망설임 없이 내가 콤포스텔라 증서를 받을 자격이 있는 순례자라고 하더군요. 예상치 못한 단호하고 사려 깊은 태도에 갑자기 눈물이 났습니다. 길 위의 모든 걸음마다 내 아들 가이Guy의 존재를 느꼈고, 사실은 그의 이름으로 순례했다고 말했죠. 증서에 내 이름 대신 아들의 이름을 써달라고 하니 돈 하이메 씨가 허락했습니다. 다시 눈물이 났어요."[11] 순례자가 종교적 감정이 없다고 고백했음에도 종교적 관점에서는 다른 이의 이름으로 행해진 희생, 즉 증서에 값하는 진정한 순례라고 본 것이다.

그러나 대다수 순례자에게 콤포스텔라 증서 발급은 그저 형식적인 절차다. 특히 과로에 시달려서 '공무원'이라 불리는 대성당 담당자 앞에 순례자 수백 명이 늘어선 여름이 그렇다. "아스피린을 파는 약사처럼 콤포스텔라 증서를 발급하는, 대단히 따분해하는 신학생 앞에서 기다렸죠." 1985년 이후 세 번째 순례를 마친 로베르트의 탄식이다. 북적이는 여름이 아니면 여유롭게 사무소를 방문해서 덜 분주한 담당자와 대화할 수 있다. 사무소 옆에 집무실이 있는 대성당 담당자, 돈 하이메 씨와 면담할 수도 있다. 사무소 옆에서 100페세타(85센트)에 콤포스텔라 증서 코팅도 가능하다. 어떤 이는 코팅을 하지만, 그대로 접어서 뒷주머니에 넣고 떠나는 순례자도 있다.

산티아고와 전이기

카미노와 달리 산티아고에는 길을 안내하는 노란 화살표가 없다. 동료가 없다면 어디로 가야 할지 모르는 경우도 생긴다. 순례자는 가슴 벅찬 도착과 그에 따른 통상적 의식을 치르고 나면 카미노를 뒤로하고 변화를 준비한다. 1982년에 앨런 파인버그Ellen Feinberg는 이 순간을 다음과 같이 묘사했다. "도보와 자전거 순례자는 버스 순례자와 달리 붐비는 신자 사이에서 이질감과 고립감을 경험하기도 한다. 그들이 집으로 돌아갈 때 특별한 재통합 의례는 없다. 도보 순례자는 산티아고에서 이 마무리 의례의 부재를 대단히 불만스러워한다. 뭔가 정말 끝났다는 확실한 느낌이 들지 않기 때문이다."[12] 그 시간은 진실과 결산의 순간일 수 있다. 순례자 리(65세)는 산티아고에 도착한 뒤 바닥에 주저앉아서 노트에 썼다. "약간 두렵다. 내가 포착할 수 없는 내적인 움직임이 느껴진다. 무슨 일이 일어나는지 알 수 없다. 엄청난 슬픔이 마음을 짓누르는 것 같기도 하다. 오늘로 여행은 끝났다. 고통도 긴장감도 과거가 되었고, 마법도 끝났다."[13] 새벽에 대성당 앞에서 무릎 꿇고 울던 프랑스 순례자도 집으로 돌아갈 일이 두렵다고 말했다.

어떤 순례자는 도착해서 감회를 맛볼 틈도 없이 기차나 버스에 몸을 싣는다. 반쯤은 관례처럼 된 도착했을 때 의식이 끝나면 이제 뭘 하지? 내가 왜 여기 있지? 같은 질문이 떠오르기 시작한다. 순례자는 한숨 돌리고 집으로 떠나기까지 네 시간에서 나흘 정도(대개 하루) 산티아고에 머문다. 그 시기에 일상으로 전환이 시작된다. 도보나 자전거로 이동하던 리듬이 사라지고, 도시의 관광객이 된 듯한 감정이 찾아온다. 불확실한 미래가 기다리는 고향으로 가야 하고, 작별 인사를 해야 한다. 한 스페인 신부는 이 갑작스런 상황 변화를 "에덴에서 쫓겨나는 듯한 느낌"이라고 표현했다.

나는 산티아고에서 친언니를 만나 자동차로 일주일간 갈리시아 해변을 여행한 적이 있다. 당시 몸은 해변에 있었지만, 마음은 딴 데 있었다. 언니를 만나 좋긴 해도 그간 벌어진 일을 혼자서 차분히 반추하고 싶었다. 언니는 내가 막 돌아가려는 세계의 일원이어서 가장 개인적인 이야기를 할 수 없었다. 순례 중에 모르는 사람에게 하던 이야기 말이다. 순례 전의 안정적이고 확고하던 내 삶이 그 토대를 조금 잃어버린 것 같았다. 나는 순례를 절반쯤 마쳤을 때 엄마에게 전화해서 안부를 전했다. 향수에 시달리는 대신 온전히 내 시간을 누리고 있었기에 마음이 편치 않았다. 나라는 사람 안에 있는 원형의 방과, 닫히거나 열린 혹은 반쯤 열린 많은 문, 그 문이 품은 수많은 감각과 가능성이 나를 불렀다. 순례를 마치고 대성당에 들어갔을 때, 중세 예술과 건축에 어느 정도 익숙해진 눈이 1992년 첫 방문 때와 달리 여러 차이를 식별했다. 나는 놀랐다. 내적으로도 새로운 인식을 느꼈다. 당시에 심한 위통이 있었고, 언니와 나눌 수 없는 미래 때문에 우울했다. 여행 내내 마음이 안정되지 않았고, 카미노에서 체득한 새로운 관점과 세계를 느끼는 새로운 방식 때문에 무슨 일이 생길까 두려웠다. 그런 것이 없던 시절로 돌아가고 싶었다.

순례자는 하루에서 사흘 정도 산티아고에 머무르는 동안 여러 감정을 경험한다. 한 30대 여성은 순례가 끝났다는 허탈함, 순례자사무소에서 환영받지 못한 느낌, 예상 못 한 산티아고의 추위 탓에 몹시 우울했다. 순례자는 산티아고에 도착한 뒤 특별한 느낌 대신 자신을 '군중 속의 일부'로 느낀다. 허술하게 운영되는 순례자 숙소에 놀라고, 순례를 상업화하는 산티아고대성당에 실망한다. 어떤 이는 도시 입구에서 웃으며 자신을 맞이해줄 사람들이 있을 거라고 상상했다. 그러나 산티아고 주민은 순례자에 익숙하다. 직접 순례한 산티아고 주민이 말했다. "사춘기에는 순례자가 다 미쳤다고 생각했죠. 직접 순례하고 보니까 이곳의 순례자 환영이 얼마나 차가운지 깨달았어요." 산티아고 주민의 차가움은 일상적 무관심 때문일 것이다. 산티아고에서 순례자는 아주 흔한 풍경이기 때문이다.

순례자가 산티아고에 도착한 뒤 길에서 보고, 느끼고, 경험한 것을 반추하기 시작하면 새로운 감정이 떠오른다. 빔은 말했다. "산티아고에 도착하고 대성당에서 아침을 보냈습니다. 순례가 끝났다는 걸 깨닫고 인정하기가 힘들더군요. 성당에 앉아서 좋고 나쁜 모든 기억을 떠올렸죠. 순례 첫 주의 다리 통증, 내가 만난 사람, 지나친 장소… 그러자 뭔가 북받쳐 눈물이 났어요." 빔은 네덜란드에서 넉 달을 걸어왔다. 그간의 기억이 주마등처럼 스쳐 지나갔다. 그는 넉 달 동안 육체적·공간적·시간적으로 이동해 온 순간을 되살렸다. 그 과정에서 오랫동안 한 가지 목표와 장소만 보며 쌓아둔 감정이 분출한 것이다. 산티아고에서 이런 감정의 분출은 흔하다. 발산되지 못하고 쌓인 경험이 마지막에 봇물처럼 터지는 것이다. 준비되지 않은 상태에서 그간의 경험과 쌓아둔 감정을 흘려보내느라 애먹는 순례자도 있다. 음주, 폭식, 지나친 수다, 더 걷고 싶은 욕망 등 격한 반응도 흔하다. 한편 산티아고에 도착한 혼란스러운 경험이 치유를 불러오기도 한다. 피로, 눈물, 싱숭생숭한 느낌, 허탈감 등에 수반되는 생리적 요인도 고려해야 할 것이다. 매일 5~8시간씩 걷거나 자전거를 타던 패턴이 갑자기 변하면 몸이 충격을 받기 때문이다.

카미노에서 즐기던 생활 방식이 사라져 큰 불안이 생기기도 한다. 대개 긍정적인 마무리 의식으로 여기는 순례자 미사까지 시원섭섭할 수 있다. 남자 친구와 네덜란드에서 도보 순례를 한 여성(25세)이 말했다. "처음에는 성당에서 사람들을 보는 게 좋았어요. 나중엔 너무 많아서 질리더군요. 이상한 순간이었습니다.

카미노에서 앞서 간 순례자는 뒤에 누가 오는지 알아요. 그래서 마지막 날은 즐거운 재회가 되리라 생각했죠. 모두 미사에 참석해 서로 껴안는데 어색했어요. 이제 어쩌지? 상대에 대해 아는 것, 우리가 겪은 것 모두 어색했어요."

그녀는 산티아고에서 며칠을 보낸 뒤 이 이야기를 들려주었다. 그녀는 카미노라는 전이적liminal 공간에서 즐긴 많은 요소가 움직임의 정지와 미사로 대표되는 '구조'로 복귀한 탓에 사라졌음을 깨달았다. "카미노에서 우리는 모두 같았는데 지금은 전부 달라요. 카미노에서는 순례자 숙소에 가도 편안했어요. 서로 비슷한 게 있었으니까요. 근데 뭔가 달라졌죠. 만나려면 약속해야 하고, 모두 집으로 갈 준비를 하죠." 카미노에서 명확하던 역할이 산티아고의 새 환경에서는 들어맞지 않았다. 그녀는 모든 상황이 얼마나 '다르고' '어색한지' 반복해서 말했다. 이전에는 유기적이고 자연스럽던 것이 새로운 목표 때문에 달라졌다. 약속을 잡는다는 것은 일상적 계획표와 업무의 세계로 돌아간다는 의미다. 각자 새로운 목표를 추구하면서 카미노 공동체를 이어주던 공동의 목표는 사라졌다. 다시 한 번 모래시계 은유가 적절하리라 본다. 산티아고에서 순례자는 아래쪽 유리구(또 다른 목적)를 향해 빠져나가는, 가느다란 허리 부분의 모래와 같다.[14]

방향을 다시 설정하는 것과 카미노의 사건이 오직 거기서 가능했는지도 모른다는 혼란과 두려움이 따라온다. 카미노를 '또 다른 시공간'으로 표현한 프랑스 심리학자 기는 산티아고에 도착해서 말했다. "산티아고에 도착한 것은 실망스런 경험이었어요. 모두 집과 직장이라는 친숙한 세계로 돌아가야 했죠. 누구는 기차를 타고 누구는 버스를 타고… 방과 후 뿔뿔이 흩어지는 학생들처럼. 모두 서둘러 떠나고, 돌연 카미노 이전의 관계가 더 중요하다는 듯 어떤 단절이 생겼죠. 우리가 함께 걸은 시간은 이제 진짜가 아니라는 듯." 카미노에서 경험한 내밀함이 여행의 마무리와 집에 돌아갈 걱정으로 바뀌면서 기는 상당한 단절과 상실감에 빠졌다. 순례자는 헤어질 때 가끔 연락하며 지내자고 하지만, '현실'로 돌아오면 쉬운 일이 아니다. 파인버그 역시 '새로운 공동체'를 잃어버린 것 같다고 말했다. "공간적으로 이국의 경관과 사회적으로 순례자라는 정체성을 향해 걸은 긴 통과의례적 분리 이후에는 뭔가 말할 기회도, 제대로 된 마무리도, '재통합'도 없었어요."[15] 함께 걸은 시간은 과거가 되어 기억 속으로 편입되기 시작한다.

산티아고에서 순례자 대신 관광객이 된다는 것도 뭔가 변했다는 느낌을 강화한다. 배낭과 지팡이 없이 산티아고 거리를 걷는 것은 순례자의 카미노 도보가 아니다. 순례자의 징표를 떼고 새 옷을 입어도 탄탄한 몸과 그을린 얼굴, 성취감으로 빛나는 표정이나 혼란과 상실감으로 어두워진 표정을 보면 그들이 전이 과정에 있음을 쉽게 눈치챌 수 있다. 걸으면서 '일생에 한 번 있을' 시간을 즐긴 앤드루는 산티아고에 머문 사흘을 다음과 같이 설명했다.

산티아고에 도착해서 미사에 참석하고 눈물을 흘렸어요. 대성당의 향로에 감탄했고, 성인의 무덤 앞에서 기도했고, 장엄한 도시 곳곳을 방문했죠. 라틴어로 쓰인 증서를 받고 술집에서 동료들과 진탕 마시기도 했고요. 산티아고에 사흘 동안 머물면서 이곳저곳을 방문하고 17세기에 그려진 산티아고 마타모로스 성화와 책, 기념품을 샀어요. 돌이켜보면 자기 '업적'을 과시하려는 바보, 불쾌한 관광객이었죠. 그러나 인생의 한 페이지를 덮고 떠나야 한다는 게 슬펐어요. '바보 같고 불쾌한 관광객'으로 가득한 냄새나고 시끄러운 비행기에 몸을 싣는 대신, 순례를 시작한 때로 돌아갈 수 있다면 억만금이라도 줬을 거예요. 새로운 순례, 즉 '인생이라는 카미노'가 또 시작되리라는 걸 알았지만 그건 훨씬 어렵죠. '이제 어디로 가지?'라는 질문부터 쉽지 않고, 그 답이 '영원한 예루살렘'이라는 걸 알아도 지금으로선 아무 도움이 안 되니까요.

순례자는 산티아고 관광객이 되면서 소비에 몰두한다. 기념품을 사고, 유적지를 방문하고, 호스텔에 묵고, 식사와 음주를 즐긴다. 한 브라질 순례자는 카미노에서 노고를 기억하려고 작은 산티아고상을 샀다. 그는 "30일간 고생한 것을 기억하기 위한 부적 같은 물건이 필요했다"고 말했다.

순례자끼리 그간의 사건을 이야기하고, 여행의 의미를 토론하고, 두려움을 나누고, 미래를 논하는 일은 산티아고 전이 과정의 중요한 부분이다. 순례자는 산티아고의 바와 카페에 얼굴을 마주하고 붙어 앉아 친밀하게 대화를 나눈다. 그들은 말하고 듣는다. 막 도착해서 어리벙벙한 사람도 벌써 와 있던 무리와 쉽게 친해진다. 순례자는 끊임없이 도착하고 떠나간다. 어떤 이는 엽서를 쓴다. 장 프랑수아즈는 엽서를 87장이나 썼는데, 그중 몇 장에는 '내가 해냈어I DID IT'이라는 구절만 적었다. 그는 간간이 동료의 대화에 끼어들어 코멘트를 했다. 한 주 전에 헤어진 프랑스 의사와 독일 교사는 산티아고에서 만나 포옹했다. 재회의 미소 뒤에는 불확실한 미래에 대한 걱정도 서렸다. 그들은 도보 여행의 리듬, 방향을 알려주는 노란 화살표가 사라진 뒤의 혼란을 이야기했다. 이제 다음 단계로 움직일 차례다. 그러나 어디로? 무슨 단계로? 애매한 감정이 든, 옆자리에 누워 하룻밤을 뒤척인 남자에게 작별 인사를 어떻게 할까?[16] 산티아고는 너무나 많은 경험으로 가득한 도시다. 그래서 개인적인 작별을 통해서라도 마무리 지어야 한다.

산티아고에서 예외적으로 순례자를 환대하는 곳이 있다. 막 도착한 순례자가 하나둘 모여드는 수소 바다. 특유의 장난기 때문에 76세라고 믿기 힘든 바의 주인이자 산티아고 주민 수소 씨는 순례자와 관계를 통해 자신의 독특한 사회적 위치를 구축한 남자다. 순례자가 도착하면 그는 쾌활하게 인사하고 출신 국가를 묻는다. 그리고 카운터 뒤로 사라져 그 나라 순례자가 쓴 편지와 사진, 엽서, 그림이 가득한 책을 들고 온다. 이야깃거리와 에너지가 넘치는 수소 씨는 산티아고가 순례자를 환영하며, 그들의 여행이 특별했다는 느낌을 선사한다.

벨기에인 앤드루는 순례를 마친 '위업'을 한참 과시하고 다녔다. 순례자도 길에서 체득하는 이 자만심을 잘 안다. 1985년 이래 자전거를 타고 세 번 순례한 로베르트는 말했다. "나도 처음에 그랬듯이 많은 이가 순례자로서 스페인을 가로질러 뭔가 특별한 존재가 되었다, 남들보다 조금은 우월하다는 오만한 확신으로 산티아고에 옵니다." 어떤 이는 그간의 육체적 노고와 '희생'을 감안하면 순례자가 다른 여행자보다 나은 대우를 받을 만하다고 생각한다.

보통 순례자는 대성당을 메운 관광객에게 거부감을 보인다. 고요하던 카미노의 리듬이 도시의 소란으로 깨지기도 했지만, 내가 진짜 순례자라는 우월감 때문이기도 하다. 현대 카미노 순례의 아이러니는 진정한 순례자의 전통적 이상(겸허하고, 인내하며, 감사하고, 수용하고, 나누며, 불평하지 않고, 단순성을 지향하는)이 도치되어, 뭔가 더 요구하는 수단으로 쓰인다는 점이다. 한 스페인 가톨릭 신자 여성은 거리낌 없이 말했다. "왜 우리 순례자가 위대하냐고요? 단순해요. 30일을 걷고, 새로운 사람이 되어 산티아고에 도착해서, 사도 앞에 무릎 꿇으려면 엄청난 겸손이 필요하니까요." 이 자만심은 지나치지만, 오랫동안 긴 거리를 도보나 자전거로 이동한 순례자에게 어느 정도 있는 것이다.

자신이 특별하다는 느낌은 산티아고에서 형성된다. 오스탈데로스레예스카톨리코스Hostal de los Reyes Católicos(가톨릭왕들의호스텔)는 순례자 유숙이라는 15세기부터 이어진 전통적 기능 외에도,

최소 15년 전부터 흥미로운 전통을 유지한다. 이 5성급 호텔은 식사 때마다 콤포스텔라 증서를 가진 순례자 열 명에게 선착순으로 무료 식사를 대접한다. 작은 식당은 호텔의 지하 주차장과 이어진다. 규정상 순례자는 하루 세끼를 사흘까지 대접받을 수 있다. 무료 식사가 필요 없는 부유한 순례자도 이 색다른 행사를 경험하려고, 혹은 순례자라는 특권 의식에서 참여한다. 호텔 문지기는 하루 숙박비가 30만 원을 호가하는 투숙객도 종종 거기서 식사한다고 말한다. 몇몇 가이드나 순례자는 호텔의 메인 식당에서 무료 식사가 제공된다고 말하는데, 이는 거짓이다.

어떤 이는 색다른 관습을 이어오며 많은 이에게 무료 식사를 제공하는 호텔의 관대함에 감사하는 대신, 음식의 질이나 양, 식당의 위치를 불평한다. 나는 1996년에 산티아고 시에서 도보 순례를 마친 부유한 네덜란드 순례자와 그의 아내를 만났다. 암으로 투병 중인 남편은 자신이 순례를 마친 것을 놀라워했다. 부부는 순례를 무사히 끝냈다는 기쁨과 성취감, 감사를 느꼈고 집으로 돌아가 그들을 자랑스러워할 친구, 가족과 순례 경험을 나누고 싶어 했다. 내 동료인 또 다른 순례자를 다시 만나 반가워하기도 했다. 대단한 여행을 한 부부다. 어느 순간 우리 대화는 오스탈데로스의 무료 식사로 흘러갔다. 놀랍게도 그 네덜란드 순례자는 말했다. "나는 순례자지 개가 아닙니다. 무슨 개집 같은 데 사람을 밀어 넣더군요." 허름해 보이는 호텔 식당과 거기서 나온 무료 식사가 불만스러웠다는 말이다. 그들은 조촐한 음식을 받아 들고 기부금을 약간 내는 대신, 중세 순례자도 그런 거지 취급은 받지 않았을 거라며 분개해서 돌아 나왔다.

영국의 한 자전거 순례자는 네덜란드 순례자와 달리 그 실망스런 식당에서 개인적 치유와 유종의 미를 경험했다. 그녀는 성찬식 전통을 따르려고 빵과 와인 외에는 거의 입에 대지 않았다.

여행 중 가장 외롭고, 황폐한 순간이었어요. 콩스튜나 치킨 모두 끔찍했죠. 사과조차 물러서 별맛이 없더군요. 먹는 거라면 뭐든 훌륭하고 저렴한 나라에서 그렇게 형편없는 식사를 받은 건 처음이었어요(지금 생각하면 축하해야 할 순간이었죠). 결국 빵과 와인만 먹었습니다. 빵을 반으로 가르는데, 갑자기 그 순간이 순례의 마무리라는 생각이 들었어요. 엠마오로 가던 이름 없는 제자들처럼, 저 역시 부활한 그리스도 Risen Christ의 진실을 만날 필요가 있었습니다. 주님은 카미노 내내 거기 계셨고, 나는 길 위에서 어렴풋이 느꼈어요. 그걸 완전히 깨닫기 위해서 그 평범하고 별것 아닌 행동이 필요했죠. 그 빵이 뭘 상징하는지 갑자기 분명해져, 내가 알아보기 위해서요. '빵을 떼어주실 때 그들은 주님을 알아보았다'는 성경 말씀 그대로였어요.[17]

그녀는 〈루가의 복음서〉 24장 35절을 종교적으로 해석하면서, 그 식사뿐 아니라 순례 전체를 새롭게 이해했다.

나는 투병 중인 네덜란드 남성이 안타까웠지만, 그의 태도에서 종교적이든 아니든 많은 순례자의 가치와 상반되는 무엇을 봤다.

카미노는 그에게 새로운 감수성과 교양을 즐길 기회를 줬다. 그러나 무료 식사에 대한 그의 태도는 카미노의 선물을 거부하는 행위다. 자전거 순례자의 해석은 종교적이었다. 그녀는 부실한 빵과 포도주에서 신성한 성찬식을 발견했다. 신앙이 없는 한 순례자는 사립 기관이 어떤 감사도 바라지 않고 날마다 무료 식사 수십 인분을 제공하는 것은 그 자체로 작은 기적이자 존경할 일이라고 말했다. 이렇듯 순례의 마지막은 달콤하고 쌉싸름하다.

산티아고는 모든 것이 과포화인 장소다. 순례자는 몇 달 동안 이어진 경험을 마무리하고 새로운 불확실과 기쁨, 고통, 발견을 마주해야 한다. 결국 작별이 끝나면 가리비 껍데기를 떼고, 배낭과 지팡이를 정리한 다음, 방향을 틀어 집으로 가야 한다. 출발한 곳으로 돌아가는 것이다.

7.
세계의
끝을
향해

© 문진웅

파도가 메아리친다

바다는 가르친다

인내, 믿음, 열림

단순성, 고독, 간헐적 움직임…

그러나 탐험해야 할 또 다른 해변

찾아야 할 더 많은 조개

이제 시작일 뿐이다.

_ 앤 머로 린드버그(Anne Morrow Lindbergh),* 《바다의 선물(Gift From the Sea)》

---

*   미국의 작가이자 시인이며, 비행사 찰스 린드버그(Charles Lindbergh)의 아내다.

카미노는 공식적으로 산티아고에서 끝난다.[1] 그러나 많은 순례자에게 산티아고가 유일한 지리적·정신적 목적지는 아니다. 순례자 대부분이 산티아고에서 순례를 마치고 하루쯤 시내를 둘러본 뒤 집으로 가지만, 더 여행하는 이도 많다. 미국인 학자 에드워드는 썼다. "산티아고를 떠나서 바다로 이어진 길을 따라갔어요. 세계의 끝에서 저무는 석양을 보고 싶었습니다. 이제 내 몸이 저절로 걷고, 길이 내 몸을 굴리는 느낌이 들더군요. 예전의 몸은 죽었습니다. 여러 면에서 옛날의 나는 죽었어요. 내 삶과 일, 가족도 전 같지 않을 거예요."[2] 산티아고에서 멈추지 않는 순례자는 대부분 중세에 세계의 끝으로 여겨진 스페인 서해안의 피니스테레로 향한다. 산티아고에 도착한 뒤 갈리시아 지방의 다른 성 야고보 유적을 방문하는 순례자는 별로 없다. 사도의 유해 이동 전설에 관심 있는 극소수 순례자가 노야Noya, 파드론, 피코 사크로Pico Sacro, 무시아Muxía 등 피니스테레 외 서너 곳에 들른다. 어떤 이는 노야라는 지명이 성경의 노아Noah에서 왔으며, 그곳이 전설적인 노아 방주의 정박지라고 주장한다. 전설에 따르면 예루살렘에서 성 야고보의 유해와 두 제자를 싣고 온 배는 파드론에 정박했다. 그때 쓰인 계류석은 현지에서 페드롱pedrón (큰 바위)이라 부르는데(여기서 현재의 지명이 유래했다), 산티아고 사도성당의 제단 아래 보관되며 요청 시 관람도 가능하다. 전설에 따르면 성 야고보의 제자들은 현재의 산티아고대성당으로 가면서 뒷날 신성한 봉우리Pico Sacro라 불리는 곳을 지나갔다. 그 지역의 이교도 여왕 루파가 야생 황소를 보내 두 제자를 죽이려 했다. 그러나 성 야고보의 신성한 유해가 짐승을 길들였고, 여왕도 기적적으로 개종했다고 한다. 후대 성화에는 이 황소들이 성 야고보의 유해가 담긴 수레를 대성당까지 운반하는 장면이 있다.

산티아고 순례와 깊이 관련되지만 현대 순례자가 거의 찾지 않는 또 다른 장소는 피니스테레 북부 무시아의 선박 성모La Virgen de la Barca 성지다. 그곳에는 15세기에 지은 순례자 숙소가 있고, 성 야고보의 첫 스페인 전도 때 성모마리아가 현현했다는 기적이 남았다. 석조 배를 탄 성모마리아가 두 천사와 아기 예수를 데리고 현현하자, 포효하던 바다가 잠잠해졌다고 한다.[3]

종점으로서 피니스테레

피니스테레는 산티아고에서 서쪽으로 약 100킬로미터 떨어진 작은 항구 마을로, 지리적으로 땅끝이다. 카미노에서는 논란의 장소로, 여러 가지 해석과 의미를 부여하는 대상이 되었다. 가톨릭교

회는 피니스테레가 카미노의 종점이 아니며 순례에 해로운 비교
祕教 행위가 만연한 장소이므로, 산티아고에서 그리 여행하는 것
을 만류한다. 반면 갈리시아 주 정부는 피니스테레가 갈리시아
연안의 관광 명소라고 홍보한다. 피니스테레 시의 문장紋章에는
'야고보 루트의 끝Fin da Ruta Xacobea'이라는 구절이 적혔다.[4] 시 정
부는 1997년 '피니스테레 야고보의 길Ruta Xacobea de Fisterra'을 공식
지정하고, 산티아고에서 피니스테레와 무시아까지 이어지는 3일
짜리 단체 도보 순례를 대대적으로 홍보했다. 이 길을 걸으면 갈
리시아 북서부 연안 발전과 진흥을 목적으로 하는 네리아Neria협
회와 제휴된 시 정부의 피스테라나Fisterrana 증서를 준다. 이 증서
는 '카미노의 끝'에 도착했음을 인증하며, 피니스테레 시 청사에
콤포스텔라 증서를 제시한 순례자에게 발급된다.

순례자는 보통 카미노에서 다른 순례자를 통해 피니스테레를
접한다. 미리 안 순례자는 종종 산티아고에 도착한 뒤 도보나 버
스로 그리 간다. 정확히 추산하기는 어렵지만, 산티아고에 도착
한 순례자 가운데 10퍼센트 정도가 피니스테레로 가는 듯하다.
그곳을 찾는 순례자는 대부분 외국인이다. 많은 이가 도보나 자
전거로 가고 싶다고 하면서도 시간에 쫓겨 버스를 탄다. 대부분
하루 투어를 하는데, 어떤 이는 호스텔에 묵거나 시 청사에 숙소
를 문의한다. 그 경우 순례자는 마을 체육관으로 안내된다. 논의
중이지만 피니스테레에는 아직 순례자 숙소가 없기 때문이다. 산
티아고와 이어진 내륙 루트에도 표지판은 있지만, 카미노의 다

른 구간보다 길이 험해서 지도가 필요하다. 그 길에서는 여름에도 다른 순례자를 만나기 힘들다. 사투리를 쓰는 주민에게서 한두 명이 지나갔다는 이야기를 듣는 정도다. 산티아고에서 피니스테레로 가는 루트는 대부분 시골로, 순례자 시설이 거의 없다. 흥미롭게도 이 루트의 안내 화살표는 종종 양방향인데, 피니스테레에 도착한 순례자는 거기서 귀국하거나 산티아고로 돌아올 수밖에 없기 때문이다.

순례자에게 피니스테레는 어떤 의미일까? 여기서 20대 독일인 대학생의 말을 자세히 인용하려 한다. 피니스테레의 어떤 요소가 순례자를 끌어당기는지 잘 보여주기 때문이다. 그는 스페인어 피니스테레Finisterre와 갈리시아 방언 피스테라Fisterra를 번갈아 사용했다.

독일인 친구, 벨기에인 두 명이랑 버스를 타고 피니스테레로 왔어요. 산티아고에서 이어진 '카미노'를 찾지 못했고, 쓸 만한 지도도 없었거든요. 26일 동안 걷다가 엔진 달린 물건을 타니 끝내주더군요. 그 마을에 가자마자 맥주를 주문했어요. 마지막 2주 동안 신나게 먹고 마셨습니다. 대서양은 근사했어요. 해변에 내려가 바다 냄새를 맡으니 기분이 상쾌했죠. 뭐랄까, 이제 순례를 제대로 끝내는 느낌이었습니다. 산티아고는 대도시라 좀 실망스러웠어요. 관광객이나 버스 순례자도 끔찍했고요. 벨기에 친구들도 우리처럼 실망했고, 우리가 여기 데려와서 고마워해요. 둘 다 고대 유럽사에 관심이 많아서, 카미노와 피니스테레가 켈트사와 연관 있다고 꼬드겼거든요.

나름의 켈트 의식도 치렀어요. 석양을 기다려 불을 피우고 옷을 태운 다음, 자정에 바다로 뛰어들었죠. 처음에는 페터와 내가 플루트와 탬버린으로 중세 독일 노래를 불렀어요. 그러자 벨기에 친구들이 탬버린을 낚아채서 오래된 민요를 부르더군요. 밤새 기쁨이 가득한 표정이었어요. 고기, 치즈, 빵, 와인으로 저녁을 먹고 동틀 때쯤 잠들었어요. 그게 우리 여행, 순례의 진짜 끝이었습니다. 그리고 파도치는 바다와 별빛 아래서 하룻밤을 더 보냈죠. 마지막 날은 하늘이 흐려서 돌아가기로 했어요.

여기서는 산티아고에 대한 환멸, 피니스테레의 지리적 위치가 주는 의미, 땅끝 도착, 순례의 종결과 정화를 위한 개인 의례, 과거와 연결성, 여행이 진짜 끝났다는 느낌이라는 주제가 드러난다. 이 모든 요소가 순례자를 피니스테레로 끌어들인다.

지리적 끝, 상징적 죽음과 부활

피니스테레도 유럽 대륙의 서해안에 위치한 땅끝 명소처럼 사람을 끌어들인다. 그곳은 끝 중의 끝, 더 나아갈 데가 없는 곳이다. 그 해변의 일부 지역은 무서운 폭풍우와 많은 침몰 사고 탓에 '죽음의 연안Costa da Morte'이라고도 불린다. 순례자는 피니스테레

피니스테레, '남김없이, 모든 걸 버리고 오는 바다'

에서 몇 킬로미터를 더 걸어 등대로 간다. 그리고 '끝없이 펼쳐진 바다' '남김없이, 모든 걸 버리고 오는 바다' '사람 없는 해변' '생명과 에너지로 가득한 바닷바람'[5]을 만난다. 한 벨기에 순례자는 썼다. "그곳에서 죽음은 존재하지 않는다Le morte no existe는 인상을 받았습니다. 모든 것이 살아 있었어요."[6] 바람, 바다, 끝없는 수평선, 포말, 부서지는 파도, 석양… 이 모든 요소가 피니스테레를 상징적 죽음과 부활의 장소로 만든다. 미국인 교수 에드워드는 말했다. "대서양 쪽으로 돌출한 곳을 따라 걸었어요. 거기 세계의 끝, 피니스테레가 있었습니다. 수백 년 동안 검은 바다, 죽은 자들이 육신의 부활을 기다리는 사자死者의 집으로 알려진 장소지요."[7]

카미노에서 순례자는 오전에 자기 그림자를 따라 걷는다. 정오에는 그림자를 밟고, 오후에는 뒤로 끌며 걷는다. 그러다 해가 지면 일과가 끝난다. 피니스테레에서 순례자는 매일 바다에서 떠올랐다 가라앉는 해를 보며 진짜 종점에 도착했다고 느낀다. 영적·개인적으로 다시 태어나려면 그 땅끝으로 와서 여행을 제대로 끝내야 한다고도 주장한다. 종교적·비종교적 순례자 모두 같은 의견이다. 한편 거대한 바다를 보며 '진정한 길true Ways'은 끝나는 법이 없고, 무한한 대양 속으로 이어진다는 이도 있다. 이런 관점에서는 천상의 영역도 중요하다. 그들은 카미노와 병행해 세계의 끝까지 뻗은 '별들의 길(은하수)'이 피니스테레에서 바다와 만난다고 말한다.

정화

순례자는 일상에 복귀하기 전, 상징적 죽음과 정화가 필요하다는 생각에 종종 정화 의식을 치른다. 앞의 독일 대학생은 한때 피니스테레에 있었다고 여겨지는 태양숭배Ara Solis와 연관된 '켈트' 의식(불 피우기와 옷 태우기, 자정의 해수욕)에 대해 썼다. 순례자는 피니스테레에서 책이나 양말, 순례자 지팡이 등을 태운다. 카탈루냐 출신 자전거 순례자에게 왜 양말을 태우는지 물었다. 그는 두 켤레가 있어 하나는 필요 없고, 과거의 상징적 더러움을 태우고 싶다고 말했다.

물건을 바다에 던지기도 한다. 40대 후반 벨기에 남성은 마을 부두에서 순례자 지팡이를 최대한 멀리 던졌다. 놀랍게도 지팡이는 두 시간 뒤에 다시 밀려왔다. 그는 산티아고에 돌아와서 말했다. "지팡이에 어떤 상징적 의미가 있는지 잘 모르겠어요. 그냥 나무 조각이죠. 다시 밀려온 데 어떤 뜻이 있는지 모르지만, 줍지 않았습니다." 그는 여행을 잘 끝내고 매듭짓기 위해 지팡이를 던진 것이다.

또 다른 정화 의식으로 옷 벗기, 해수욕, 차가운 대서양에 옷 헹궈서 말리기(상징적인 몸 씻기)가 있다. 에드워드는 설명했다. "젖은 옷을 벗고 파도로 뛰어들었죠. 처음엔 춥더니, 나중엔 물속이 바깥보다 따뜻했어요. 파도 아래로 헤엄쳤는데 파도가 팔과 옆구리, 발을 스쳐서 염증 난 부위가 쓰라리더군요. 그러다가 온몸이 편안해졌어요. 바다에 떠서 보슬비를 맞으며, 파도에 이리저리 흔들리며 하늘을 봤죠. 그리고 바람 소리와 부서지는 파도 소리, 강력한 세계의 리듬을 느끼며 물 밖으로 걸어 나왔습니다."[8]

과거와 연결

순례자가 피니스테레로 여행하는 다른 동기는 켈트사와 관련성 때문이다. 내가 보기에는 특히 북유럽인이 그곳을 기독교 이전의 전통과 연관 짓는다. 피니스테레를 포함해 갈리시아 전역에는 켈트인의 주거 흔적이 있다. 켈트 문화의 흔적을 찾으려는 순례자는 오랜 옛날, 그 바위 곳의 무엇이 켈트인을 그리로 이끌었는지 궁금해한다. 그리고 해의 위치, 바다와 가까움 같은 이유를 상상한다. 1995년에 한 순례자는 고대의 순례자(혹은 켈트인)를 떠올리며 피니스테레 시 청사의 순례자 방명록에 썼다. "어제 때맞춰 피니스테레로 왔다. 바다 위로 지는 해를 보고, 옛 켈트인이 은하수를 따라와서 봤을(실제로 은하수가 피니스테레 위를 지나간다) 그 모든 놀라운 풍경에 감탄하기 위해." 그는 바다가 하늘과 땅을 잇는다고 상상하며, 고대 켈트인이 자연과 어우러져 전일적 체계holistic system의 일부로 살아갔으리라고 봤다. 조화로운 옛날이라는 향수 가득한 이 관점은 중세 순례가 더 단순하고 진정했다는 생각과 일맥상통한다. 이런 시각은 흔히 중세 순례자의 행적을 그대로 따르려는 이들에게서 발견된다.

산티아고에서 끝나지 않은 내적 여행이 피니스테레에서 끝나기도 한다. 하압은 피니스테레에 가서 "지나간 일을 정리할 수 있었다".[9] 피니스테레 여행은 순례의 결론을 곱씹고 귀국을 준비할 시간을 준다. 계속 걷고 탐색하며 여행의 종결을 미룰 구실이 되며, 갑작스런 상황 변화(전이)의 어려움을 누그러뜨리거나 자연적 요소와 만나며 순례라는 입사식을 끝내는 방법이 되기도 한다. 피니스테레 일주는 순례자의 입에서 입으로 전해진 사회적·개인적 의미로 가득하다. 앞서 소개한 독일과 벨기에 친구들은 피니스테레 해변에서 보낸 마지막 며칠 덕분에 순례를 제대로 마무리하고 귀국할 수 있었다. 이때 산티아고에서 피니스테레로 건너온 순례자는 대개 산티아고로 돌아가 귀국한다.

8.
귀향

길은 아래로 이어지네, 끝없이

모든 게 시작된 문에서

이제 길은 멀리 펼쳐져

할 수 있다면 따라가야 하네.

지친 발로 터벅터벅

더 큰 길과 많은 오솔길,

많은 사명을 마주칠 때까지

그때면 지칠까?

나는 알 수 없네.

_ 톨킨(John Ronald Reuel Tolkien), 《반지의 제왕(The Lord of the rings)》 1부

많은 이들이 내게 왜 순례 이후 과정에 관심을 두는지 물었다. 대답은 간단하다. 우정과 호기심, 외로움 때문이다. 나는 산티아고에서 날마다 순례자를 만났다. 여러 바와 카페에서 어울리며 그들의 비밀, 제일 좋아하는 이야기, 메세타에서 경험한 승리감, 세브레이로 산에서 겪은 고통, 우연하고 신기한 만남, 미래에 관대한 양가감정에 대해 들었다. 그들의 웃음과 눈물에 귀 기울이며 지리상 카미노는 산티아고에서 끝나지만, 가리비 껍데기를 배낭에서 떼는 것으로 정리할 수 없는 감정과 고통, 성장, 희망, 의심 등이 남았음을 알았다. 수많은 이들이 도착하고, 다양한 전이 과정을 겪고, 동료와 어렵게 작별하는 모습을 보며 귀향한 뒤 과정을 이해하는 게 대단히 중요함을 깨달았다. 내 경험을 봐도 귀국하고 몇 달은 심란했다. 다른 이들은 귀향한 뒤 카미노의 경험을 어떻게 정리했을까?

의아하게도 산티아고 순례를 다룬 학술적 · 비학술적 내러티브는 대부분 산티아고 도착과 함께 끝난다. 성야고보상을 껴안고, 콤포스텔라 증서를 받고, 카미노에 작별을 고한 뒤 귀국하는 식이다. 일인칭 순례기는 대부분 순례가 끝나고 쓰인다. 그러나 저자들은 카미노가 자신의 삶에서 어떻게 살아 숨 쉬는지 거의 말하지 않는다. 순례와 일상에는 아무 교류도 없다는 듯이, 카미노의 경험은 스틸 사진이나 냉동된 기억처럼 취급된다. 하지만 순례자가 카미노로 깊이 들어갈수록, 카미노는 그들에게 지울 수 없는 흔적이 된다. 그 흔적의 성격을 식별하기는 쉽지 않더라도 말이다. 일단 조지가 귀국한 뒤에 쓴 감동적인 시에서 그 실마리를 찾아보자.

은하수를 따라 걸으니
순례자는 집 없는 자가 아니다.
그 여행의 의미와 형태는
집 떠남과
되돌아옴 속에서 만들어진다.

여행의 형태와 의미는 귀향한 뒤 성찰을 통해 부여된다.

인류학적 관점에서 본 귀향

앤 골드Ann Gold가 인도 라자스탄 힌두교 순례자의 일상에 관한 기념비적 인류학 연구에서 보여주었듯이, 순례는 거의 언제나 갔다가 돌아오는 양방향 여행이다. 그럼에도 순례 연구는 대부분 강둑이나 사원 도시, 호수, 산 위의 성지 같은 '여행'의 목적지에 초점을 맞추고, 여행의 마무리나 귀향에는 거의 주목하지 않는다. 즉 지금까지 순례 연구자는 순례의 종착지goal라는 맥락에서 순례자를 관찰하고 면담할 뿐, 순례의 마무리end는 거의 조사하지 않았다.[1]

현대 순례를 다룬 한 논문집 서론에서 알란 모리니스Alan Morinis는 썼다. "일상에 복귀하는 것도 순례의 일부다. 성지聖地가 힘과 구원의 원천이라 해도 그 힘의 효과가 순례자의 삶에서 구현되고, 어떤 구원이 나타났는지 관찰되는 장소는 순례자의 고향이다. 순례의 효과를 판별하는 시금석은 순례자가 귀향하고 사회에 재통합된 이후다. 변화가 있었는가? 그 변화는 지속될까?"[2] 모리니스는 종교적 여행의 본질이 '변화'이며, 고향에서 변화가 가장 분명하게 확인된다고 말한다. 순례는 변화와 전환의 여행이다. 그러나 모리니스는 변화가 어떻게 나타나고, 그 변화가 고향의 환경에 어떻게 접목되는지 언급하지 않았다. 그는 순례 효과의 지속성에 관해 질문한다. 많은 순례자는 자아나 사회의 변화가 아니라 신앙을 새롭게 하려고 순례와 관련 의례를 반복한다. 카미노는 이 '힘의 근원'이 성지 자체가 아니다. 오히려 순례자가 카미노의 경관과 관계 맺는 방식, 그 과정에서 생성되는 의미가 그 힘이다. 따라서 급진적 변화보다 순례자를 조금 '달라진 모습으로' 고향과 자아로 데려가는, 순례의 다양한 경험과 의미를 이해하는 것이 중요하다.[3]

그렇다면 질문을 바꿔야 한다. 순례 전후에 생겨난 변화 유무가 아니라(여기서 변화는 애매한 개념인데, 순례의 의미를 특정한 시공간에 국한하고 변화가 순례의 목적이어야 한다고 가정하기 때문이다) 순례가 순례자의 삶에서 어떻게 지속되며, 순례 경험이 그들의 일상으로 어떻게 들어가 미래의 행위와 존재 방식에 영향을 미치는지 물어야 한다. 변화가 어떤 층위에서(개인적·영적·창조적·신체적 등) 일어났는지도 살펴야 한다. 순례자는 이전의 자신을 완전히 지우고 '새 사람'으로 돌아오는 게 아니다. 순례를 통해 경험으로 안 것은 재조정을 거쳐 일상으로 통합돼야 한다. 때로 카미노 순례 경험은 새로운 직업이나 결혼, 창조적 프로젝트, 종교적 기도, 카미노에서 맺은 우정과 정체성의 보존 등으로 이어진다. 스페인에서 경험한 아름다운 도보 여행의 추억이 되기도 한다.[4]

　다시 말하지만, 물리적 여행의 종결과 순례의 종결을 혼동해서는 안 된다. 둘이 일치할 때도 있으나 적어도 산티아고에서는 자주 어긋난다. 직선적 세계관에서는 보통 여행의 종결이 목적지에 도착하는 것으로 여겨지며, 그때 돌아옴은 큰 의미가 없을지 모른다. 그러나 성지가 아니라 길이 목적지이며, 진짜 순례의 종결이 순례 도중이나 산티아고에 도착한 뒤 혹은 순례자가 집으로 돌아간 뒤에 찾아온다면 어떻게 할까?

귀국

순례자는 중세 순례를 경험하고 싶다고 공공연히 말하지만, 옛날처럼 걸어서 귀국하려는 이는 거의 없다. 왜 걸어서 돌아가지 않나요? 물어보면 대부분 시간이 없다고 말한다. 카미노는 한 번이면 충분하다고도 한다. 극소수 순례자가 걸어서 돌아가는데, 대부분 스페인 사람이 아니다. 카미노를 다시 걸어 귀국하는 영국 여성은 가이드북을 집필하고 있었다. 한 프랑스 순례자는 고향 리옹Lyon에서 출발하기 전, 왕복 도보 여행 가능성도 염두에 두었다. 그는 산티아고에 도착했을 때 아직 돌아갈 준비가 되지 않았다고 느꼈고, 리옹을 향해 다시 걷기 시작했다. 몇몇 순례자는 돈도 음식도 없이 묵주기도를 외며 반대 방향으로 걷는 이탈리아 남성을 봤는데, 그가 '이상하고' '미친' 사람 같다고 말했다.

순례자는 대부분 기차나 자동차, 버스로 귀국하며, 그렇게 빠른 속도로 고향에 실려 가는 것을 아쉬워한다. 어떤 이는 전이의 충격을 완화하려고 여행을 며칠 연장하지만, 대개 산티아고를 떠나 하루 안에 귀국한다. 도보 순례자는 흔히 귀국할 때 현대식 교통수단의 속도에 충격과 현기증을 느낀다. 하루하루, 한 발 한 발 걸어온 공간을 자동차로 12시간 만에 가로지르며 실망감에 빠지기도 한다. 산티아고에 도착했다는 성취감은 희미해지고, 모든 게 먼 일 같다. 그건 다 꿈이었을까?

순례자는 집으로 돌아가며 산티아고에서 느끼지 못한, 여행이 정말 끝났다는 느낌에 사로잡힌다. 경관에 적극 참여하는 대신 수동적으로 관망하면서 그간의 기억이 주마등처럼 떠오르기도 한다. 마드리드 출신 작가 에스테반(33세)은 말했다.

마드리드로 돌아가는 자동차 안에서 정말 순례가 끝났다는 느낌을 받았어요. 해 질 무렵의 카스티야 평원을 볼 때였죠. 고속도로가 남쪽으로 꺾이며 아스토르가 시가 백미러에서 점점 작아졌어요. 자동차가 얼마나 빠른 물건인지 다시 느꼈습니다. 그때쯤엔 운전기사한테 "이쯤에서 이런 일이 있었고" "이 모퉁이 근처에서 이런 걸 했죠"라는 이야기를 하지 않았어요. 창밖으로 소리치며 손을 흔들어줄 순례자도 없더군요. 편한 의자에 앉아 몽상에 잠긴 채, 안토니오 베가Antonio Vega의 '내일은 가지 않으리No Me Iré Mañana'를 들으며 석양을 바라보는 게 전부였죠.

에스테반에게는 오감으로 경험한 카미노를 떠날 때 비로소 여행의 끝이 찾아왔다. 그는 이제 장소를 경험할 수 없었다. 시련은 안락함으로 바뀌었고, 석양도 하루의 끝을 알리는 신호가 아니라 백미러의 풍경일 뿐이었다. 아스토르가 시가지가 거울 속에서 멀어졌다. 석양과 자동차의 속도, 국도의 방향 변화, 음악의 테마와 함께 그의 순례자 정체성이 옅어졌다. 잠시 순례자로 변장한 것처럼 말이다.

현대식 교통수단은 순례자를 카미노로 향할 때 두고 온 속도

와 소음, 자연에서 소외로 빠르게 데려간다. 모터식 차량에 오르
는 순간, 순례자는 이전의 일상으로 편입된다. 한 영국 커플은
영국형제회 회보에 썼다. "산티아고에 도착하기 전에 뭔가 문제
가 생길 것 같았어요. 결국 귀국 비행기에서 일이 터졌죠. 우리
는 마주 보며 동시에 외쳤어요. '집에 가기 싫어!' 그래서 히드로
공항터미널에서 자전거를 찾으며 바로 결정했어요. 집에 자전거
를 타고 가겠다고요."⁵ 그들은 닷새 동안 자전거를 타고 집에 갔
다. 귀국은 순례 경험의 마무리에 중요한 과정이지만, 귀국하는
데 걸리는 시간은 예상보다 훨씬 짧다.

돌아온 순례자

세계종교의 순례를 연구한 사이먼 콜먼Simon Coleman과 존 엘스
너John Elsner는 주장한다. "순례가 순례자나 그의 귀국을 기다리
는 이들에게 얼마나 큰 변화 혹은 낯선 것과 조우했다는 느낌으
로 다가오는가는 상황마다 다르다. 예를 들어 동료와 단체로 여
행하는 순례자는 이국적인 것의 시련과 대면할 필요가 없다."⁶
이들은 15세기 종교적 여행가 펠릭스 파브리Felix Fabri의 일화를
소개한다. 파브리는 성지 예루살렘에서 고향인 독일 울름Ulm으
로 돌아가며 자신이 달라졌다고 느꼈다. 그가 남긴 상세한 귀향
의 기록은 당대뿐 아니라 지금도 희귀하다. 예루살렘에서 돌아

온 지 6년 뒤, 그는 울름을 '나의 방황이 시작되고 끝난 곳'이라고 묘사한다. 그는 울름에 돌아왔을 때 "도시의 외관을 거의 알아볼 수 없었다. 옛 모습 그대로인 성곽이 없었다면 울름이라고 믿지 못했을 것이다". 파브리는 순례를 고향에서 성지로 떠나고, 고향에 돌아오는 과정으로 보고, 떠난 동안 울름이 얼마나 변한 것 같은지 이야기한다.[7]

순례자는 가끔 여행 중에 새로운 시야를 얻었다고 말한다. 여행은 사람의 관점을 바꾼다. 파브리의 귀향은 그가 얼마나 변했는지 성찰하는 것이기도 하다. 돌아온 고향은 다르면서도 같다. 그는 순례 경험에서 얻은 새로운 눈으로 울름을 본다. 사실 긴 여행에서 파브리도 변했다.

귀향하는 자는 친근한 동시에 낯설다. 사회학자 앨프레드 슈츠Alfred Schutz는 떠나는 자는 "곧 그의 것이 아니며, 한 번도 그의 것이 아닌 집단으로 편입된다. 그는 자신이 고향과 다른 방식으로 조직된, 다루기 힘든 곤란으로 가득한 낯선 세계에 처하리라는 것을 안다"고 썼다.[8] 그 이방인(우리 논의에서는 순례자)은 집을 떠나면서 차이difference와 모험을 기대한다. 순례자는 이따금 출발하기 전에 초조함과 두려움을 표현한다.

반면 귀향하는 자는 슈츠에 따르면, "그가 늘 소유했고(그는 그렇게 믿는다) 속속들이 아는 환경, 너무나 당연하게 자기 자리를 찾을 수 있는 환경으로 돌아가기를 희망한다". 즉 이방인은 기대하고, 귀향하는 자는 추억한다. 파브리의 경우처럼 이 회상에서 "고향은 최소한 처음에는, 낯선 얼굴을 보여준다".[9] 귀향하는 자가 체득한 새로운 관점 덕에 고향의 많은 부분이 달라 보인다. 낯설 뿐만 아니라, 실제 귀향하는 자와 고향에 있던 이는 달라졌다. 슈츠는 덧붙인다. "귀향하는 자가 고향 사람의 삶이나 자신과 그들의 관계에서 큰 변화를 발견하지 못했을 때도 그가 돌아온 고향은 그가 떠난 고향이 아니다. 부재하는 동안 그가 추억하고 그리워한 고향도 아니다. 같은 이유로, 귀향하는 자 역시 고향을 떠난 그 사람이 아니다. 그는 자신에게도, 그를 기다리던 고향 사람에게도 다른 사람이다."[10] 2주간 홀로 카미노를 걸은 미국 여성 스테파니(58세)는 귀국할 때 상황을 다음과 같이 설명했다. "산티아고에서 알리칸테공항으로 날아가 꽃다발을 든 남편과 아들, 인사하는 스페인 친구들을 봤어요. 나는 외양만 같지 다른 사람이었죠." 여기에는 양방향의 불일치가 있다. 귀향하는 자는 이방인이나 순례자로서 타지의 경험을 딱히 관련 없어 보이는 고향의 일상에 재통합하면서 종종 혼란스러워한다. 타 문화에 깊이 잠겼다가 경험하는 이 혼란은 일종의 역逆문화 충격과 비슷하다. 타 문화 진입이 아니라 달라진 개인이 자문화와 맞닥뜨리며 받는 충격이다.

산티아고에서 어떤 순례자는 귀향을 상상하며 초조함을 표현한다. 순례 경험을 일상에 어떻게 재통합할지 몰라서다. 한동안 별거하다가 배우자나 연인을 만날 생각에, 메울 수 없는 경험적 간극이 생긴 것은 아닐까 불안해하기도 한다. 반면 어떤 이는 연인이나 친구와 그 경험을 나누고 싶어 하며, 나중에 같이 카미노에 오길 원한다. 어떤 이는 길 위에서 얻은 에너지와 의욕으로 중요한 결정을 내리거나, 삶의 일부를 바꾸고 싶어 한다. 그러나 대다수 순례자는 카미노의 경험이 자신에게 어떤 영향을 미칠지 알지 못한다. 고향도 여전히 멀리 있을 뿐이다. 어떤 이에게는 카미노가 '집'이 되어, 다음에 어디로 가야 할지 알 수 없다며 혼란스러워한다.

안톤은 '친근한 이방인familiar stranger'의 곤란을 이렇게 표현했다. "사람들이 먼저 내 변화를 눈치챌 거예요. 그들이 어떻게 반응할까 하는 점이 문제죠." 그가 말한 사람들은 가족과 친구, 직장 동료, 사제다. 카미노 순례 결정은 처음에 그의 사회관계에 작은 충격을 일으켰다. 안톤은 비사교적인 사람이기에, 그의 결정은 가까운 이에게 충격으로 다가왔다. 심지어 그는 떠나기 전부터 주변 사람에게 이방인이 되었다. 순례자는 '고향'이 변했을 가능성도 인정해야 한다. 그들이 전처럼 나를 받아줄까?

그 말의 정의상 순례자는 이방인이다. 고향 바깥뿐 아니라 고향에서도 그렇다. 순례자가 된다는 것은 가까운 이나 동료에게 그들이 잘 안다고 생각한 얼굴 뒤의 낯선 이방인을 드러내는 일이다. 어떤 이는 오랫동안 순례를 생각했지만 출발 직전에야 가족이나 동료에게 그 사실을 알린다. 한 바스크 출신 남성은 상당한 기대감을 안고 직장 동료에게 순례 결심을 전한 때를 회상했다. "어떤 친구는 웃더군요. 어떤 친구는 '그런 휴가를 꿈꾸다니

미쳤군'이라고 말했죠. 크게 신경 쓰고 싶지 않아서 입을 다물었어요."[11] 그 역시 이방인이 되었다. 의미 있는 휴가에 대한 견해가 동료와 달라서다. 이것이 순례자의 힘인 것 같다. 다른 이에게 두려움이나 놀라움을 불러일으키는 능력, 남들은 꿈만 꾸는 무엇을 감행하고 도전하며, 직접 하거나 돼보는 것 말이다. 그는 귀향한 뒤 길에서 나눈 이야기와 외로움, 어쩌면 약간의 신비를 다른 이들과 나눌 수 있을지 모른다. 그러나 순례자는 이방인의 지식과 대다수 사람들이 하지 못한 것을 해본 데서 오는 힘을 자기 안에 품고 있다.

도착

순례자는 귀향에 관해서 거의 이야기하지 않는다.[12] 대신 장기 휴가, 여유 없는 고향의 삶, 일상에 적응하는 어려움에 대해 말한다. 어떤 순례자는 가족 파티나 종교 단체 모임에 참여하나, 대부분 귀향은 큰 일 없이 지나간다. 다시 말하지만, 순례자의 목표나 순례 행위는 대부분 개인적이다. 특별히 의도하지 않은 이상 순례는 공동체의 사건이 아니다. 스웨덴의 한 저널리스트는 지역신문에 매주 산티아고 순례기를 연재했다. 7개월 뒤에 그의 귀국은 거의 국민적 사건이 되었는데, 이는 드문 예다.

   순례자의 귀향은 떠날 때처럼 가까운 이에게 주의를 끈다. 그 순간에는 안도감과 의혹이 교차한다. 수잔이 '환영 받는 영웅'처럼 스위스의 집으로 돌아갔을 때가 그랬다. "일요일 저녁에 별 예고 없이 초인종을 눌러서 부모님을 놀라게 했어요. 무사히, 건강한 모습으로 서 있었죠. 어머니는 제 팔을 잡더니 한참 놓아 주지 않더군요. 내 이름을 반복해서 부르며 눈물을 흘렸어요." 가톨릭의 위상이 1980~1990년대 같지 않던 시절에는, 젊은 스페인 순례자의 부모와 조부모가 순례자의 귀향을 가문의 영광으로 여겼다. 한 산티아고 순례자의 할머니는 손자가 무신론자에 순례 동기도 종교와 거리가 멀었지만, 대단히 기뻐하며 친구들에게 반복해서 자랑했다. 손자의 순례가 그녀의 순례고, 손자가 가족을 대신해 순례한 것처럼 말이다. 손자는 할머니에게 순례자 여권과 콤포스텔라 증서를 드렸는데, 할머니는 그것을 당신의 물건처럼 간직한다.

순례자의 귀환은 가톨릭 집안이나 카미노를 잘 아는 가정 혹은 친구에게 훨씬 의미 있는 사건이다. 반대로 순례와 관련된 문화적 전통이 없는 지역, 특히 미국인과 대다수 비스페인 사람은 고향에서 훨씬 이해 받지 못한다고 느낀다. 그 경우 순례자는 자신이 느끼고 경험한 것을 차근차근 이야기하고, 산티아고가 누구인지 그 도시는 어디에 있으며 카미노는 무엇인지 등 순례의 기본 사항부터 설명해야 한다. 스페인 순례자는 이런 문제와 씨름할 필요가 없다. 스페인 사람이면 누구나 산티아고를 알기 때문이다.

순례자가 귀국하면 가까운 이들은 떠나기 전 순례 결심을 털어놓은 때처럼 놀라움과 경외감, 안도감, 상당한 호기심을 표시한다. 안톤은 귀국했을 때 가족의 반응을 다음과 같이 설명했다.

아들은 나를 보더니 기뻐하며 안도하는 눈치였어요. 뭔지 잘 모르는 여행에서 어쨌든 내가 돌아왔으니 말이죠. 그는 떠나기 며칠 전에도 내가 카미노를 완주할 수 없다고 생각했어요. 가족 모두 안도감을 느꼈어요. 분명 그들에게는 대단히 이상한 상황이었을 거예요. 남편이자 아버지가 순례라는 걸 한다는데, 아무도 그가 정확히 어디 있는지, 혼자 길 위에서 뭘 느끼는지 모르니···. 하지만 재회의 기쁨은 아주 컸어요. 침묵이 한참 이어졌죠. 그들은 나를 관찰하면서 궁금해했어요. 길 위에서 어떻게 느끼고 행동했는지, 내 일에 변화가 있는지, 전과 무엇이 달라졌는지.

수잔과 안톤은 귀국했을 때 고향 사람들이 따뜻하게 맞아준 긍정적 경험을 이야기한다. 부재한 동안 누군가 자신을 그리워했음을 느끼고, 남겨진 이들을 그리워한 경험은 관계와 거기 담긴 가치를 재확인하게 한다. 어느 미국인(34세)은 1994년 10월에 자전거 순례를 하고 직장으로 돌아갔다. 그는 6개월 뒤에 편지를 썼다.

순례도 의미 있었지만 무엇보다 집에 와서 좋았어요. 마지막이 되니까 그 모든 여행과 체류, 순례가 떠남보다 귀향과 관련 있다는 생각이 들더군요. 돈키호테는 여행이 끝나기 전에 세 번이나 고향으로 돌아가야 했죠. 한 번도 돌아가지 않았다면 지금처럼 매력적인 캐릭터가 되지 못하고 풍차를 훼손한 한심한 사람에 그쳤을 거예요. 순례 덕분에 '뉴욕 변호사'로서 내 인생과 고향을 다시 생각했어요. 뭐랄까, 마음의 중심이 잡혔다고 느껴요. 신께서 친구와 가족을 주신 데 감사해요. 영영 떠도는 인간이 되고 싶진 않았어요.

순례자는 귀향한 뒤 "내게 무엇이, 누가 중요한지 알았다"고 말한다. 한 스페인 신부는 자신에게 처음 순례를 권한 순례자(신부)가 새벽 4시, 부르고스 기차역에서 귀향하는 자신을 기다리고 있음을 알았다. 예상치 못한 일이었다. 그는 벅찬 감흥에 동료를 껴안으며 사도 산티아고를 다시 안는 느낌을 받았다. 그 만남은 소속감을 재확인시켰다.

가족이 자신을 관찰한다고 느낀 안톤의 이야기는 귀향하는 자가 이방인의 성격을 띤다는 슈츠의 설명과 통한다. 안톤은 똑같은 아버지이자 남편이지만 달라졌다. 양쪽 모두 변한 상황을 인정하고 적응해야 했다. 귀향한 순례자의 재통합 의례가 없는 사회에서 순례자는 (슈츠가 말했듯이) 한동안 적응과 혼란의 시기를 겪는다. 사아군에서 황소에 치일 뻔한 네덜란드 순례자 로이는 은퇴자의 일상으로 돌아간 지 6개월 뒤 절제된 문장으로 편지를 보냈다. "스페인의 아름다운 경관, 황량하고 건조한 메세타에서 혼자 7주를 보낸 뒤 다시 일상에 적응해야 했어요. 어떤 것은 예전만큼 중요해 보이지 않더군요." 세계를 보는 관점뿐 아니라 인식도 변한 것이다. 고향의 일상에 적응하는 것은 순례에서 발견한 것을 일상의 맥락에 재배치하고, 사회의 리듬에 다시 익숙해지는 일이다. 순례자는 흔히 말한다. "일상에 복귀하기가 얼마나 힘들었는지 몰라요." 고향의 삶이 카미노의 일상보다 훨씬 복잡하다는 뜻이다. 그러나 귀향은 순례의 본질적 부분이다. 일상의 소중함을 알기 위해서는 카미노로 와야 하고, 카미노의 가치를 깨닫기 위해서는 일상으로 돌아가야 한다.

가까운 이들은 돌아온 순례자의 '차이'를 알아채고, 순례자가 느끼는 개인적 변화를 재차 확인시킨다. 수잔의 아버지는 딸의 자세에 늘 비판적이었지만, 귀국했을 때 걸음걸이가 달라진 것을 알아차렸다. 수잔도 자신이 더 곧은 자세로 걷는다는 것을 알았다. 순례 중 무거운 배낭을 메고 걸어야 했고, 순례에서 더 많은 자신감을 얻었기 때문이다.

순례자는 종종 '차이'와 함께 돌아온다. 내적·주관적 차이뿐 아니라 닳고 더러워진 배낭, 가리비 껍데기와 지팡이, 카미노에서 얻은 기념품, 어쩌면 일기, 새로운 친구(순례자나 현지 주민)의 주소, 도장이 찍힌 순례자 여권(어쩌면 물에 젖었다 마른), 접거나 말거나 어딘가에 끼워둔 콤포스텔라 증서, 현상해야 할 필름과 사진 등 구체적 물건도 가져온다. 각 물건은 성취감, 시련의 시간, 우정, 공포, 마을에서 일화, 신기한 만남, 위기 등 본인만 아는 경험과 이야기로 가득하다. 어떤 순례자도 각 물건에 담긴 이야기나 경험, 그 의미를 전부 남에게 전달할 수는 없을 것이다.

귀향 후 순례자가 들려주는 이야기는 선택되고 해석된 것이다. 다시 말하는retelling 과정에서, 즉 순례자가 여행 이야기를 편집하고 다듬는 과정에서 여행과 모험의 의미가 새로 생기거나 확장된다.[13] 돌아온 순례자는 '다시 말하기'를 통해 자신이 순례자이며 (였으며), 그 여행이 순례였음을 깨달을지도 모른다. 다시 말하기는 중요한 역할을 한다. 거기서 순례자는 그간의 경험을 재해석하거나 가공하고 자신이 순례자임을 확신할 수 있다. 가족과 친구의 반응은 종종 순례자가 질문에 답하고 이야기하며 카미노의 경험을 맥락화하는 데 도움을 준다. 수잔도 귀국 후 비슷한 경험을 했다. 그녀는 썼다. "뭐랄까, '잘 돌아왔어. 자, 이제 무슨 일이 있었는지 전부 들려줘' 같은 분위기가 있었어요. 그 분위기에 취해서 영웅이 된 것 같았죠." 순례자는 길 위의 경험을 이야기하는 동안 카미노의 드라마를 되살리고relive, 청중은 찬탄과 흥미, 사소한 것에 대한 질문(음식, 날씨, 숙소)을 포함해 다양한 반응으로 화답한다. '왜'와 관련된 질문(혼자서? 그 나이에? 지금? 무슨 동기로?)도 등장하지만, 순례자가 심층적 차원에서 자신에게 무슨 일이 일어났는지 그렇게 빨리 정리하기는 어렵다. 순례자는 집으로 돌아와 일상에서 자기 순례를 기억하고 검토하고 분석할 기회가 있다. 더 깊은 차원에서 무슨 일이 일어났는지 표현할 언어나 목소리, 청중은 아직 없더라도 말이다.

순례자의 귀향은 더 많은 사람을 카미노로 오게 한다. 그의 이야기가 호기심을 불러일으켜 다른 이의 순례를 자극하기 때문이다. 순례자가 가져온 물건은 이야기에 생기를 더하고, 카미노에서 맺은 우정, 놀라운 경관과 모험, 이동한 거리, 들개의 존재에 리얼리티를 부여한다. 순례자가 카미노의 독특함, 그 길이 자기 인생에 행사한 마력을 열정적으로 이야기할 때, 누군가의 마음속에 호기심이 싹틀 수도 있다. 형제자매나 친구, 배우자의 모험은 카미노 순례를 덜 낯선 것으로 만든다. 미국 여성 스테파니는 말했다. "순례하고 나니 가족과 가까운 친구들이 날 대단하게 봐요. 내 여행이 다른 이의 카미노 순례를 자극하고, 그 외 분야에서도 '그냥 해봐DO IT' 식의 용기를 준 것 같아요." 극소수 사람은 비판적 태도를 보인다. 독일의 자전거 순례자 로베르트는 '전투적인 가톨릭 신자들'이 딱히 종교적이지 않은 자신의 순례 동기를 비판했고, 어떤 이는 그가 9년 동안 같은 장소만 세 번 갔다고 트집 잡았다는 얘길 했다.

순례자는 다시 말하기의 긍정적 측면에도 카미노 경험의 심층적 차원을 다른 이에게 전달할 수 없다는 무력감을 반복해서 고백한다("아무도 제대로 이해하지 못해요"). 이해받지 못했다는 경험은 가끔 고립감이나 긴 성찰, 카미노를 순례한 사람과 교류로 이어진다. 라리오하 출신 스페인 신부는 귀국하고 1년 이상 지날 때까지 사람들과 카미노의 피상적 측면만 이야기했다. "순례해보지 않은 사람한테 말해봤자 농담이라고 생각하기 때문"이라는 것이다. 어떤 이는 순례 이야기를 꺼내면 친구나 가족이 '따분해하는' 빛을 띠어 소외감이 들었다고 말한다.

위 신부는 1994년 카미노 경험을 정리하려고 다른 두 신부와 한 주간 영적 묵상에 참여했다. 실로스Silos수도원에서 치른 묵상은 순례자의 카미노 경험 공유, 성경 구절 봉독, 미사 참석, 도보 등을 통해 순례를 종교적 관점에서 이해하기 위한 것이었다. 참여자 스무 명(브라질 여성 두 명과 독일 남성 한 명, 본인, 20~60세 스페인 남성과 여성) 중 일부는 자신의 카미노 경험을 아무에게도 말하지 못했고, 자신을 이해해줄 환경도 찾지 못했다. 다른 이들은 피상적 차원에서 그 경험을 정리했다. 그래서 다른 순례자의 이야기를 듣고 귀향한 뒤의 혼란스런 감정을 들여다보려고 묵상에 참여했다. 대부분 사회적·종교적 공동체에서 자신의 새롭고 예상 못 한 감정을 배출할 곳을 찾지 못한 상태였다.

종교적 순례자는 종종 산티아고 도착과 귀국에 대해 같은 말을 한다. 도착이 출발이다el regreso es la salida 혹은 진정한 카미노는 산티아고에서 시작된다. 한 순례자가 말했듯이 "돌아온 뒤의 당신은 떠날 때의 당신이 아니다. 당신의 영혼도 움직이고 있다".[14] '예수는 길'이라는 은유대로, 산티아고는 많은 가톨릭 신자에게 물리적 여행의 종착지이자 진정한 영적 여행의 출발지다. 순례자는 카미노에서 상징적 죽음과 부활을 경험한다. 옛 자아가 변하고, 귀향한 뒤에는 새로운 삶의 초점이 생긴다. 이 초점 중 하나가 전도 행위, 즉 카미노(예수)가 생명의 은유임을 가족과 친구, 공동체에 전하는 일이다.

많은 이가 길에서 신을 (재)발견했다는 충만감에 젖어 돌아오지만, 개인적·종교적 공동체에서 길 위의 경험을 일상에 동화시키기 위한 모델을 찾지 못한다. 순례의 메시지는 가슴에 남지만, 일상에 적용하기 어렵다. 한 종교 모임에서 젊은 스페인 순례자가 말했다. "내 신앙을 숙고하려고 카미노로 갔어요. 이제 생각하지 않아요. 보니까요. 하지만 아직 확신은 없어요. 카미노는 당신에게 생명을 주는 원군이고, 예수님은 우리를 계속 걷게 하는 힘이죠." "믿음이 더 강해졌어요. 매일매일 그리고 무엇보다 성찬식에서요. 날마다 하는 기도도 큰 도움이 되었습니다. 카미노에서 우리는 유토피아에 더 가까이 있어요. 순진한 생각인지 모르지만, 카미노에서 내가 지금까지 준 것과 앞으로 줘야 할 것이 뭔지 봤어요. 그 차이가 엄청나다는 것도요. 카미노에선 모든 게 선물이에요. 내 삶은 타인을 위한 선물이 돼야 합니다. 이 생각을 계속 키워가고 싶어요."[15]

데어드레이 멘텔Deirdre A. Meintel은 〈Strangers, Homecomers and Ordinary Men이방인, 귀향인, 일상인〉이라는 논문에 다음과 같이 썼다. "타 문화나 다른 하위 문화로 진입하는 이들이 겪는 가장 중요한 충격은 자기 발견self-discovery이다. 귀향한 뒤에 자기 본모습이 명확해질 때도 있으며, 때로 자문화에서 일상적인 사회 경험을 한 뒤에야 드러나기도 한다."[16] 이를 카미노에 적용하면, 카미노의 발견은 귀향한 순례자가 자기 경험에 형태와 의미를 부여한 뒤에야 진정으로 체감되기도 한다. 귀향하고 처음 몇 주나 몇 달간 순례자의 반응은 종종 양극화된다. 한편으로 순례 경험을 긍정적으로 해석하나, 한편으로 상실감과 우울(특히 순례자가 길 위의 사건을 적절히 표현하지 못할 때)을 경험한다.

노란 화살표에는 무슨 일이?

고향으로 돌아오면 노란 화살표가 부여하던 강력한 방향성과 목적의식이 사라지고, 물음표가 안내 표지판을 대신한다. 한 순례자는 "이제 가야 할 산티아고가 없어요"라고 했다. 빔은 고향에 가자마자 사무직을 그만두고, 그때의 사정을 편지에 썼다.

> 카미노에서 찍은 필름을 현상했어요. 사람들 사진은 한 장씩 더 뽑아서 편지와 함께 보내고 답장을 받고 싶었죠. 놀랍게도 망설여지더군요. 뭘 쓰지? 무슨 말을 하지? 특별한 상황에서 아주 가깝고 돈독하게 지낸 사람들과 어떻게 연락을 이어가지? 일상의 고민거리나 주고받는 일이 재미있을까? 그렇게 몇 주를 망설이다가 결국 썼죠. 다른 이들도 비슷하게 망설였다는 걸 알았어요. 12월 말에야 첫 번째 답장이 오더군요(그는 1994년 10월 초에 편지를 썼다). 두 친구는 귀국한 뒤 몇 주간 우울했고, 다른 이들은 벽난로용 장작을 자르거나 그간의 일기를 정리한 것 외에 거의 한 일이 없었습니다. 한 친구는 9월에 피니스테레에서 내게 줄 가리비 껍데기를 구했는데 보낼 방법을 찾지 못하고 있었고요.

빔의 망설임은 고향과 카미노 공간의 분명한 차이를 말해준다. 귀국한 뒤에 '카미노라는 현실'의 토대가 흔들린 것 같았다. 그는 카미노에서 공통의 시련과 경험, 행위로 굳게 맺어진 관계를 확신하지 못했다. 카미노는 진짜였을까? 그는 자신에게 물었고, 동료들도 마찬가지였다. 그들은 일상에 재통합되기보다 여전히 이도 저도 아닌betwixt and between 상태, 카미노 위도 아니고 고향에서 완전히 편안하지도 않은 상태에 있었다. 순례자는 귀국한 뒤 첫 시기를 묘사할 때 시무룩함, 우울, 상실감, 어려움 같은 단어를 쓴다. 나는 여기에 '정체된stagnant'이라는 단어를 추가하고 싶다. 더는 움직이지 않는 데서 오는 마음의 상태가 있기 때문이다. 이전 생활로 순조롭게 돌아가는 이도 있지만, 귀국한 많은 순례자는 사회의 저 해묵은 악순환에 발목 잡혔다고 느낀다. 그들은 카미노에서 느끼고 체득한 것이 사라지고 무효가 되거나, 심지어 꿈에 불과했다고 생각한다.

순례자는 돌아온 직후 방향감각을 잃었다가 시간이 더 지나면 회복되는 경향이 있다. 영웅처럼 환영 받으면서 긍정적인 귀향을 경험한 수잔은 1년 반이 지나 '내 안의 작은 고향'인 카미노에서 발견한 빛la ruz이 영영 사라진 것 같다고 썼다. "무거운 배낭을 메고 카미노의 언덕을 오르는 기분이에요. 앞쪽에 좀 더 쉬운 길이 있으리란 걸 알지만요." 그녀는 현재의 의혹과 절망을 카미노에 빗대며 자신을 위로하고 있었다. 현재의 고통을 피할 수 없으나, 결국 지나갈 것이다. 석 달 뒤 수잔은 다시 내게 편지를 썼다. "그 무렵은 춥고 비 오고 질척거리는, 바람 부는 날의 카미노였어요. 그 시기를 통과하려고 무던히 애썼죠. 이제 고향에서 성장하고 숨 쉴 수 있는 작은 공간을 찾아냈어요. 내적으로 좀 더 강해지는 것 같아요."

수잔에게 카미노라는 감각적 경험은 귀국 후의 삶에서도 길을 찾는 데 도움을 주는 은유가 되었다. 카미노에서 그랬듯이 궂은 길도 묵묵히 걷다 보면 나아진다. 그녀는 이런 확신으로 자기 내면에서 빛과 안식처를 찾아냈다. 카미노는 여전히 그녀 안에 있었고, 수잔은 그 교훈을 일상의 문제에 적용했다.

정체감이나 혼란은 카미노의 경험을 일상에 동화시키지 못하는 무능력과도 관련 있다. 카미노의 여운이 살아 있는 귀국 후 첫 시기가 지나면 즉각적 변화가 일어난다. 중대한 결정을 내리거나, 친구나 옛 연인에게 돌아가거나, '새로운 자신'을 이야기하려고 심리 치료사를 만날 수도 있다. 그러나 카미노에서 막 눈뜬 자기 안의 어떤 측면은 고향에서 살려내기가 더 어렵다. 카미노에서 체득하거나 명료하게 깨달은 가치가 고향의 업무나 개인적 환경과 맞지 않을 수도 있다. 안톤은 직장 복귀에 관해 썼다. "직장 생활은 실존에 집중하는 삶과 180도 달라요." 그는 회사 환경과 완전히 다른 카미노의 긍정적인 사회적 분위기를 언급한다. 안톤은 직장을 그만둘 수 없어서, '본질적 요소를 포기하지 않고 타협하는 방법'이 자신의 최대 과제가 되었다고 했다. 카미노에서 타협이 불필요한 또 다른 현실을 살아봤기 때문이다. 빔은 이렇게 썼다. "가장 즐겁게 할 수 있는 직업을 찾는 중이에요. 그동 안 자원해서 제분소 풍차지기로 일했고, 예술영화 상영관 관리도 해요. 지난해 못 한 페인트칠이나 증축도 하고요."

타협의 어려움은 '시야vision'의 은유를 통해서도 표현된다. 순 례자 방명록에는 카미노에서 새로운 눈이 열렸다는 구절이 흔하 다. 프랑스의 심리학자 기는 귀국하고 6개월 뒤, 어느 독일 친구 에게 쓴 편지 일부를 내게 보여주었다. "이런 경험을 하면 이제 현실을 같은 눈으로 볼 수 없지. 현실이 달라진 건 아냐. 정말로 달라진 건 우리 눈이고, 나는 지금 그걸 견딜 수 없네."

카미노에서 느낀 진실을 무시하고 고향의 현실을 수락하는 것 은 변화의 욕망과 충돌한다. 직장에서 힘든 전환기를 겪던 30대 후반의 이탈리아 남성은 말했다. "고향(밀라노)에 갔을 때, 떨쳐 내기 힘든 오래된 습관이 나를 카미노의 경험에서 떼어놓았습니 다. 변화가 두려워 옛 습관을 고수했죠. 카미노에서 진짜라고 생 각한 방향은 큰 변화이자 두려움이었습니다. 그래서 당신뿐 아 니라 카미노의 다른 친구한테도 편지를 쓸 수가 없었어요." 순 례자는 순례 후 몇 달이나 몇 년 동안 여러 방식으로 변화를 꿈 꾸며, 이를 친숙하지만 편안하지 않은 고향의 현실과 절충하려 고 애쓴다. 위 남성의 표현이 이를 말해준다. 그에게 '큰 변화'는 '큰 두려움'이었다. 그의 침묵은 무관심이 아니라 카미노에서 발 견한 진실과 변화의 두려움을 화해시키려는 안간힘에서 나온 것 이다. 두 경우 모두 카미노에서 형성된 동료 집단은 순례자의 전이기에 핵심적 역할을 한다. 순례자는 귀국한 뒤 먼저 연락하거나, 고향의 현실을 감당하느라 침묵한다.

추적 조사를 한 결과, 어떤 순례자는 아예 응답하지 않았다. 나는 카미노의 영향과 연락 두절의 연관성이 궁금해서 이런 순례자를 추적하느라 애썼다. 바르셀로나에서 나는 오스피탈데오르비고에서 만난 다국적 보험회사 직원 남성(30세)에게 연락했다. 그는 자신을 자발적 외톨이라고 소개했다. 카미노는 그에게 가치 있고 의미 있는 시간이었지만, 이미 과거가 되었다. 그는 순례 후 다녀온 쿠바 여행 사진과 카미노 사진을 함께 보여주었다. 카미노도 휴가에 불과했다는 듯이 말이다. 계속 순례자로 남기 위해 카미노협회에 가입할 마음도 없었다. 카미노에서 만난 몇몇 사람(특히 여성)과 연락했지만 그게 전부였다. 한편으로 30대 네덜란드 대학원생은 순례가 끝나고 1년 반 뒤에 내가 세 번째 보낸 이메일 답장에서, 바로 연락하기에는 귀국이 너무 고통스러웠다고 했다. 카미노 순례 후 오래 만난 여자 친구와 헤어지고 깊이 상심했기 때문이다. 50대 영국 남성은 내 편지를 받고 1년 뒤에야 답장했다. "답장을 못 해 정말 미안해요. 가볍게 여행하고 싶었는데 후유증이 상당했어요." 한 스페인 남성은 사람들과 연락을 주고받다가 카미노의 이미지를 망칠까 봐 침묵했다고 했다. 여러 번 시도했지만 끝내 연락하지 못한 이들도 있다.

카미노에서 경험한 태평함, 확고한 목표, 건강한 생활 방식, 뚜렷한 방향성은 고향의 일상에서 찾아보기 힘들다. 순례자는 카미노의 '교훈'과 생활 방식을 고향에서 장기적으로 유지하기는 어렵다는 좌절감을 맛보기도 한다. 예를 들어 카미노에서 '인생 최고의 시간'을 보낸 수잔과 앤드루는 1년 반 뒤 카미노의 '단순성과 평화'를 그리워하기 시작했다. 앤드루는 과식, 과로, 빈곤한 영적 삶 등 팍팍한 일상으로 돌아간 뒤에 "뭔가 결핍되었어요. 여전히 카미노에서 얻은 힘이 남았고, 그 얘기를 많이 합니다. 하지만 깊은 차원에서 그렇게 살진 못해요"라고 했다. 카미노는 추억이자 힘의 원천으로 여전히 그 속에 있었다. 그러나 카미노의 교훈을 일상에서 실현하기는 어려웠다. 메세타에서 강렬한 오르가슴을 느낀 프랑스 여성 로빈은 5년 뒤에 썼다. "지금은 그 얘기를 거의 안 해요. 부끄러워서가 아니라 매번 카미노에 대해 비슷한 방식으로 이야기하다 보니, 걸으면서 경험한 놀라운 힘을 잃는다는 느낌이 들었어요. 무슨 느낌인지 알지 모르겠지만요. 좀 웃긴 얘기인데 실제로 그래요." 경험을 공유하는 것은 내적 고갈일 수도 있다. 카미노에서 걷거나 자전거를 타며 느낀 강렬한 감정과 상충되는 일상의 스트레스와 압박에서 카미노의 경험을 계속 간직하기 어려웠을 수도 있다.

순례 후 일상에서도 유지되는 효과는 강해졌다는 느낌이다. 한 독일 공대생은 순례 후 심리학을 전공하기로 했다. 그는 걸으면서 아버지와 관계를 개선해볼 생각으로 이듬해 아버지와 카미노에 왔다. 카미노가 개인적 변화를 일으키진 않았지만, 자신이 선택한 가치나 방향을 '재확인'했다는 증언도 있다. 미국 여성 스테파니는 썼다. "카미노에 다녀온 뒤 신앙이 더 깊어졌어요. 길에서 반추한 것이 내게는 근본적인 요소였죠. 내 신체 능력에 만족하고 꾸준히 운동해요. 남편과 관계도 좋아져서 상대의 능력을 더 존중해요." 이런 긍정은 삶에 더 큰 자신감을 불어넣는다. 독일 신부(35세)는 말했다. "신과 인간에 대한 믿음이 더 커졌어요. 물을 절약하는 법도 배웠고요. 목이 말라봐야 물의 가치를 깨닫는 법이죠." 카미노의 경험을 통해 단순성에 큰 가치를 두기도 한다. 고향에서 나는 늘 시간이 되면 성인 독서/글쓰기 교실에 참여하고 싶었다. 카미노에서 나는 '상상된 미래'(시간이 무궁무진한 천국 같은 미래)라는 현재 속에 있으며, 지금 실행하지 않으면 여든이 돼도 상황은 마찬가지일 것임을 깨달았다. 나는 고향으로 돌아가자마자 지역 도서관에 전화를 걸어 18시간 교육을 받고, 그 보람 있는 일에 뛰어들었다. 카미노에서 경험한 또 다른 시간 감각 덕분이다. 순례자는 자신의 개인적·사회적 세계를 카미노로 가져온다. 순례가 끝나고 고향으로 가져가는 것도 제각각이다.

카미노의 더 심오한 선물은 어쩌면 '잠재적인 나'를 발견하는 것인지도 모른다.[17] 카미노는 순례자를 여러 시련에 맞닥뜨리게 한다. 순례자는 고통과 두려움을 극복하고 자신의 한계를 시험하면서, 종종 단단한 '바닥'에 닿았다는 느낌과 내면의 힘을 얻는다. 그 결과 건강을 유지하겠다는 다짐을 하거나, 엄청난 두려움 앞에서도 유지되는 자신감이 생긴다. 50대 영국 여성은 전했다. "카미노 덕분에 스페인어 교사가 됐어요. 여전히 프랑스어를 가르치지만 1~3학년 아이들에게 스페인어도 가르쳐요." 순례 후 스페인어나 스페인 사회에 관심을 보이는 이는 그녀뿐만 아니다. 어떤 이는 교사가 되거나, 새로운 친구와 소통하려고 스페인어나 영어를 배운다. 어떤 이는 카미노에서 예술이나 시적 충동을 발견하고 몇 년 전 그만둔 기타 강좌를 다시 듣기도 한다.

어떤 이는 성 야고보에게 특별한 관심이 생겨 예배를 드리거나 더 큰 믿음을 품는다. 많은 순례자는 귀국한 뒤 자신이 다니는 성당에 가리비 껍데기나 야고보 성상이 없는지 살펴본다. 그들은 이따금 역사적 순례자의 흔적이 아주 많다는 데 놀란다. 어떤 이는 성 야고보의 은총이 자기 위에 내리는 것을 보며 이를 카미노의 영험으로 해석한다. 순례자는 카미노에서 우연한 만남을 성 야고보의 은총으로 돌리듯이, 귀국한 뒤 행운이나 기회도 그의 영향이라 해석한다. 이런 해석이 꼭 종교적인 것은 아니지만, 상징으로서 순례가 개인의 삶에 미치는 힘을 보여준다. 이 책 뒤에 있는 '부록 A'에는 내가 '큰 곤경에 처해' 성 야고보에게 말을 건 일화를 자기 순례 일지에 쓴 어느 순례자의 이야기가 나온다. 나는 종교가 없지만, 성 야고보를 믿고 그에게 큰 애정이 있다. 나는 상징적 인물인 그에게 대단히 비합리적인 신뢰감을 느끼는데, 그와 그의 순례가 내 삶에 긍정적 영향을 미친 것 같다. 나도 산티아고대성당에 가면 금박으로 덮인 그의 바로크 성상에 미소 짓고, 뒤에서 그를 꺼안고, 감사를 표한다.

많은 순례자는 삶의 전환점이나 결단의 순간에 카미노로 향한다. 귀국하면 직장을 그만두거나, 관계를 청산하거나, 애도를 계속하는 등 남겨두고 떠난 문제와 마주해야 한다. 사람들은 카미노에서 자아, 신, 다른 순례자와 조우하며 새로운 자세와 마음가짐으로 곤경에 직면할 수 있었다고 말한다. 마드리드 출신 젊은 남성 요나스는 자전거 순례를 하면서 자기 안의 분노와 힘을 발견했다. 그는 귀국하고 6개월 뒤 새로운 마음가짐으로 직장 생활을 시작했고, 숨 막히던 인간관계를 정리했다. 요나스의 해석에 따르면, 카미노에서 체득한 내면의 힘 덕분이다. 1990년에 혼자 자전거 순례를 떠난 미국 여성은 귀국 후 자전거 가게를 차렸다. 그녀는 자아와 내면을 강화하고 '새로운 활로'를 찾기 위해 그 뒤 몇 년 동안 순례를 계속했다. 한 이탈리아 여성(36세)은 순례를 마치고 3년 뒤에 전했다. "그때의 신체적 고통이 떠올라요. 왜 해변에서 쉬지 않고 여기서 이 고생을 하지? 자문한 기억이 납니다. 무엇보다 카미노는 평범한 여행이 아니라고 생각해요. 당신을 뿌리부터 바꿔놓거든요. 더 많은 용기를 가지고 뭔가 결정할 힘을 주니까요."

그녀가 사용한 '뿌리부터 바꿔놓는다change radically'는 표현에서 순례가 한 인간을 더 나은 사람으로 바꾸는 힘이 있다는 빅터 터너의 주장이 떠오른다.[18] 이 뿌리부터 변화란 보통 개종이나 어떤 문제의 극적인 해결과 관련 있다. 어떤 의미에서 카미노 순례가 인생의 문제를 푸는 마법의 열쇠라는 믿음이 존재한다. 이때 변화가 일어나는 장소는 지금까지 통념대로 카미노와 상호작용 하는 개인의 내면이 아니라 카미노 자체인 것 같다. 한 바르셀로나 출신 의사는 병원의 사내 정치와 연고주의에 질려 순례를 떠났다. 스페인 사회에서 의사는 자신을 특별한 지식과 권력이 있는 우월한 존재로 여긴다. 그녀는 순례하면서 자기 내면의 이런 오만을 발견했다. 카미노가 여러 계급 사람을 평등하게 만드는 것도 경험했다. 그녀는 사회적 권력을 기반으로 한 거리감 대신 다양한 사람과 의미 있게 연결되었다. 바르셀로나로 돌아갔을 때, 그녀는 환자를 더욱 평등하게 대하고 배려하기 시작했다. 지금은 많은 환자를 친구로 여긴다. 이런 변화는 기회, 개인적 성찰, 행동을 통해 나타난다. 어떤 순례자는 할 수 있지만, 어떤 이는 그러지 못한다. 변화를 불러오는 힘이 카미노나 개인 어느 한쪽에 있는 것은 아니다.

때로는 이혼이나 임신, 새로운 사랑처럼 더 극적이고 예상치 못한 결과가 생긴다. 나는 카미노에서 그 사건이 있은 지 4년이 지났는데도 타인과 공유하기 힘들었다. 내게 순례는 강렬한 기쁨과 쓰라린 고통을 주었다. 카미노에서 나는 새로운 문을 열었고, 고향으로 돌아가면 다시 과거의 문을 지나갈 수 없으리라는 것을 깨달았다. 나는 고향과 그곳의 안정적인 관계를 떠나왔다. 귀국한 뒤 무척 노력했지만, 카미노를 걸으며 해방한 내 안의 무엇을 예전의 관계 속에 둘 수 없었다. 나는 결혼 생활을 끝냈고, 가까운 이들은 크게 놀랐다. 이혼은 둘에게 모두 고통이었지만, 내가 무시할 수 없는 순례의 결과이기도 했다. 그때 순례를 진지하게 연구해야겠다고 생각했다.

미국의 한 가톨릭 신자 커플은 1994년 신혼여행 순례 때 생긴 아들 제임스(성 야고보의 영어 이름을 딴)가 태어났다고 편지로 알렸다. 미술사를 공부하던 스페인 여성(21세)은 거기서 만난 남자 덕분에 여전히 카미노와 연결된 듯했다. "이 남자 후안 덕분에 아직 카미노에 살아요. 언젠가 그와 함께 걷고 싶어요." 어떤 이는 도보나 자전거 순례 중에 미래의 남편이나 연인(다른 순례자나 마을 주민)을 만난다.

카미노는 어떤 이들을 종교로 인도하고, 어떤 이들은 종교에서 떼어놓는다. 흔하지 않아도 때때로 가톨릭 개종이 일어난다. 이런 개종에 순례자 본인도 놀란다. 이는 보통 자기주장이 강한 사람에게서 도약leap처럼 나타난다. 신앙의 도약. 어떤 이들은 카미노에서 영성이 싹트는 것을 느끼는데 종교적 각성으로 해석될 때도, 그렇지 않을 때도 있다. 바스크 산세바스티안 출신 운동선수인 남성은 오기와 배짱으로('까짓것 젠장por cojones') 1993년에 첫 순례를 떠났다.[19] 고향 친구들이 '넌 못해'라고 놀렸기 때문이다. 그는 2주간 자전거로 카미노를 달렸고, 놀랍게도 산티아고에서 사도의 발아래 앉아 울었다. 그는 어린 시절에 스페인과 유럽의 여러 지역을 하이킹했다. 어른이 되어서는 자전거로 프랑스와 스페인을 가로질렀다. 그러나 카미노에서 뭔가 다른 것을 발견했다. 그는 한 마을에서 예배 기도를 듣다가 번개처럼 계시를 느꼈다. 집으로 돌아갔을 때, 아내가 그의 얼굴을 보면서 말했다. "무슨 일이에요? 나한테도 해줘요.""뭘 해줘?" 그가 묻자 아내가 대답했다. "밤새 그거 한 표정이에요, 당신." 그가 카미노에서 찾아낸 무엇이 온몸에서 빛난 것이다.

그는 이듬해에 아홉 살, 열세 살 아이들과 아내를 데리고 다시 도보 순례를 떠났다. 나는 자원봉사자로 있던 오스피탈데오르비고 순례자 숙소에서 그들을 만났다. 그는 카미노가 어떤 상징인지 설명했다. "첫 카미노 순례에서 이 신비가 돌과 사람 사이, 카미노 속에 있다는 걸 느꼈어요. 일상으로 돌아가서 번쩍한 이 불꽃을 어떻게 지켜야 할지 알 수가 없었습니다. 몇 주가 지나니 그저 고된 여행이었다는 기억밖에 남지 않더군요." 1993년 순례에서 가톨릭교회의 존재를 희미하게 느꼈지만, 그때는 영적 생활이 변하고 부정적 감정이 줄었을 뿐이다. 1994년에 그는 첫 순례와 다른 마음으로 카미노에 갔다. "내 안의 불꽃을 찾으러 돌아간 것 같아요. 내 안에서 그걸 찾으려면 카미노가 필요했죠." 그는 불꽃이 자기 안에 있어도 카미노에서 멀어질 때마다 약해지기 때문에, 순례를 반복해 불꽃으로 되돌아갈 필요가 있다고 말했다. 그의 영성과 기도는 가톨릭의 가르침에 국한되지 않는다. 가톨릭교회는 그에게 신앙의 일부다. 그의 신앙은 점점 커져 지금은 매일 기도한다. 이듬해 그는 '또 다른 방식의 순례'로 딸과 함께 자원봉사자로 일했다. 실로스영적묵상회에 참석해 자기 성찰도 하고, 카미노의 교훈을 일상에 적용했다. 1년이 더 지나 그는 자원봉사자 시절을 회고하며 말했다. "그때는 자만심이 하늘을 찔렀어요. 뭐든 아는 사람처럼 카미노에 대한 경험과 지식을 타인에게 강요했습니다. 묻지도 않은 사람한테 조언하고요. 맞는 말이든 아니든 그러면 안 되는데 말이죠."[20] 그에게 카미노는 많은 이에게 그렇듯이 자기 이해를 위한 길이다. 신기하게도 나는 라바날에서 자원봉사자로 일한 1997년, 친언니와 순례 중인 그의 아내를 만났다. 그녀의 이야기는 좀 달랐다. 지금은 언니의 요청으로 함께 순례 중인데, 남편이 카미노에 너무 깊이 빠진 것 같다고 했다. 그녀는 남편의 열정을 이해하지 못했다. 그녀가 보기에 남편의 행동은 관계에 악영향을 미쳤다. 아내와 자녀에게 시간을 쓰는 대신 순간순간 카미노, 카미노 노래만 불렀기 때문이다. 그녀는 무력감이 들고 실망했다. 남편이 순례하고 집으로 가져온 불꽃이 4년 뒤 그녀에게는 지겨움일 뿐이었다.

한편 40대 초반의 프랑스 커플은 카미노에서 큰 영적 변화를 경험하고 뭔가 갖고 싶었다. 의사 레오나르와 아내 엘리자베스는 모태 가톨릭 신자지만 독실한 신자는 아니었다. 물질적인 삶은 만족스러우나 정신적으로 빈곤했다. 어느 날 레오나르는 자기 병원에서 심각한 몸의 통증을 느꼈는데, 약을 먹어도 가라앉지 않았다. 짜증스럽게도 힘든 순간에 아내는 곁에 없었다. 고통이 물러가고, 그는 그 순간 엘리자베스가 근처 성당의 성모상 앞에서 기도하고 있었음을 알았다. 그 후에 부부는 가톨릭으로 완전히 돌아섰다. 레오나르는 1991년, 성 야고보에게 감사하기 위한 순례를 결심했다. 그리고 "카미노에서 새로운 영성의 세계를 발견했다". 순례 중 '카미노에서 순례자에게 봉사하며 살라'는 신의 메시지를 받은 것이다. 그 목소리는 귀국한 뒤에도 사라지지 않았다. 레오나르는 몇 달간 저항하다가 결국 항복했다. 부부는 소명을 따라 에스탱Estaing*에 순례자를 돌봐주는 커뮤니티를 설립했다.[21]

어떤 이들은 종교에 귀의하는 대신 순례자라는 정체성을 발전시킨다. 카미노가 구세주이자 구원이 되는 것이다. 한 스페인 사람은 시간 날 때마다 카미노를 걸으며 대화하거나 자기 이름(순례자, 파코Paco, El Peregrino)이 적힌 명함을 나눠주었다. 그는 시 정부 공무원이지만 사실상 카미노를 위해 살았다. 그는 카미노 덕분에 자기 삶을 망치던 알코올의존증에서 벗어났다고 말했다. 어떤 순례자들은 깊은 절망을 안고 카미노로 온다. 그들은 길 위에서 우정과 인류애를 통해 새로운 희망과 목적을 발견하며, 이는 상실감과 절망을 누그러뜨린다. 한 영국 순례자는 카미노에서 자신의 소명과 존재 이유를 발견했다. 그는 세관 직원이 직업을 물었을 때 "저는 순례자입니다"라고 대답했다. 그는 순례를 통해 삶으로 되돌아왔다. 현재 그는 순례 루트를 개선하는 데 인생을 바치고 있다. 젊은 유럽인이 이 평화와 희망의 길을 더 많이 걸어 유럽의 미래가 더 나아지기를 바라며.

그러나 위 사례와 같은 극적 변화는 드물다. 대다수 여행자는 카미노에서 무슨 일이 일어났는지 깨닫지 못한다. 그 의미는 대부분 몇 달, 몇 년 뒤에야 명확해진다. 순례가 끝난다고 자동적

---

* 프랑스 남서부 피레네산맥에 위치한 행정구역.

으로 어떤 계시가 오는 것도 아니다. 어떤 순례자들은 여기에 크게 실망한다. 프랑스인 기도 그랬다. 고향에서 산티아고까지 걸은 기는 도보 순례를 마치면 어떤 결심이나 개종, 새로운 이해 같은 보상이 따라올 것으로 믿었다. 현실은 그렇지 않았다. 카미노는 많은 순례자에게 새로운 문을 열어준다. 그러나 어떤 식으로든 변하려면 순례자 본인이 그 문을 통과해야 한다. 순례가 자동적으로 어떤 사람을 더 나은 인간으로 만들지는 않는다. 개인적 변화란 시행착오로 가득한 훨씬 더 긴 과정이다.

기억을 통해 카미노로 돌아가기

처음엔 내가 산티아고를 걸은 게 맞나 싶었어요. 딱히 기억나는 게 없었거든요. 그러다 2월 무렵부터 갑자기 카미노의 몇몇 풍경, 마을이 떠올랐어요. 지금도 그 단계에 있어요. 아침에 샤워할 때, 출근길 트램에서, 직장에서 불현듯 카미노의 바람과 햇빛, 냄새를 느껴요. 아주 생생하게 말입니다.

스위스 남성(28세)

1994년 11월에 산티아고에 도착했고, 1995년 3월에 편지를 썼다.

나는 아직 산티아고로 가는 길에 있어요. 머릿속으로는 매일 카미노의 어느 구간에 있다고 느껴요. 가끔은 밤에도 그렇고요. 론세스바예스, 푸엔테라레이나, 온타나스, 나헤라, 프로미스타, 카리온데로스, 사아군, 레온… 마음속에서 한 번, 또 한 번 카미노를 걸어요. 멋진 감정이지요.

독일 남성 안톤(59세)

1994년 10월에 산티아고에 도착했고, 1995년 2월에 편지를 썼다.

〔가끔 카미노에서 쓴 일기를 베끼며〕'내가 왜 이러고 있지' 생각해요. 그러면서 계속 베끼죠. 그러다 보면 어떤 순간을 새로 사는 것 같아요. 카미노를 다시 사는 거죠. 카미노는 마음속에서라도 다시 걷고, 살 만한 가치가 있다고 생각해요.

프랑스 남성 기(43세)

1994년 11월에 산티아고에서 르퓌까지 도보로 왕복 순례했고,

1995년 11월에 편지를 썼다.

카미노는 여전히 내 마음속에 살아 있어요.

독일 남성(30세)

1994년 9월에 산티아고에 도착했고, 1995년 11월에 편지를 썼다.

여행이 끝나고 돌아가서 얼마간 시간이 흐르면, 카미노는 기억을 통해 순례자에게 깊은 영향을 미치며 그들 속에 머무른다. 기억으로서 카미노는 심적 과정이자 감각적 경험이다. 미국인 교수 리는 카미노를 걸을 때 자기 몸이 '감각중추sensorium'로 변했

다고 느꼈다.[22] 온몸으로 경험한 이 느낌은 사진 같은 흔적뿐 아니라 냄새, 소리, 약간의 침묵으로도 되살아난다. 카미노를 여행하는 동안 순례 후에도 다시 찾아갈 수 있는 내적 공간이 생겨나는 것이다.

기억으로서 카미노는 최소한 두 층위에 존재한다. 청중 앞에서 공유·재창조하는 카미노가 있고, 본인만 아는 사적인 카미노가 있다. 순례자는 그 기억을 떠올리고 다시 방문하며 새로운 깨달음을 얻는다. 첫 번째 카미노는 귀향하고 얼마 안 되어 해석적인 다시 말하기 과정에서 생겨난다. 순례자는 제일 좋아하는 에피소드와 신기한 만남을 선택적으로 이야기한다. 내러티브의 내용은 듣는 이에 따라 달라진다. 이 과정을 설명하는 데 '양파' 은유가 적절하리라 본다. 순례자가 본인에게도 낯설기 일쑤인 그 다층적인 양파(존재)의 중심핵에 가 닿는 일은 드물다. 하지만 카미노는 종종 그 중심('내 마음 속' '우리가 계속 방문하는 영혼의 어떤 장소' '머릿속' '내 안의 이 작은 고향')에 존재한다.

카미노가 일상의 기억으로 남진 않아도, 총체적인 오감의 여행에서 생겨난 이 내적 공간은 순례자의 내면에 지울 수 없는 흔적이 된다. 하버드대학교에서 순례의 재통합 과정에 대해 강의할 때 이 점을 명확히 깨달았다.[23] 하루는 수강생 여덟 명 외에 낯선 스무 명이 있었다. 강의를 시작하기 몇 분 전에 그들 중 두 명이 순례를 했다고 털어놓았다. 한 명은 1985년에 도보 순례를 한 40대 남성이고, 한 명은 1989년 자동차로 카미노를 여행한 40대 중

반 여성이다. 그 여성은 자신이 여행한 이야기를 들려주고 싶어
하며 세브레이로의 '켈트 마을'을 언급했다. 그 코멘트는 순례의
재통합이 아니라 여행 자체에 관한 것이어서 놀랐다. 내가 그 점
을 지적하자, 그녀는 눈을 반짝이며 반박했다. 자신은 갈리시아
의 중요한 정치적 인물이자 도상인 산티아고 마타모로스를 떠올
렸다는 거다. 그녀는 라호이궁 위에서 무어인의 시체를 밟고, 오
브라도이로광장을 내려다보는 산티아고 동상을 예로 들었다. 대
성당의 제단 위에서 말을 타고 칼을 든 산티아고 마타모로스의
이미지가 모든 것을 압도한다고도 했다(그 설명은 사실이지만, 대
성당에서 더 중요한 성상은 친근한 산티아고의 좌상이다).

강의에 다소 늦게 참석한 40대 남성은 자신이 기억하는 카미
노는 그런 것이 아니라고 단호히 말했다. 그는 1979년에 순례를
했다면서 열정적으로 발언했다. 순례자 숙소가 없던 시절의 적
적함, 카미노 풍광의 생생한 묘사, 길 위에서 갈증, 친절한 수녀
들, 메세타의 타는 듯한 열기, 고독에 대해서.

두 사람 모두 강의 주제인 '재통합'과 '귀향한 뒤의 경험'에 대
해서는 말하지 않았다. 그들은 여행 자체에 관해 말했다. 흥미롭
게도 그들은 카미노의 기억을 최근에 겪은 일처럼 묘사했다. 카
미노는 분명 그들에게 깊은 인상을 남겼고(내 강연 내용과 거리가
있지만), 그들은 그 기억을 다른 이와 공유하고 재확인할 필요가
있었다. 학회의 청중이 아니라 다시 한 번 카미노의 순례자가 되
어서 말이다. 나는 그들이 강연 주제에 나타낸 관심과 열정, 분

노를 보고 카미노가 순례자의 일상에서는 잊혔어도 마음에는 계속 남았음을 깨달았다.

몸과 장소가 기억을 환기하는 능력을 생각하면, 오감으로 경험한 순례의 위력이 얼마나 강한지 알 수 있다. 순례자는 예전에 순례한 지역을 여행할 때, 즉각 과거로 돌아간다. 갈리시아 루고 출신 스페인 여성은 카미노의 일부 구간을 운전할 때, 몸이 먼저 반응하며 카미노의 기억이 떠올랐다. 그녀는 순례 경험이 "내 몸에 기록되었다 fue grabada en mi cuerpo"고 말했다. 그녀는 한때 도보 순례한 지역을 차로 지나며 과거 자신의 몸 상태가 어땠는지 바로 기억했다. 일상에서 몸의 경험에 얼마나 둔감한지, 카미노에서는 몸의 감각이 얼마나 날카로워지는지도 깨달았다. 카미노에서 그녀는 몸의 감각에 훨씬 예민하고 열려 있었다. 그녀는 하루가 끝나갈 무렵 단체 마사지를 받은 기억을 들려주며 즐거워했다. 그녀는 순례자 친구 사이에서 마사지와 관련된 별명도 있었다. 우연찮게 떠오른 기억이 도보 순례에서 경험한(그 뒤에도 계속 경험하고 싶었던) 몸과 마음의 통일성을 일깨운 것이다.

독일 출신 대학원생 우르술라(28세)는 카미노 경관을 지나칠 때 문득 떠오른 순례의 기억이 심오한 종결과 도착의 느낌을 불러일으켰다. 그녀는 순례를 마치고 1년 반이 지났을 때, 버스로 카미노프란세스의 여러 마을과 도시를 여행했다. 낯익은 풍경이 눈에 들어오니, 돌연 그 장소와 결부된 기억이 생생하게 떠올랐다. 우르술라는 혼자 걷던 자신과 동료들의 모습을 다시 봤다.

도보 중의 고통스런 분투도 떠올랐다. 그녀는 차창 밖으로 순진하던 과거의 자신, 펼쳐진 길 어디에서 모습을 드러낼 예기치 않은 변화를 기다리던 자신을 봤다. 우르술라는 버스 안에서 자신이 그때부터 얼마나 멀리 떠나왔는지 깨달았다. 카미노에서 얻은 힘으로 용감히 내디딘 발걸음, 극복한 일이 떠올라 눈물을 주체할 수 없었다. 기쁨과 안도, 도착의 눈물이었다. 버스를 타고 서쪽 대신 동쪽으로 가며, 걸어서 산티아고에 도착했을 때보다 산티아고에 가까이 있다고 느꼈다. 궁극적인 결단의 장소, 그녀 안의 중심으로서 산티아고에 말이다. 순례자는 이런 식으로 불현듯 장소와 기억을 통해 다시 산티아고에 도착하고, 순례를 진정으로 마무리할 수 있다.

순례의 정신을 간직하기

한 영국 순례자는 순례가 "정신의 상태, 삶의 방식, 마음의 형편 a state of mind, a way of life, a condition of the heart"이라고 말했다. 순례가 생각과 해석, 행동, 느낌과 감정의 집합체라는 이야기다.[24] 순례는 순례자의 개인적·사회적 상황에 따라 다양한 강도로, 여러 층위에서 꾸준하게 영향을 미친다. 기억은 현재의 감정과 사고, 행위에 방향을 부여하며 그것의 표현에 관여한다. 내 하버드 강연에 참석한 두 순례자와 달리 많은 순례자는 기억 보조물과 소통, 연상, 반복을 통해 적극적으로 카미노를 삶의 일부로 간직하려고 애쓴다.

기억 보조물

'기억 보조물memory aids'은 순례자가 카미노에서 집으로 가져온 물건을 말한다. 순례자 지팡이와 순례자 여권, 은유, 일기, 사진은 순례의 증거로, 기억을 간직하는 데 도움을 준다. 한 남아프리카 남성(26세)은 1994년 9월에 순례를 마치고, 1995년 2월에 편지를 썼다. "카미노의 기억은 지금도 어제처럼 생생해요. 방에 콤포스텔라 증서와 순례자 여권을 자랑스럽게 붙여놓았어요. 매일 아침 그걸 볼 때마다 큰 기쁨을 느낍니다." 한 달 뒤 그의 집을 방문할 기회가 있었는데, 방에 들어서니 흰 벽에 핀으로 고정된 콤포스텔라 증서와 순례자 여권이 보였다. 그는 그것을 통해 "설명할 수 없는 힘이 담긴 개인적인 마약"인 카미노와 교류했다. 나는 영국과 독일, 스페인 순례자의 집에서도 순례자 여권, (액자에 넣은) 콤포스텔라 증서, 순례자 지팡이, 가리비 껍데기, 사진을 보았다. 그것은 눈에 잘 띄는 곳에 걸려 손님에게는 찬탄을, 순례자에게는 추억과 공감을 불러일으킬 만했다.

순례자는 많은 사진과 앨범을 보여주었다. 때로는 사진에서 그들이 경험한 가치 변화가 읽혔다. 한 순례자의 초기 사진엔 장소가 많았지만, 여행이 계속되며 사람이 많아졌다. 어떤 순례자에게는 카메라가 중요하지만, 어떤 이는 일부러 가져가지 않거

순례 사진을 보는 영국인 부부. 오른쪽 벽에 콤포스텔라 증서가 담긴 액자가 있다.

나 평소보다 덜 찍는다. 순례를 다른 방식으로 기억하고 싶거나 장비에 신경을 빼앗기기 싫어서다. 많은 순례자는 카미노에서 카메라 고장이나 분실을 경험하며, 이를 징표로 받아들이는 이가 많다. 브라질 남성은 말했다. "카미노가 자길 찍지 말라는 거죠." 한 독일 남성은 순례 초기에 카메라를 잃어버렸고, 그때 여행의 성격이 결정됐다. 사진 찍는 대신 글을 쓰기로 한 것이다.

또 다른 기억 보조물은 은유다. 순례자는 종종 '인생은 순례'라는 은유를 마음에 새겨 카미노를 고향에서도 간직하고 싶어 한다. 순례가 카미노에 국한되지 않는 평생의 과정이라고 느끼면서 말이다. 한 이탈리아 여성은 카미노의 일상을 이렇게 묘사했다. "소유물, 업무, 삶과 약간의 거리를 두는 거지요. 지금 나는 침묵을, 침묵 속에서 걷기를 원해요. 진짜 여행이 시작됐고, 카미노가 내게 입사의 기회를 줬다고 느껴요." 순례하기 1년 전부터 종교 공동체에 살면서 '신과 기도, 내적 삶의 탐색'에 평생을 바치기로 한 스페인 여성(33세)이 있었다. 그녀는 순례하면서 '감사와 행복, 충만을 느끼며 지금, 여기의 삶에 집중하겠다'고 다짐했다. 카미노는 그녀의 신앙을 견고하게 했고, 오래 간직할 교훈도 주었다. 카미노의 기억은 현재 종교 공동체에서 생활하는 그녀의 삶에 통합되었다. 그녀는 자신을 더욱 순례자라고 느꼈다. "움직이지 않고도 매일 나 자신을 순례자라고 느낍니다."

고독 속의 침묵과 평화, 순간을 음미하는 삶, 덜 복잡하게 살기가 카미노에서 돌아온 순례자가 고향에서 실천하려는 것이다.

여행 중에 만난 여러 사람을 통해 자신이 순례자라고 느낀 경험은 사람들의 기억에 단순한 휴가 이상으로 큰 인상을 남긴다. 순례자에 따르면, 그것은 외적인 경험이 아니라 내적 경험이다. 돌아온 순례자는 정체성의 큰 축이 여전히 '카미노 순례자'라고 믿으며, 길 위의 정신을 계속 간직하려 한다.

은유로서 순례는 자원봉사 활동으로도 이어진다. 마드리드 출신 가톨릭 신자인 약학과 대학생(26세)은 개인적으로 힘든 문제에서 벗어나려고 순례를 떠났다. 1년이 더 지난 1996년 가을, 그는 편지를 썼다. "올여름 과테말라에 있는 고아원에서 일했는데, 카미노의 경험과 비슷하다고 느꼈어요. 음식, 물, 건강, 사랑 등 그간 당연하게 여긴 기본적인 것의 가치를 다시 깨달았습니다. 거기 고아들도 아주 인상적이었어요. 여러 면에서, 그건 내면의 여행이었습니다. 내가 누구인지, 무엇이 되고 싶고, 근본적 가치는 무엇인지, 주변 사람들의 가치는 뭔가 생각했죠." 40대 후반 스페인 남성은 산티아고로 걷는 도중에 회사를 그만두고 가난한 이를 도우러 인도로 떠나야겠다고 결심했다. 그는 1년 뒤 실제로 그렇게 했다. 카미노의 경험을 통해 새로운 삶을 시작하는 것도 순례의 정신을 간직하는 방법이다.

순례자가 카미노에서 가져온 은유는 보통 대단히 개인적이다. 어떤 순례자는 카미노의 힘을 상징하는 이미지(예를 들어 위치에 너지가 있는 용수철)를 가지고 돌아온다. 우르술라는 샘과 강철봉이라는 이미지를 가지고 귀국했다. 그녀에게 샘은 스트레스 없는 상황에서 흐르는 어떤 것, 문제에서 거리 두기, 아는 이 하나 없는 익명 상태의 새로움, 혼자 있는 느낌, 경험에 열린 상태를 의미한다. 강철봉은 자기 몸속에 자리 잡고 머리부터 발끝까지 흘러가는 새로운 힘의 감각을 뜻한다. 자기 발견의 샘을 막아버리는 고향에서 우르술라에게 두 이미지는 중요했다. 순례 중에 진짜라고 느낀 것을 무시할 때마다 그녀는 샘의 가벼움과 흐름 대신 어둠과 죽음의 감각을 느꼈다. 우르술라는 그 이미지를 통해 카미노에서 발견한 가치와 양립할 수 없는 삶을 변화시키고 어려운 결정을 내리는 데 필요한 힘을 얻었다.

많은 이가 바라는 대로 일상을 순례처럼 살기는 쉽지 않다. 그래서 순례자는 협회 활동, 다른 순례자와 교류하고 우정 쌓기, 순례의 반복, 카미노 자원봉사 등을 통해 카미노의 정신을 계속 간직하고자 한다.

소통

순례자는 순례 관련 독서나 책 쓰기, 순례 중 쓴 시나 그림 모음집 출판, 강연 등 다양한 자기표현으로 카미노의 정신을 유지하려고 한다. 한 독일 신부는 순례를 마치고 1년 뒤에 편지를 썼다. "작년의 순례는 지금도 내 안에 있어요. 교구에 작은 성야고보성당이 있고, 라디오 프로그램에서 인터뷰도 두 번 했거든요. 카미노는 여전히 가슴속에 있고, 나는 지금도 순례자입니다."

많은 순례자는 에세이를 쓰고자 한다. 실제로 쓰는 이는 그보다 적지만, 때로 한정된 부수를 찍어 친구나 가족, 협회에 나눠 주기도 한다.[25] 어떤 일기나 에세이는 큰 인기를 얻어 다른 이들에게 순례를 자극한다.[26] 카미노 여행을 표현하고 기억하는 다른 글쓰기와 예술 활동도 카미노에서나 귀향한 뒤에 진행된다. 심리학자 기는 한 프랑스 동료가 왜 가끔씩 멈춰서 뭔가 맹렬히 적고, 타인은 안중에도 없다는 듯 침묵에 잠겼는지 뒤늦게 이해했다. 그 동료는 걸으면서 희곡을 썼고, 프랑스에서 실제 무대에 올린 연극에 기를 초대했다.

바르셀로나 출신 화가는 두 번째 카미노 순례에서 강한 영감을 받아 100페이지짜리 일곱 권이 넘는 드로잉 북을 그림으로 채웠다(나는 자원봉사자로 일할 때 그중 한 권을 그의 집으로 부쳐주었다). 그는 '원시적'이라 부른 기본색만 사용했는데, 순례에서 에너지가 회복됐기 때문이다. 귀향한 뒤에는 색채와 기법이 달라졌지만 작업 욕구와 영감은 그대로였다. 그는 책의 일러스트 작업도 시작했다.

순례자가 재통합 단계에서 활용하는 또 다른 소통 수단은 편지다. 나는 많은 순례자와 편지를 주고받았고, 지금도 주고받는다. 그 과정에 카미노에서 한 생각과 감정이 계속 되살아난다. 순례자는 편지에서 종종 다른 순례자와 어떻게 연락하는지 이야기한다. 일상에서 표현하기 힘든 감정을 쓸 기회를 주어 고마워하기도 했다. 한 캐나다 대학원생은 썼다.

바로 답장 못 해서 미안해요. 카미노와 관련된 기억이나 느낌을 써 보려고 했는데, 어쩌다 보니 계속 미뤘네요. 간간이 일기도 쓰는데 순례에 대해서는 쓰기가 망설여져요. 불완전한 언어로 순례의 생생한 감정을 클리셰로 만들까 겁이 나서요. 순례를 시련과 승리, 사랑과 절망으로 가득한 마술적이고 굉장한 여행처럼 묘사하려고 무던히 애썼어요. 그런데 쓰고 보니 너무 밋밋한 거예요. 카미노가 겪지 않은 사람은 모르는, 유일무이한 경험이라는 생각을 제대로 표현할 수가 없었어요.

많은 순례자가 말로 표현하기 힘든 카미노의 경험을 글로 쓰길 망설인다. 어떤 이는 그토록 의미 있는 경험을 방치했다는 죄책감마저 든다. 어떤 이는 언어의 장벽을 뛰어넘어 카미노와 자신의 끈을 유지한다. 동료 집단 전체가 아니라도 한두 친구와 이어가는 편지 교환은 일상에서 순례의 정신을 간직하는 데 중요한 역할을 한다.

순례자는 카미노에서든, 카미노 밖에서든, 개인적 방문이나 연례 모임, 기타 단체 모임을 통해 세계 각지의 동료와 교류한다. 요나스는 1994년 자전거 순례에서 자신이 된 듯한 느낌을 받아, 이듬해 도보 순례를 떠났다. 그는 두 번째 순례에서 길 위의 동료와 깊은 유대를 쌓고 사랑도 찾았다. 그때 만난 친구 열 명은 1년에 두 번, 스페인 각지에서 만나 회포를 푼다. 한 영국 순례자는 어느 독일 교사가 주선한 순례자 모임을 "카미노 정신의 탁월한 본보기"라고 말했다. 그 교사는 순례자를 독일의 소박한 공동주택에 초대해 즐거운 주말을 보냈다.[27] 미국 여성 스테파니는 1995년 첫 순례를 하고, 1996년과 1997년에도 순례를 떠났다. 그녀는 1998년 초, 미국카미노우호협회 뉴스레터에 산티아고 순례자를 자신의 고향 버지니아의 주말 '모임'에 초대한다는 공개 초대장을 실었다. 스테파니는 내게 보낸 편지에 썼다. 서로 만난 적이 없으니 재회는 아니지만 "굉장한 경험(카미노)을 공유하는 사람들의 모임"이 될 것이었다. 그녀에게는 몇 명만 와도 성공이었다. 그 외 스페인과 독일, 프랑스인 순례자로 구성된 친목회는 1999년 12월 31일, 새 밀레니엄 타종식에 참석하려고 산티아고대성당 앞에 모였다.

연락하고 지내자는 기대가 실망이 되기도 한다. 나는 론세스바예스에서 라코루냐 출신 자전거 순례자가 사흘 동안 초조하게 누군가 기다리는 것을 보았다. 그는 1년 전 '우연히' 만난 프랑스 친구를 다시 만날 예정이었다. 그는 전기공인데 프랑스 교수와 예상치 않은 우정을 쌓았고, 2주간 여행하며 '평생 기억에 남을 시간'을 보냈다. 그는 편지로 연락을 주고받다가 프랑스 친구가 론세스바예스에 들른다는 사실을 알았다. 그는 기다리고 또 기다렸다. 담배만 뻑뻑 피워대다 실망감에 눈물을 보이기도 했다. 시간이 다 되어 결국 그는 떠났고, 나중에야 친구가 자동차 사고로 거의 목숨을 잃을 뻔했다는 사실을 알았다. 그의 두 번째 카미노 순례는 실망스러웠다. 함께한 동료들이 첫 순례 때만 못했기 때문이다.

카미노는 일상에서 계급이나 연령, 성별, 언어, 국적 때문에 형성되기 힘든 새로운 관계의 장을 열어준다. 순례자의 절친한 친구는 상당수가 순례자다. 함께 순례했거나 그렇지 않더라도 서로 깊이 이해하는, 순례가 '정신의 상태, 삶의 방식, 마음의 형편'이라는 것을 이해하는 사람 말이다. 이렇게 그들은 '카미노 문화'를 공유한다.

순례자는 교회, 고등학교, 각종 협회, 심지어 스페인 산세바스티안교도소 등 다양한 자리에서 자신의 여행을 이야기한다. 라디오나 텔레비전, 신문 인터뷰에 응하기도 한다. 산티아고에 도착한 순례자는 지역신문 〈엘코레오가예고El Correo Gallego〉나 〈라보스데갈리시아La Voz de Galicia〉와 인터뷰를 할 수 있다. 두 신문은 1993~1996년, 거의 매일 산티아고에 도착한 순례자의 사연을 지면에 실었다. 귀국하기 전에 유명 인사가 된 순례자도 있다.

카미노협회

순례자는 카미노에서 이따금 '상상의 공동체imagined community'에 속한다고 느낀다. 이 공동체는 도보와 순례 루트를 통해 순례자를 과거, 현재, 미래의 순례자와 이어준다.[28] 순례자는 이 상상의 공동체를 현실 공동체로 만들고 유대를 이어가려고 순례자 공동체나 협회를 조직하기 시작했다. 1980년대 초부터 카미노우호협회와 범기독교적 형제회가 대규모로 조직되었다. 카미노 순례와 계속 이어지길 원하는 순례 경험자가 그 원동력이었다. 다른 순례자의 여행 준비를 돕고, 우정을 지속하며, 순례의 효과와 긍정적 영향력을 나누려는 바람, 산티아고 순례자가 뭔지 경험한 이들과 계속 교류하고픈 욕망이 이런 협회 조직을 촉진했다.

협회는 작은 단체부터 회원이 1500명에 이르는 조직까지 다양하며, 독일과 벨기에, 이탈리아, 네덜란드, 영국, 노르웨이, 아일랜드, 스위스, 프랑스, 스페인 등 대다수 유럽 국가에 존재한다. 그 외에 미국과 캐나다, 브라질, 뉴질랜드에 있으며, 현재는 온라인 협회도 있다. 스페인에서는 1980년대 후반부터 빠르게 팽창했다. 대다수 국가에는 협회가 많아야 3개지만, 스페인에는 여러 비공식 협회는 물론 스페인카미노우호협회연방과 공식 제휴를 맺은 협회가 최소한 20개다. 이 단체들은 카미노뿐 아니라 마드리드, 발렌시아, 무르시아를 포함한 스페인 전역에 있다. 스페인의 소규모 협회는 특정 도시나 지역을 기반으로 한 단체이며, 항상 순례자로 구성된 것은 아니다. 일부는 중산층 사교협회, 역사협회, 도보클럽과 비슷한 형태를 띤다. 각 단체는 개별 카미노 구간에 '영향력'을 행사하며, 순례 좌담회를 열거나 순례자 정보 안내소 기능을 한다. 개별 지역의 순례자 숙소 관리를 돕기도 한다.

규모가 큰 협회는 국제 학술회의 후원, 출판, 유럽회의와 네트워킹 등 다양한 업무를 떠맡는다. 순례자는 이런 협회에 참여하면서 다른 순례자와 교류하고, 우정을 나누며, 프로그램을 이끌기도 한다. 귀향한 뒤 외로움을 공유하고, 순례 문화를 보존하기 위해 돈과 시간을 투자하며, 다른 이를 돕거나, 카미노에 대한 긍정적 감정과 가치를 되살리며 경험을 나눈다. 동시에 협회 활동은 카미노에서 경험한 순례자의 정체성을 유지·보존하게 해준다. 많은 협회지는 순례자의 체험 수기를 싣는다. 순례자는 거기에 자신의 기억과 이야기를 쓸 수 있다.[29] 순례자는 협회에서 주관하는 연례회, 순례 준비 모임, 단체 지역 순례, 지역이나 국제 학회, 재통합 의례에도 참여할 수 있다. 예를 들어 스페인 기푸스코아카미노우호협회는 순례자 재통합을 위해 돌아온 순례자에게 가리비 껍데기를 선물한다. 벨기에 플랑드르산티아고우호협회는 1986년 설립 이래 도보 순례자와 자전거 순례자에게 다른 색 테라코타 가리비 껍데기를 선물한다. 1년에 네 번 발간하는 회보《De Pelgrim순례자》에 많은 체험 수기를 싣고, 1995년부터 카미노를 완주한 순례자를 위해 추계 간담회도 연다.[30] 이곳 회원은 콤포스텔라 증서 사본을 협회에 제출하는데, 한 장기 회원에 따르면 그 자체가 '아름다운 컬렉션'이 된다. 영국카미노형제회는 회원에게 순례 일지 작성을 권하며, 그것을 사무소 파일함에 보관한다. 기푸스코아순례협회는 회보《Actividades Jacobeas 산티아고 활동》에 '순례 그 후?'라는 질문에 대한 답(굳이 종교적일 필요는 없다)을 싣는다.

1980년대 이후 이런 협회의 성공은 카미노가 어떻게 순례 뒤에도 살아 있는지 보여주는 증거로, 긍정적인 사회적 변화를 낳았다. 스페인과 다른 나라의 카미노협회는 자원봉사자를 파견해

런던에서 개최된 성야고보형제회 모임. 사진 제공《Peregrino페레그리노》.

성야고보형제회의 1995년 순례자 준비의 날 행사

순례자 숙소를 적극적으로 홍보·지원한다. 영국 순례자는 비에르소카미노협회와 연계해 그들이 직접 지은 순례자 숙소를 돕는다. 이탈리아카미노형제회는 메세타에 설립한 숙소에 자원봉사자를 파견한다. 기타 협회도 도움이 필요한 숙소에 사람을 보낸다. 예를 들어 스위스카미노협회는 벨로라도에 봉사자를 파견한다. 카미노를 기억하고 행동하는 이런 노력이 없다면 카미노는 순례자의 삶에 계속 살아 있지 못할 것이다.

다국적 협력 사례도 있지만, 카미노협회는 국가별 차이를 반영하고 재생산한다. 순례자 사이에는 초국적주의나 유럽주의 정신이 퍼져 있지만, 협회는 종종 자국의 순례 루트나 자기 지역의 순례 역사에 초점을 맞춰 민족주의를 조장하기도 한다. 예를 들어 스페인에서는 중심과 변방이라는 오랜 정치 구도가 협회 활동에 반영된다. '각자의 것은 각자가cada uno a su bola'라는 문구는 양분된 스페인 사회를 잘 설명하며, 협회의 빠른 팽창과 중앙화에 대한 저항과 일맥상통한다. 프랑스의 사례도 흥미롭다. 유럽의 중앙이라는 지리적 위치와 프랑스 순례자의 높은 비율에도 스페인 내 자원봉사자나 숙소 건설 인부, 학회 참석자, 적극적인 회원 가운데 프랑스인은 드물다. 프랑스 순례자가 고향 근처에서 봉사하고 싶어 하기 때문이다. 한때 혁신적이던 파리산티아고사무소도 최근에는 순례자 지원보다 순례 관련 학술 연구에 몰두한다. 상대적으로 최근에 생긴 산티아고지역사무소는 국제적 이슈보다 지역 활동에 몰두하는 경향이 있다. 물론 예외는 있어 몇몇

한 남성이 순례자 준비의 날 행사에서 '미래의 순례자를 도와주세요…'라는 표지판
을 읽는다.

적극적인 지역사무소는 범지역적 프로그램을 기획한다. 피레네 자틀랑티그 생자크우호협회는 스위스와 독일, 영국 협회 회원이 함께 걸을 수 있는 기회를 마련했다. 논란이 좀 있지만, 스위스와 벨기에는 카미노협회에서 자국의 소수 커뮤니티를 위한 어학과정을 제공한다. 영국 런던에도 야고보형제회사무소가 있고, 참여자의 봉사심이 강한 편이다. 그러나 어떤 이들은 협회에서 라바날에 지은 숙소가 '작은 인도' 같다고 비판한다. 영국야고보형제회는 멤버십이 개방적이지만, 이탈리아의 페루자형제회는 카미노 순례를 마친 후원자만 회원으로 받는다. 그때 회원증과 검은색 순례자 망토가 수여된다. 독일의 협회나 형제회는 운영 방향이 다양하지만, 전국 규모 단체는 없다.

재순례 : 카미노로 돌아가기

빔은 산티아고에 도착한 지 6개월 뒤인 1995년 2월에 내게 편지를 썼다. "벨로라도에서 봤을 때 다시 순례할지 물었죠? 당시에는 안 한다고 말했고, 다시 순례하는 사람에 대해서도 의견을 말했어요. 카미노 순례가 굉장하고 독특한 경험이라, 두 번째는 처음의 감흥만 좇을 것 같았죠. 처음엔 모든 게 새롭고 신선하니까요. 고향에 와보니 생각이 바뀌더군요. 지금은 그때의 좋은 감흥을 위해서라도 다시 순례할 수 있을 것 같아요."

제임스 프레스턴James J. Preston은 신자를 끌어들이는 성지의 위력을 '영적 자성spiritual magnetism'이라 불렀다.[31] 순례도 종종 그런 힘이 있는 것 같다. 계속 순례자를 끌어들여 그 경험을 반복하게 만든다. 심한 경우 고향에 와서도 산티아고를 잊지 못해 정신적으로 영원한 방랑자가 될 위험이 있다.

다시 순례하는 동기는 아주 개인적이고 다양하다. 가장 중요한 동기는 카미노에서 경험한 지복의 느낌, 즉 몸과 마음이 열리는 긍정적 경험을 반복하고 싶은 욕구 때문이다. 빔이 그랬듯이 카미노의 좋은 기억과 감정이 그런 욕구를 불러일으킨다. 그는 귀국한 뒤 재순례에 관한 견해가 바뀌어 카미노를 더 객관적으로 볼 수 있었다. 그는 '순례병'이 들어 로마나 예루살렘 순례를 계획하는 몇몇 네덜란드 순례자도 봤다. 1997년 봄, 그는 로마로 도보 순례를 떠났다. 일은 보람 있었지만 도보 순례를 하고 싶었기 때문이다.

스페인어 estar enganchado는 '사로잡히다' '중독되다'를 뜻하는데, 종종 '여러 번' 순례하는 이를 가리킬 때 쓴다. 카미노 순례를 반복하고 그 끈을 유지하는 사람 말이다. 스테파니는 1995년 순례를 마치고 썼다. "이건 중독성이 있어요. 6월 18일에 출발해서 2주 이상 혼자 걸으려고 해요!" 어떤 스페인 사람은 '배터리를 충전recargar las pilas'하려고 카미노로 돌아간다. 여기서 순례는 말 그대로 에너지를 회복한다. 카미노가 '테라피의 길ruta de terapia'이라는 개념도 카미노가 마약이 될 수 있음을 말해준다. 순례가 자기 탐색의 자극제가 아니라 친숙하고, 안전하며, 잘 알려진 최면적 습관이 되는 경우는 위험하다. 특히 카미노 근처에 사는 이들이 그렇다. 나는 면담 중에 순례광인 스페인의 어느 지역 카미노협회장에게 물었다. "올여름에도 카미노에 가나요?" 순례가 해마다 떠나는 여름휴가처럼 말이다. 신앙 가이드북을 쓴 그는 일주일쯤 자전거 순례를 하겠다고 말했다. 반복은 습관이 된다. 어떤 이에게 재순례는 충전, 고향 같은 '새 공동체'로 돌아가기, 도피, '불꽃을 살리는' 방법이다. 일부 종교적 순례자에게 순례는 신앙의 증거이며, 신이 이 세계에 편재한다는 증거다.

어떤 순례자는 가족이나 친구와 카미노로 다시 온다. 사아군에서 황소에 치일 뻔한 로이는 1997년, 아내와 캐러밴을 타고 카미노로 와서 7주간 7000킬로미터를 여행했다고 내게 편지를 보냈다. 그는 1996년 여름에 혼자 걸은 순례 루트를 아내와 그대로 따라갔다. "비야프랑카델비에르소에서 하토 가족이 운영하는 숙소를 찾아갔죠. 1995년에는 거기서 심하게 앓았어요. 하토 부인에게 감사하는 의미로 꽃을 사 갔는데 저를 바로 알아보더군요. 깜짝 방문에 무척 놀라는 눈치였어요." 그는 하토 부인에게 감사를 표시했고, 여전히 기억되었다. 그렇게 카미노 경험을 공유할 수 있어 기뻤다. 순례자는 종종 스페인 사람이 순례자를 관대하게 대하는 모습에 놀란다. 식사에 초대하고 아무 대가도 받지 않는 스페인 사람 이야기는 차고 넘친다. 순례자는 대개 돈과 무관한 마음의 빚을 지며 카미노와 더 밀착된다. 낙담한 저녁, 고된 하루를 희망과 보람으로 바꿔주는 환한 미소를 어떻게 돈으로 계산한단 말인가? 가치를 매길 수 없는 순수한 선물에 어떻게 보답

한단 말인가? 순례자가 자신에게 웃고 귀 기울여준 이에게 직접 보상하거나 도움을 줄 수는 없다. 그 경청과 미소의 선물은 카미노나 카미노 밖의 다른 이에게 건네질지 모른다.

카미노에 푹 빠진 순례자는 카미노와 관련된 직업을 구하기도 한다. 카미노 연구자가 되거나, 순례자 숙소를 건설하고 카미노 기반 시설을 개선하는 데 참여할 수 있다. 그 목록은 훨씬 길어질 수 있다. 순례자 숙소에서 2주나 한 달쯤 머무르는 자원봉사자는 다양한 순례자를 만난다. 그들과 경험을 나누고, 그들을 돕고, 카미노 완주를 도왔다는 보람을 느낀다. 부르고스 출신 자원봉사자는 말했다. "카미노에서 받은 것이 고마워 이 일을 합니다. 우리가 돌려주는 건 훨씬 적을 테지만요. 이렇게 생각하니 순례자의 문제가 더 잘 이해됐어요."[32] 어떤 이들은 다시 순례하며 더 나은 순례자가 됐다고 말한다. 곤경 속에 대접 받은 식사, 애써 내준 시간, 예상치 못한 미소를 경험한 순례자는 고향에서 비슷한 관대함을 타인에게 돌려주려 한다. 카미노에서 경험한 관대함을 고향에서도 나눠야 한다고 믿기 때문이다. 어떤 순례자는 순례자 숙소에 기부하기도 한다.

많은 이가 처음, 심지어 두 번째 순례에서도 뭔가 결핍됐다는 느낌 때문에 순례를 반복한다. 대체로 만족스러웠으나 뭔가 아쉬웠다는 것이다. 그들은 '옳은 시기'에 '다시 한 번' 카미노로 가면 전에 맛본 패배감과 불만을 만회할 수 있으리라 믿는다. 카미노가 잡힐 듯 잡히지 않는 성배의 탐색이 되는 것이다.

오스피탈델오르비고에서 자원봉사자로 일한 1994년 여름, 카미노를 두 번째 순례 중인 마드리드 출신 남성을 만났다. 그는 어머니와 1993년에 일주일간 순례를 떠났다. 예상치 못한 육체적 고통, 사람들과 만남, 새로운 성취감을 경험하며 산티아고에 도착했다. 그러나 갈증이 남았다. 혼자, 더 오래 순례하고 싶었다. 그래서 이듬해 부르고스에서 출발했다. 몸도 가뿐하고, 좋은 사람들도 만나 대단히 만족스런 여행이었다. 평소 수줍음이 많지만 그는 마음을 열고 친구를 만들었다. 그런데 마드리드로 돌아왔을 때 여전히 불만이 남았다. 그는 삶의 방향과 자신에 대한 확신을 원했다. 그는 카미노에 분명 뭔가 있고, 애타는 노력에도 아직 찾지 못했다고 믿었다. 그는 실로스영적묵상회에 참여했고, 카미노 순례 후 수도원 입회를 결심한 젊은 남성의 이야기에 특히 감동했다. 나는 1995년 마드리드에서 그의 세 번째 순례 이야기를 들었다. 그사이 그는 카미노 가이드북과 비교祕敎 관련 서적을 읽었고, 카미노 친구들과 계속 연락했다. 이번에는 주의를 기울여 여행 계획을 짤 텐데, 더 많은 시간을 들여 더 먼 거리를 이동할 거라고 했다. 론세스바예스에서 혼자 카미노 '전 구역'을 이동하며 파블리토에게 순례자 지팡이를 받고, 필요할 때만 대화하겠다는 것이다. 그는 카미노의 결과를 미리 통제하려고 애쓰면서 순례자를 발견으로 이끄는 무엇을 놓쳤다. 경험이 자유롭게 전개되지 않고 인공적으로 구축됐다. 그는 1996년 크리스마스카드에 썼다. "어린이들만 자기가 찾는 게 뭔지 압니다." 그는 카미노의 흐름에 자신을 맡기는 대신, 카미노가 자신에게 새로운 발견을 '갖다 바치기' 바랐다.

그러나 보통 재순례는 긍정적 경험이 부정적 경험보다 크며, 시간이 갈수록 더 커진다. 순례자는 길에서 주고받은 많은 선물을 통해 더 성장한 몸과 마음으로 카미노에 온다. 한 여성이 표현한 대로 '또 다른 열림을 위해' 카미노로 올 때마다 카미노의 영적 자성이 더 넓어진다.

시간, 공간, 장소

앞에 설명했듯이, 현재 카미노의 순례 문화에서는 순례 기간이 길수록 영향력도 크다고 여겨진다. 대개 가장 먼 거리를 이동한 이들이 그렇게 주장하며, 최근의 '진정성' 담론도 이 견해를 지지한다. 그러나 내 연구의 발견은 이와 다르다. 제일 중요한 점은 '순례자가 어떤 마음과 동기로 카미노에 왔으며, 귀향한 뒤 카미노가 그들에게 어떻게 기억 · 실천되는가'라고 본다. 즉 카미노의 선물을 열어서 나눴는가, 순례자 지팡이나 배낭과 함께 장롱에 처박고 잊었는가? 장거리 순례 경험도 고향에서는 방치되거나, 처리하기에 압도적이라고 느껴질 수 있다. 변화의 욕망은 간절하나 실천의 두려움이 클지 모른다. 변화는 급진적이어야 한다는 생각도 순례자를 사로잡는다. 그런 변화가 없다면 카미노에서 얻은 메시지가 손안의 모래처럼 사라질 듯 말이다.

한 지리학자는 시간과 장소의 관계를 고찰하면서 말했다. "장소에 애착을 느끼려면 시간이 필요하다. 그러나 기간보다 중요한 것은 경험의 질과 강도quality and intensity다."[33] 그는 사랑을 예로 든다. 어떤 이와는 '첫눈에' 사랑에 빠지고, 어떤 이는 오래 알고 지냈어도 미적지근한 관계로 남는다.[34] 이 말은 카미노에서도 진실이다. 일주일 동안 순례한 경험이 카미노와 고향에 대한 순례자의 현실감각을 단숨에, 뿌리부터 뒤흔들 수 있다. 반면 사색과 성찰 속에 넉 달을 길 위에서 보냈어도 혼란과 막막함을 안고 귀국할 수 있다.

순례의 효과는 잠복했다가 몇 달 혹은 몇 년 뒤에 모습을 드러내기도 한다. 스위스 남성(28세)은 카미노 순례를 하고 1년이 더 지난 1995년 12월, 내게 편지를 썼다.

저번에 쓴 내용이 기억납니다. 카미노가 저를 변화시키지 않았다고 했죠. 지금은 아니라고 말해야겠어요. 길 위에서 가장 많이 생각한 주제는 친한 친구와 덜 친한 친구, 가족이죠. 의도적으로 생각한 주제는 아니에요. 그때는 순례가 어떤 영향을 미칠 거라고 생각하지 않았어요. 사람들로 둘러싸인 일상에 돌아오기까지 카미노에서 내린 결론을 활용할 기회가 없었으니까요. 익숙한 일상으로 돌아오기 전에는 결론을 낼 수 없었기 때문인지도 모르고요.

카미노가 어떤 영향을 미쳤느냐고 묻자, 그는 두 번이나 남의 얘기하듯 대답했다. 순례를 구경한 사람처럼 말이다. 그는 귀국해서 원래 자리로 돌아간 뒤에야(길 위에서는 불가능했지만) 카미노와 일상의 현실을 비교할 수 있었다. 1994년 10월에 그는 힘든 순례를 마쳐 기뻤지만, 카미노의 효과에 대해서는 회의적이었고 자신을 순례자로 여기지도 않았다. 그러나 순례는 그의 삶에 계속 영향을 미쳤다. 카미노에서 찾은 긴 성찰의 시간은 귀국한 뒤에 빛을 발했다. 그는 우정과 가족의 가치, 그것의 의미를 분명히 깨달았다.

시간과 장소에 관해 지금까지 논의한 내용은 파트타임 순례자에게도 적용된다. 카미노로 올 때의 주관적 상태와 순례한 장소는 귀향한 뒤 형성될 순례의 의미에 핵심적 역할을 한다. 파트타임 순례자는 끊임없이 오가며 순례를 시작하고 끝낸다. 그들은 장거리 순례를 하는 이들과 또 다른 방식으로 카미노와 접속하고 단절된다. 순례는 일부 파트타임 순례자에게 큰 의미가 있는 일상이다. 그들에게는 장거리 순례가 더 큰 효과를 내지 않는다.

조지는 1990년 프랑스에서 아내와 함께 카미노 순례를 시작했다. 당시 그가 쓴 일기 첫 부분은 다음과 같다. "우리는 결혼 25주년을 기념하기 위해 순례를 떠났다. 이번 여행을 계획하고 준비하는 동안 이상하게 순례라는 낱말이 내 상상력을 사로잡았다. 있지도 않은 신앙을 있는 척하며 딱히 고해하듯 순례할 필요는 없을 것 같다. 옛 순례자의 신앙, 다양한 순례 동기에 대한 존중을 품고 출발한다." 그렇게 부부는 근무 일정에 맞춰 잠깐이나마 함께 순례했다.

조지는 5년 뒤 첫 순례를 회상하며 카미노가 부분적이나마 자신의 영적 삶을 회복해주었다고 말했다. 그는 순례하며 자신에게 시적 재능이 있음을 발견했다. 조심스럽게, 감동하면서, 전에는 한 적 없는 기도도 시작했다. 그는 런던 집에 있거나, 프랑스 여름 별장에 있거나, 항상 길 위에 있는 것 같다고 말했다. 고향에 있는 동안은 카미노가 중지됐느냐고 묻자, 아니라고 대답했다. 여전히 자기 안에서 흔들고, 변화시키며, 성숙한다는 것이다. 1997년 산티아고에 도착한 날 저녁에 그는 말했다. "벌써 8년이나 됐네요." 1995년 1월에 조지의 집에서 면담할 때, 그는 1994년 여름 순례를 마치고 쓴 시를 보여주었다. 이 시는 발견으로 가득한 그의 경관, 창조적이고 영적이며 개인적·사회적 경계를 넘어서는 카미노를 아름답게 묘사한다.

예측 불가능한 행로를 걸어가며
이 잠깐의 순례자는 발견하네,
고독의 기쁨과
우정의 즐거움 사이에서
그의 나침반 속 몇몇 기점을.
그는 발견하네, 복종의 힘과
속임수의 소멸을.

가난의 풍요와

고통의 필요성

슬픔의 선물과

신앙의 신비를,

시련 위에 지어진 기쁨과

충만한 아름다움을 발견하네,

바람만큼 덧없는.

결론_ 출발점에 도착하기

가슴속에 늘 이타카를 품어라

거기 도착함은 당신의 운명이니

전혀 서두르지 마라

여러 해가 걸릴수록 더 나을지니…

_ 카바피스(Konstantínos Pétrou Kaváfis), 시 선집에서

책을 마치는 일은 산티아고에 도착하는 것과 비슷하다. 해냈다는 안도감, 첫 구상만 못하다는 허탈감, 어디선가 멈춰야 한다는 실망감이 그렇다. 책의 결론 부분은 순례의 귀향에 해당한다. 멈춰서 지나간 것을 돌아보고, 긴 여행의 흩어진 이야기를 전체적으로 짜 맞추는 단계다. 지나온 길을 되밟으며 다시 한 번 카미노로 갔다가 빠져나오는 과정이기도 하다.

　처음 산티아고에 발을 디딘 지 거의 5년이 지나 이 글을 쓴다. 많은 이들처럼 나도 우연히 카미노 순례를 했다. 예기치 못한 개인사의 전환점 직전에 카미노로 왔다. 연구자로서 순례를 시작했지만, 자신에 대한 긍정과 새로운 관점의 수용, 개인적 의혹과 위기, 꽉 짜인 일상에서 벗어난 느낌 등 이 책에 묘사된 많은 것을 나도 직접 경험했다. 길 위를 걸으며 내 삶이 '상상된 미래', 시간이 넘쳐나고, 뭔가 하거나 되기 위해 끝없는 스트레스를 받지 않아도 되는 가상의 미래에 의해 규정되었음을 알았다. 내 학문적 삶은 그 모든 걸 '다 할 수는' 없다는 불만족과 무능력한 느낌을 키워놓았다. 카미노는 잠시나마 쳇바퀴 같은 일상에서 벗어나, 내가 시간과 맺은 건강하지 못한 관계를 성찰하도록 해주었다.

어떻게 시간에 맞서지 않고 함께 흘러갈 수 있을까?

첫 순례 당시, 내 안에 억눌러둔 부분이 갑자기 삐져나오는 것을 느꼈다. 한번 열린 뚜껑은 닫을 방법이 없었다. 귀국한 뒤 나는 길 위에서 체득한 긍정적 요소를 큰 소동 없이 남편과 관계, 직장 생활에 통합하고 싶었다. 어떻게, 왜 그런지 알 수 없지만 걷는 동안 내 안의 무엇이 풀려났다. 더는 무시할 수 없는 자신에 관한 진실을 느꼈다. 개인적 변화나 인생의 지각변동을 위해 순례를 떠난 건 아니지만, 이것이 첫 순례의 결과다.

내 삶의 일부는 극적 변화를 겪었지만, 나머지 부분이 저절로 수습되진 않았다. 나는 여전히 시간에 치여 살고, 종종 존재하기보다 뭔가 하는 데 많은 가치를 둔다. 신기하게도 나는 이 이슈와 계속 맞닥뜨렸다. 많은 이와 순례 이야기를 하면서 내 경험과 우여곡절, 길을 잃었다는 실망감, 성취를 돌아봤다. 1992년 이후 카미노를 떠나지 않았다. 1993년에 순례를 했고, 1994~1995년에는 현지 조사를 위해 다시 스페인으로 향했다. 그때부터 길에서 만난 사람과 장소를 떠올리며 글을 썼다.

내 학업 과정은 이제 거의 끝났다. 학문적 경력 쌓기에 필수적인 '성과를 내거나 죽거나publish or perish' 같은 마음가짐이 아니라 카미노에 대한 열정, 길 위에서 나를 도와주고 시간과 이야기를 나누며 친구가 되어준 이들에 대한 부채감으로 이 책을 썼다. 그래서 다행스럽다고 느낀다. 문 하나가 닫히면 자연스럽게 다른 문이 열린다. 카미노에서 가장 기대치 못한 선물은 어느 날 숲을 가로질러 내가 자원봉사자로 일하던 론세스바예스의 순례자 숙소로 찾아왔다. 처음에는 우정이, 산티아고에서는 내 사랑이 되었다. 카미노는 정말로 벅찬 선물을 준 것이다.

움직인다는 것의 의미

이 책에서 나는 순례자가 움직임movement을 통해 자신과 사회에 대해 발언한다고 주장했다. 해마다 산티아고를 순례하는 수십만 명(희년에는 훨씬 많다) 가운데 점점 많은 사람이 현대식 교통수단 대신 몸을 쓰는 장거리 여행을 택한다. 도보나 자전거, 때로는 말이나 짐을 운반할 동물을 동반하는 이는 대부분 내적·외적 여행으로 순례에 이끌리는 유럽 도시 출신, 교육받은 백인 중산층이다. 이들의 순례 동기는 다양하고 복합적이며, 여행 중이나 귀국한 뒤에 변하기도 한다. 도보나 자전거 순례자는 종종 자신도 분명히 모르는 개인적 문제나 삶의 전환점에 맞닥뜨려 카미노로 온다. 내적 여행은 물리적 여행보다 먼저 시작되었을 수 있다. 대다수 순례자는 의식적으로 익숙한 교통수단이나 신앙 표현 대신 몸을 쓰는 순례를 택한다. 그리고 자신이 버스나 자동차 순례자와 다르다고 여긴다. 순례 동기 때문이 아니라, 버스나 자동차 순례자는 길의 본질을 놓친다고 믿기 때문이다. 이동 방식과 관련된 이 긴장은 중요하며, 현대 순례에서 자전거 순례자가 왜 자신을 주변적 존재로 느끼는지 설명해준다. 그들은 이도 저도 아닌 리미널한 범주liminal category에 속한다. 도보나 자전거 순례자는 카미노와 도시적 일상의 차이를 분명히 의식하면서 암묵적으로 모더니티와 테크놀로지, 속도, 피상적 관계, 소비사회를 거절한다.

현대사회에 관한 암묵적이거나 공공연한 비판은 '접촉contact'에 대한 가치 부여와 맞물렸다. 대중매체, 바쁜 일상, (사회적·정치적 층위에서) 인간적 삶에 대한 커져가는 무관심 속에 '접촉'을 놓치고 산다는 의식이 깔렸다. 이때 접촉 대상은 다양해서 사람, 길, 과거, 자연, 자아, 침묵과 고독, 검박, 영적·종교적 대상일 수 있다. 사람들은 종종 접촉에 대한 갈증 때문에 카미노로 떠난다. 그 외에 자아나 사회의 변화에 대한 갈망, 명료성과 통찰의 획득도 순례 동기가 된다. 나는 이런 이유로 현대 순례를 (기적적 치유로 유명한 가톨릭 성지 루르드 순례처럼) 고통 받는 육체의 여행이 아니라, 고통 받는 영혼의 여행이라 생각한다.

순례자가 꿈꾸는 다양한 접촉과 개인적 변화는 근본적으로 몸과 움직임에서 온다. '백문이 불여일견이나, 느낌은 진실이다seeing is believing, but feeling is truth'*라는 격언이 여기에 들어맞는 것 같다. 많은 이들이 '백문이 불여일견'임을 알지만, 늘 뒤 문장의 진실을 알지는 못한다.[1] 오늘날 도보나 자전거 순례자는 이 두 번째 메시지를 간취하는 것 같다. 차창 밖으로도 순례를 보고, 믿을 수 있다. 그러나 길의 진실은 길 위에서 느끼는 것이다. 순례자의 몸

---

* 단순한 '봄'이 아니라 몸을 통한 더 깊은 체험 속에 진실이 있다는 의미.

은 지식의 통로일 뿐 아니라 소통의 매개체, 즉 다른 순례자, 자아, 과거, 미래, 자연과 접촉하고 연결되는 수단이다. 몸은 사회 변화를 불러오는 힘, 즉 여유 없고 비정한 현대사회에 항의하고 평화롭게 변화를 요청하는 방법이 될 수도 있다. 사람들은 순례자를 알아보고, 많은 순례자는 누군가 자신을 알아보기 바란다. 도움을 구하고, 슬픔을 표시하고, 신앙을 간증하고, 체념과 개인적·사회적 침체에 항의하고, 대안적 삶의 방식을 표명하고, 공공 항의에 참여하기 위해서 말이다. 순례자는 이런 식으로 자신의 발로 기도만 하는 것이 아니라 뭔가를 표명한다.

몸의 움직임, 새 리듬의 체득, 오감을 통한 경험에서 여행의 다양한 의미가 생긴다. 순례자는 여행 내내 개인적·신체적·정신적 난관을 마주하며, 기대치 않은 타인의 친절과 인내심도 경험한다. 순례자는 새로운 시야와 목소리, 세계를 인식하고 느끼는 새로운 방식을 체득하며, 종종 놀라운 우정을 경험한다. 여행은 날마다 다양한 일화와 이야기로 채워지고, 미래의 행위 모델이 된다. 고통과 끝없는 지평선은 순례자를 더 큰 겸허로 이끈다. 타인의 집에 초대받는 관대함을 경험하고 인간을 더 신뢰한다. 예상치 못한 선물을 받은 뒤에는 이쪽에서 주고 싶어진다. 코 고는 서른 명 때문에 잠을 설친 경험이 농담거리가 되고, 해변의 석양에서 신의 존재를 느낀 이들은 신앙이 더 신실해진다. 길을 잃고 헤매서 힘든 날을 견뎌낸 뒤에는 그럼에도 무사했다는 더 큰 자기 신뢰가 생긴다. 텅 빈 메세타에서 목청껏 노래 부른 기억은 야생으로 돌아간 느낌과 해방감을 준다. 길바닥에서 자며 적은 것으로 만족하는 법을 배우고, 새 친구를 사귀며 친화력과 소속감이 든다. 이 모든 이야기가 순례자 여행의 일부가 되어 살아가다가 다른 상황에서 떠오르거나 적용될 수 있다.

특정한 경관이나 경험에 한 가지 해석만 부여할 필요는 없다. 순례란 저마다 개인적·사회적·문화적 생활 세계에 따라, 각자가 찾고, 가치 있게 여기고, 비판하고, 포기하는 지점이 달라지는 '경쟁하는 담론의 왕국'이다. 예를 들어 메세타는 전형적인 해석대로 단순히 사막이나 위기의 은유가 아니다. 그 공간은 현대인에게 잊힌 경험, 침묵이나 좌절, 은둔하는 장소, 고독, 격렬한 육체적 쾌락, 자유 혹은 신과 만나는 장소로서 각자에게 다양한 영향을 미친다. 상징으로서 카미노의 엄청난 매력은 기본 구조를 간직하면서도 그 안의 공간과 만남이 다양한 해석에 열려 있다는 점이다.

순례 중에 자신의 잠재력을 깨닫거나 새로 태어난 기분이 들기도 한다. 이는 순례자의 일상에서 결여된 것을 분명히 드러낸다. 순례자는 여행 중 고통과 허기, 여러 곤란을 겪지만, 그 값진 경험을 통해 육체적·영적·개인적·사회적으로 다시 태어난 느낌을 받는다. 카미노가 '테라피 루트'로 불리는 것도 이 때문이다. 몸의 경험은 종종 순례자의 기대를 넘어선다. 어떤 이는 자기 몸을 새롭게 존중하며 날마다 정성껏 보살피려 한다. 어떤 이는 예술이나 내러티브, 글쓰기, 영성 같은 그때까지 모르고 지낸 창조성을 발견한다. 무미한 일상에서 벗어나 오감을 사용하며 직접 뭔가 창조하고 싶어 한다. 어떤 순례자는 카미노에서 평소 자신이 얼마나 몸과 창조적 생활, 사회에서 소외되었는지 깨닫는다. 그 소외를 줄이려고 수공예에 관심을 두거나, 삶을 더 간소하게 만들기도 한다. 내면이 공허하다고 느끼던 이들은 영적인 삶에 대한 욕망을 발견한다. 순례자는 종종 순례 중에 얻은 새로운 관점으로 결정을 내리고, 행동하고, 덜 물질적으로 살며, 타인에게 더 관대해지고, 일상에서도 영적 삶을 유지하고 싶어 한다. 어떤 이는 더 급진적인 결단을 해서 직장을 그만두고, 직종을 바꾸고, 이사하고, 관계를 변화시킨다. 많은 이들이 걷고 자전거를 타며 체득한 힘과 자신감을 일상으로 가져오고 싶어 한다.

어떤 이는 실망하지만, 아무 영향도 받지 않는 이는 드물다. 자기 변화와 통찰 대신 더 많은 질문이 떠올랐을지 모른다. 어떤 이에게 카미노는 좋은 추억과 성취감을 얻은 장소일 뿐이며, 그들은 거기에 만족한다. 한편 어떤 이는 산티아고에 도착하지 못했다는 열패감, 개인적 위기나 관계의 실패, 알 수 없는 고통에 대한 해답을 찾지 못했다는 무력감에 사로잡힌다. 어떤 이는 '테라피 루트'인 카미노가 자신이 애타게 찾는 해답과 영적인 깨달음을 줄 것이라 믿고 카미노로 온다. 그러다가 다른 이들만 해답을 찾은 듯 보여 실망하기도 한다. 어떤 이는 '자신의 때'가 오지 않았음을 인정하고, 찾지 못한 것을 찾을 때까지 순례하거나 카미노를 영영 포기한다.

나는 1장에서 많은 순례자가 카미노의 자연과 역사에 이끌려 순례를 온다고 말했다. 그러면서 '과거의 감정, 사물에 대한 감상적 동경'이 카미노에 만연하다고 봤다. 순례자는 걷고 자전거를 타면서 자주 옛날을 언급하고, 옛날과 연결되었다고 느낀다. 어떤 이는 카미노의 에너지를 설명하며 과거 그 길을 지나간 순례자의 존재를 느낀다. 즉 순례자는 걷기라는 단순한 행위를 통해 자신이 '진짜'라고 믿는 무엇에 다가간다. 걷는다는 행위도, 카미노도 철저하게 구체적이다. 순례자는 걷기를 통해 현대사회에서 상실된 무엇을 경험한다고 믿으며, 현재라는 순간과 자신이 더 연결되었다고 느낀다. 순례자가 과거를 상상하는 방식은 그들이 오늘날 결여된 것이 무엇이라고 여기는지 말해준다. 많은 순례자가 일상에서 타인과 접촉, 의미 있는 일, 영적인 삶, 자아, 장소, 공동체와 동떨어졌다고 느낀다. 그래서 카미노를 걸으며 각자의 방식으로 과거(이때 과거는 더 깊은 신앙과 공동체 의식, 순수, 오감이 살아 있는 과거다)와 연결 고리를 찾아내고, 그 가치와 다시 이어졌다고 느낀다. 순례자는 과거에 대한 향수를 통해 자신과 타인 안에서 위의 가치와 우정, 존중, 관대라는 덕목을 창조하고 발견한다. 아이러니하게도 순례자는 그 가치가 상실되었다고 느끼지만 그 가치의 원천은 현재로, 그들이 과거에서 찾는 것은 사실 현재 안에 있다. 그렇지 않다면 과거로 '다시 방문하는' 자체가 불가능할 것이다. 순례자는 이런 식으로 현대사회가 쓸어버린 듯한 가치를 일시적이나마 되살린다.

진정성 논의에서 기억할 점은 공통의 경험에서 형성된 순례자 공동체가 배타적일 수 있다는 것이다. 이는 순례에 가장 많이 투자한 이들이 가장 '진정한' 순례자라는 논리다. 순례에서 진정한 것을 발견했다고 믿는 사람은 종종 이를 수호해야 한다고 느끼며, 그것이 카미노 외부인 때문에 훼손되기를 원치 않는다. 순례의 '진짜' 가치를 체득하지 못했거나 대충 여행한 것 같은 이들이 자신의 공동체(끊임없이 재구성되고 변화하는 상상의 공동체)로 들어오면, 어떤 사람은 자신이 발견한 가치가 퇴색될까 봐 두려움을 느낀다.

　순례자는 '자연' 속에서 자신의 시공간 인식이 근본적으로 변했음을 고백한다. 도시 공간과 과도한 (이따금 폭력적이고 자극적인) 영상 이미지 속에서 감각이 마비되었음을 깨닫는다. '도시의 소음'에서 빠져나와 속도를 늦추고 고생스럽게 몸을 쓰다 보면 감각이 고양되고, 사소한 것을 음미할 수 있다. 예를 들어 전에는 성가시던 거미줄이나 풀잎을 들여다보고, 시간에 쫓기지 않고 한 장소를 깊이 음미한다. 하이킹이나 야외 활동을 즐기던 이들도 카미노의 역사, 방향성, 순례의 사회적 맥락을 통해 색다른 관점을 얻는다. 익숙한 인식 방법과 결별하고 자신의 경험과 만남을 색다르게 해석한다. 어떤 이는 신이나 자연과 신비적 합일을 경험한다. 과거나 가깝던 망자亡者와 더 직접적으로 연결되기도 한다. 카미노는 익숙한 행동 패턴을 깨뜨리는 데 도움이 된다. 순례자는 음식이나 언어, 사용하지 않은 촛불 켜기처럼 새로운 뭔가를 시도하고, 자신의 한계나 리듬, 관계를 시험하거나, 타인을 신뢰하고 뭔가 고백·공유하는 위험을 무릅쓰며 새로운 관점을 얻고 변화한다. 그들은 일시적이나마 이 세계에 '대안'이 존재한다는 사실을 배운다. 하지만 '순례자가 귀향한 뒤 자신의 심층 구조를 바꿀 수 있는가'라는 근본적 물음은 훨씬 대답하기 어렵다. 카미노는 단순히 피상적 통찰을 주는가, 아니면 실천과 감정, 사색이 합쳐져 행동과 변화로 이어지는가?

일상 편입

모든 도착의 역설은 그것이 새로운 출발이라는 점이다. 순례자는 산티아고에 도착하면 은유적인 새 출발에 대한 기대를 표현한다. 집에 돌아가면 뭐든 시작할 거라고 말이다. 산티아고는 기쁨과 축하, 자부심의 도시다. 성취의 눈물, 맹세를 완수했다는 안도감, 동료 순례자와 카미노를 회상하며 터뜨리는 웃음… 이 모든 것이 축제의 분위기에 녹아든다. 산티아고는 아쉬운 마무리, 어중간한 상태, 과거와 현재, 미래 사이에 낀 문턱 같은 곳이기도 하다. 때로 의혹과 침체된 느낌, 불확실성이 순례자를 짓누른다. 강렬한 몇 주나 몇 달의 경험을 뒤로하고 이제 고향의 일상에 빠르게 적응해야 한다. 신기한 만남, 새 친구들, 오랫동안 피해온 질문… 이 모든 것이 마음을 무겁게 한다. 카미노에서 되새

긴 질문(오늘은 어디서 먹지? 어디서 자지?)은 현실적 질문(기차표를 어떻게 구하지? 동료들을 언제 다시 볼까? 사제가 되겠다는 결심은 어떻게 하지?)으로 바뀐다. 산티아고에서 순례자는 집으로 돌아가거나, 카미노에 남거나, 여행을 계속하는 등 다양한 선택을 한다. 대부분 집으로 가고 남는 이가 드물지만, 극소수는 카미노에 머무르며 삶을 순례에 바친다. 어떤 이는 여행이 끝난 충격을 줄이려고 조금 더 멀리 여행한다. 이때 여러 가지 이유가 순례자의 발목을 잡는다. 그들은 못다 한 결정을 내리고, 비교祕教 혹은 켈트 의식을 치르고, 바다에서 입사 여행을 끝내려고 계속 여행한다. 피니스테레에서 세계의 끝에 왔다는 느낌을 맛보거나, 돌아갈 준비를 하고, 산티아고의 전설과 관련된 장소를 방문하려고 길 위에 좀 더 머물기도 한다.

순례는 일상에 계속 영향을 미치는 과정처럼 보인다. 행동 차원은 아니라도 최소한 기억의 차원에서는 그렇다. 산티아고 도착은 다음 국면의 시작과 같다. 순례자는 카미노의 이야기를 일상에 이식해야 한다. 전설 속의 사도 산티아고처럼 그 과정은 쉽지 않아 보인다. 어떻게 카미노와 고향이라는 두 현실을 화해시킬까? 내적 여행은 카미노 밖에서도 계속되기 때문에 문제는 더 복잡해진다. 감각의 고양을 맛본 순례자라도 영적인 질문의 해답은 찾지 못할 수 있다. 순례는 실패한 사랑을 반추하는 시간일 수도 있다. 명확한 해답을 찾기는커녕 신체의 통증이나 불쾌한 유년의 기억이 떠올라 곤란할 수도 있고, 예상치 못한 영적인 깨달음을 경험할 수도 있다. 현대 순례에서 내면의 여행과 물리적 여행이 일치한다는 주장은 너무 순진하다.

피할 수 없는 귀향은 순례 과정의 핵심이다. 많은 순례자가 돌아갈 준비가 되지 않았다고 느낀다. 전이의 충격을 줄이기 위해 재통합 의식을 치르는 순례자는 거의 없다. 보통은 급작스럽게 혼자 돌아가며, 직장에 복귀하기 전에 카미노에서 겪은 사건과 이야기를 소화할 시간도 거의 없다. 많은 순례자가 귀향을 힘들어하며, 전이 기간이 필요하다고 느낀다. 돌아온 순례자는 보통 주변 사람에게 '친근한 이방인'이 된다. 고향의 친구나 가족은 돌아온 순례자를 새로운 눈으로(존경과 호기심, 놀라움, 염려, 자부심을 가지고) 쳐다본다. 순례자에게 고향의 일상은 떠나기 전만큼 중요하지 않을 수 있다. 그들은 다시 말하기 과정을 통해 그간의 사건을 재해석하고 창조하고 방문한다. 그럼으로써 순례를 마무리하고 그 여행을 객관적으로 볼 수 있다. 그러나 대다수 순례자는 고향에서 우연한 만남, 자연과 합일, 새로운 우정, 영적인 깨달음 등 카미노의 경험을 소화하는 데 적절한 문화 모델을 찾지 못한다. 순례의 기억은 정신적이면서 감각적이다. 순례자는 카미노를 단순히 떠올리는 게 아니라, 다시 한 번 길 위에 선 것처럼 모든 감각으로 카미노를 느낀다. 그들은 순례를 생생히 간직하기 위해 중요한 사건과 순간을 상기시키는 은유와 이야기를 활용한다.

일상 복귀의 어려움

대다수 순례자는 순례를 긍정적 경험으로 여기며, 순례의 교훈을 어떤 식으로든 일상에 통합하려 한다. 많은 이들은 카미노를 통해 그동안 믿어온 가치와 시험을 견뎌낸 자신을 긍정한다. 그러면 집으로 돌아갈 때 행복감과 다시 태어난 느낌, 현재에 대한 감사가 찾아온다. 신체적 건강, 순례를 마쳤다는 자부심, 더 큰 공동체의 일부였다는 느낌은 순례자 속에 남아 (최소한 귀향 직후라도) 그들의 개인적 · 사회적 생활에 다양한 영향을 미친다. 순례자는 여행의 사연도 간직한다. 그 사연은 물 절약, '카르페 디엠'의 실천처럼 삶을 인도하는 소소한 지침이 된다.

그러나 어떤 순례자는 고향과 카미노의 연결 고리를 찾지 못한 채 일상으로 돌아온다. 그들은 타협의 어려움, 매일의 현실, 끈질긴 옛 습관 등 일상 편입을 방해하는 여러 가지 어려움을 호소한다. 세계를 보고, 느끼고, 행동하는 새로운 눈을 얻은 뒤에 이를 모르는 체하기는 어렵다. 순례자는 집으로 돌아온 뒤 일상의 압력에 굴복해서 아예 두 현실을 떼놓거나 그 둘을 통합하려고 무던히 애쓴다.

카미노에서 체득한 대안적 존재 방식을 실현하고 싶어도 고향의 현실(예를 들어 가족 부양)이 자아실현을 가로막는 경우가 있다. 검소함의 가치를 깨달았어도 직업이 세일즈맨이라면 타인의 소비에 의존할 수밖에 없다. 어긋나는 두 현실을 어떻게 화해시킬까? 어떤 이는 사회적 압력에 굴복하고 현상 유지에 만족한다. 두 현실을 모두 인정하는 일은 너무나 고통스럽다. 가족 문화나 생활의 압박이 카미노가 붙여준 불꽃을 꺼뜨리기도 한다. 소외로 가득한 소비 중심 사회에서 카미노의 에너지가 희미해진다고 느낄 때, 순례자는 최소한 카미노의 기억은 간직한다. 또 다른 현실에 살면서 자신과 사회를 다른 관점으로 보고, 다른 리듬을 경험한 기억 말이다.

어떤 이는 두 현실을 분리할 수 있다. 그렇게 건강하지 못한 삶의 방식과 감정적으로 불만스러운 관계, 맞지 않는 직장, 가정이나 직장의 위계적이고 성차별적인 관계를 이어간다. "카미노는 현실이 아냐"라고 합리화하면서 말이다. 어떤 이는 걷거나 자전거를 타는 때만 순례자였다고 할 수 있다. 카미노는 그들 정체성의 미미한 부분이자, 여러 현실 가운데 하나였을 뿐이다. 한편 이런 이들이야말로 다른 순례자의 '진정성'에 집착하는 경향이 있다. 자신이 '진정으로 카미노를 살지' 못했다는 것을 어느 정도 알기 때문이다. 길에는 애인이 있고 고향에는 가족이 있다. 순례 중에는 미사에 참석해 기도하지만 고향에서는 그러지 않는다. 카미노에서는 검박하지만 고향에서는 부유하게 살며, 카미노에서는 자연을 발견하지만 집에서는 아니다. 길에서 받는 도움과 환대는 즐겨도, 도움이 필요한 곳에 베풀지는 않는다. 어떤 이에게 순례는 '괄호 친' 경험으로, 카미노가 오아시스나 먼 이국의 섬 같은 여행지일 뿐, 집으로 가져올 무엇은 아니다.

어떤 이는 순례 경험을 온전히 보존하고, 카미노의 교훈을 삶과 가정에 적용하려고 무던히 애쓴다. 그들 중 일부는 귀국하자마자 삶을 바꾸는 결단을 한다. 이 유형은 대부분 카미노에서 긍정적인 개인적 변화를 경험한다. 다행스럽게도 그 변화가 결코 끝난 게 아니며, '언제나 내적 변화의 과정에' 있음을 안다. 이는 무엇보다 시간이 필요한 일이다. 순례가 일상에 어떤 영향을 미치고 재통합이 어떻게 가능한지 알려면 성찰과 이야기하기, 다른 순례자와 교류를 이어가야 한다.

카미노의 경험을 곱씹고 그 불꽃을 살리려는 순례자는 카미노 우호협회에 가입하거나, 편지나 모임을 통해 카미노의 동료 '집단'과 계속 연락한다. 카미노에서 재순례나 자원봉사를 하고, 스페인에서 직장을 구하기도 한다. 재순례는 늘 '충전', 기분 전환, 새로운 활로 탐색, '길 위의 삶'을 다시 시작하는 가능성으로 남았다. 카미노 경험을 괄호 치고 일상에서 잘 살던 이도 다시 순례함으로써 새로운 현실을 즐기고, 순례자의 지위를 만끽할 수 있다. 보통 이런 순례자는 순례 횟수가 진정성과 관련 있다는 듯이 자랑한다. 많은 순례 경험자, 특히 30세 이하 젊은 층은 협회 가입보다 편지나 모임을 통해 연락을 유지한다. 그 과정에서 다시 순례를 떠나거나 인생의 전환점을 맞기도 한다.

첫 순례는 당사자가 순례를 치르는 마음으로 계속 참여할 장기적인 내적 여행의 출발점이 된다. 어떤 이는 물리적인 카미노 순례는 끝났지만, 카미노가 다른 방식으로 자신과 함께 있다고 말한다. 도보나 자전거 순례는 누군가를 순례자 사회(상상된 공동체이자 실제 공동체)로 편입시키는 자발적·비공식적인 입사 의례라 할 수 있다. 대다수 카미노 순례자는 종교적 순례자가 아닌 이상 출발 전에 자신을 순례자로 여기지 않는다. 그러나 순례 과정에서 자신이 국적을 초월한 (과거, 현재, 미래의) 더 큰 순례자 집단의 일원임을 깨닫고 순례자의 정체성을 발전시킨다. 이 순례자 공동체는 지리, 국적, 순례 동기, 예식, 리더에 구애받지 않는다. 그보다 공통의 경험과 움직임, 카미노 문화를 공유함으로써 연결된다.

어떤 이는 카미노에서 경험한 공동체 의식을 일상에 구현하고 싶어 한다. 이것이 많은 카미노협회의 설립 동기다. 어떤 협회는 순례자에 집중하지만, 어떤 협회는 순례자뿐 아니라(순례 준비, 출발 의식, 귀국 후 재통합) 순례의 모든 측면(지역의 역사, 순례 루트, 교회, 중세사 연구)에도 몰두한다.

이 공동체 의식의 일부가 '새로운 유럽new Europe' 개념이다. (특히 1980년대부터) 카미노의 부흥과 연관된 클리셰 하나는 카미노의 역사를 씨앗 삼아 새로운 유럽을 창조한다는 것이다. 교황뿐 아니라 여러 국가와 지역 정부는 카미노의 건축과 예술 유산을 보존하기 위한 지원을 끌어내려고 이 개념을 이용했다. 가톨릭교회 입장에서 카미노의 부흥은 유럽 청년층을 가톨릭 신앙의 중심지로 이끌어 개종시킬 수 있는 이상적 방법이다. 유럽회의와 많은 카미노 '전문가들'이 EU가 갈망하는 '유럽 정체성'의 문화적 기반을 창조하려고 카미노 루트를 유럽인과 연결할 역사적 증거를 애타게 찾아 헤맸다. 개인 순례자나 협회 모두 '통합된 유럽'을 위해 비슷한 목표를 추구했다. 화합을 겨냥한 협회 운동에서는 분열의 징표도 드러났다. 이는 각국의 배타적인 국가 정체성 추구와 관련 있다.

분석은 명시적인 것뿐 아니라 숨겨진 것도 드러내야 한다. 통합된 '유럽'의 정체성 추구는 몇몇 민족적 차이를 지우지만, 동시에 벽을 쌓고 구별을 시작한다. 유럽적인 것이 있다면 '비유럽적인' 것도 있을 수밖에 없다. 기독교적 유럽의 근원을 거슬러 올라가면 우리는 십자군을, 더 정확히는 '신의 전사들'(십자군)이 다시 정복한 무어령 스페인을 만난다. 무어인 척살자라는 성 산티아고의 정체성은 폭력적이다. 이는 기독교적 유럽의 뿌리에 있는 다른 양상, 불관용과 살육이 판치던 유럽의 다른 얼굴을 보여준다. 현대 순례자는 '척살자 산티아고'의 이미지를 지워 없애거나 옆으로 치워둔다. 그는 과거의 인물이고, 오늘날에는 별 관계가 없다고 믿는다. 그러나 '과거'는 많은 순례자가 그리워하는 장소가 아닌가? 그러니까 과거에 대한 '기억'은 늘 선택적인 셈이다. 공통의 유럽 정체성이라는 개념이 대부분 정치적·민족적으로 백인 사회에서 유래한 백인의 운동임을 기억할 필요도 있다. '유럽의 문화적 뿌리'를 공유하지 않는 남쪽 이민자(대부분 이슬람 국가 출신)가 '침입'하고 '추월'함에 따라 경제적·사회적으로 위협 받을지 모르는 백인 사회 말이다. 여기서 '과거'의 순례란 백

인으로 구성된 옛 기독교적 유럽의 순례다. 어떤 이는 그 배타적 과거로 돌아가고자 한다.[2]

순례자의 성장

순례와 관광은 어떤 관계일까? 카미노의 부흥을 다룬 최근의 연구는 이 복합적인 두 현상을 구별하기 쉽지 않음을 보여준다. 따라서 이동movement의 의미를 이해하고, 참여자의 범주를 분석하는(그 범주가 어떻게 활용되고, 누가 배제되거나 포함되며, 그 이유는 뭔지) 것이 더 생산적이라 본다. 도보나 자전거, 짐을 운반할 동물이나 말과 여행하는 이들은 거의 언제나 자신을 진짜 순례자로 간주하며 그 명칭을 사용한다. 현대 카미노의 사회 환경은 참여자가 자신을 순례자로 여길 것을 주문한다. 따라서 순례는 신앙, 관광은 여흥이라는 이분법 대신 각자의 여행을 조건 짓는 생활 세계와 가치를 깊이 들여다볼 필요가 있다.

　순례 연구자는 대부분 순례의 핵심 동기가 종교적이라 보고, 현대 카미노에서 신앙과 믿음의 위상을 탐구한다. '경쟁하는 담론의 왕국'으로서 산티아고 순례는 여러 상반되는 지향점과 신앙 체계를 품고 있다. 현대 순례에서는 종교 없이도, 즉 가톨릭 교리의 핵심인 신이나 기적에 대한 믿음 없이도 '진정한' 순례자가 될 수 있다. 모순 같지만 이는 유럽-아메리카 사회에서 (은유적 의미의) '순례자 되기'가 얼마나 큰 유행인지 잘 보여준다. 이 은유적 순례자는 위기의 현대사회, 버거운 개인적 · 사회적 문제, 일상의 소외에 맞서 내면의 길이나 대안을 모색한다. 최근 서구에서 유행하는 절충주의적 종교운동, 영적 운동, 대안 운동, 생태 관광 속의 '대안 탐색' 열풍은 대략 20세기 말의 문화적 불만을 잘 말해준다. 현대의 산티아고 순례는 특정 기독교 종파에 구애받지 않는 범기독교적인 것이다. 그 상징과 기반 시설은 가톨릭의 역사와 의미를 바탕으로 하더라도 말이다.

많은 이, 특히 독실한 신자는 대안적 · 경쟁적 해석에 따른 순례의 탈신성화가 신앙과 믿음, 공동체, 성찬식, 종교적 · 영적 감정 같은 순례의 본질을 흐릴지도 모른다고 염려한다. 개인화된 영성주의의 급증은 보통 종교의 거부, 더 나아가 유비類比, analogy 과정을 통해 공동체의 상실이자 사회적 파열의 징표로 여겨진다. 그러나 현대 카미노 순례에서는 종교적 신앙과 믿음이 여전히 살아 있고, 오히려 성장하는 것 같다. 신앙과 믿음은 여러 방향으로, 다양하게 표현될 수 있다. 어떤 순례자는 삶과 교회에서 신성성을 재발견하며, 카미노 순례를 통해 자신과 인류에 대한 믿음을 되살린다. (가톨릭이든, 성공회든, 개신교든) 신자는 신이나 성 야고보, 자신이 믿는 종교에 대한 믿음을 새롭게 한다. 어떤 이는 순례 후 종교와 멀어졌지만, 신에 대한 믿음 속에서 더 강해졌다고 느낀다.

순례의 흥미로운 결과는 선물의 힘과 관련이 있다. 순례자는 종종 카미노에 강한 부채 의식과 책임감을 느낀다. 현재 유행하는 여러 개인화된 종교운동은 공동체 의식을 겨냥하지 않는다. 그러나 카미노 순례는 상상된 순례자 공동체나 '카미노'와 긍정적으로 연결되며, 심지어 연결되어야 한다는 느낌을 불러일으킨다. 순례자는 의례나 종교 지도자가 아니라 공통의 여행을 통해 깊은 유대와 충성심을 느끼는 것 같다. 순례의 상징은 공유되지만 그 의미는 개인적이라, 저마다 카미노에서 특별한 것을 경험한다. 순례자의 다양한 신앙과 순례 동기가 오히려 공동체의 유대를 강화하는 듯하다. 카미노와 그 의미를 통제하려는 자도 있지만, 순례자의 진정성을 규정하는 유일한 목소리는 없다. 순례자가 된다는 것은 무엇인가? 순례자의 역할을 어떻게 수행해야 하는가? 경쟁하는 담론 속에서, 순례자는 각자의 삶과 경험에 들어맞는 어떤 요소든 느끼고 취할 수 있다. 게다가 순례자는 종종 카미노의 여러 장소에서 감사를 느낀다. 이 부채 의식과 선물의 힘은 방대한 공간과 수많은 이들 위로 퍼져 나간다. 그 대상이 카미노의 특정한 순간이나 인물일 때도 있지만, 대체로 순례자는 순례라는 경험 전체를 기억하고 감사한다. 자연 속의 행복, 고통, 우울한 순간에 받은 격려, 갈증 해소 같은 의미 있고 소소한 경험이 모여 전체를 구성한다. 어떤 이는 신앙에, 인생 최고의 경험을 했음에 감사한다. 애도할 공간이 주어진 것에, 세계와 인생을 보는 새로운 관점에, 힘든 직장 생활의 스트레스에서 벗어난 것에도 감사한다. 감사할 이유는 하나일 수도, 여럿일 수도 있다.

어떤 순례자는 카미노에 뭔가 돌려주고 싶어 한다. 그래서 자원봉사자가 되고, 기부금을 내고, 카미노협회에서 일하거나, 다른 이에게 카미노를 소개한다. 카미노 표지판을 만들고, 가리비 껍데기를 나눠주고, 직접 순례할 수 없는 이를 대신해 다시 카미노로 떠나기도 한다.

나는 순례의 영향이 피상적인지, 오래 지속되는지 알고 싶었다. 그래서 순례자가 집으로 돌아간 뒤 일상을 조사하며 순례가 그들의 주변과 그들이 속한 사회에 어떤 영향을 미쳤는지 이해하고자 했다. 제도적 층위에서 최근의 순례 붐을 지지하는 가톨릭교회나 정부 기관의 성명은 각자의 이익을 위한 것이다. 순례의 부흥은 분명 카미노의 마을과 도시에 사회적·경제적 변화를 가져왔다. 때로 순례자와 자원봉사자, 마을 주민의 긍정적 관계가 이질적인 집단을 이어주고, 사회 서비스를 개선하고, 지역 경제를 부흥했다. 물론 부정적 영향도 있었다. 예를 들어 갈리시아에서는 식수원인 샘이 폐쇄되고, 순례자 숙소와 경제적 경쟁 관계에 있던 주민이 울상을 짓거나, 여름이면 작은 마을이 순례자로 미어터져 종전의 사회적 긴장이 악화되기도 했다. 역사적인 공공 건축이나 성당 건물을 복원한 것은 긍정적 결과지만, 몬테델고소를 포함한 몇몇 지역 경관이 훼손된 것은 안타깝다. 순례자의 협회 활동이나 범국가적 연대는 많은 유럽 중산층이 체감하는 공동체의 와해와 상실에 대응하기 위한 조치로 보인다.

순례자는 개인적 차원에서 카미노가 일시적이나마 또 다른 현실을 경험하고, 세계 인식과 활동을 위한 대안적 방법을 발견하게 해줬다고 말한다. '그 변화의 구심점은 개인인가, 카미노인가?'라는 질문은 '카미노가 어떻게 순례자의 일상에 계속 영향을 미치는가'라는 문제와 맞물린다. 몇몇 순례자는 종교적 깨달음이나 개종을 경험한다. 이 경우 고향에서 순례자의 삶은 급진적으로 변한다. 어떤 이는 '카미노의 현실'을 다시 경험하려고 재순례를 떠나며, 어떤 이는 두 현실을 분리하고 거기에 만족한다.

따라서 카미노가 불러오는 변화는 피상적일 수도, 지속적일 수도 있다. 많은 이는 일시적이나마 뭔가 다른 것을 경험하지만, 카미노를 통해 더 깊고 개인적이며 구조적인 변화를 이끌어낼 여유나 의지가 없다. 카미노 순례를 결심하고 이를 실천하는 것으로 충분할지 모른다. 그것만으로 대단한 성취다. 그러나 많은 순례자는 장기적 실천과 성찰을 통해 더 깊은 개인적 변화를 경험한다. 카미노가 촉매가 되었을지 모르나, 카미노와 일상을 화해시킨 주인공은 그들 자신이라는 것도 깨닫는다. 그런 의미에서 이렇게 말할 수 있으리라. 자신이 변화되기를 허락한 인간만 변화한다.[3]

부록 A
길 위에서 현지 조사

우리의 두 발을 발견하기.

한 번도 완전히 성공한 적 없는 이 불편한 과업이

개인적 경험으로 민족지 연구를 구성한다.

우리가 발 딛고 섰다고 상상하는 그 토대를 기술하려는

(언제나 과도한) 노력이, 과학적 노고로 인류학적 글쓰기를 구성한다.

_ 클리퍼드 기어츠(Clifford Geertz), 《문화의 해석The Interpretation of Cultures》에서

클리퍼드 기어츠는 민족지 연구의 개인적 성격을 묘사하려고 '우리의 두 발을 발견하기finding our feet'라는 은유를 사용했다. 이 표현은 특히 순례 연구에 들어맞는다. 나는 인류학자로서 두 발로 순례를 시작했다. 현지 조사지 카미노는 여러 가지 방법론적 어려움을 던져준다. 첫째, 고정된 장소에서 하는 대다수 인류학 연

구와 달리, 카미노와 순례자는 끊임없이 변한다. 순례자는 순례가 끝나면 60여 개 고국으로 돌아간다. 둘째, 순례는 과정process이며 순례자는 이따금 자신의 순례 동기가 시간에 따라 변했다고 말한다. 셋째, 순례자는 종종 이 과정을 카미노에서는 명확히 설명하지 못하다가 귀향한 뒤에야 깨닫는다.

이 곤란을 극복하기 위해 나는 카미노를 여러 장소에서, 다양한 방법으로 경험해야 했다. 카미노는 한 장소나 시간에 국한되지 않으며, 다양한 장소에서 복합적으로 구성된 의미의 집합이다. 그렇게 나의 작업은 조지 마커스George Marcus가 '다중 현장 민족지multi-sited ethnography'라고 부른 것이 되었다.[1] 조사의 시작은 당연히 순례였다. 나는 1993년 여름, 첫 번째 참여 관찰을 위해 스페인에서 미국인 단체(교수와 학생)에 끼여 9주간 순례했다. 카미노의 물리적 규모를 느끼고 싶었고, 역사적 풍광 속을 걷다 보면 개인적으로나 연구에 도움이 되리라 여겼다. 많은 순례자처럼 나 역시 종교적 감정이 아니라 일상에서 벗어나고 싶어 카미노에 끌렸다. 객관적 관찰자로 남겠다는 순진한 의도를 품었지만, 놀랍게도 카미노의 경험은 나를 훨씬 깊숙이 건드렸다. 귀국한 뒤 내 삶은 크게 흔들렸다.

이듬해 여름부터 13개월간 스페인에 머물렀다. 카미노의 여러 장소에서 한 해 순례를 전부 경험하기 위해서다. 1993년 순례때, 나바라와 벨로라도의 작은 마을에 거주하며 순례자 숙소 자원봉사자로 일하는 네덜란드 여성을 만나 깊은 인상을 받았다.

1994년에 그 순례자 숙소의 사제에게 연락했고, 그는 카미노프 란세스의 순례자 숙소 네 곳(론세스바예스, 벨로라도, 부르고스, 오 스피탈데오르비고)에서 일할 수 있게 해주었다. 기간은 8월 1일부 터 9월 9일, 10월 1일부터 15일까지다. 1994~1995년에는 순례 자 숙소 여섯 군데에서 일했고, 그중 네 곳에서는 다른 봉사자 와 함께 일했다. 그들의 국적은 스페인(33세 여성 공무원, 60세 퇴 직 여성, 27세 남성 법대생), 네덜란드(49세 여교사, 50세 남성 기 치료 사), 독일(30대 중반 여성 직장인 두 명), 미국(카미노와 관련된 문학 과 역사를 공부하는 여성)이다. 퇴직한 스페인 여성을 제외하고 모 두 순례 경험자다.

나는 숙소 바닥을 걸레질하고, 샤워실의 머리카락을 없애는 법 을 논의하고, 모국어(영어)로도 모르는 스페인어 배관 용어를 익 히며 시간을 보냈다. 그 모든 시간이 나의 현지 조사 개념을 확 장했다. 또 순례자와 속 깊은 대화를 하거나, 그들의 생활에 참 여하며 시간을 보냈다. 그들의 물집을 고쳐주고, 저녁을 만들고, 그날의 에피소드를 듣고, 날카로운 질문을 던지고, 마을이나 도 시를 거닐고, 엽서나 일기를 썼다. 체력적·정신적으로 고되지 만 보람 있는 시간이었다. 하루는 길었고 휴식 시간은 거의 없었 다. 여름 성수기에는 순례자가 끝없이 밀려들었다. 그렇게 50일 쯤 보낸 뒤에는 정신적으로 완전히 고갈되었고, 너무 많은 이야 기로 포화상태가 되었다.

순례자 숙소 근처에 살거나 그와 관련된 지역 주민(대부분 고령)과도 교류했다. 자원봉사자인 터라 외국인임에도 나는 지역 공동체에서 나름의 역할을 맡았다. 평소라면 국적, 언어, 연령, 계급 차이 때문에 만나기 힘들었을 이들과 예기치 않게 만날 기회도 있었다. 한번은 나바라 주민의 텃밭에서 채소를 뜯는데, 그가 나와 막 도착한 독일 여성에게 말했다. "이 작은 마을에서 우리 세 사람이 나라도 셋, 말도 셋인데, 서로 이야기를 하네." 카미노가 한 번도 스페인을 떠나본 적 없는 그에게 또 다른 세계를 보여준 셈이다.

1994~1995년 겨울도 연구를 위해 산티아고에서 보냈다. 비수기에 그 도시의 맥박을 이해하고 싶었기 때문이다. 나는 두 해 여름을 산티아고에서 보낸 상태였다. 그 도시가 카미노와 순례자를 어떻게 맞이하고 경험하는지, 겨울에 카미노를 이동한 용감한 순례자가 누군지 궁금했다. 논리적으로도 산티아고는 카미노 순례의 종착지여서 귀향을 준비하는 순례자를 만나기 좋은 장소다.

산티아고에 도착한 순례자는 대부분 구시가지에 모인다. 나도 거기서 많은 시간을 보냈다. 카미노 순례의 정치적·경제적 맥락을 이해하기 위해 대성당 광장에서 뻗어 나간 주요 보도 양편의 상점 주인과 면담했다. 순례자와 관광객 전반에 대한 현지인의 반응은 상당히 흥미로웠다. 내 현지 조사의 핵심은 산티아고에 도착했다가 떠나는 순례자와 보낸 시간이다. 산티아고순례자사무소에서 14년을 일한 돈 하이메 가르시아 로드리게스 씨와 직원들은 사무소에 갓 도착한 순례자에게 질문을 받고, 필요한 정보와 기록을 제공했다. 그럼에도 돈 하이메 씨는 (스페인 사람의 전형적인 반응대로) 가톨릭 신자가 아닌 젊은 미국 여성이 순례 연구를 하는 것을 신기해했다.

1994년 가을, 산티아고에 머물면서는 순례한 뒤 경험에 초점을 맞췄다. 그해 여름에 총 750킬로미터에 달하는 카미노프란세스 내의 다섯 지점에서 조사했는데, '순례자 되기' 경험이 어떻게 전개되는지 관찰하고 대화할 수 있었다. 순례자의 하루하루는 그 나름의 시작과 끝, 도착과 출발로 구성된 주기다. 그 과정은 산티아고라는 종착지에 가까워지면서 더욱 강렬해졌다. 귀향해서 각지로 흩어진 순례자를 추적·연구하기는 쉽지 않았다. 나는 편지, 자택 방문, 스페인과 외국의 카미노우호협회 활동 참여 등 다른 순례자와 똑같은 방법을 썼다. 그 과정에서 독일과 영국(2회), 스페인 각지(마드리드, 바르셀로나, 사라고사, 세비야, 북부 해안)를 방문했다.

연구 방법과 카미노 재현

내 연구는 고전적 현지 조사와 거리가 있어, 끊임없이 변하는 카미노의 순례 인파에 따라 부침을 반복했다. 자원봉사자로 일할 때, 순례의 허물없는 분위기를 감안해서 긴 공식 면담을 자주 시도하지는 않았다. 카미노는 성찰과 행동의 대상이자 마음을 깊이 느끼는 곳이다. 그것은 오감을 통한 경험이다. 순례자와 대화하면서 순례 동기, 순례 집단 구성, 개인적 발견, 미래에 대한 희망 등을 자세히 조사했다. 함께 대화한 순례자 수백 명과 주소를 교환하고, 그들을 추적·조사했다.

설문지는 사용하지 않았는데, 내 연구가 순례자의 경험을 방해해서는 안 된다고 생각했기 때문이다. (불가능한 바람이었지만) 내게는 나바라 마을에서 자원봉사자로 일한 네덜란드 여성이 의아했듯이, 대다수 순례자는 젊은 미국 여성이 자원봉사자로 일하는 것을 놀라워했다. 이런 솔직한 감정 표현과 개방성은 카미노의 커뮤니타스적 에토스에서 나온 것이다. 그래서 내 연구 프로젝트를 설명할 수밖에 없었다. 대다수 순례자는 내 연구를 흥미로워하며 기꺼이 긴 얘기를 들려주었다(미국 외교나 국내 상황, 젊은 스페인 남성이 열광하는 미국 드라마 〈베이워치Baywatch : SOS 해상구조대〉 등 덜 중립적인 주제에 대해서도). 내 연구는 그들의 자기 성찰에 큰 빚을 졌다. 많은 이들이 자기 경험을 나누고자 했으며, 어떤 이는 다른 사람이 똑같은 문제에 어떻게 대처하는지 알고 싶어 했다. 이야기를 들어줘 카미노의 경험을 소화하는 데 도움이 됐다며 고마워하는 사람도 있었다. 나는 1994년 12월, 1995년 4월과 12월에 순례자에게 편지를 썼다. 열린 질문 형식으로 귀향한 뒤 상황에 대해 물었다. 영국과 독일, 스페인에서 여러 차례 면담을 했고, 장기·단기 순례자와도 대화했다(그중에는 몇 달 전 순례를 마친 이도 있고, 30년 전에 다녀온 이도 있다). 지금도 나는 여러 순례자와 주기적으로 깊이 있는 편지를 주고받는다.

　특별한 공간인 카미노는 소문이 쉽게 퍼지는 소규모 공동체를 닮았다. 소식은 숙소 방명록이나 뒤에 오는 순례자, 앞서가는 자전거 순례자를 통해 길 앞뒤로 전해진다. 그러나 이 공동체는 역설적이게도 끊임없이 변화하는 공동체, 순례자가 아닌 극소수 고정 멤버를 포함하는 공동체다. 현지 조사 때 종종 사람들은 나를 '그 미국 여자La Americana' 혹은 '미국 작가나 인류학자'로 인식했다. 나의 카미노 조사가 어느 순례자의 귀국 후 경험에 영향을 주기도 했다. 한 순례자 친구가 1995년 12월에 이메일을 보냈다. 런던에서 열린 성야고보형제회 모임에서 한 영국 여성이 자신의 여름 순례에 대해 이야기하다가 나를 언급했다는 것이다. 다른 영국 순례자는 순례 후 집필한 에세이 초고를 보내면서 그걸 출판하려면 어디에 보내야 하는지 물었다. 내 주의를 끈 대목은 원고 첫 문단이다. 이 글은 인류학적 재현의 문제를 성찰하게 한다.

　카미노에서 나는 전통적인 가톨릭 신자, 진지한 무신론자, 정직한 불가지론자를 만났다. 카미노는 1990년대 유럽처럼 다원적pluralist이고, 가톨릭 패권주의는 존재하지 않았다. 길 위에는 신앙이 있거나 없는 사람, 브라질에서 온 학생, 독일에서 온 교구민, 저널리스트, 실직한 스페인 노동자, 심지어 순례 현상을 연구하려고 1년이나 머무른 캘리포니아 출신 인류학자도 있었다. 불가지론자인 그녀는 신기하게도 1년 연구한 뒤, 본인이 면담한 순례자보다 독실한 가톨릭 신자처럼 되었다. 그녀는 신앙이 없는 순례자와 대화하다가 큰 곤경에 처해 성 야고보에게 말을 건넨 적도 있다고 고백했다!

이 언급은 재현과 민족지적 권위ethnographic authority에 관한 중요한 물음을 던진다.[2] 저자는 카미노가 '다원적'이라는 견해를 포함한 자신의 사고방식에 따라 나를 묘사한다. 그는 나를 장소(미국인이 아니라 캘리포니아인)와 신앙(불가지론자이자 가톨릭 신자. 내 생각에 그 평가는 정당한 것 같다)에 따라 규정하면서, 다소 신기한 존재로 여긴다. 그 묘사를 읽으며 즐거웠지만, 부정확하고 원래 맥락과 다르게 쓰인 정보가 센세이셔널한 효과를 불러일으켜서 놀랐다. 나는 이따금 성 야고보에게 말을 걸었지만, 무슨 종교심 때문이 아니고 '내 삶이 어쩌다가 성 야고보의 대담한 생애와 이렇게 깊이 엮였을까'라는 신기함과 흥미로움 때문이다. 나의 민족지적 재현에서는 순례자의 말을 그대로 싣고자 애썼다. 물론 그런 노력도 기억의 한계를 안은 '부분적 진실partial truth'이자 회상의 방식, 개인적 편견임을 안다. 위 글을 쓴 순례자는 한 면담에서 "당신의 접근도 '가치중립적'이지 않다"고 말했다. 나는 즉각 되물었다. "제가요? 뭐가 그렇다는 말이죠?" 그러자 옆에 있던 순례자가 제안했다. "그냥 우리 이야기를 해요." 이 문장이 내 민족지적 재현의 목표가 되었다.

특별한 언급이 없는 한, 이 책의 모든 번역은 내가 했다. 인용 표시 없이 순례자의 말을 따온 경우도 많다. 모두 그들이 보낸 편지와 인터뷰에 있는 내용이다. 비스페인 순례자는 대부분 영어로 편지를 썼고, 스페인 순례자의 편지는 내가 영어로 번역했다. 이 책에 등장하는 순례자 이름은 전부 가명이지만, 인물의 성격과 사연은 그렇지 않다. 출판물이 있는 순례자는 본명을 그대로 표기했다.

20세기 산티아고 순례의 부활

영국의 여행 작가 리처드 포드Richard Ford는 1840년대에 카미노의 종말을 선언했다. "순례, 그 동양적인 중세풍 여행의 형식은 스페인에서도 사라지고 있다. 시신은 남았어도 정신은 죽은 지 오래다."[1] 포드는 150년이 지나 되살아난 카미노를 상상하지 못했을 것이다. '소생reanimation'은 새로운 삶을 준다는 뜻이다. 이 낱말은 포드가 말한 '사라진 카미노의 정신Camino's lost spirit'에 대응하며, 애니미즘과는 관련이 없다. 자연현상과 무생물을 포함한 만물에 영혼이나 생명력이 있다는 사고 말이다. 확실히 카미노는 20세기에 새 생명을 얻었다. 순례광은 카미노에 있는 불굴의 '영혼'이 이런 변화를 불러왔다고 여길지도 모른다. 덕분에 온갖 변화의 바람, 인간 본성의 변덕스러움, 순례 루트의 변화 속에서도 카미노가 살아남았다고 말이다.

10세기 이래 카미노의 상징이나 주요 등장인물(순례자이자 전사-성인인 산티아고, 가톨릭교회와 여러 정치 세력, 부와 권력, 신앙)

은 거의 그대로다. 달라진 것은 그 요소의 활용과 의미다. 산티아고 숭배 부활에 크게 기여한 초기 사건은 1879년에 200년 동안 숨겨진 성 야고보의 유해가 발굴된 것이다. 1884년 교황 레오 13세는 교황 칙서 〈전능한 신Deus Omnipotens〉에서 그 유해가 진품임을 선포했다. 그 후 순례 전성기인 중세의 예술과 역사, 문학에 대한 새로운 관심이 싹텄다. 그 유해는 '마리아의 시대'라 불리던 시기, 즉 1858년 프랑스 루르드의 성모 현현 이후 마리아 숭배가 꽃피던 시기에 발견되었다. 가톨릭교회는 대중의 종교적 표현을 장려하고 통제하기 위해 마리아 숭배를 지지했다.[2]

1940년대로 오면서 산티아고에 학문적·정치적 관심이 쏠렸다. 미국인 월터 뮤어 화이트힐Walter Muir Whitehill은 1920년대 말부터 1930년대 초까지, 산티아고대성당 기록보관소에 있던 《칼릭스티누스 고사본》을 옮겨 쓰는 지난한 작업을 했다. 그 결과물은 스페인내란(1936~1939년) 탓에 출판이 지연되어 1944년에야 빛을 봤다.[3] 고통스런 내란이 끝나고, 산티아고 마타모로스는 스페인의 파시스트 지도자 프랑코Francisco Franco의 민족주의 정책을 견인하는 정치적 상징이 되었다. 동시에 카미노는 피 튀기는 내란과 완전히 분리된 평화의 공간으로 다시 규정되었다. 그 순간부터 프랑코는 의식적으로 자신을 산티아고 마타모로스와 연관 짓고, (호전적인 산티아고가 그랬듯이) 자신을 스페인의 구원자이자 통합자로 여겼다. "뒷날 2차 바티칸공의회의 자유주의적 사제들이 '민족주의적 가톨리시즘'이라 폄하한 프랑코식 종교성religiosity은 각종 퍼레이드를 통한 믿음 과시, 엄숙한 미사, 반종교개혁을 연상시키는 정교한 의식을 근거로 했다."[4] 비슷한 맥락에서 스페인 내란이 일어나기 전인 1936년, 프랑코는 2공화국 시절 폐지된[5] 산티아고 봉헌voto de santiago*을 되살리고 산티아고를 스페인 수호 성인으로 복권하기 위한 공공 청원을 냈다.[6] 1937년 7월 21일, 결정적인 브루네테Brunete 전투**에서 프랑코는 산티아고 성인의 보호를 기원했다. 그는 산티아고 축일인 7월 25일 전투에서도 승리했다. 그는 이 전투를 '2차 클라비호 전투'라 칭하며, 결정적인 스페인 정복 전투에서 무어인 척살자로 등장한 산티아고 성인을 상기시켰다. 그는 브루네테와 클라비호를 연관 지으며 산티아고 마타모로스를 활용해 자신과 프랑코파를 가톨릭 신앙에 뿌리를 둔 스페인의 정체성과 동일시했다.[7] 스페인은 프랑코 치하에서 '서구의 거대한 가톨릭 보호 지역'으로 여겨졌다. 즉 그는 자신을 스페인의 두 번째 구원자로, 민족주의 운동을 스페인의 두 번째 구원으로 선포한 셈이다.

프랑코는 국가의 통합과 강화에 마타모로스 이미지를 활용하는 한편, 순례 연구도 추진했다. 그의 정부는 순례 역사를 다룬 두꺼운 책 두 권을 출간했고, 1943년에 국립스페인연구소는 1900년 전에 순교한 산티아고 성인을 기념하는 학술대회를 개최했다. 그 결과 1949~1951년에 루치아노 휘도브로 이 세르나Luciano

---

*   과거 스페인 일부 지역 농민들이 산티아고대성당에 바친 봉헌물.
**   마드리드 근교에서 벌어진 공화파와 프랑코파의 전투. 공화파에 큰 타격이 되었다.

Huidobro y Serna가 쓴 세 권짜리 《Las peregrinaciones jacobeas야고보 순례자들》이 출간됐다. 1948년에는 루이 바스케스 데 파르가Luis Vázquez de Parga, 호세 마리아 라카라José María LaCarra, 후안 우리아 리우Juan Uría Ríu가 지은 세 권짜리 고전 《Las peregrinaciones a Santiago de Compostela산티아고데콤포스텔라의 순례자들》이 나왔다. 동시에 산티아고에 위치한 성야고보수석형제회는 1948년 희년을 기려 《Compostela콤포스텔라》지를 출간함으로써, 산티아고 숭배에 새로운 관심을 불러일으켰다. 같은 해 시작된 '산티아고 세계 청년 순례'는 가톨릭교회와 스페인을 기념할 목적으로 희년마다 치러졌다.

유럽은 두 차례 대전에서 끔찍한 혼돈과 대량 학살을 겪은 뒤, 진지한 사회적 성찰의 시기에 돌입했다. 1940년대 말, 서유럽에 상대적으로 평화로운 시기가 찾아왔다. 이동이 수월해진 유럽 중산층은 따뜻한 지중해 지역에서 여가를 보내기 시작했다. 이 시기부터 공통의 과거를 기반으로 유럽을 통합하려는 정치적 시도가 있었다. 기독교적 유럽에 뿌리를 둔 카미노의 역사는 정치적 차이를 초월하고, 전쟁의 북소리 대신 타박타박 걷는 소리로 유럽 대륙을 통합하는 이상적 방편을 제공했다.

이 시기 산티아고 순례자의 머릿속에는 여전히 전쟁이 자리 잡았다. 1945년 스페인 젊은이 세 명이 산티아고 순례를 떠났다. 사도의 무덤을 보고 "그가 우리에게 준 선물인 기독교 신앙에 감사하고, 신의 왕국과 (특히 가난한 소외 계층을 위한) 새로운 세계를 건설하는 방법을 발견하는 데 도움을 주지 않을까 하는 희망"에서다. 그들은 현대 순례자와 달리 아무 준비물이나 지도, 배낭, 특별한 신발도 없이 떠났다. 그들은 카미노의 마을에서 가난을 보았고, 현지 주민에게 순례가 잊혔음을 깨달았다. 주민은 그들을 두려워했다. 특히 갈리시아 주민은 그들을 '반프랑코주의자인 게릴라'로 의심했다. 그들은 길에서 또 다른 순례자 무리 (독일군 세 명과 스페인 사람 다섯 명)를 만났다. 독일군은 연합군 강제수용소에서 도망쳐 보호를 요청하려고 산티아고로 가는 길이고, 스페인 남성들(네 명은 라리오하, 한 명은 갈리시아 출신)은 독일 편에서 싸웠고 대부분 파시스트로 구성된 스페인 의용군 푸른사단Blue Division 소속이었다. 그들은 스탈린그라드전투에서 살아남은 뒤 사도에게 감사하러 산티아고에 가겠다고 서원했다. 그들은 전쟁으로 피폐해진 상태에 뭔가 더 나은 것을 희망하며 믿음 속에서 산티아고에 도착했다.[8]

1950년대와 1960년대 초에는 성야고보형제회가 프랑스와 스페인의 카미노우호협회 형태로 되살아났다. 스페인 정부의 정치적 관심이 이어졌고, 카미노의 역사적·예술적 양상에 대한 학계의 관심도 늘었다. 1950년에는 프랑스 학자들이 파리에 생자크드콩포스텔우호협회Société des Amis de Saint-Jacques de Compostelle를 설립했다. 10세기부터 조성된 프랑스 내 방대한 카미노 문화유산을 조사하고 복원하기 위해서다. 이 협회는 중세 카미노 순례, 순례자, 성화, 순례 문학, 프랑스 민속뿐 아니라 카미노 순례와 그 루

트 형성에 기여한 프랑스 수도회의 역할도 연구했다.[9]

1954년 희년에 스페인에서는 아버지의 나라la patria와 신에 대한 믿음을 고취하고자 청년 단체 순례가 조직되었다. '진정한 기독교' 개념을 근거로 신앙심을 고취할 목적으로 성당 미사, 묵상회, 단체 종교 모임도 급증했다.[10] 많은 스페인 병사는 스페인의 수호성인 산티아고에 경의를 표하고, 프랑코가 복원한 산티아고 성 축일 봉헌을 바치려고 말을 타고 순례를 떠났다. 1956년에는 산티아고 관련 학술지《Compostellanum콤포스텔라눔》이 창간되었고, 몇 해 뒤에는 성 야고보 숭배와 그 역사를 다루는 야고보 연구센터Centro de Estudios Jacobeos가 설립되었다.

외국에서 학문적 관심도 이어졌다. 1924~1954년에 산티아고를 세 차례 순례한 월터 스타키는 1957년에 '제멋대로 하는 순례자pampered pilgrim'에 대해 다음과 같이 평했다. 이 글은 현대 순례의 에토스가 형성되던 시절의 중요한 기록이다. "오늘날 순례자는 30년 전 내가 젊었을 때 순례자보다 훨씬 사교적이고 로봇 같다. 미사를 관리·감독하는 형제회, 여행 일정을 빈틈없이 짜 주는 여행사 덕분에 예기치 못한 모험은 일어나지 않으며, 이런 풍조가 유행이 되었다. 그럼에도 각국에는 여전히 속도가 빠른 패키지 순례를 거부하는 외로운 순례자가 많다. 그들은 은하수의 성단 속을 떠다니는 수많은 영혼에 의지해서 긴 순례를 떠난다."[11] 스타키는 과거에 대한 향수와 사회 비평이 섞인 이 글에서 도보 순례와 버스나 자동차 순례를 구별한다. 그는 후자도 순례자로 간주하지만, 대중교통과 대규모 단체가 순례의 진정성을 손상한다는 뉘앙스가 풍기며, 그런 이들은 관광객−순례자라고 생각하는 듯하다.

관광산업의 발전은 카미노의 부활에 중요한 역할을 했다.[12] 스페인은 1960년대에 관광산업을 통해 자국 경제의 다양화를 꾀하기 시작했다. 무엇보다 '유럽이지만 유럽답지 않은' 나라라고 여겨지던 스페인으로 외국인 관광객을 끌어들이길 원했다.[13] 피레네산맥 남부의 스페인은 다채로운 민속, 플라멩코, 집시, 투우, 의례, 종교가 발견되는 이국적 명소다. 이 시기에 스페인을 찾는 외국인 관광객이 천문학적 규모로 증가했다. 1951년에 스페인의 외국인 관광객은 130만 명이었지만, 1963년에 1100만 명, 1978년에는 4000만 명으로 늘었다.[14] 스페인 관광산업은 1960~1970년대에 다시 변했다. 스페인은 이국적 관광지에서 햇살 가득한 남국南國으로 변해 지중해 연안을 찾는 북유럽인을 끌어들였다. 당시 스페인 관광부 마누엘 프라가 이리반Manuel Fraga Iribarne 장관 (현 갈리시아 주지사)은 막 태동하는 중세 관련 관광 상품의 매력을 놓치지 않았다. 그는 카미노 관광을 적극 홍보했고, 특히 희년인 1965년과 1971년 전후로 카미노의 기반 시설을 확충하고 유적을 보존하기 위해 노력했다. 그는 프랑코 치하에서 카미노의 파라도르(숙박) 시스템을 확립했다.[15] 1960년대 초 프랑코는 카미노데산티아고를 스페인 정부에 자체 이사회를 둔 '역사 예술 단지'로 지정했다. 역사적 자원으로써 카미노의 가치를 인정하며, 이를

보호하고 동시에 이용하겠다는 뜻이다.[16]

카미노의 역사와 예술 유산을 보호하겠다는 정부 방침에 따라 스페인 서부를 대상으로 한 관광업이 크게 발전했다. 스페인 서부는 관광 붐의 장소이자 이국적 역사 유적이 있고, 유럽 중산층이면 누구나 대중교통으로 여가를 즐길 수 있는 곳으로 여겨졌다.[17] 1970년대에는 역사와 자연은 물론 과거에 대한 향수와 역사 유산, 여가를 강조하는 '유럽적 의례의 부흥'에 초점을 맞췄다. 이 노력은 유럽의 유산을 보존하고, 잃었다고 여겨진 유럽의 과거와 '집단적 기억'을 되살리려는 움직임과 맞물렸다.[18]

1950~1970년대에 많은 순례자는 (여기서 나는 의도적으로 '순례자'라는 용어를 쓴다) 차를 타고 산티아고로 갔다. 그들은 1960년대 초 스페인 정부가 120번 고속도로를 따라 설치한 카미노데산티아고 표지판을 따라갔다. 1980~1990년대에 몇몇 순례자(특히 비스페인 출신)는 10대 시절인 1950~1960년대에 차를 타고 산티아고에 간 이야기를 한다. 초기 카미노 홍보 덕분에 다양한 자동차 관광객이 카미노로 유입되었다. 1962년 프랑스 잡지 《이클레Eclair》에는 당시의 자동차 순례를 다룬 기사 〈Sur les chemins de Compostela à l'age de la gazolina가솔린 시대의 카미노〉가 실렸다. 기사의 사진에는 프랑코가 설치한 고속도로 표지판이 분명히 보인다.

스페인 에스테야의 첫 카미노우호협회는 1959년에 설립되었다. 그들도 파리카미노우호협회처럼 카미노의 중세적 측면에 초점을 맞췄고, 그 후 학술지를 창간하고 야고보연구센터를 설립했다. 오랫동안 이어진 '중세연구주간Medieval Studies Week' 행사도 개최했다. 1972년에는 '카미노 속의 유럽Europa en el Camino de Santiago', 1978년에는 '산티아고의 카미노, 유럽의 카미노Camino de Santiago, Camino de Europa'라는 주제로 학회를 후원했다. 스페인에서 처음 설립되었으며 가장 영향력 있는 에스테야카미노우호협회는 유럽 도보관광협회, 스페인산악협회와 연계하여 카미노를 부흥시키려고 애쓰기도 했다. 순례자의 도보 네트워크를 되살려 유럽의 유산과 통합을 홍보하기 위해서다.[19] 카미노는 이 목표를 실현하는 데 이상적 수단이 되었다.

　에스테야카미노우호협회는 도보 순례를 통한 카미노 부흥을 계획했다. 1963년 창립 멤버 세 명이 에스테야에서 산티아고로 도보 순례를 떠났다. '카미노의 상태, 특히 숙박과 교통, 순례 루트, 오솔길, 순례 인식'을 조사하기 위해서다. 협회는 "철저한 연구와 분석을 통해 카미노프란세스를 원래대로 되돌리는 작업에 매진"했다.[20] 그들은 중세 복장에 긴 망토, 가리비 껍데기를 달고 걸었다. 그들은 처음 생각과 달리 순례 루트가 사람들의 기억(어떤 이들이 표현한 바에 따르면 환상적인 '집단적 기억') 속에서 사라졌다는 사실을 깨달았다. 그들은 순례 중에 종종 푸대접 받고 노숙자 취급을 당했다. 그들의 순례는 카미노를 현대에 되살리는 행동이자, '중세 방식으로' 카미노를 다시 살아보는 역사와 정체성의 놀이가 되었다.

1965년에 미국 대학생(21세)이 프랑스와 스페인을 도보로 순례했다. 그는 집으로 보낸 편지에 현대가 순례에 적합한 시대가 아닌 것 같다고 썼다. 특히 프랑스 사람은 순례나 순례자가 뭔지 몰랐고, 그는 종종 부랑자 취급을 받았다. 스페인에서는 그가 순례자임을 몰라본 부랑자가 구걸하는 방법(팔을 어떻게 뻗는지, 어떤 장소가 최고인지)을 가르쳐주기도 했다. 그는 론세스바예스에 도착해서 200년 전에 이곳에 왔어야 한다고 느꼈다. 그는 에스테야에서 도움을 받았고, 부르고스 근처에서 몇몇 사제와 점심을 먹었다. 11세기에 지어진 레온의 신학교에서 하룻밤을 보내기도 했다. 그는 신참 사제들과 점심을 먹고 찬송을 부른 뒤에 썼다. "이곳은 진짜 궁전이다. 유서 깊은 장소여서 당신을 진짜 순례자로 되돌아가게 한다." 그와 에스테야카미노우호협회 모두 중세 카미노의 흔적(돈 없이 걷기, 정해진 순례 루트 따르기, 위험을 무릅쓰기)을 찾아 헤맸지만, 카미노에 종교적 루트보다 관광 루트가 많다는 사실을 깨달았다. 그 미국 학생은 갈리시아 근처에서 썼다. "순례는 이 지역에서 큰 산업이다. 하지만 진짜 순례자는 몇 안 되며, 아마 한 명도 없을지 모른다. 우리처럼 흉내만 내는 이들조차 거의 없다." 그와 에스테야카미노우호협회 모두 중세 순례의 흔적을 찾고 있었으나, 현대적 현실만 발견했다. 그러나 그들의 행위는 카미노 주민에게 순례에 관한 '공공의 기억'을 일깨우는 데 기여했다.[21]

1960~1970년대에는 카미노가 현대와 중세를 잇는 문화적 · 역

사적 루트라는 점을 어필했다. 이 시기 여러 전시회와 출판물이 순례에 대한 관심을 북돋웠다. 스페인 관광부는 1965년 희년을 맞아 산티아고 자동차 여행자를 위한 가이드북을 발간했다. 거기에는 카미노의 전설, 루트, 갈리시아 연안 정보, 카미노의 발전과 유럽 정신의 상관성을 논하는 서문이 실렸다.[22] 그해 파리카미노우호협회 회원들은 파리부터 산티아고까지 사륜마차로 순례하고, 성 야고보의 무덤을 방문했다.[23] 1977년에는 프랑스 저널리스트 피에르 바레Pierre Barret와 장노엘 귀르강Jean Niel Gurgand이 산티아고를 50일 동안 걸은 다음, 중세 순례자의 기록과 그들의 개인적 이야기를 담은 책을 펴냈다.[24]

스페인 가톨릭교회는 1960년대 말, 2차 바티칸공의회의 새로운 칙령을 발표한 뒤 큰 변화를 겪었다. 2차 바티칸공의회의 진보적 사제들은 프랑코의 과시적인 민족주의적 가톨릭 신앙을 경계하며 "종교의 독점을 끝내고, 종교적 견해가 공존하는 장을 인정하라"고 권고했다.[25] 종교도 이의를 제기할 대상이 된 것이다. 민족주의 가톨릭 신앙을 옹호하는 세력은 여전히 순례를 열렬히 지지했다. 게다가 스페인 가톨릭교회는 가급적 카미노를 통제하길 원했는데, 카미노와 같은 대규모 순례의 종교적 파급력을 무시할 수 없었기 때문이다.[26] 그사이 스페인국립청년대표단Delegación Nacional de la Juventud은 꾸준히 전국 규모 산티아고 순례를 조직했고, 1971년 희년에는《Ritual del peregrino순례자 의례》라는 책을 펴냈다. 순례와 그 역사, 의식, 의례를 설명하고 순례자가 매일 행하는 기도와 찬송가를 담은 책이다. '순례는 중세 여행을 모범으로 삼아 명상, 고행, 경건을 통해 신앙의 강화에 기여해야 한다'는 메시지가 분명하다.[27] 1960년대 말과 1970년대 초에는 프랑스에서 자동차 관광과 결합된 비교秘敎풍 대안적 종교운동이 등장했고, 루이 샤르팡티에Louis Charpentier가 쓴 《The Mystery of Compostela콩포스텔라의 신비》라는 책을 통해 스페인에도 소개되었다. 저자는 카미노를 중세 연금술사의 '위대한 작업Great work'이라 부른다. 뉴에이지 순례자는 이 위대한 작품 위를 자동차로 이동하면서 카미노 성당에 숨겨진 상징 속의 비의秘儀를 밝혀내려 했다. 그 외 산세바스티안에서 시작된 신세계 운동Movimiento Mundo Nuevo이 1971년부터 꾸준히 종교적 순례를 기획했다. 젊은 세대에 기독교적·인문적 가치를 확산하기 위해서다.

카미노는 언제나 순례 루트였지만, 스페인 정부는 20세기 중반의 부흥기에 카미노를 관광 루트로 홍보했다. 대규모 단체 관광, 해변 여행의 피상성을 극복하는 '대안' 관광지로 말이다.[28] 1982년 에스테야카미노우호협회는 카미노 부활을 다음과 같이 평가했다. "카미노는 일반 관광보다 돈이 덜 드는 문화관광 형태다. 또 다른 장점은 관광객을 속이지 않는다는 것이다. 카미노의 부활은 기독교적 스페인, 즉 서구 문명을 홍보할 것이다."[29] 관광객은 이 대안 관광을 통해 순례 루트의 문화와 역사 유산을 만나며, '서구'의 종교적·문화적 구심점을 간직한 스페인을 실망 없이 여행할 수 있었다.

1980~1990년대에 큰 변화가 일어났다. 여행자가 자동차 대신 도보와 자전거 순례를 선호하기 시작한 것이다. 1980년대 스페인에서 새로운 관광 형태가 발전했다. 한 연구자가 피상적이나마 '생태-문화 관광'이라 부른 관광 형태가 나타나 '양'보다 '질'이 중요해졌다. 이제 유럽을 스페인화하고('스페인처럼 되기 위한, 스페인 사람처럼 살기 위한 길el modo de ser y vivir español'), 비경쟁적 스포츠와 야외 활동을 강조하며, 진부한 일상을 위한 심리적 휴식을 제공하는 '관대하고 다원적인 스페인'을 강조하는 것이 관건이다.[30] 카미노에서는 자연 음미, 대중 관광 거부, 내적 발견, 신체적 여가 활동이라는 요소를 전부 찾아볼 수 있었다. 1980년대 초에는 '전통적 방식'(도보와 자전거)으로 카미노를 이동하려는 이들(특히 비스페인 사람)이 훨씬 늘어났다. 자동차 순례는 1950년대 말~1970년대처럼 유행하지 않았다. 손쉬운 자동차 여행 대신 인력에 의지한 장기 순례가 인기를 끌었다.[31]

스페인에서 장거리 순례는 1980년대 말에야 유명해졌다. 여가와 관련된 가치관, 전국적 순례보다 지역 순례를 선호하는 문화, 프랑코 정권과 얽힌 산티아고에 대한 양가감정이 카미노에 대한 무관심을 낳았기 때문이다. 1970년대 말에 한 인류학자는 썼다. "산티아고 붐은 갈리시아나 스페인보다 스페인 밖에서 벌어진 국제적 현상이다."[32] 게다가 산티아고는 이따금 '공식적' 혹은 국가 신앙과 결부되었다. 산티아고 무덤 순례는 종종 희년 기념이나 가톨릭교회의 후원으로 (신앙심보다 의무감에서) 치러졌다. 1975년에 프랑코가 사망하고, 1980년대 초에 스페인의 민주화가 시작되었다. 그동안 '순례자 야고보'보다 '무어인 척살자 야고보'에 익숙해진 스페인 사람들은 선뜻 산티아고로 발길을 돌리지 않았다. 당시 갈리시아에서 유행한 시 한 편이 이런 양가성을 잘 드러낸다.

내가 말했지 소녀야
산티아고에 가지 마라
거기서 말 탄 남자를 보면
겁이 날 거야[33]

프랑코가 사망한 뒤 카미노와 관련된 여러 지원과 정책이 중단되었다. 1979년 4월, 에스테야카미노우호협회장은 정부 지원금이 대폭 축소되어 17회 중세연구주간 행사를 취소한다고 발표했다.[34] 프랑코 사후 들어선 사회주의 정권은 정치적으로 점점 종교와 거리를 두었다.[35] 민주주의 전환기의 사회주의자는 프랑코의 상징적 분신과 같은 산티아고와 거리를 둘 수밖에 없었다. 프랑코 정권기와 달리 1985년에는 정부의 카미노 순례 홍보가 크게 줄었다. 스페인 정부는 1980년대 내내 카미노에 대해 함구했지만, (특히 스페인 밖의) 미시적 차원의 관심은 이어졌다.

1980년대 유럽 전역에 중세 말 순례자의 형제애를 모델 삼아 카미노우호협회가 대거 설립되었다. 카미노의 경험을 고향 공동체에서 재통합할 의례가 없는 열렬한 순례 경험자들이 협회의 성장을 이끌었다. 여러 협회가 중세 카미노 연구에 착수했고, 중세 순례가 공동체에 남긴 흔적(순례 루트, 성당, 순례자 숙소 등)을 찾으려 했다. 몇몇 협회에서는 순례 준비를 돕거나 순례를 기획하고, 출발하거나 돌아온 순례자를 위한 송별회나 환영회를 열었다.[36] 이런 협회는 대개 특정 종파에 얽매이지 않는 범기독교적 단체로, 이는 20세기 말 순례의 특색이기도 하다. 협회는 자체 회보 발간 외에 1980년대부터 협회 간 협력을 통해 순례 루트를 정비하고, 순례의 여러 측면을 조망하는 국제 학회를 열기도 했다. 예를 들어 1983년 이탈리아콤포스텔라연구센터는 '산티아고데콤포스텔라 순례와 야고보 문학'을 주제로 국제 심포지엄을 개최했다. 1985년 산티아고에서는 1회 야고보간담회가, 벨기에 겐트에서는 〈1000년의 유럽 순례〉 전시회가 열렸다. 1987년에는 성 야고보를 주제로 두 번째 국제 학회가 스페인 하카Jaca에서 열렸다. 당시 새로 조직된 국립카미노협회중재위원회(1992년 스페인카미노우호협회연방으로 바뀜)가 이 학회를 후원했는데, 그 자리에서 순례자 여권 발급과 순례자 숙소 건축 문제가 논의되었다. 스페인카미노우호협회연방은 카미노의 빠른 부흥을 위한 구심점으로 조직되었다. 운영비는 대부분 스페인 관광부가 지원하지만, 개별 협회에서 조달하고 협회 출판물도 수익을 낸다. 자연스레 협회의 중앙화에 대한 저항도 있어 몇몇 협회는 그 연방의 관료제적 성격에 반대했다. 1987년부터 국가 간 협회 교류가 증가해 현대 순례 부흥에 일조했다. 1984년에는 오스트레일리아인 코스티 시먼스Kosti Simons가 파리에서 산티아고까지 111일간 맨발로 걸어갔다. 그는 가톨릭으로 개종한 다음 국제순례자연맹Pilgrims International을 조직했다. 그리고 1980년대에 전 세계 순례자와 종파를 초월한 세 차례 순례를 실시했다. 카미노협회는 협회 간 활동도 기획한다. 예를 들어 나바라카미노협회는 프랑스 남부 아키텐 지역협회와 긴밀히 교류하며, 영국의 카미노형제회는 다른 프랑스 협회들과 '걷기Le Walk' 행사를 개최한다. 이 프랑스 협회는 독일 협회들과도 비슷한 교류를 준비한다.

종교적으로는 '공포의 신학'에 근거한 국가 주도의 민족주의적 가톨릭 신앙이 '사랑의 신학'으로 바뀌었다. 한 인류학자는 썼다. "현 스페인의 '사랑의 신학' 담론은 가톨릭교회가 신앙의 독점을 포기하고 다양한 종교적 견해를 수용하며 시작되었다. 젊은 사제들은 자신이 사람들에게 신앙이라는 '봉헌물'을 주지만, 그걸 받거나 거부할 권리는 받는 쪽에 있다고 말한다. 종교가 이의 제기가 가능한 선택의 대상이 되었기 때문에 오늘날 많은 스페인 사람(특히 젊은 층)은 종교를 거부하며, 종교가 자신의 삶과 큰 관련이 없다고 말한다. 새로운 '젊은 교회'가 상당한 노력을 기울이는데도 그렇다."[37] 가톨릭교회는 미사 참여 감소, 성직자 감소와 고령화, 커지는 유럽의 세속화 가운데 카미노 부활이 신성성을 향한 긍정적 회귀이자 유럽 청년에게 기독교 신앙을 심어줄 이상적 방편이라고 해석한다. 한 순례자 잡지에는 이런 구절이 실렸

1996년 성야고보협회들이 개최한 4차 국제 학회. 순례 후 협회 활동을 잘 보여주는 사례다. 사진 제공《Peregrino》.

다. "유럽의 모든 국가가 산티아고를 통합의 상징으로 인정함에 따라 카미노는 인종 간 장벽을 허물고, 그 길의 정수인 종교적·인본주의적 가치를 재발견할 것이다."[38]

1980~1990년대 유럽 기독교 문학에는 2000년이 되면 카미노를 통해 개종한 청년이 새로운 전도 세력으로 부상하리라는 주제가 반복해서 등장한다. 그러나 스페인 가톨릭교회는 전도 잠재력이 엄청난 카미노의 부흥에 발 빠르게 대처하지 못했다. 세속화된 스페인에서 종교의 본질적 생명력을 설교했을 뿐이다. 스페인이 민주화된 후 가톨릭 신앙과 정치가 분리되었다. 1980년대 초부터 1990년대까지 스페인 사회에 새로운 종교운동이 급증했고, 컬트 신앙에 대한 불신이 만연했다. 종교에 무관심한 젊은 층의 인식이 반영된 것이다. 1993년에 대주교이자 스페인주교협의회장인 엘리아스 야네스Elías Yanes는 카미노를 '세속화'시킨다며 정치인을 비난했다. 카미노의 성공은 모든 유럽인, 무엇보다 모든 유럽 청년을 위한 '최고의 종교적 사건'이 될 것이라고도 선언했다.[39]

'젊은 교회'가 젊은 층에 기독교를 홍보·어필하는 방법은 문화적·종교적 여행인 현대 순례와 연관 짓는 것이다. 1988년 론세스바예스에서 산티아고까지 포괄하는 카미노프란세스의 교구 사제들은 《Carta Pastoral사목 교서》*를 발간했다. 이 편지는 순례의 부흥이 현대사회의 여러 문제에 대처하기 위한 종교성으로 회귀하는 방법이라고 지적했다. 그들은 예수가 길이요 진리

---

* 성직자가 교구민에게 보내는 편지.

요 생명이라는 은유를 활용해 단체나 교구 순례가 종교적 요소를 함양·계발하고, 첫 세례나 영성체를 준비하는 이에게 가톨릭의 종교 원리를 가르치는 기회가 되기 바랐다. 순례는 인간 행위에서 신의 손길을 보고, 기독교 공동체 안에서 생활하며, 금욕과 형제애, 관대와 사랑의 교훈을 배우기 위한 모델을 제공한다. 그것은 '신앙의 여정'이자 '사랑의 신학'의 본보기가 된다.[40] 카미노에서는 대성당의 순례자 미사에 참석하고 콤포스텔라 증서를 받을 때 가톨릭교회의 존재감이 가장 강하게 느껴진다. 대성당순례자사무소는 대성당 참사회원 대표가 관리한다. 순례자는 종종 산티아고대성당이 루르드나 파티마 같은 유럽의 다른 순례 성지처럼 외국 순례자를 특별히 배려하지 않고, 길 위 순례자의 영성에 별 관심이 없다는 데 다시 놀란다. 1996년에 열린 3회 카미노 목회자협의회에서 '카미노의 교구 사제들이 순례자의 영적 요구를 충족하려고 어떤 노력을 기울이는가'라는 의제가 주어졌다. 사제들은 기도나 묵상 공간, 순례자를 신앙으로 이끄는 대화, 그들의 경험을 종교적으로 해석하는 기회를 많이 마련할 수 있다고 대답했다. 그럼에도 "때로 순례자를 일일이 보살펴줄 인내심이나 관심이 부족하다"고 인정했다.[41] 이 문제에 대응하고자 1996년 10월에 연례야고보중앙회의Junta Central del Año Jacobeo가 시작되었다. 1997년에는 마드리드 대주교가 특별히 카미노 순례자의 영적 요구에 부응하기 위한 대표 주교단을 조직했다.

가톨릭교회에서 가장 힘 있는 순례 홍보자는 교황 요한 바오로

2세일 것이다. 그는 1982년 희년과 1989년에 산티아고를 방문했다. 그는 전 세계 방문지에서 그랬듯이 산티아고에서도 신앙이라는 공통의 유대를 통한 유럽 재건, 외국인과 연대를 강조했다. 교황은 1982년 산티아고대성당에서 가톨릭 유럽 결의European Act 를 천명했다. "유럽의 모든 도시와 나라를 잇는 방대한 순례 루트 네트워크를 상상합니다. 카미노는 중세부터 여전히 모든 이들을 산티아고데콤포스텔라로 인도하고 있습니다." 1989년, 교황의 두 번째 산티아고 방문은 젊은 가톨릭 신자 수천 명을 불러들였다. 교황은 그 자리에서 순례와 유럽 재건의 개념을 소개했다. 대다수 젊은이는 지역 교구가 기획한 단체 순례에 참여해 버스를 타고 왔다. 그들은 도보와 자전거 순례에 매혹되었고, 부분적으로 그 때문에 1993년 희년에 엄청나게 많은 10대가 순례에 참여했다. 교황도 젊은 신자와 소통을 겨냥해 1989년 산티아고에서 세계청년의날 행사를 주최했다. 그 결과 수십만 명에 이르는 젊은이가 그 도시로 몰려들었다. 그 외 대규모 산티아고 순례로는 1993년의 7일 도보 순례가 있다. 당시 마드리드 대주교의 인도 아래 2000명 가까운 스페인 청년이 카미노프란세스를 걸었다.[42]

스페인 가톨릭교회 외에도 카미노 여러 지역의 신부들이 카미노의 부흥에 크게 기여했다. 그들은 기반 시설을 개선하고, 영적 가르침과 숙소를 제공하고, 순례 정보를 출판하고, 순례를 기획하는 등 기독교적 환대를 실천했다. 그중 많은 이가 카미노의 부활과 보존, 무엇보다 순례자를 보살피는 데 일생을 바쳤다. 세브레이로의 돈 엘리아스 발리냐Don Elías Valiña 신부는 순례 부활과 순례자를 돌보는 데 중추적 역할을 했다. 그의 이름을 딴 상은 순례 홍보와 보호에 크게 기여한 협회에 수여된다. 어떤 이는 보수적인 가톨릭 종교운동인 오푸스데이Opus Dei* 사제들과 그 추종자의 존재와 영향력, 활동과 은밀함, 정체를 알 수 없는 권력을 미심쩍게 바라본다. 전통적으로 종교적 순례자에게 베푼 환대를 오늘날 세속화된 영적 순례자에게도 베풀어야 하는가를 두고 가톨릭 교구와 수도회 안에서도 입장이 갈린다.

EU가 부상함에 따라 유럽의 경제적·정치적·사회적 경계는 크게 달라졌다. 스페인은 1986년 1월, 프랑코 정권 후 민주화의 격랑 속에 EU 가입에 성공했다.[43] 산티아고 순례의 부활은 EU가 고취하길 원한 '통합된 유럽'의 정체성과 '문화적 공간'이라는 픽션에 정확히 부합했다.[44] 유네스코는 1985년에 프랑스 산티아고데콤포스텔라를 세계유산으로 지정했다. 1987년에는 EU의 문화 부서인 유럽회의가 당시 진행 중인 건축 유산 프로그램의 일환으로 카미노 순례 루트를 '유럽 문화 코스European Cultural Itinerary' 1호로 지정했다. 1988년 유럽회의는 유럽 순례 루트를 연구·보호할 목적으로 독일야고보연구회, 독일유적보호위원회와 연계하여 밤베르크Bamberg에서 학회를 개최했다. 당시 유럽회의 사무총장이 말했다. "현재 우리가 구축하려는 유럽의 본질에 카미노 순례만큼 근접한 현상도 없습니다. 카미노 순례 루트는 과거 순례

---

*   원뜻은 성무일도.

자의 여행 동기인 종교적 차원을 넘어 여전히 만남의 장소, 교환의 매개체, 소통의 수단, 연대의 근원으로 남았습니다. 유럽 정체성의 토대이자 기원으로 말입니다."[45] 40년 전만 해도 분열된 유럽이 불현듯 통합된 독자적 '정체성'을 갖춘 듯 묘사된다. 카미노는 유럽일 뿐 아니라 '우리의 정체성'이며, 순례 루트에 깃든 집단적 기억 어딘가에 위치한 더 고귀한 유럽의 정체성을 지향한다. 이는 개별 국가의 경계를 다소나마 초월하는 정체성이다. 게다가 순례 루트는 "우리 유럽인의 집단적 기억 속에 새겨진 일련의 가치, 공유된 경험을 담고, 모든 유럽 국가의 분리 불가능한 유산을 대변한다"고 여겨진다.[46]

유럽회의는 카미노 표지판 정비, 순례 루트 명명, 순례 유적 보존을 위한 자금을 댔고 '카미노전문가위원회'를 후원했다. 이 단체의 회장은 현재 적극적으로 활동하는 이탈리아카미노우호협회와 야고보연구센터의 핵심 인물이다. 이 '전문가들'은 대개 유럽의 학계 인사로, 분기마다 모이고 카미노 재건 정책을 유럽회의에 건의한다. 위원회의 영향력은 막강해서, 이들이 권고한 사항이 유럽회의는 물론 스페인 관광부의 정책 사업에 그대로 반영된다. 위원회에 가톨릭교회 대표자는 포함되지 않았다.

순례 루트 개선은 순례자에게도 변화를 가져왔다. 1960년대부터 1980년대 중반까지 순례자는 헛간이나 성당 바닥, 폐교, 들판, 자선 센터, 수도원에서 잤다. 1980년대 후반부터 이 자유로운 숙박 문화가 변하기 시작했다.[47] 여러 종교 집단과 시민 단체가 순례자 숙소를 건립했고, 순례 경험자가 대부분인 자원봉사자들이 여름 시즌 순례자 숙소 운영을 도왔다. 1993년 희년에는 카스티야-레온과 갈리시아 주 정부에서 순례자 수천 명에게 임시 캠프를 제공했다. 다국어 가이드북이 출간됐고, 특정 구간의 표지판은 단순한 화살표가 아니라 거리 예술처럼 꾸며졌다. 1993년 희년부터 순례자는 카미노가 "옛날 같지 않다"고 불만을 표했다. 모든 것이 빠르게 변했기 때문이다.

1980년대 말~1990년대 초에야 스페인 정부가 순례 부흥의 효과를 분명히 깨달았다. 스페인 전역의 시민사회에서는 이미 관심이 높았지만, 1980년대에는 스페인 교회나 사회주의 정부 어느 쪽도 카미노 순례 카드를 꺼낼 수 없었다. 그러다 1993년 희년에 스페인 정부가 크게 놀랐다. 그해 수백만 명이 산티아고를 방문했고, 10만 명이 넘는 이들이 콤포스텔라 증서를 받으려고 100킬로미터 이상 걷거나 200킬로미터 이상 자전거로 달렸다. 갈리시아 주 정부는 카미노 붐에 편승하여 수백만 페세타를 '야고보프로젝트93Plan Xacobeo 93'에 투자했다. 방향 설정이 잘못된 이 프로젝트는 카미노를 최고급 관광지로 만들고자 했다. 디즈니 만화에나 등장할 법한 현대 순례자의 이상적 이미지(순례자Pelegrín)가 갈리시아 주 정부의 대표 상품이 되었고, 스페인 전역에서 당일치기 순례자를 산티아고로 불러들였다. 순례 홍보는 구실에 불과하고, 진짜 목적은 갈리시아 연안에 주말 관광객을 유치하는 것이다. 갈리시아 주 정부는 발 빠르게 갈리시아의 식당과 순례

'조심하세요. 순례자가 있습니다'라고 적힌 갈리시아의 표지판. 카미노프란세스 곳곳의 표지판은 카미노 순례에 스페인 정부가 개입했음을 분명히 보여준다.

루트 책자를 발간하고, 공공 기금으로 운영되는 순례자 숙소를 건립했다. 1993년 희년은 1992년 바르셀로나올림픽과 세비야세계엑스포의 열기가 가시지 않은 해다. 스페인 전역에서 수많은 버스 관광객이 산티아고대성당으로 몰렸다. 야고보가 누구이며, 순례자가 뭔지 아는 이는 거의 없었다. 야고보프로젝트93 임원이자 자문 위원인 호세 카로 오테로Jose Carro Otero는 그해 자주 겪은 일화를 소개한다. 한 스페인 관광객이 산티아고에서 가장 근사한 건축물과 시 정부 청사가 있는 오브라도이로광장에 도착했다. 그는 주위를 둘러보고 현지인에게 물었다. "야고보93에 가는 버스표는 어디서 삽니까?" 조악한 마케팅이 순례를 볼거리로 전락시킨 것이다. 순례는 1990년대부터 대중을 겨냥한 상품이 되었다. 순례 이미지가 우유, 가구, 전화 서비스 등 다양한 상품에 등장했다. 순례자El peregrino, 카미노데산티아고El camino de Santiago, 지팡이El Bordón, 야고보의 길Ruta Jacóbea 같은 간판을 단 바와 레스토랑이 수백 개 들어섰다. 순례는 공공 부문에서도 큰 사업이 되었다. 스페인 국영 항공사인 이베리아항공Iberia Airlines이 대세에 따라 1990년대 중반, 콤포스텔라 증서를 지참한 산티아고발 귀국 여행자에게 편도 할인 서비스를 제공했다.

1982년에는 상상조차 할 수 없었지만, 1980년대 말에 사회당 휘하의 스페인 정부도 이 흐름에 합류했다. 스페인 문화부 장관이자 야고보협의회 회장인 카르멘 알보르치Carmen Alborch는 국민당Partido Popular이 정권을 잡은 1996년 이전 몇 해 동안 카미노와 산티아고를 숱하게 방문했다. 그녀의 임기 동안 스페인 공공사업관광부와 카미노의 각 자치단체 대표로 구성된 태스크포스 팀이 조직되었다. 카미노의 경제적 잠재력을 끌어내고 문화유산을 보존하기 위해서다.[48] 내각 장관들과 스페인 왕족도 카미노 부흥의 일환으로 직접 도보 순례를 하면서 정치적 이익을 꾀하고, 국가와 순례를 연관 짓고자 했다. 언론은 가끔 그들의 카미노 순례를 대서특필했다. 1997년에는 1999년 희년을 대비한 카미노 개선 자금을 정부에 요청할 목적으로 야고보협의회가 열렸다. 당시 담당자들이 현대 순례의 실정에 밝았던 것 같지는 않다. 다행히 실현되지 않았지만, 몬테델고소를 산티아고 도착 전 순례자의 여흥을 위한 놀이공원으로 바꾸려는 계획을 구상했기 때문이다.[49] 당시 스페인 정부는 순례자를 일반 관광객처럼 보고, 카미노 홍보와 경제 발전을 위한 자원으로 여겼다.

반대로 산티아고 시 정부는 갈리시아 주 정부, 스페인 중앙정부와 협력에서 '콤포스텔라93'이라는 희년 캠페인을 구상했다. 거기서는 성 산티아고의 명칭과 상징이 지워지고 도시가 강조되었다. 양식화된 몇몇 산티아고 홍보 문구도 주요 건축과 콤포스텔라만 강조하고 성인 산티아고는 언급하지 않았다. 다음 인용문은 당시 시 정부가 산티아고 문화유산을 어떻게 활용하려 했는지 보여준다. "유럽의 문화 수도인 산티아고 시를 기념하는 일은 갈리시아 문화와 유럽인의 관계 개선에 도움을 줄 것이다. 유럽과 산티아고의 긴밀한 1000년 역사를 상기시키고 둘의 관계를 더욱 공고히 할 것이다."[50] 1993년 희년 기념행사 뒤에는 2000년경 산티아고 시를 유럽의 문화 수도로 만들겠다는 야심찬 계획이 있었다. 이 목표는 중세에 세계의 끝과 유럽을 잇던 카미노의 1000년 역사를 꾸준히 홍보한 결과, 1996년 11월에 현실화되었다. 이 홍보 캠페인은 산티아고와 스페인의 관계보다 갈리시아와 유럽의 연결성을 중시했다. 사회주의 성향인 산티아고 시장 세라르도 에스테베스Xerardo Estévez도 비슷한 맥락에서 카미노가 "과거에도 통합된 유럽의 씨앗이었고, 앞으로도 그럴 것"이라고 천명했다.[51]

갈리시아 주 정부와 산티아고 시 모두 1999년 희년을 이용하려고 했다. 갈리시아 주 정부는 1994년부터 '야고보99' 프로젝트에 착수하며 관광과 순례의 타협점을 찾고자 했다. 야고보99 프로젝트의 남성 순례자 곁에 선 여성 순례자는 모습이 같지만 핑크빛에 '여성스러운' 속눈썹을 달았다. 남녀평등을 향한 움직임일까? 갈리시아 주지사 마누엘 프라가는 "1999년 가상 세계의 카미노를 구축해, 오대륙에서 사이버 순례자 수천 명이 동시에 접속할 수 있길 바란다"고 말했다.[52] 산티아고 시는 여전히 유럽의 문화 수도라는 위상을 높이고자 애쓴다. 산티아고 시장은 수백만 페세타를 (그 투자가 절실히 필요한 역사 지구 대신) 현대미술과 건축에 투자한다. 스페인카미노우호협회연방의 영향력도 여전히 강하다. 해마다 더 많은 순례자가 도보나 자전거로 카미노를 이동하고, 수 세기 역사를 자랑하는 비공식 순례자협회에 가입한다.

순례는 1950~1960년대부터 카미노데산티아고라고 불리는 관광·문화 루트와 결부되었다. 스페인 정부의 정치적 재구성과 중세 유산을 보존해야 한다는 노스탤지어의 감정이 중추적 역할을 했다. 이 카미노 부흥기에는 순례가 그리 중요하지 않았다. 그러다가 1980~1990년대에 예상치 못한 변화가 일었다. 중세 순례 모델에 근거한 장거리 육체 여행으로 순례가 광범위한 인기를 얻은 것이다. 오늘날 카미노 순례는 엄격한 의미에서 종교 여행으로 부활한 게 아니다. 오히려 도시에 거주하는 교육받은 중산층 유럽인(대부분 남성)이 '의미 있는 여가'를 즐길 수 있는 이상적 방편으로 부상했다. 이런 환경에서 종교적 여행자가 아니라 더 일반적인 탐색자, 방랑자, 모험가로서 순례자 이미지가 인기를 얻었다. 동시에 순례는 개인적·사회적 목표를 실현하는 이상적 방법이 되었다.

미주

서문_ 종점에 도착하기

1   현지 조사 내용은 부록 A와 이 책의 전신인 박사 학위논문(Frey, 1996) 참조.

2   *El Correo Gallego*, 1997년 3월 12일자.

3   이 책에서 나는 카미노(Camino), 도로(Road), 길(Way)이라는 용어를 섞어 썼다. 특별한 언급이 없는 한 '카미노'를 '깨달음을 향한 길'이라는 의미로는 쓰지 않으려 했다. 또 사도를 지칭할 때는 '성 야고보'와 '산티아고'라는 이름을 모두 사용했다. 순례자는 보통 사도를 자기네 말로 부른다(프랑스는 자크, 이탈리아는 야코포, 독일은 야코브, 카탈루냐에서는 야우메). 이 명칭은 야코베아(Jacobea) 혹은 야코베오(Jacobeo)라는 단어가 그렇듯이(루타 야코베아(Ruta Jacobea), 아노 야코베오(Año Jacobeo)처럼) 라틴어 상투스 이아코부스(Sanctus Iacobus)에서 유래했다. 비슷하게 나는 산티아고데콤포스텔라 시를 산티아고(가장 흔한 표현)나 콤포스텔라라고 불렀다.

4   프랑스와 스페인 순례 루트의 역사와 재구성은 Oursel, 1984; Passini, 1984, 1988; Soria y Puig, 1993 참조.

5   경제적 교환의 루트로서 카미노에 대한 논의는 Cohen, 1976, 1980 참조. 스페인보다 프랑스 루트에 역사적으로 중요한 예배당, 성 유물함, 다리, 순례자 병원, 대성당이 많다. 프랑스의 유명한 순례 루트 네 개는 거쳐가는 지역에 따라 고유한 이름이 있다. 파리에서 투르까지 via turonense,

베즐레에서 리모주까지 via lemovicense, 르퓌 루트는 via podense, 아를에서 툴루즈까지 via tolosana(Melczer, 1993, pp. 24~27).

6 성모마리아 현현은 Zimdars-Swartz, 1991, 루르드 순례는 특히 Eade, 1992 참조.

7 나는 사람들이 순례를 폄하하는 말을 여러 번 들었다. 그들은 사도의 유해가 산티아고에 있다는 믿음이 터무니없으며, 산티아고 숭배는 가톨릭교회가 순진한 신자를 농락하려고 조장한 연극이라고 했다. 인류학자로서 산티아고의 진정성을 증명하거나 반박할 마음은 없다. 다만 나는 수백만 명이 스페인 서북부 전원 지대를 순례했고, 지금도 순례한다는 사실에 관심이 있다. 순례 여행의 의미에 집중할 때, 유해의 주인이 누구냐하는 문제는 의미가 없다.

8 신약성경의 세 복음서에 사도 야고보에 관한 언급이 있다(〈마태오의 복음서〉 4장 21~22절, 17장 1~13절, 26장 36~46절; 〈마르코의 복음서〉 1장 19~20절, 3장 17절, 5장 37절, 10장 35~45절, 14장 32~42절; 〈루가의 복음서〉 5장 10절, 8장 51절, 9장 28~36절). 〈사도행전〉 12장 2절도 참조.

9 Melczer, 1993, pp. 10~11. 〈사도행전〉 1장 8절도 참조.

10 Melczer, 1993, pp. 30~31; Sánchez-Agustino, 1993; Vázquez de Parga, LaCarra, and Uría Ríu, 〔1948〕 1993, pp. 187~188 참조.

11 Davies and Davies, 1982, pp. 220~221.

12 19~20세기 고고학 조사에 따르면, 성 야고보의 유해가 위치한 지층(현재의 대성당 주 예배단 아래)은 기독교 전파 이전과 이후 로마인의 무덤이었다. 이 사실은 콤포스텔라라는 명칭이 콤포스티움(compostium, 무덤)에서 유래했다는 견해를 지지한다. 산티아고대성당 내 고고학 발굴에 대해서는 Guerra Campos, 1982 참조.

13 Uría Maqua, 1993; Clissold, 1974.

14 Castro, 1954, pp. 135~136.

15 Ward, 1982, p. 112. 이 기적 때문에 산티아고라는 이름이 스페인의 전쟁 슬로건이 되었다.

16 추가적 논의는 Lozaya, 1969, p. 400; Gárate Córdoba, 1971; Mitchell, 1988 참조. '신세계' 가운데 많은 지역이 산티아고의 기치 아래 정복되었다. 칠레와 에콰도르에 산티아고라는 지명이 있는 것도 이 때문이다(Myers, 1991 참조).

17 이 신학적·도상학적 변칙에 대한 흥미로운 논의는 Melczer, 1993, pp. 67~69 참조.

18 Davies and Davies, 1982, p. 53. Kendall, 1970; Sumption, 1975 참조.

19 희년은 성 야고보 축일인 7월 25일이 일요일과 겹치는 해를 말한다. 가톨릭 교리에 따르면 대사는 "인간이 과오의 용서를 대가로 신에게 빚진 죄벌을 전부 혹은 부분적으로 면제해주는 것이다. 전대사는 모든 죄벌을, 부분 대사는 그 죄벌의 일부를 사하는 것이다"(Clouse, 1978, p. 508).

20 Coffey, Davidson, and Dunn, 1996에 실린 뛰어난 서문과 기적에 관한 내용 참조.

21 좀 더 자세히 보려면 Vázquez de Parga, LaCarra, and Uría Ríu, 〔1948〕 1993, pp. 172~179; Melczer, 1993, pp. 28~35 참조.

22 Melczer, 1993, pp. 38~44.

23 국적이 다양한 순례자들이 여행기를 썼다. William Wey(1456), Edme de Salieu(1531~1533), Herman Künig von Vach(1496), Jacobo Sobieski(1611), and Domenico Laffi(1666, 1670, 1673). Wey, 1992; Bronseval, 1970; Künig von Vach, 1989; Sobieski, 1878; Laffi, 1997 참조.

24 Davies and Davies(1982, pp. 221~222)는 '중세에 인기 있던 콤포스텔라 순례가 사실상 끝났다는 회의적 시선'이 에라스뮈스가 쓴《대화편 colloquies》의 〈종교적 순례자〉라는 장에서도 확인된다고 말한다.

25 순례의 쇠퇴에 관한 훌륭한 개관은 Plötz, 1989, pp. 100~104 참조. Vázquez de Parga, LaCarra, Uría Ríu, 〔1948〕 1993, pp. 111~117도 참조.

26 Valiña, 1986, p. 132.

27 부록 B는 20세기 카미노 순례의 부흥을 다룬다.

28 Gergen, 1996, p. 80에서 발췌. 자기 변용적 경험으로서 여행에 대한 논의는 O'Reilly, O'Reilly, and O'Reilly(1997) 참조.

1장 산티아고로 향하는 순례자들

1 순례자(pilgrim)는 라틴어 페레그리누스(peregrinus, 동사 페르 아그라레 〔per agrare〕, '여행하다' '방문하다'에서 유래〔Romero Pose, 1993, p. 12〕)가 어원으로, 프랑스어 pèlerin를 경유해 영어에 도입되었다. 방랑자, 이방의 땅을 여행하는 자, 성지로 가는 종교적 여행자를 뜻한다. 스페인어에

서는 '희귀한' '특별한' '비범한' '한 번도 본 적 없는'이라는 뜻도 있다(De Ochoa, 1917, p. 1089). 비슷하게 순례(pilgrimage, 스페인어 peregrinación 혹은 peregrinaje)는 멀리 떨어진 혹은 이방의 땅을 향한 여행을 의미하는 라틴어 페레그리나티오(peregrinatio)에서 유래했다(ibid.). 통상적으로 순례란 성지를 향한 집단적·개인적 여행을 뜻한다. 순례자는 본질상 고향을 떠난 여행자, 여행지에서 이방인인 자다. 종교적 의미에서 순례는 신앙의 여행을 의미한다(Romero Pose, 1993, p. 13).

2 신체 행위가 어떻게 성지를 신성화·탈(脫)신성화하는가는 Chidester and Linenthal, 1995, p. 10 참조.

3 *Compostela*, 1994, pp. 36~37.

4 Turner and Turner, 1978, p. 240. Nolan and Nolan, 1989; Eade and Sallnow, 1991 참조.

5 Caucci von Saucken(1993, p. 163)이 관찰했듯이, 스페인어 로메리아 (romería)와 독일어 발파르트(wallfahrt)는 그 구조와 동기가 유사하다. 둘 모두 "보통 정해진 날짜에, 특별한 기념행사의 일환으로 치러지는 순례 여행(대개 당일치기)으로 마을 주민이 대부분 참여한다".

6 *La Voz de Galicia*, 1996년 1월 15일자.

7 이 당일치기 순례자는 '1일 농부 체험'에 참여하는 관광객, 하루 동안 '왕족 대접'을 받는 '1일 여왕 체험' 고객을 연상시킨다(Gottlieb, 1982).

8 Carro Otero, 1993.

9 Iriarte, 1993, p. 6.

10 Pfaffenberger, 1983, p. 61. 초기의 관광 연구자는 순례에서 분석 모델을 끌어냈다. 성스러운 여행과 세속적 여행에 구조적 유사성이 있는 듯 보였기 때문이다. 순례와 관광 모두 통상적인 사회규범이 보류·역전되는 여행으로, 일시적으로 고향을 떠나 이동하며 보통 경제적 여유와 시간, 사회적 허가가 있어야 가능하다는 공통점이 있다(Smith, 1992, p. 1). 예를 들어 그래번(Graburn, 1983, 1989)은 관광도 '성스러운 여행', 다시 말해 세속에서 개인적 의례라고 본다. 맥커넬(MacCannell, 〔1976〕1989, p. 43)은 관광이 일상에 결여된 진정한 경험을 추구하는 중산층의 의례 행위라고 본다. 그에 따르면 관광은 순례의 현대적 형태로, 성지가 기념물이나 관광 명소로 대체되었을 뿐이다.

세속적 여행과 순례 모두 때로 유사한 경외심을 불러일으킨다(Horne,

1984). 다양한 맥락에서 세속의 여행지가 숭배 장소가 되기도 한다. 예를 들어 유네스코 세계유산으로 지정된 마을(O'Guinn and Belk, 1989), 미국 그레이스랜드 공동묘지(Davidson, Hecht, Whitney, 1990)〔1860년 시카고 북부에 조성된 대형 공동묘지—옮긴이〕 등이 그렇다. 서구 중세 여행사를 연구하는 학자들은 유럽의 중세 순례를 현대 대중 관광의 시초로 본다. 그 근거는 중세 순례에서도 대규모 이동, 숙소를 포함해 발전된 여행 기반 시설, 순례자에게 허용되는 많은 자유, 여행 경비의 중요성, 성스럽고 속된 요소의 빈번한 뒤섞임 등이 발견되기 때문이다(Theilman, 1987; Cohen, 1976; Constable, 1979). 에레로 페레스(Herrero Pérez, 1994)는 '어째서 비신자들이 순례를 하는가?'라는 질문을 던졌다. 그는 현대 카미노 순례가 여행자에게 딱히 종교적인 대상은 아니라도 그보다 큰 무엇(역사, 자연, 유럽)에 참여했다는 느낌을 선사하는 세속적 의례라고 본다.

11 Adler, 1994, p. 3.

12 카미노처럼 고립되고 특별한 상징적 장소에서 치러지는 의례는 사물을 '본디 그래야 하는' 모습으로 연행하고 구현한다(Chidester and Linenthal, 1995, p. 9). 또 성스러운 공간을 움직이는 경험은 '의미로 가득한 세계에서 인간으로 산다는 것의 의미는 무엇인가'라는 본질적 물음에 집중하게 한다(ibid., p. 12).

13 Longrigg, 1994, p. x.

14 산티아고의 대성당순례자사무소는 종교적 동기(*Peregrinación*, 1996/1997년판 참조)에, 스페인카미노우호협회연방은 순례자의 만족도(*Encuesta*, 1996, 1997 참조)에 관심이 많다. 스페인카미노우호협회연방은 1996년 순례자 여권을 발급받은 약 2만 6000명 가운데 3500명(스페인인 3000명, 외국인 500명)에게 귀국 후 설문지를 발송했다. 간단한 개인 정보, 순례 만족도, 카미노상의 다양한 마을 공동체 경험, 순례 동기를 묻는 설문지다. 3500명 중 41퍼센트가 답장을 보냈는데, 82퍼센트는 순례 경험을 대단히 긍정적으로, 17.5퍼센트는 긍정적으로, 1퍼센트 정도는 나쁜 경험이라고 답했다. 가장 중요한 순례 동기 두 가지(하나 이상 선택할 수 있다)는 영적 동기(24퍼센트), 자연과 접촉(18퍼센트)이었다. 대성당순례자사무소와 스페인카미노우호협회연방에서 집계한 통계 결과는 1990년대 중반부터 해마다 《Compostela콤포스텔라》와 《Peregrino페레그리노》에 게

재된다.

15 연령별 순례자 분포는 0~15세(7퍼센트), 16~20세(20퍼센트), 21~25세(16퍼센트), 26~30세(13퍼센트), 31~40세(18퍼센트), 41~50세(13퍼센트), 50세 이상(13퍼센트)이다. 순례자의 평균연령은 30세. 직업별 순례자 분포는 과거에 비해 큰 증가율을 보인 16~25세 학생(45퍼센트)이 가장 높았다. 그 외 사무직 종사자(12퍼센트), 교수나 교사(11퍼센트), 사제(2퍼센트), 기술직 종사자(13퍼센트)도 많아 전반적으로 고학력자임을 보여준다. 나는 스페인어 profesiones liberales를 '사무직 종사자(white-collar workers)'로 옮겼다. 직역할 경우(liberal profession) 미국에서는 건축가, 엔지니어, 의사처럼 고등 전문직을 가리키기 때문이다. 스페인어 obreros는 '육체노동자', empleados는 '서비스직 종사자'로 옮겼다. 정확한 직역은 아니지만 전체적인 의미를 전달하고 싶었기 때문이다. 고학력 순례자가 많지만 서비스직 종사자(8퍼센트), 일용직 노동자(6퍼센트), 주부(3퍼센트)도 순례에 참여한다. 특히 겨울에는 계절노동자가 저렴한 여행과 휴가를 위해 순례를 온다.

고학력자 외에 대다수 순례자는 도시에 거주한다. 전체에서 71퍼센트를 차지하는 스페인 순례자 가운데 25퍼센트는 마드리드 출신이며, 나머지 순례자도 대부분 도시 출신이다. 현재 마드리드카미노우호협회는 마드리드의 성야고보성당에서 아스토르가부터 카미노프란세스로 이어지는 순례 루트의 표지판 설치 작업 중이다. 그 외 상당한 순례자의 출신 자치구는 바스크, 갈리시아, 발렌시아, 카스티야-레온, 카탈루냐가 있다(*Peregrinación*, 1996/1997년판).

장기적으로 보면 1970년대 초부터 산티아고 순례가 완만히 증가하다가, 1982년 희년 이후 급격히 성장했다. 순례자사무소에서 1953년부터 작성한 순례자 장부는 소실되었다. 사무소는 1970년부터 도보와 자전거 순례자 수를 도표로 만들어 기록했다. 1970년대 내내 순례자 수는 얼마 되지 않았다. 1971년에 최고치인 471명을 기록했다가, 프랑코가 퇴진한 직후인 1977년과 1978년에는 최저치인 29명과 13명을 기록했다. 이 수치가 정확한지 의문인데, 1971년 《Memoria del Año Santo희년 일지》에는 순례자 6000명이 다녀갔다고 나오기 때문이다(Feinberg, 1985, p. 194). 1980년대 초에는 스페인 순례자와 비스페인 순례자의 간극이 훨씬 줄었다. 1985년 산티아고가 유네스코 세계유산으로 지정되고, 1987년에는 카미노가 유럽회의(Council of Europe)가 지정한 '문화 코스(Cultural Itinerary)' 1호가 되었다. 그해 도보와 자전거 순례자도 20퍼센트 이상 증가해서 2905명이 콤포스텔라 증서를 받았다. 4년이 지난 1991년(1993년 희년의 '대중화' 이전)에는 7274명이 증서를 받았는데 69퍼센트가 남성, 40퍼센트가 학생, 67퍼센트가 스페인 사람이었다.

카미노는 점점 수백만이 찾는 세계적 순례 루트가 되었다. 1983년에는 유럽 8개국에서 순례자들이 찾았다. 1994년에는 33개국, 1996년에는 63개국에서 방문했다. 1997년에는 2만 5719명이 콤포스텔라 증서를 받았는데, 순례자 비율은 앞의 수치와 별 차이가 없다. 더 많은 이들이 순례하고 입소문을 퍼뜨리면서 순례자는 계속 팽창했다.

16 Artress, 1995, p. 15.

17 호세 미구엘 부르귀(1993, 1997, pp. 26~29) 신부는 카미노에서 청년층 도보 순례를 이끈 경험을 바탕으로 순례와 청년을 테마로 많은 글을 썼다.

18 카미노 순례를 통한 영적 깨달음을 다룬 대중서 《천상의 예언The Celestine Prophecy》에서 레드필드(James Redfield)는 다음과 같이 쓴다. "지난 50년간 초월적이며 영적이라 부를 수밖에 없는 새로운 깨달음, 새로운 의식이 인간세계에 도입되고 있다. 그 깨달음은 우리 삶의 전개 방식을 더 날카롭게 느끼면서 시작된다. 우리는 이 행운이 올바른 타이밍에 찾아와, 올바른 개인을 길러내며, 돌연 우리 삶을 새롭고 중요한 방향으로 인도하는 것을 본다. 어쩌면 우리가 다른 어느 시대 인간보다 이 신비한 우연에서 더 고귀한 의미를 직감할 것이다. 우리는 인생이 개인적이고 마술적인 영적 전개 과정(spiritual unfolding)임을 안다"(1993, 작가의 원주).

19 '순례자'와 '순례'라는 낱말은 종종 육체적 여행과 결부되지만, 오늘날은 보통 누군가를 내적·외적인 낯선 장소로 데려가는 고되고 영적인(혹은 세속적인) 여행의 은유다. 많은 사례 중 볼렌(Jean Shinoda Bolen)의 《Crossing to Avalon아발론을 향해 가며》(1992)를 보자. 서평자는 이 책을 '내면의 종착지를 향한 힘든 여행의 기록'이라고 했다. 볼렌은 순례자가 된다는 것은 성배의 탐색이자, 영적·개인적 깨달음과 치유에 도달하는 것이라고 말한다. "이 방황을 통해 우리에게 정말 중요한 것이 무엇인지 발견하고, 우리 속 의미의 핵에 가 닿을 수 있다"(Foster, 1994). 모든 개인적 여행에 대한 은유인 순례는 자아나 고향에서 이탈을 수반하

며, 종종 움직임을 통한 변화라는 테마를 포함한다. 육체적 혹은 은유적 움직임을 통해(특정한 종교 전통에서든, 밖에서든) 어떻게 이 은유(순례)를 실현할까? 그 방식은 개인마다 다르다.

20 Badone, 1991, p. 535.

21 Norris, 1996, p. 19.

22 Bellah et al., 1985, pp. 220~221.

23 Luhrmann, 1989; Badone, 1991.

24 Alonso Romero, 1993, p. 87.

25 Aviva, 1996, p. 65. 순례에 별과 은하수의 테마를 끌어들인 미국인의 내러티브 참조. Feinberg, 1989; Stanton, 1994.

26 Melczer, 1993, pp. 31, 149. 파리에서 산티아고로 떠나는 두 '순례자'의 여행을 다룬 루이스 부뉴엘(Luis Buñuel)의 영화 〈은하수La voie lactée〉 참조.

27 스페인에서 창설되어 15세기부터 상당한 영향력을 행사한 산티아고 수도회. 산티아고마타모로스상과 검으로 된 붉은색 십자가가 교단의 상징이다. 전성기에 이 수도회의 정치적·경제적 권력은 상당했다. 소속 기사와 수도사는 순례 루트와 이베리아의 몇몇 거점에 성채와 여러 건축물을 지었는데, 이는 스페인을 다시 정복하는 데 크게 기여했다. 카미노프란세스의 성채 중 폰페라다(Ponferrada)에 있는 것이 가장 유명하다. 부분적으로 수도회의 경제력과 기밀성 탓에 소속 교단이 비교 신봉자로 여겨져 때로 가혹한 박해를 당했다(Alarcón H., 1986, pp. 125~139; Vázquez de Parga, LaCarra, and Uría Ríu,〔1948〕 1993, pp. 304~310).

28 나는 1997년 자전거 순례를 하다가 브라질 순례자 세 명이 지팡이로 박자를 맞추며 노래하는 것을 봤다. 가까이 가서야 그들의 말을 알아들었는데, "파울로 코엘료는 호모네(Paulo Coelho es maricón)"였다. 왜 그를 욕하는지 물어보니, 그의 책을 읽고 순례에 나섰는데 책의 구절과 자신들이 경험한 것이 너무 달라 실망했다고 말했다. 그들은 코엘료가 카미노를 걷지도 않았을 거라고 생각했다. 그 책은 영적 여정만 묘사하지, 육체적 고생은 일체 언급하지 않기 때문이다.

29 Mooney, 1996, p. A47.

30 *El Correo Gallegoy*, 1997년 1월 5일자.

31 Post, 1994, p. 97, Houdijk and Houdijk, 1990, p. 30부터 인용.

32 순례자의 노래는 Echevarría Bravo, 1967; Moser, 1985. 무고한 사형수의 기적에 대해서는 Coffey, Davidson, and Dunn, 1966, pp. 68~70, 139n.553 참조.

33 Graburn, 1995, p. 165. 현대 카미노 부흥의 중요한 특징은 노스탤지어와 '과거의 감정과 사물'에 대한 호소다. 자연이나 자연과 접촉, 기술적으로 낙후된 과거의 진기한 전통에 대한 가치 부여와 향수 말이다. 쇼와 체이스(Shaw and Chase, 1989, pp. 2~4)는 노스탤지어라는 사회현상은 다음 조건에서 유래한다고 봤다. (1) 직선적 세계관의 사회에서 (2) 현재가 불만족스러운 것으로 여겨지며 (3) 건물과 기념물, 이미지가 과거를 손쉽게 환기할 수 있을 때. 노스탤지어는 "우리 시대의 혼돈이나 부정확성과 대비되는, 질서 정연한 정확성을 기념하는 것"(Lowenthal, 1989, p. 30)이라는 견해도 있다.

34 Feinberg, 1985, p. 239.

35 Geary, 1986, p. 169. 에코(Eco, 1986)는 〈Return of the Middle Ages중세의 귀환〉에서 현대 서구 사회가 중세를 낭만화하고, 지금 이곳에 결여된 것처럼 보이는 근원을 탐색하는 데 활용하는 양상을 분석한다. 우리도 에코처럼 물어야 한다. 무슨 중세(에코는 오늘날 사용되는 중세라는 낱말의 의미를 10개 제시한다)이며, 무슨 과거인가? 현대 카미노에서는 '중세'와 현재라는 두 시기만 존재하는 것 같다. 스타포드(Stafford, 1989, pp. 33~37)는 이 현상을 '전근대사회를 향한 노스탤지어'라고 칭했는데, 이 관점에서는 인간관계와 노동 여건이 현재보다 만족스럽던 중세가 현대보다 '우월'하다.

36 다양한 경화증에 대해서는 Dennett, 1987. 호스피스에 대해서는 Graham, Paternina, and Wright, 1989 참조.

37 *El Correo Gallego*, 1997년 2월 16일자.

38 *El Correo Gallego*, 1996년 8월 20일자. *Piñeiro*, 1997도 참조. 라코루냐 출신 중년 남성은 1993년 뮌헨에서 산티아고까지 2300킬로미터를 62일 만에 걸어 《기네스북》에 올랐다. 이 책은 자신을 돈도, 의복도 없는 극빈 상태의 '진정한 순례자'로 느끼고 싶은 이들을 겨냥했다.

39 중세의 산티아고 순례사에서 참회 순례는 아주 중요했다. 《칼릭스티누스 고사본》 1권에는 설교 31편이 담겼는데, '영광의 날(Venerada Dies)'로 알려진 17번째 설교는 참회 순례자와 순례 종결 후 산티아고대성당의 성

야고보 제단에서 성취되는 구원을 다룬다(Coffey, Davidson, and Dunn, 1996, pp. 8~56; Moralejo, Torres, and Feo, 1992, pp. 188~234 참조). 과거 유럽에서는 6~12세기에 범죄자나 죄인이 신성한 추방자로서 방랑에 처해지거나, 10~12세기에는 속죄를 위해 로마나 예루살렘, 산티아고 같은 성지를 방문해야 했다(Merton, 1967, pp. 98~105). "순례의 강력한 동기 중 하나는 견디기 힘든 죄책감의 제거였다. 사제의 권고에 따라 순례를 떠나는 것이 종종 속죄의 방법이었다"(Davies and Davies, 1982, p. 29). 순례 후 성 야고보 제단 앞에 서면 죄가 면제되었고, 희년 여부에 따라 부분 대사나 전대사를 받았다. 중세의 참회 순례자와 참회 체계에 대해서는 Lea, 1968; Sumption, 1975; Vogel, 1963 참조.

40 이 정보는 Swinnen, 1983, 〈The Ghent prison director겐트의 교도관〉에서 발췌했다. 1992년 오이코텐 책자는 협회에서 영어로 번역했다.

41 Post, 1994.

42 조지는 '걸어 다니는 상처'라는 표현에 '씁쓸한 아이러니'가 담겼다고 말했다. 1차 세계대전 당시 '부상자 분류법'과 관련 있기 때문이다. 그때는 부상자를 '걸어서 퇴각할 수 있는 병사, 치료 후 전장 투입이 가능해서 들것으로 운반할 가치가 있는 병사, 부상이 심해 전장에 버릴 수밖에 없는 병사'로 분류했다.

43 Stanton, 1994, p. 1.

44 순례는 다른 의례적 연행과 마찬가지로 개인적 변화의 기회를 제공한다. 이때 순례는 세 국면(사회에서 분리, 사회규범이 전복되는 전이기, 일상으로 재통합)으로 구성된 과정(통과의례)이다(Van Gennep,〔1909〕1960). 전이기는 종종 커뮤니타스의 고양된 감정(Turner, 1967, 1969)이 특징이지만, 늘 그런 것은 아니다(Sallnow, 1981 참조).

2장 순례 계획

1 Rodríguez Fernández, 1995, p. 18.

2 순례자는 기독교 전통 내의 다양한 순례 모델을 참조해 순례 계획을 세운다. 모리니스(Morines, 1992, pp. 10~13)는 순례의 세계관을 설명하며 '신성한 여행'을 다음과 같이 분류한다. '성지 내의 신, 성인, 상징과 조우하고 경의를 표하기 위한' 종교 순례, '참여자의 지위나 상태 변화를 목

적으로 하는' 입사 순례, 질병 치유 같은 '구체적·세속적 목적'이 있는
도구적 순례, 의례 일정으로 실시하는 규범적 순례, 참회나 신앙에 따른
의무적 순례, '정해진 어떤 목표도 없는' 방랑.

이 여섯 가지 순례는 기독교 전통에 존재하며, 정도가 덜하나 카미노
에서도 발견된다. 아브라함이 야훼와 약속을 지키려고 '약속의 땅'을 향
해 방랑하는 것은 성스러운 금욕과 은자를 위한 패러다임 모델이 되며
(Romero Pose, 1993, p. 14), 초기 아일랜드 수도사들이 이를 열렬히 받아
들였다(Merton, 1967, p. 94). 이베리아반도는 은자들이 거주한 땅으로,
산티아고를 향해 가는 순례자의 유명한 방문지였다. 그 외 성지 예루살
렘과 로마도 장거리 종교 순례의 목적지였다. 기독교적 가르침에서 순례
는 은유적으로 천국이나 영원한 예루살렘을 향해 날마다 떠나는 영적 여
행과 연관된다. 순례자는 집과 고국의 안락함에서 벗어나 예수, 하느님,
성 야고보에 대한 믿음으로 지구의 끝이라 알려진 곳을 향해 여행했다.
많은 현대 순례자는 가톨릭 수도사들이 묘사한 방랑의 이상을 따라 물리
적 종점으로 여행하는 동안 개인적·종교적·영적 깨달음을 얻으리라는
모호한 목표와 희망을 품는다.

3 Longrigg, 1994, pp. xi-xii.

4 Winchester, 1994.

5 1960년대 미국 TV 시리즈 〈비버는 해결사Leave It to Beaver〉에 나오는
클리버 부인은 당시 전형적인 미국 엄마와 가정주부의 모습을 재현한다.
늘 단정한 머리에 진주 목걸이를 하고 행복하게 집안일을 처리하며, 남
편과 두 아들에게 끝없는 헌신을 보여준다.

6 론세스바예스 순례자 숙소 방명록, 1993년 7월 17일.

7 Neillands, 1985, p. 21.

8 Schaad, 1994, p. 57.

9 Iriarte, 1993a, p. 8.

10 론세스바예스 순례자 숙소 방명록, 1993년 8월 22일.

11 Raju, 1996, p. 29.

12 Adler, 1994, p. 4.

13 Raju, 1996, p. 33.

14 다른 장거리 여행자 사이에서도 의복과 배낭은 그가 낯선 땅을 여행하는
이방인임을 알려준다. 그 지표는 여행자들이 서로 알아보는 데 도움이

된다. Teas, 1988, p. 40; Cohen, 1973 참조.

15 Melczer, 1993, p. 58.

16 Vázquez de Parga, LaCarra, and Uría Ríu, 1993, p. 136.

17 지팡이와 가리비 껍데기를 포함한 순례자 복장의 목적, 의미를 논하는 《칼릭스티누스 고사본》〈경배의 날Veneranda Dies〉 설교편의 번역은 Coffey, Davidson, and Dunn, 1996, pp. 23~26 참조.

18 Mandianes, 1993, p. 134.

19 Haab, 1996: Pt. 2, pp. 25~26.

20 파블리토는 나바라의 작은 마을 아즈케타(Azqueta) 출신으로, 틈틈이 도보 순례자를 위한 지팡이를 만든다. 봄이면 피레네산맥에 가서 어린 개암나무를 베어 오는데, 그 이유는 그림 동화 속 전설 때문이다. 성모마리아는 숲에서 위협적인 뱀을 만나 개암나무 뒤로 몸을 숨긴다. 그리고 자신을 보호한 개암나무가 모든 인간의 보호자가 되어야 한다고 말한다.

21 Rodríguez Tero, 1997, p. 21.

22 French, 1974, p. 1.

23 페르난데스(Fernandez)는 '사람들이 수락·활용하는 종교적 상징에 부여하는 의미'와 그 영향력이 일치하면서도 다양하다는 데 주목한다. "의례는 문화 차원, 즉 신념이나 행위 근거, 상징 해석과 관련된 이데올로기 차원에서 합의에 도달하지 못한 참여자를 사회적 차원에서 통합한다"(1965, p. 912). 스트롬베르크(Stromberg, 1981, p. 544)는 의례 참여자가 상징의 내용보다 그것이 '의미 있다는 사실'에 찬성한다고 본다. 이 때문에 상징을 사회적으로 조작하는 일이 가능해진다는 것이다.

24 셰펠린(Schieffelin, 1993, p. 272)은 참여자와 상징의 변증법적 관계를 다음과 같이 설명한다. "참여자는 연행적 현실(performance reality)을 함께 창조하면서 상징과 깊이 관계한다." 연행적 현실은 그 자체가 여행(과정)으로, 여행의 상징은 참여자와 영향을 주고받는다.

25 산티아고대성당 예배단 뒤에 놓인 성야고보상의 등을 껴안는다는 뜻이다. 순례자는 예배단 뒤 원형으로 배치된 계단을 통해 성야고보상에 접근할 수 있다. Feinberg, 1985, p. 300 참조.

26 경관이나 공간은 가치중립적이지 않다. 경관은 지형이나 기념물일 뿐 아니라 순례자가 다른 순례자나 장소, 자신과 관계에서 직조하는 이야기에 영향을 주는 환경의 여러 측면을 포함한다. 물리적 환경과 기념비적인

경관 외에 사회적 경관도 존재한다. 사람들 역시 '장소', 즉 잠시 멈춘 움직임(Tuan, 1977, p. 6)일 수 있다. 순례의 목적지가 신성하다고 여겨지는 장소와 인물인 것처럼, 경관도 여행의 이야기와 의미를 창조하는 데 영향을 미치는 인적 · 비인적 특성으로 구성된다. 그 이야기와 의미는 "추상적이고 균질적인 공간을 장소로 변모시킨다. 장소는 그것과 연관된 이야기를 환기하며, 특정한 지명으로 내러티브 속에서만 존재할 수 있다"(Tilley, 1994, pp. 32~33).

27 Chidester and Linenthal, 1995, p. 15. 카미노는 끊임없이 유동하는 사람들과 루트로 구성된 방대한 공간이어서 통제가 어렵다. 그런데도 카미노의 경관, 루트, 참여자, 순례자 숙소를 통제하는 이들이 어떤 식으로든 카미노를 통제한다고 말할 수 있다. "모든 권력의 행사는 공간에서 일어난다"(Foucault, 1984, p. 252).

28 순례자 여권 표준화는 논쟁의 대상이다. 스페인의 여러 협회는 회원 전용 순례자 여권을 발급한다. 그러나 스페인카미노우호협회연방은 지역 협회의 여권 관리가 힘들 것이라며 이를 강하게 제지했다. 어떤 이들은 순례자 여권이 관광용 영업 전략이므로 폐기해야 한다고 주장한다. 이 여권은 부분적으로 '누가 진정한 순례자인가?'라는 물음의 대답이다. 현재 상황이 말해주듯 그렇게 판단할 권리는 누구에게 있으며, 누가 진정한 순례자인지 규정하기는 어렵다. 공간의 통제도 이슈가 된다. 치데스터와 리넨탈은 전유와 배제는 "권력의 특수한 이해관계를 들이대며 성스러운 공간을 지배하려는 시도에서 가장 빈번이 활용되는 두 전략"이라고 말한다. 순례자 여권과 콤포스텔라 증서가 그 사례다. 카미노우호협회연방은 자신을 스페인카미노협회의 대표자로 명명하고, 거기 참여하지 않는 카미노협회(대표적으로 나바라협회)를 비판한다. 나바라협회는 순례자 숙소를 유지하기 위해 순례자에게 최소 비용을 받아야 한다는 입장이지만, 카미노우호협회연방은 돈이 개입되면 카미노의 '순수성'이 저해되어 카미노가 경박한 관광지로 전락할 거라고 본다.

3장 새로운 리듬

1 투안(Tuan)은 말한다. "공간이 움직임을 허용하는 곳이라면, 장소는 멈춤(pause)을 허용하는 곳이다. 움직이다 멈춰 선 곳, 그 지점이 장소가

된다"(1977, p. 6). 시간은 움직임이나 (직선적이거나 순환적인) 흐름으로, 장소는 '시간적 흐름 속의 멈춤'(앞의 책, p. 179)으로 간주할 수 있다.

2 Iriarte, 1993a, p. 9.

3 Hoinacki, 1996, p. 14~15.

4 경관(landscape) 개념은 15세기 네덜란드 예술에서 유래했다. 자연 세계를 특별한 방식으로 '보고', 포착하고, 보존하는 특정한 방식이었다(Bender, 1993, p. 2; Cosgrove, 1984, p. 22; Hirsch, 1995, p. 2). 인류학자는 보통 경관 개념을 토착 전통을 총칭하거나 토착민이 대지에 부여하는 의미(Hirsch, 1995, p. 1)로, 대지 표면에 신화를 도식화하기 위한 방편(Cosgrove, 1993, p. 281)으로 사용했다. 지리학자는 물리적 환경에 치중하며, 개인화된 경관에는 큰 관심이 없는 듯하다(Hirsch, 1995, p. 5). 그러나 둘 다 경험적 복합체로서 풍경을 경관으로 지칭한다. 1970~1980년대 이후 경관 개념은 (용기, 표면, 보편적, 객관적, 외적, 중립적, 무시간적, 통합적) '추상체'에서 '인간화된 혹은 (매개적인, 밀도 있는, 특정한, 주관적인, 관계적인, 전략과 힘이 부여된, 시간적인) 의미가 부여된 공간'으로 변모했다(Tilley, 1994, pp. 7~8). 1990년대 초에는 여러 인류학적 문헌이 경관을 비중립적이며 정치화된 공간(Bender, 1993)이나, 문화적 지식과 기억에 접근할 수 있는 중요한 통로(Küchler, 1993, p. 85) 혹은 장소와 시간, 공간의 관계를 이론화하는 수단(Hirsch and O'Hanlon, 1995)으로 이해해야 함을 역설했다. 틸레이(Tilley)는 《A Phenomenology of Landscape경관의 현상학》에서 공간과 경관의 의미를 파악하려면 그것이 사람에게 어떻게 경험되며, 어떤 흔적을 남기고, 사회적으로 어떻게 창조되는지 이해해야 한다고 본다. 그가 보기에 공간은 가치중립적인 '행위를 위한 용기(container)'가 아니라 주관적인 사회적 구성물이다. 게다가 "공간은 다양하게 이해·경험되므로 개인이 영향을 미치고 동시에 영향을 받는, 모순과 갈등으로 가득한 매개체다"(1994, p. 10). 카미노가 그런 공간이다. 사람들이 자연경관을 어떻게 이해하며, 그 속에 있는 '지명의 의미'는 무엇인지, 그 장소에 관해 어떤 이야기를 하는지 조사한 탁월한 사례 연구로 Basso(1984)가 있다.

5 Hoinacki, 1996, p. 14.

6 Ibid., pp. 37~38.

7 종전의 순례 연구에서 경관과 신성한 지형은 혼동되는 경향이 있다. 이

연구들은 순례자가 신성한 지형을 어떻게 경험하고 이해하는지보다, 당연하게 받아들여야 할 신성성의 특징(Eade and Sallnow, 1991, pp. 8~11)이자 움직임의 배경(Coleman and Elsner, 1995, p. 212)으로 성지(聖地)와 연관된 극적인 특성이 있는 사회적 의미를 탐구하는 데 초점을 맞춘다(Morinis, 1992, pp. 24~25). 순례자는 신성한 경관을 다양한 관점에서 해석하지만, 그 해석은 순례를 하위 요소로 포괄하는 더 큰 체계('제약하는' 장소)의 영향을 받는다(Tilley, 1994, p. 209).

순례자는 단순히 카미노 위를 스쳐 가지 않고 길 위의 상징, 경관, 사람과 끊임없이 상호작용 한다. 한 순례자가 신성한 경관을 그저 통과할 때라도 언제나 사회적 · 개인적 상징과 상호작용이 일어난다. 예를 들어 순례자가 누구나 들르는 의례 장소를 방문해서 기도한다면, 신성한 어떤 것이 개인화된 그의 기억 속에 자리 잡는다. 이 신성한 방문은 단지 순례자가 의례 장소에 멈춰 선 게 아니라, 그 장소에 의미를 부여한 행위다. 경관이 단지 '배경'이 아니라 순례자의 경험에서 핵심이 되는 것이다.

8   Rodríguez Fernández, 1995, pp. 22~24.

9   Haab, 1996, Pt. 2, p. 33.

10   Haab, 1992. 독일 원서 참조.

11   Haab, 1996, Pt. 2, pp. 28~29.

12   Longrigg, 1994, p. xiv.

13   Hoinacki, 1996, p. 147.

14   Tilley, 1994, p. 11.

15   Merton, 1967, p. 92.

16   Rodríguez Tero, 1997, p. 6.

17   가톨릭교회의 상징 해석은 Rodríguez Fernández, 1995, p. 21 참조.

18   자연주의적 신비주의 논의는 James, [1902] 1985 참조.

19   Post, 1994, p. 91. 자연과 신앙의 중요성에 관해서는 Bakken, 1994, pp. 15~16 참조.

20   Haab, 1996, Pt. 1, p. 23.

21   Starkie, 1957, p. 1.

22   Hoinacki, 1996, p. 147.

4장 발견으로 가득한 풍경

1 의례 연행에서 의미가 어떻게 생성되는가에 관한 논의는 Bruner, 1986, p. 11; 1994, p. 332 참조.

2 Dunn and Davidson, 1994, p. xi.

3 사람들이 어떻게 자신을 '지휘하고' '빚어내는가'에 대해서는 각각 Myerhoff, 1993; Kondo, 1990, p. 48 참조. 이런 행위는 카미노에서도 일어난다. 순례자는 상호작용, 성찰, 움직임, 실험의 창조적 과정을 통해 지속적으로 자신의 정체성을 재형성한다.

4 Kruyer, 1996, p. 23.

5 Ibid., p. 24.

6 Cariñanos, 1992 (February 21).

7 론세스바예스 순례자 숙소 방명록, 1993년 7월 20일.

8 Cariñanos, 1992 (January 24).

9 Cuchi, 1994, p. 30.

10 펠릭스 카리야노스(Félix Cariñanos)의 몇몇 독특한 논문(1991~1992) 참조. 그는 브라질 출신 유명한 순례자이자 학자, 호타(jota)[스페인 춤곡—옮긴이] 가수로, 카미노 방명록의 필명은 텔레하냐스(Telerañas)다.

11 Alonso, 1994, p. 48.

12 Cariñanos, 1991~1992 (February 21).

13 Tuan, 1977, p. 179.

14 Vuijsje, 1990 참조. 헤르만(Herman Vuijsje)은 네덜란드의 저널리스트이자 사회학자로, 1989년 산티아고에서 암스테르담까지 걸어갔다. 일기 형식으로 된 그의 책은 되돌아오는 도보 순례에서 겪은 다양한 경험을 담았다.

15 Hoinacki, 1996, pp. 186~188.

16 Ibid., p. 39.

17 Gurruchaga, 1993.

18 1996년 3월 산티아고대성당 순례자 미사에서 낭독한 기도문에서 발췌.

19 Kruyer, 1996, p. 23.

20 Hitt, 1994, pp. 108, 110.

21 Suárez Bautista, 1987, p. 7.

22 Victor, 1994.

23 Janin, 1994, p. 9.

24 '몸의 테크닉' 논의는 Mauss(1936, 1973)와 그 연구를 아비투스(habitus) 개념에 활용한 Bourdieu(1977) 참조. 일상 속 몸의 이해를 위한 드 세르토(De Certeau, 1984)의 '전술(tactics)'과 '전략(strategy)' 개념도 이와 연관된다. 일반적 개괄을 위해서는 Bell(1992), pp. 94~117; Sullivan(1990) 참조.

25 Douglas, 1973 참조.

26 La Fray, 1997, p. 9.

27 순례 후 평생의 묵상을 위해 수도회에 들어간 젊은 스페인 남성의 내적 여정은 Torres(1996) 참조.

28 Rodríguez Tero, 1997, pp. 6~7.

29 '발로 하는 기도'라는 개념은 Haab(1996), 1부, p. 28 참조.

30 *Carta Pastoral*, 1988, sec. p. 33, García Costoya, 1993, p. 78 인용.

31 García Rodríguez, 1995, pp. 6~9.

32 Fernández, 1996, p. 10.

33 Eade and Sallnow, 1991, p. 5.

34 Bruner, 1994, p. 400.

35 Diocesan Commission, 1993, p. 3.

36 Arias Villalta, 1996.

37 *Encuesta*, 1996/1997.

38 Pliego, 1994.

39 García Azpillaga, 1995, p. 27.

40 Iriarte, 1993b, pp. 10~11.

41 론세스바예스에서 산티아고까지 말을 타고 간 순례는 Hanbury-Tenison (1990) 참조.

42 사회학자 주디스 아들러(Judith Adler)는 쓴다. "여행사는 예술사처럼 공존하고 경쟁하며, 꽃피었다가 쇠퇴하고, 다시 등장하는 양식의 역사라 할 수 있다. 이때 개별 여행 양식의 시간적 경계는 불가피하게 중첩된다"(1989, p. 1372). 오늘날에는 진정한 순례가 몸을 통한 이동과 결부되지만, 움직임에 대한 긍정적 가치 평가는 오랜 철학적 논쟁의 주제와 결부된다. 진실이나 깨달음은 움직이지 않는 명상에서 오는가, 아니면 움

직임에서 오는가(Adler, 1992, 1994 참조). 기독교 전통에도 순례와 움직임에 관한 견해가 다양하다. 예를 들어 아들러는 여러 수도회에서 움직임을 대하는 두 담론을 비교한다. 초기 기독교 금욕주의자의 철학은 방랑과 자발적 추방을 옹호했다. "여기에는 유혹과 그에 수반되는 불안에 대한 대응으로써, 말 그대로 도주(flight)를 장려한 실용적 심리학, 인류학, 형이상학이 있다. 그 철학은 추방자와 이방인의 형상에서 인간 조건의 진정한 모습을 발견한다. 고행자는 움직임을 통해 자신을 다른 것에서 떼어놓으며, 계속 움직여 이런 분리를 이어간다. 그는 유혹에서 도망쳐 자신을 재창조하길 원한다. 이 세계의 고독한 이방인이자 추방자로서 말이다"(1992, p. 411).

아들러가 본 수도회 신학의 또 다른 조류는 움직임 자체를 유혹으로, 장려 대신 억제해야 할 것으로 간주한다. 무릇 인간은 황야에서 깨달음을 구하는 대신, 안정적인 종교적 규율에서 내면을 발전시켜야 한다는 것이다(Adler, 1992, pp. 412~414). 르클레르크(Leclerq)도 움직임과 깨달음에 대한 상반된 논의를 언급했다. "중요한 것은 고국이 아니라 자아를 떠나는 것이다. 수도원도 추방된 듯이 머무르는 사막이 될 수 있다. 예전에 사람들은 순례 속의 안정(stabilitas in peregrinatione)을 실천했다. 현재 그들은 안정 속의 순례(peregrinatio in stabilitate)를 발견했다"(Constable, 1979, p. 142에서 인용). 호모비아토르(Homo viator, 여행하는 인간) 개념의 발전은 Ladner(1967)의 탁월한 논문 참조.

여행의 가치에 대한 또 다른 관점 변화는 17~19세기에 유행한 그랜드 투어(Grand Tour)에서 발견된다. 이 전통에서 여행은 상류층 젊은이를 위한 이상적인 교육의 도구다(Brodsky-Porges, 1981). 종교개혁의 영향으로 순례가 쇠퇴한 뒤, 성스러운 모험이던 여행이 세속적인 교육적 모험으로 변한 것이다. 그러다가 19세기 말, 에머슨(Ralph Waldo Emerson)과 소로(Henry David Thoreau) 같은 낭만주의 작가에게서 다시 한 번 변화가 관찰된다. 소로는 월든 호숫가에서 금욕적 생활을 한 뒤, 세계와 인생의 중요한 신비는 외국 여행이나 구루를 방문하는 것이 아니라 인생의 모든 순간순간에 존재한다고 주장한다(예를 들어 Thoreau, 1952, p. 267).

현대 순례에서는 다시 이동을 개인적 발견, 깨달음과 연관 지으며 긍정적으로 간주한다. 이동의 목적이 구원이든(중세), 교육이든(르네상스 시대), 개인적 탐색이든(근대/탈근대) 말이다. 이 관점에서는 고향 바깥의 수많은 지역을 자력으로, 몸을 써서 탐험하며 자기 내면의 더 많은 지역을 이해할 수 있다고 믿는다.

43 McLuhan, 1964, p. ix.

44 Palli, 1994, p. 8.

45 Alonso, 1994, p. 47.

46 Haab, 1993, p. 25.

47 Rodríguez Tero, 1997, p. 6.

48 Uli Ballaz, 1990, p. 104.

49 Horner, 1993.

50 Pliego, 1994, p. 39.

5장 순례가 끝나는 곳

1 Hoinacki, 1996, p. 88.

2 서양철학에서 인류는 덜 발전된 것에서 더 발전된 것으로 진보한다. 이런 사고는 철학 외 사고 패턴이나 사회조직 원리에도 스며들었다. 순례 은유도 좋은 예다. 대다수 기독교 순례에는 뚜렷한 출발지와 종착지가 있다. 종착지는 보통 은유적으로 깨달음, 자기 발견, 영원한 예루살렘, 궁극의 목적과 연관된다. 힌두교나 불교, 일본의 신도 순례가 대개 순환적인 것과 달리, 기독교 순례는 선형적 구조다. 귀환이 언급되는 경우는 드문데, 기독교의 세계관이 '그곳에 도달함'을 중시하기 때문이다. 게다가 순례자는 앞으로 걸어가며 어떻게 해서든 나아지고, 어딘가에 도착하고, 내적으로 성숙하리라는 암묵적 가정이 있다. 이 가정은 내면화되어, 순례자 본인도 다른 사람이 되고 더 나아져야 한다고 믿는다. 이때 개인은 전진하는 만큼 변화한다고 여겨진다. 이 때문에 '길 잃음'은 고통이 되고, 변화가 없을 때는 순례가 실패했다고 해석되기도 한다.

3 Mora, Tamargo, and Catalán, 1993, p. 156.

4 Haab, 1996, Pt. 2, p. 31.

5 육체적 여행이 내면적 여행(의 패턴화된 특성)과 상응하는 방식에 대해서는 Myerhoff(1993) 참조.

6 Valiña, 1992, p. 119.

7   Hogarth, 1992, p. 26.

8   인접한 아스투리아스(Asturias)는 직사각형 대신 정사각형 곡물 창고로 유명하다. 갈리시아에서는 지역마다 건축물의 크기와 구조, 지반, 재료가 다르다.

9   엘리아데(Eliade, 1958, p. 382)는 '신성 공간의 변증법', 즉 성지로 접근 가능성과 불가능성의 역전을 논의한다. 그에 따르면 성지는 접근하기 어렵지만, 역설적으로 어디나 있다. 순례자는 도착을 원하는 동시에 원하지 않는다. 목적, 여행의 끝, 성지 도착은 자아, 고향, 고향에 두고 온 것과 가까워진다는 뜻이며, 일상에서 대단히 긍정적인 일탈이다. 순례자는 쉽게 산티아고에 도착할 수 있지만, 일부러 긴 여정을 택하기도 한다.

10   Haab, 1996, Pt. 2, p. 31.

11   Longrigg, 1994, p. xiv.

12   Morán, 1996, pp. 263, 273.

13   Janin, 1994.

14   Quaife, 1994, pp. 55~56. 많은 산티아고 주민에게 '몬테델고소'는 이중적 의미가 있다. 그것은 인근 언덕에 위치한 윤락가와 성 야고보의 순례자 명소를 동시에 지칭한다.

15   Uli Ballaz, 1990, p. 153.

16   중세 여행자들이 기록한 정화 의례 장소 라바코야(Lavacolla)의 어원에는 여러 가지 설이 있다. (사람이나 동물의) '목'을 의미하는 스페인어 cuello에서 파생됐거나, 라틴어 Lava-mentula에서 유래했다는 견해가 있다. mentula는 '남근'을 의미한다. 로망스어에서 colla는 '음낭'을 뜻하며, Lavamentula가 Lavacolla로 변했다는 견해도 있다(Melczer, 1993, p. 144).

17   Stanton, 1994, p. 187.

6장 산티아고

1   Hoinacki, 1996, p. 272.

2   Henderson, 1994, p. 102. Morris, 1964, p. 40에서 인용.

3   Tuan, 1977.

4   파인버그(Feinberg, 1985, p. 317)도 1982년에 순례자들의 동일한 반응을 관찰했다.

5 Guijarro Camacho, 1996, p. 12.

6 Haab, 1996, Pt. 2, p. 26.

7 Stanton, 1994, p. 190.

8 *La Voz de Galicia*, May 13, 1993.

9 Storrs, 1994, p. 82.

10 *El País*, January 2, 1994.

11 Taylor, 1996, pp. 11~12.

12 Feinberg, 1985, p. 323. 그녀가 말하는 '재통합(reaggregation)'은 입사자가 사회에 재통합되는 통과의례의 세 번째 단계를 지칭한다. 산티아고 순례에서도 이 과정을 도와주는 '재통합 의례'가 있다.

13 Hoinacki, 1996, pp. 272~273.

14 Morín and Cobreros(〔1976〕1990, p. 204)도 순례자가 모였다가 흩어지는 장소로 콤포스텔라의 이중적 기능을 지적한다. 이때 콤포스텔라는 상반되는 운동의 극으로 둘러싸인 고요한 장소다.

15 Feinberg, 1985, pp. 318, 324.

16 순례자 사이에도 좋은 만남과 나쁜 만남이 있다. 이 프랑스 여성은 카미노로 출발하기 전에 혼자 순례할 생각이었다. 그러나 저녁때 순례자 숙소에서 자주 마주친 독일 남성에게 강한 애착을 느꼈다. 여행 도중에 그들은 애매하고 긴장된, 성적이지 않은 사이로 발전했다. 본문에 쓴 초조한 밤의 에피소드도 여기서 나온 것이다.

17 Selby, 1994, pp. 211~212.

7장 세계의 끝을 향해

1 14세기와 달리 현재의 산티아고대성당은 단호히 피니스테레 방문을 순례로 인정하지 않는다.

2 Stanton, 1994, p. 192.

3 Ramón y Ballesteros, 1976, pp. 220~221.

4 역사적으로 14~17세기에 대단히 많은 순례자가 스페인 북서부 연안을 찾았다(Pombo Rodríguez, 1994). 순례 인구 증가는 지도 제작 기술의 발전, 당시 유행한 세계의 최서단·최북단 찾기와 맞물렸다(Jacobsen, 1997). 순례자(특히 15세기)는 '예수 앞에 엎드리기 위해' 산티아고에서

피니스테레까지 여행했다. 그들은 그 행위 없이는 산티아고 순례가 완결되지 않는다고 믿었다. 여기서 말하는 '예수'는 13세기 피니스테레 성모성당에 안치된 기적의 성화로, 땀을 흘릴 뿐만 아니라 놀랍게도 수염까지 자란다는 전설의 주인공이다(Ramón y Ballesteros, 1970, p. 195). 이탈리아 수사 라피(Laffi, 1997)의 17세기 후반 기록과 가르시아 메르카달(García Mercadal)의 저서(1952, p. 452)에 나오는 15세기 아르메니아 주교의 이야기도 참조.

피니스테레의 역사는 더 옛날까지 거슬러 올라간다. 8세기에 피니스테레는 최서단 연안 너머에서 천국을 찾으려 한 기독교 탁발승 무리와 관련 있었다. 산티아고 성인의 이베리아반도 개종도 피니스테레에서 일어났다고 여겨졌다. 11세기 초에 피니스테레는 참회 순례지(성 윌리엄의 은거지)가 되었다. 일부 현대 순례자는 피니스테레에 도입된 기독교 전통이 다산(多産)과 연관된 켈트 신앙이나 이교 신앙을 대체했거나, 그와 결합되었다고 믿는다. 켈트 유적이 남은 네리오(Nerio) 곶은 기독교와 로마 정복 이전의 토착민에게는 '위대한 너머(Great Beyond)로 가는 문턱'이자 '켈트의 이계(理界)'였다. 이 지역은 초기 기독교의 몇몇 컬트 의식과도 관련 있으며, 일부 현대 순례자는 전설적인 아틀란티스 대륙이 피니스테레 너머에 잠겼을지도 모른다고 말한다(Alonso Romero, 1993, pp. 86~87, 98~99).

5 이 내용은 피니스테레 시청을 방문한 여러 순례자의 이야기에서 수집했다.

6 피니스테레 방명록, 1995.

7 Stanton, 1994, p. 193.

8 Stanton, 1994, p. 193.

9 Haab, 1996, Pt. 2, p. 34.

8장 귀향

1 Gold, 1988, p. 1. 윌리엄 멜처(William Melczer)가 제안하듯, 순례의 순환성은 "인간의 경험 차원에서 재생과 연관된 자연의 순환 양식을 전제한다. 죽음과 재생이라는 두 박자 리듬 혹은 사계절이라는 네 박자 리듬을 말이다"(Melczer, 1993, p. 6).

2 Morinis, 1992, p. 27.

3 마이어호프(Barbara Myerhoff, 1993, p. 218)는 순례를 '차이가 수반되는 들어감/나옴/들어감(in/out/in)'의 과정으로 본다(즉 순례자는 사회 속에 있다가, 사회를 떠난 다음, 달라져서 사회로 돌아온다). 모든 순례자는 일상으로 돌아올 때 이 '차이'를 처리해야 한다. 순례를 통한 변화는 이슬람교도의 5대 의무 중 하나인 핫즈(hajj, 메카 순례)에서 잘 드러난다. 이슬람의 사회 종교적 체계에서 귀국한 순례자의 세속 지위는 핫즈(hajji)로 격상된다. 예를 들어 인류학자 마리안 페름(Marian Ferme, 1994)은 서아프리카 멘데족(Mende)의 이슬람 공동체에서 핫즈를 마치고 온 순례자는 지위 변화(Al-hajji)뿐 아니라 순례자의 권위를 통해 지역 의례에도 영향력을 행사할 수 있다고 말한다. 성지를 방문한 자는 이슬람의 진정한 핵심에 근접한 지식을 보유했다고 여겨지는 것이다(Campo, 1991, pp. 139~165 참조).

반대로 산티아고 순례자는 이슬람처럼 종교적 의무가 아니라 자발적으로 순례한다. 참회 순례나 종교적 서원을 이행하기 위한 드문 예는 제외하고 말이다. 산티아고 순례는 동기가 다양한 사적인 결정으로, 출발 의례나 재통합 의례가 거의 없다. 그래서 종종 가장 가까운 이조차 순례자의 귀향을 기념하지 않고 넘어간다.

4 모리니스가 제안했듯이 우리는 물어야 한다. 귀국이 순례의 효과를 판별하는 시금석이라면, 왜 지금까지 이렇게 연구되지 않았을까? 이는 부분적으로 방법론적 어려움 때문이다. 카미노처럼 다양한 나라에서 찾아왔다가 뿔뿔이 흩어지는 수많은 이를 추적·연구하기는 쉽지 않다.

또 하나 설득력 있는 설명은 종전의 순례기와 연구에서 강조해온 패러다임이 선형적 내러티브 구조를 선호한다는 것이다. 순례는 "선형적이며, 클라이맥스가 있는, 피라미드식 플롯"(Harbsmeier, 1986, p. 69)을 위한 이상적 구조를 제공한다. 신참 순례자는 순진하게 떠났다가 예상치 못한 육체적·정신적 시련을 겪고 이를 극복한 뒤, 마침내 고대한 목표에 도달한다. 그러나 순례에 퍼포먼스 은유를 사용하면 위험이 있다. 연극은 클라이맥스와 결말 이후 배우가 배역을 떠나 집으로 간다. 순례자도 순례하면서 자신의 정체성을 실험할 수 있다. 그러나 끝에 가서 자신이 경험한 것을 마치 존재하지 않은 듯 괄호로 처리하기가 연극보다 훨씬 어렵다.

5 McKie, 1996, p. 25.

6 Coleman and Elsner, 1995, p. 207. 그들은 변화가 '이국적인 것'과 조우한 덕분이라고 본다. 이는 순례가 순례자의 일상과 자아, 타인에 대한 관점에 주는 영향을 대단히 협소하게 이해한 것이다. 새로움과 이국성은 예기치 않게 안에서도 발견된다. 변화는 예를 들어 메세타의 폭풍 속에서 자신의 무력함을 깨달은 뒤에 일어나기도 한다.

7 Prescott, 1958, pp. 256, 275, 278.

8 Schutz, 1945, p. 369.

9 Ibid.

10 Ibid., pp. 374~375.

11 Iriarte, 1993a, p. 8.

12 중세에 순례자는 콤포스텔라에서 종종 가리비 껍데기(진짜 가리비든, 대성당 근처에서 가톨릭교회가 승인한 상인이 팔던 은이나 흑옥으로 만든 것이든)가 달린 모자나 망토, 지팡이를 가지고 돌아왔다. 성 야고보를 숭배하는 형제회나 길드는 이따금 귀국한 순례자를 공동체에 받아들였다. 반대로 돈을 주고 마을을 위한 기도와 축복을 부탁하며 산티아고에 보내기도 했다. 많은 길드(특히 제화공 길드)와 형제회는 성 산티아고를 수호성인으로 숭배했지만, 늘 순례와 연관되지는 않았다. 많은 성야고보형제회가 귀국한 순례자를 도왔으나, 그들이 늘 순례 경험자의 공동체는 아니다(최소한 덴마크, 스웨덴, 독일 라인란트 지방 북부 지역 길드는 그랬다). 유럽 60여 지점에서 실시한 고고학 조사에 따르면, 많은 순례자는 사망 시 순례자 의복이나 가리비 껍데기를 착용한 채 묻혔다(Röckelein and Wendling, 1989; Krötzl, 1989, pp. 65~66; Quaife, 1996; Plötz, 1997).

13 "삶은 다시 말하기(retelling)로 구성된다" "모든 이야기는 기억의 흐름에 자의적으로 의미를 부여하는 것이다. 즉 모든 이야기는 해석이다" (Bruner, 1986, pp. 7, 12).

14 Suárez Bautista, 1987, p. 8.

15 Testimonios, 1994, pp. 13~14. Burgui, 1993 참조.

16 Meintel, 1973, p. 47.

17 Ibid., p. 54.

18 "기실 순례가 (세속적 지위는 말할 것도 없고) 종교적 상태의 큰 변화를 보장하지는 않는다. 여행 중에 경험한 시련과 자기희생 덕분에 더 강하

고 나은 사람이 될 수는 있겠지만 말이다"(Turner, 1992, p. 37). 터너는 순
례가 시련과 희생을 통해 누군가를 '더 나은 사람(a better person)'으로
만든다고 말한다. 여기서 '나은 사람'의 의미는 분명치 않으며, '변화'의
의미도 정의되지 않았다. 터너와 모리니스는 변화가 개종이나 사회적 지
위의 상승임을 암시하는데, 이 논의는 산티아고 순례에 거의 적용할 수
없다.

19 por cojones란 문자 그대로 '불알(고환)'이다. 따라서 누군가 무엇을 'por
cojones' 하게 한다면 '그는 그걸 할 배짱이 있다'는 뜻이다.

20 Fernández, 1996, p. 11. 나는 개인적 대화에서 이 논문에 대한 보충 설명
을 들었다.

21 de Tandeau, 1997, p. 12.

22 Hoinacki, 1996, p. 147.

23 나는 1996년 3월, 이베리아연구회에서 '유럽의 재(再)주술화와 현재의 카
미노데산티아고 순례'라는 강연을 했다. 이 강연은 호아킨 페르난데스카
스트로(Joaquín Fernández-Castro)와 엔리케 알론소(Enrique Alonso)가
주선한 것이다.

24 런던 성야고보형제회 회장이자 순례자인 로리 던넷(Laurie Dennett)의
발표에서 발췌.

25 Post, 1994.

26 예를 들어 Aebli, 1991(르퓌에서 산티아고로 60일간 도보 순례를 한 독일
인); Barret and Gurgand, 1978(중세 순례의 흔적을 찾아 1977년 도보 순
례를 떠난 프랑스 저널리스트 두 명); Breitenbach, 1992(1980년대 후반
에 순례한 60대 독일 사제); Caucci von Saucken, 1990(론세스바예스부터
도보 순례를 한 젊은 이탈리아 남성); Coelho, 〔1987〕 1995(유명한 브라
질 작가가 쓴 비교〔祕敎〕적 여행기); Dennett, 1987(다발경화증 치료 기
금 모금을 위해 샤르트르에서 산티아고까지 걸은 프랑스 여성); Feinberg,
1989(인류학자가 1982년에 쓴 순례 일기); Frijns, 1995(벨기에 남성이 순
례에서 겪은 느낌과 성찰을 주제별로 기록한 책); Hitt, 1994(인생의 전환
기인 1993년, 프랑스에서 도보 순례를 떠난 중년의 미국 작가); Houdijk
and Houdijk, 1990(1988년에 휴직하고 벨기에 겐트에서 산티아고까
지 걸은 중년의 네덜란드 커플); Lamers, 1987(인생의 위기를 맞은 1984
년, 위트레흐트에서 자전거 순례를 떠난 네덜란드 천문학자); Neillands,

1985(르퓌에서 자전거 순례를 떠난 영국의 여행 작가); Selby, 1994(역시 프랑스에서 자전거 순례를 떠난 영국의 여행 작가); Torres, 1996(젊은 스페인 남성의 성찰과 수도회 입단 결심에 대한 기록); Uli Ballaz, 1990(한 사제가 사라고사에서 시작한 열한 번째 도보 순례); Whitehill, 1990(남편과 함께 1986년 파리에서 콤포스텔라까지 여행한 미국 여성의 종교적 여행기) 참조. Dunn and Davidson(1994)의 방대한 참고 문헌에는 일인칭 순례기를 저술한 100명에 가까운 지은이 목록이 있다. 관심 있는 독자는 참고하기 바란다.

27 Durant, 1990.

28 Anderson, 1983 참조.

29 예를 들어 스위스카미노우호협회의 회지《Ultreïa울트레야》에는 프랑스어로 쓴 현대 순례자의 기록이 실렸다. 독일 뷔르츠부르크성야고보협회도 순례자의 개인적 증언을 담은《Unterwegs im Zeichen der Muschel가리비 껍데기를 찾아가는 길》을 펴낸다.

30 De Pelgrim 40 (1995), pp. 9~35 참조.

31 Preston, 1992, p. 33. 질 더비시(Jill Dubisch, 1995)는 그리스의 순례와 젠더 연구에서 프레스턴의 개념을 더 정교하게 만든다. 그녀는 이 자성이 이동 가능하며, 성스러운 것과 접촉한 순례자의 경험을 통해 순례 성지가 시간과 공간을 넘어 이동할 수 있다고 주장한다.

32 Barcala, 1994, p. 76.

33 Tuan, 1977, p. 198.

34 Ibid., p. 184.

결론_ 출발점에 도착하기

1 Dundes, 1980, p. 86.

2 유럽의 통합과 제삼세계 이민, 인종(race) 대신 '문화' 용어를 사용하는 것에 대한 베레나 스톨케(Verena Stolcke, 1995)의 탁월한 논평 참조.

3 라이너 마리아 릴케(1951, pp. 222~223)의《오르페우스에게 바치는 소네트Die Sonette an Orpheus》참조.

　　　Choose to be changed, enchanted　　변화와 매혹을 희망하라

By the flame of the new　　　새로움의 불꽃으로
The dancing spirit, free　　　자유로운, 춤추는 정신은
Adores the turning point　　　전환점을 사랑하니(2부 12)

시를 영어로 번역해준 하워드 넬슨(Howard Nelson)에게 감사한다. 〔이 부분은 우리말 번역과 다르다. 김재혁이 옮긴 《오르페우스에게 바치는 소네트》(책세상, 2001)를 보면 2부 12의 첫머리는 다음과 같다. "변화를 희망하라/오 화려하게 모습을 바꾸며/ 네게서 빠져나가는 사물을 만들어내는 불꽃에 열광하라/ 지상적인 것을 마음대로 다루는 구상의 정신은/ 형상의 진동 가운데서 오로지 전환점만을 사랑한다."—옮긴이〕

부록 A_ 길 위에서 현지 조사

1　Marcus, 1995. 1980년대 이후 카미노에서 진행한 몇몇 인류학 연구(Feinberg, 1985; Haab, 1992; Mouriño López, 1997)가 이 딜레마를 다룬다. 그들은 모두 연구를 위해 카미노 순례에 참여했는데, 순례 후에도 카미노와 긴밀히 연결되었다. 파인버그와 하압은 순례자의 주객 관계와 카미노 환경을 이해하기 위해 카미노의 마을에서 살기도 했다. 세 명 모두 산티아고에 도착한 뒤 다른 순례자와 면담했다.

2　Clifford and Marcus, 1986.

부록 B_ 20세기 산티아고 순례의 부활

1　Ford, 1855, p. 601. 1910년대 카미노에 대한 묘사는 킹(King, 1920)이 쓴 세 권짜리 중요한 저작 참조. 1930년대 중반의 산티아고와 대성당, 인근 지역의 주민 생활에 대한 생생한 묘사는 앤더슨(Anderson, 1939, pp. 151~194) 참조.

2　Zimdars-Swartz, 1991.

3　Coffey, Davidson, and Dunn, 1996, p. xxvii.

4　Behar, 1990, p. 86.

5　수호성인으로서 이베리아반도를 무어인에게서 지켜준 데 감사하기 위한 의무적 연례 봉헌(voto)은 844년 클라비호 전투 이후 제도화되었다.

6　Uría Maqua, 1993, p. 35.

7 Marcos-Alonso, 1967, p. 125. 프랑코와 팔랑헤당이 산티아고와 산티아고
의 무용담 전설과 자신을 어떻게 동일시했는가는 벤나사르(Bennassar,
1970)와 미에크(Mieck, 1977) 참조. 1943년 도보 순례 시 팔랑헤당과 프
랑코가 벌인 산티아고 선전 작업은《Peregrinatión Nacional de la Falange
a Santiago팔랑헤당의 산티아고 순례》(1943) 참조.

8 García Azpillaga, 1996, p. 27.

9 La Coste-Messelière, 1965.

10 Orensanz, 1974, pp. 44~49.

11 Starkie, 1957, pp. 323~324.

12 Plötz, 1989, pp. 104~105.

13 Aguirre Baztán, 1988a, p. 11.

14 Ramos García, 1980, p. 538.

15 파라도르(국영 관광호텔)는 프랑코 치하인 1960년대에 마누엘 프라가가
장관으로 있던 스페인 관광부의 아이디어다. 그들은 스페인 관광산업을
발전시키기 위해 궁전과 성채, 버려진 수도원을 고급 호텔로 개조했다.
이 시스템은 지금도 스페인의 중요한 관광 수입원이다. 카미노에는 상당
수 파라도르가 있으며, 산티아고데콤포스텔라의 호텔 오스탈데로스레예
스카톨리코스(Hostal de los Reyes Católicos)가 제일 유명하다. 산티아고
대성당이 있는 산티아고 시 중앙 광장 변에 있다.

16 Feinberg, 1985, pp. 202~203.

17 Lowenthal, 1985, p. xvii, Graburn, 1995, p. 161 비교.

18 변화하는 유럽 축제의 패턴은 Boissevain(1992), 유럽의 '집단적 기억'에
대해서는 d'Haenens(1988) 참조.

19 Beruete, 1978.

20 Roa risarrí, 1995.

21 *Angeles del Camino*(1990) 참조. 그 미국 학생의 편지는 출판되지 않았고,
여전히 본인이 소유하고 있다.

22 Noticiario Turístico(1965) 참조. Goicoechea Arrondo(1971)도 참조할 만
하다. 후자는 카미노의 역사와 예술, 루트를 다룬 대작으로 에스테야카
미노우호협회의 지원을 받았으며, '통합된 유럽'이라는 철학을 기반으로
쓰였다.

23 Année Jubilaire(1965), 생자크드콤포스텔우호협회의 첫 순례.

24 Barret and Gurgand, 1978.

25 Behar, 1990, pp. 89~90; Payne, 1984 참조.

26 Orensanz, 1974, p. 17.

27 Villares Barrio, 1971.

28 여행을 기술하는 '대안적' 방법에 대해서는 Lanfant and Graburn, 1992, pp. 90~92 참조.

29 Beruete, 1982, p. 53.

30 Aguirre Baztán, 1988a, 1988b.

31 유럽에서 일어난 다른 사회 변화도 순례자 증가에 영향을 미쳤다. 벨기에 연구자 뤼셀(Bart Van Reusel)은 1994년 독일 바일레펠트(Beilefeld)에서 열린 세계사회학회 당시 스포츠의 '순례화'에 대해 알려주었다. 그는 1945년경 한 사제가 가난한 이들에게 사이클링을 보급하기 위해 스포르타(SPORTA, Sport Apostolaat : 스포츠 사도)라는 조직을 설립한 사례를 예로 든다. 여기서 사이클링은 종교적 동기로 시작된 여가용 스포츠다. 이 프로젝트는 나중에 산티아고 순례까지 포함했고, 순례 참여자는 미사와 축복, 가리비 껍데기를 받았다. 브뤼셀에는 성야고보사이클링클럽도 있다. 많은 참여자는 중산층에 교육 수준이 높고, 삶의 전환기를 맞은 50~60대 남성이다. 뤼셀에 따르면, 어떤 이는 순례를 통해 자신이 고통 받는 것을 과시하고 싶어 한다. 한편 벨기에에서 '뾰족한 언덕(Scherpenheuvel)'이란 현상도 유행하는데, 신자들은 성지를 향해 걷거나 달려가 꼭대기 주변을 14번 돌면서 예수의 14개 수난을 재현한다.

32 Christian, 1978, p. 555.

33 Ibid. 말 탄 남자는 산티아고 마타모로스다.

34 Beruete, 1979.

35 Pérez-Diaz, 1991.

36 Breitenbach, 1992, p. 130; Vázquez de Parga, LaCarra, and Uría Ríu, 1993, pp. 247~254; Warcollier, 1965, p. 85; Martínez and Novoa, 1993, pp. 82~84.

37 Behar, 1990, p. 104.

38 Editorial, 1988, p. 3.

39 *El Progreso*, July 18, 1993.

40 *Carta Pastoral*, 1988, pp. 33~34.

41 García Rodríguez, 1996, p. 14.

42 이탈리아 학자 소켄(Paolo Caucci von Saucken, 1993)은 현대 산티아고 순례를 다룬 논문에서, 남유럽과 라틴계 가톨릭 국가의 여러 지역에서 젊은 신도를 위한 패키지 '단체 도보 순례'가 증가한다고 말한다. 이탈리아에서 이 현상은 1970년대 중반부터 시작되었는데, 단체 순례의 목표는 다음과 같다. "삶에 대한 명상으로서 순례. 현대인도 중세의 '호모 비아토르(Homo viator, 길 위의 인간)'가 될 수 있다. 순례자가 돌아가야 할 진정한 아버지의 땅은 천상의 예루살렘이다"(Caucci von Saucken, 1993, p. 165). 단체 순례는 이런 테마를 의례적으로 구현하기 위한 것이다.

43 Hooper, 1987.

44 크리스 쇼어(Cris Shore)와 아나벨 블랙(Annabel Black, 1992, p. 10)은 썼다. "유럽공동체(EC)가 추구한 '더 긴밀한 유럽 통합'은 경제적 · 법적 수단만으로 불가능하다는 것이 분명해졌다. (단순히 '경제 공동체'가 아니라) 진정한 유럽'공동체'를 조직하기 위해서는 EC의 다양한 회원국 국민에게 '같은 유럽인(Europeanness)'이라는 감정을 심어주고, 소속감을 높이기 위한 문화 부문의 합치된 노력이 필요하다." '통합된 유럽'이라는 정치적 목표가 '켈트적' 정체성을 활용해 어떻게 구성되는지 살핀 디에틀러(Dietler, 1994)의 뛰어난 논문도 참조.

45 Oreja, 1989, p. 3.

46 Oreja, 1988, p. 3.

47 1974년부터 22년간 순례한 데이비드 기틀리츠(David Gitlitz, 1997)의 기록 참조.

48 López-Barxas, 1994, p. 18.

49 *El Correo Gallego*, May 31, 1997.

50 Ibid., 17.

51 Mahía, 1993, p. 7. 전체 논의를 보려면 Roseman(1996) 참조.

52 *El Correo Gallego*, January 21, 1997.

참고 문헌

Adler, Judith.
  1989.   "Travel as a Performed Art." *American Journal of Sociology* 94: 1366–91.
  1992.   "Mobility and the Creation of the Subject: Theorizing Movement and the Self in Early Christian Monasticism." In *Le Tourisme Internationale Entre Tradition et Modernité,* 407–15, Actes du Colloque Internationale, Nice, 19–21 November. Paris: URESTI-CNRS.
  1994.   "The Holy Man as Traveler and Travel Attraction: Early Christian Asceticism and the Moral Problematic of Mobility." Sociology Department, Memorial University of Newfoundland. Manuscript.

Aebli, Hans.
  1991.   *Santiago Santiago . . . Auf dem Jakobsweg zu Fuss durch Frankreich und Spanien. Ein Bericht.* 4th ed. Stuttgart: Ernst Klett.

Aguirre Baztán, Angel.
  1988a.   "Las tres etapas de turismo en España." *Anthropologica* 4(2ª época): 11–12.
  1988b.   "El turismo como restauración psíquica." *Anthropologica* 4(2ª época): 15–33.

Alarcón H., Rafael.
  1986.   *A la Sombra de los Templarios. Interrogantes sobre esoterismo medieval.* Barcelona: Martínez Roca.

Alighieri, Dante.
  1965.   *La Vita Nuova.* Trans. M. Musa. Bloomington: Indiana University Press.

Alonso, Ignacio.
  1994.   "Experiencias de un hospitalero novato." In *Hospitaleros en el Ca-*

mino de Santiago. Informes y Experiencias. Dossier 1994, 44–51. [Santo Domingo de la Calzada, Spain]: Oficina del Peregrino.

Alonso Romero, Fernando.

1993. O Camiño de Fisterra. Versión en galego, español e inglés. Madrid: Xerais.

Alvarez Gómez, Angel.

1993. "El naturalismo acompañante del peregrinar." In Pensamiento, arte, y literatura en el Camino de Santiago, ed. A. Alvarez Gómez, 101–42. Vigo, Spain: Xunta de Galicia.

Anderson, Benedict.

1983. Imagined Communities: Reflections on the Origin and Spread of Nationalism. London: Verso.

Anderson, Ruth Matilda.

1939. Gallegan Provinces of Spain: Pontevedra and La Coruña. New York: Hispanic Society of America.

Arias Villalta, Rafael.

1996. "Esotéricos y gnósticos, parásitos de la peregrinación." Compostela 9: 7–8.

Artress, Lauren.

1995. Walking a Sacred Path: Rediscovering the Labyrinth as a Spiritual Tool. New York: Riverhead Books.

Aviva, Elyn.

1996. "A Journey without End: Reflections on a Pilgrim's Progress." The Quest (Summer): 65–73.

Azqueta: Pablito y Micaela.

1993. Actividades Jacobeas. Asociación de Amigos de los Caminos de Santiago de Guipúzcoa 11: 27–36.

Badone, Ellen.

1991. "Ethnography, Fiction, and the Meanings of the Past in Brittany." American Ethnologist 18(3): 518–45.

Bakken, Arne.

1994. A Journey to Nidaros. Trans. M. E. Davies. Pilgrimages—Past and Present, no. 10. Nidaros, Norway: Restoration Workshop of Nidaros Cathedral.

Barcala, Alfonso.

1994. "Experiencias como hospitalero en el Albergue de Peregrinos de Castrojeríz." In Hospitaleros en el Camino de Santiago. Informes y Experiencias. Dossier 1994, 76–81. [Santo Domingo de la Calzada, Spain]: Oficina del Peregrino.

Barret, Pierre, and Jean-Noël Gurgand.

1978. Priez pour nous à Compostelle. Paris: Loisirs.

Basso, Keith H.

1984. "'Stalking with Stories': Names, Places, and Moral Narratives among the Western Apache." In Text, Play, and Story: The Construction and Reconstruction of Self and Society, ed. S. Plattner and E. Bruner, 19–55. Washington, D.C.: American Ethnological Society.

Behar, Ruth.
1990. "The Struggle for the Church: Popular Anticlericalism and Religiosity in Post-Franco Spain." In *Religious Orthodoxy and Popular Faith in European Society,* ed. E. Badone, 76–112. Princeton: Princeton University Press.

Bell, Catherine.
1992. *Ritual Theory, Ritual Practice.* New York: Oxford University Press.

Bellah, Robert N., Richard Madsen, William Sullivan, Ann Swidler, and Steven Tipton.
1985. *Habits of the Heart: Individualism and Commitment in American Life.* Berkeley: University of California Press.

Bender, Barbara.
1993. "Introduction. Landscape: Meaning and Action." In *Landscape: Politics and Perspectives,* ed. B. Bender, 1–17. Oxford: Berg.

Bennassar, Bartolomé.
1970. *Saint-Jacques de Compostelle.* Paris: Julliard.

Beruete, Francisco.
1978. Letter, May 4.
1979. Letter, April 5.
1982. "Significación histórica del Camino de Santiago. Principios y evolución." *Noticiario Turístico* 109: 51–53.

Boissevain, Jeremy, ed.
1992. *Revitalizing European Rituals.* London: Routledge.

Bourdieu, Pierre.
1977. *Outline of a Theory of Practice.* Trans. R. Nice. Cambridge: Cambridge University Press.

Breitenbach, Roland.
1992. *Lautlos wandert der Schatten: Auf dem Pilgerweg nach Santiago de Compostela,* 2d ed. Schweinfurt: Reimund Maier Verlag.

Brodsky-Porges, Edward.
1981. "The Grand Tour: Travel as an Educational Device, 1600–1800." *Annals of Tourism Research* 8: 171–86.

Bronseval, Claude de.
1970. *Peregrinatio hispanica. Voyage de Dom Edme de Saulieu, Abbé de Clairvaux, en Espagne et au Portugal (1531–1533).* 2 vols. Trans. M. Cocheril. Publications du Centre Culturel Portugais. Paris: Presses Universitaires de France.

Bruner, Edward M.
1986. "Experience and Its Expressions." In *The Anthropology of Experience,* ed. V. Turner and E. M. Bruner, 3–30. Urbana: University of Illinois Press.
1993. "Epilogue: Creative Persona and the Problem of Authenticity." In *Creativity/Anthropology,* ed. S. Lavie, K. Narayan, and R. Rosaldo, 321–38. Ithaca: Cornell University Press.
1994. "Abraham Lincoln as Authentic Reproduction: Critique of Postmodernism." *American Anthropologist* 96: 397–415.

Buñuel, Luis, dir.

1968.   *La voie lactée*. France: Greenwich-Medusa.

Burgui, José Miguel.

1993.   *El camino a Santiago con jóvenes*. Madrid: CCS.

1997.   *Camino de Santiago. Alicante-Santiago de la Explanada al Obradoiro. Guía del peregrino a pie, en bici o a caballo*. Alicante: Excmo. Ayuntamiento de Alicante.

Campo, Juan Eduardo.

1991.   *The Other Sides of Paradise*. Columbia: University of South Carolina Press.

Cariñanos, Félix.

1991–92. *Testimonios de Peregrinos*. Pts. 1–12. Tierra Estella (Spain). Cultura December 20, January 24, February 7 and 21, March 6 and 20, April 17, May 1 and 29, June 12 and 26, October 21.

Carro Otero, José I.

1993.   "El Año Santo. Su significado religioso-eclesial." In *El Apóstol Santiago y su proyección en la historia. 10 temas didácticos*, 59–66. Santiago: Comisión Diocesana del Año Santo.

Castro, Américo.

1954.   *The Structure of Spanish History*. Trans. E. L. King. Princeton: Princeton University Press.

Caucci von Saucken, Jacopo.

1990.   *Da Roncisvalle a Santiago de Compostela sul Camino de Santiago*. Perugia: Confraternità di San Jacopo di Compostella.

Caucci von Saucken, Paolo.

1993.   "Formas y perspectivas de la peregrinación actual." In *Pensamiento, arte, y literatura en el Camino de Santiago*, ed. A. Alvarez Gomez, 163–79. Vigo, Spain: Xunta de Galicia.

Charpentier, Louis.

[1971] 1976. *El Misterio de Compostela*. Trans. R. M. Bassols. Barcelona: Plaza y Janés. Orig. *Les Jacques et Le Mystère de Compostelle*. Paris: R. Laffont.

Chidester, David, and Edward T. Linenthal.

1995.   "Introduction." In *American Sacred Space*, ed. D. Chidester and E. Linenthal, 1–42. Bloomington: Indiana University Press.

Christian, William.

1978.   "La religiosidad popular hoy." In *Galicia. Realidad económica y conflictos sociales*, ed. J. A. Durán, 551–69. La Coruña: Banco de Bilbao, Servicio de Estudios.

Clifford, James, and George E. Marcus, eds.

1986.   *Writing Culture: The Poetics and Politics of Ethnoqraphy*. Berkeley: University of California Press.

Clissold, Stephen.

1974.   "Saint James in Spanish History." *History Today* 24 (10): 684–92.

Clouse, Robert G.

1978.   "Indulgences." In *The New International Dictionary of the*

Christian Church, ed. J. D. Douglas, 508. Grand Rapids, Mich.: Zondervan.

Coelho, Paolo.
[1987] 1995. *The Pilgrimage: A Contemporary Quest for Ancient Wisdom.* Trans. A. Clarke. San Francisco: Harper. Orig. *O diário de um Mago.* Rio de Janeiro: Rocco.

Coffey, Thomas F., Linda K. Davidson, and Maryjane Dunn, trans.
1996. *The Miracles of Saint James.* New York: Italica Press.

Cohen, Erik.
1973. "Nomads from Affluence: Notes on the Phenomenon of Drifter Tourism." *International Journal of Comparative Sociology* 14: 89–103.
1979. "A Phenomenology of Touristic Experiences." *Sociology* 13: 179–201.

Cohen, Esther.
1976. "In the Name of God and of Profit: The Pilgrimage Industry in Southern France in the Late Middle Ages." Ph.D. dissertation, Brown University.
1980. "Roads and Pilgrimage: A Study in Economic Interaction." *Studi Medievali,* Ser. III, 21(1): 321–341.

Coleman, Simon, and John Elsner.
1995. *Pilgrimage: Past and Present in the World Religions.* Cambridge, Mass.: Harvard University Press.

Constable, Giles.
1979. "Opposition to Pilgrimage in the Middle Ages." *Studia Gratiana* 19(1): 123–46.

Cosgrove, Denis.
1984. *Social Formation and Symbolic Landscape.* London: Croom Helm.
1993. "Landscapes and Myths, Gods and Humans." In *Landscape: Politics and Perspectives,* ed. B. Bender, 281–305. Oxford: Berg.

Cuchi, Asunción.
1994. "Me temo que voy a repetir." In *Hospitaleros en el Camino de Santiago. Informes y Experiencias. Dossier 1994,* 30–31. [Santo Domingo de la Calzada, Spain]: Oficina del Peregrino.

Davidson, J. W., A. Hecht, and Herbert Whitney.
1990. "The Pilgrimage to Graceland." In *Pilgrimage in the United States,* ed. G. Rinschede and S. Bhardwaj, 229–52. New York: Oxford University Press.

Davies, Horton, and Marie Hélène Davies.
1982. *Holy Days and Holidays: The Medieval Pilgrimage to Compostela.* London: Associated University Presses.

de Certeau, Michel.
1984. *The Practice of Everyday Life.* Trans. S. Rendell. Berkeley: University of California Press.

De Ochoa, Carlos, ed.
1917. *Novísimo diccionario de la lengua castellana.* Paris: Librería de la Viuda de Ch. Bouret.

Dietler, Michael.

1994.   "'Our Ancestors the Gauls': Archaeology, Ethnic Nationalism, and the Manipulation of Celtic Identity in Modern Europe." *American Anthropologist* 96(3) : 584–605.

Dennett, Laurie.

1987.   *A Hug for the Apostle.* Toronto: Macmillan of Canada.

Diocesan Commission.

1993.   *El Apóstol Santiago y su proyección en la historia. 10 Temas Didácticos.* Santiago de Compostela: Comisión Diocesana del Año Santo.

Douglas, Mary.

1973.   *Natural Symbols.* New York: Vintage Books.

Dubisch, Jill.

1995.   *In a Different Place: Pilgrimage, Gender and Politics at a Greek Island Shrine.* Princeton: Princeton University Press.

Dundes, Alan.

1980.   "Seeing Is Believing." In *Interpreting Folklore,* 86–92. Bloomington, Indiana. Indiana University Press.

Dunn, Maryjane, and Linda Kay Davidson.

1994.   *The Pilgrimage to Santiago de Compostela: A Comprehensive, Annotated Bibliography.* New York: Garland.

Dupront, Alphonse.

1985.   *Saint-Jacques de Compostelle. La quête du sacré.* Paris: Brepols.

Durán, José Antonio.

1990.   *Angeles del Camino. Poesía e experiencia contemporánea do Camiño de Santiago.* Series: Historias con data. La Coruña: Video Voz for TVG, S.A. Videocassette.

Durant, John.

1990.   "A Reunion in Germany." *Confraternity of St. James Bulletin* 35: 29–30.

Eade, John.

1992.   "Pilgrimage and Tourism at Lourdes, France." *Annals of Tourism Research* 19: 18–32.

Eade, John, and Michael Sallnow.

1991.   "Introduction." In *Contesting the Sacred: The Anthropology of Christian Pilgrimage,* ed. J. Eade and M. Sallnow, 1–26. London: Routledge.

Echevarría Bravo, Pedro.

1967.   *Cancionero de los peregrinos de Santiago.* Madrid: Centro de estudios jacobeos.

Eco, Umberto.

1986.   "Return to the Middle Ages." In *Travels in Hyper Reality,* trans. W. Weaver, 59–85. New York: Harcourt Brace Jovanovich.

Editorial.

1988.   *Peregrino* 1: 2–3.

Eliade, Mircea.
1958.   *Patterns in Comparative Religion.* Trans. R. Sheed. New York: New American Library.
Encuesta '96.
1997.   *Peregrino* 52: 28–31.
Feinberg, Ellen.
1985.   "Strangers and Pilgrims on the Camino de Santiago in Spain: The Perpetuation and Recreation of Meaningful Performance." Ph.D. dissertation, Princeton University.
1989.   *Following the Milky Way.* Ames: Iowa University Press.
Ferme, Mariane.
1994.   "What 'Alhaji Airplane' Saw in Mecca, and What Happened When He Came Home: Ritual Transformation in a Mende Community (Sierra Leone)." In *Syncretism/Anti-syncretism: The Politics of Religious Synthesis,* ed. R. Shaw and C. Stewart, 27–44. London: Routledge.
Fernandez, James.
1965.   "Symbolic Consensus in a Fang Reformative Cult." *American Anthropologist* 67: 902–29.
Fernández, Jorge.
1996.   "Ser peregrino, ser hospitalero." *Peregrino* 49: 10–11.
Ford, Richard.
1855.   *A Handbook for Travellers in Spain.* Pt. 2. 3d ed. London: John Murray.
Foster, Carolyn.
1994.   "Arduous Journeys to Inner Destinations." *San Francisco Chronicle Review,* 1 May, 6.
Foucault, Michel.
1984.   *The Foucault Reader.* Ed. P. Rabinow. New York: Pantheon.
French, R. M. trans.
1974.   *The Way of a Pilgrim and The Pilgrim Continues His Way.* New York: Ballantine.
Frey, Nancy L.
1996.   "Landscapes of Discovery: The Camino de Santiago and Its Reanimation, Meanings, and Reincorporation." Ph.D. dissertation, University of California, Berkeley.
Frijns, Frans.
1995.   *Niet zomaar een weg overwegingen langs de Camino de Santiago.* With an essay by Dirk Aerts. Brugge: Vlaams genootschap van Santiago de Compostela.
Garáte Córdoba, José María.
1971.   *La huella militar en el camino de Santiago.* Madrid: Publicaciones españolas.
García Azpillaga, Pedro.
1995.   "50 años peregrinando." *Peregrino* 43–44: 27

1996.   "Mi primera peregrinación." *Estafeta Jacobea* 34: 21.

García Costoya, Carlos.

1993.   *El Camino de Santiago. Año Santo 1993.* Madrid: ABL.

García Mercadal, J.

1952.   *Viajes de extranjeros por España y Portugal desde los tiempos más remotos hasta fines de siglo XVI.* Aguilar: Madrid.

García Rodríguez, Jaime.

1992.   *La peregrinación a Santiago en 1991.* Oficina de Acogida del Peregrino. Santiago: SAMI Cathedral.

1995.   "Prólogo." In *Guía para una peregrinación a Compostela,* J. C. Rodríguez Fernández, 6–9. Logroño, Spain: ARACS.

1996.   "Párrocos del Camino, III Jornadas de Pastoral." *Compostela* 9: 13–14.

Geary, Patrick.

1986.   "Sacred Commodities: The Circulation of Medieval Relics." In *The Social Life of Things: Commodities in Cultural Perspective,* ed. A. Appadurai, 169–91. Cambridge: Cambridge University Press.

Geertz, Clifford.

1973.   *The Interpretation of Cultures.* New York: Basic Books.

Gergen, David.

1996.   "A Pilgrimage for Spirituality." *U.S. News & World Report,* 23 December, 80.

Gitlitz, David.

1997.   22 años en Camino. *Peregrino* 52: 10–11.

Goicoechea Arrondo, Eusebio.

1971.   *Rutas Jacobeas. Historia, arte, caminos.* León: Everest.

Gold, Ann Grodzins.

1988.   *Fruitful Journeys: The Ways of Rajasthani Pilgrims.* Berkeley: University of California Press.

Gottlieb, Alma.

1982.   "Americans' Vacations." *Annals of Tourism Research* 9: 165–87.

Graburn, Nelson H. H.

1983.   "The Anthropology of Tourism." *Annals of Tourism Research* 10: 9–33.

1989.   "Tourism: The Sacred Journey." In *Hosts and Guests: The Anthropology of Tourism,* 2d ed., ed. V. Smith, 21–36. Philadelphia: University of Pennsylvania Press.

1995.   "Tourism, Modernity, Nostalgia." In *The Future of Anthropology: Its Relevance to the Contemporary World,* ed. A. S. Ahmed and C. N. Shore, 158–78. London: Athlone.

Graham, Paul, Carlos Paternina, and Adrian Wright.

1989.   *Santiago de Compostela: A Journey to Help the Hospices.* Henham, Essex: Adrian Wright.

Guerra Campos, José.

1982.   *Exploraciones arqueológicas en torno al sepulcro del Apóstol Santiago.* Santiago de Compostela: SAMI Cathedral.

Guijarro Camacho, Miguel Angel.

1996. "Aquel peregrino francés." *Peregrino* 49: 12.

Gurruchaga, Juan.

1993. "¿Existe la casualidad?" *Actividades Jacobeas. Asociación de Amigos de los Caminos de Santiago de Guipúzcoa* 11: 4–7.

Haab, Barbara.

1992. "Weg und Wanderlung." In *Symbolik von Weg und Reise,* ed. P. Michel, 137–62. Bern: Verlag Peter Lang.

1993. "Opiniones." *Actividades Jacobeas. Asociación de Amigos de los Caminos de Santiago de Guipúzcoa* 11: 25–26.

1996. "The Way as an Inward Journey: An Anthropological Enquiry into the Spirituality of Present-Day Pilgrims to Santiago." Pts. 1 and 2. Trans. H. Nelson. *Confraternity of St. James Bulletin* 55: 16–32; 56: 17–36.

d'Haenens, Albert.

1988. "Cultural Routes and Collective Memories." *A Future for Our Past* (Council of Europe) 32: 4–5.

Hanbury-Tenison, Robin.

1990. *Spanish Pilgrimage: A Canter to St. James.* London: Hutchinson.

Harbsmeier, Michael.

1986. "Pilgrim's Space: The Centre Out There in Comparative Perspective." *Temenos* 22: 57–77.

Henderson, Phinella, ed.

1994. *A Pilgrim Anthology.* London: Confraternity of St. James.

Herrero Pérez, Nieves.

1994. "Camiño de Santiago, ¿Ritual secular?" *Irimia* 13 (424): 8–10.

Hirsch, Eric.

1995. "Introduction. Landscape: Between Place and Space." In *The Anthropology of Landscape: Perspectives on Place and Space,* ed. E. Hirsch and M. O'Hanlon, 1–30. Oxford: Clarendon Press.

Hirsch, Eric, and Michael O'Hanlon, eds.

1995. *The Anthropology of Landscape: Perspectives on Place and Space.* Oxford: Clarendon Press.

Hitt, Jack.

1994. *Off the Road.* New York: Simon and Schuster.

Hogarth, James, trans.

1992. *The Pilgrim's Guide: A 12th-Century Guide for the Pilgrim to St. James of Compostella.* London: Confraternity of St. James.

Hoinacki, Lee.

1996. *El Camino: Walking to Santiago de Compostela.* University Park: Pennsylvania State University Press.

Hooper, John.

1987. *The Spaniards: A Portrait of the New Spain.* New York: Penguin Books.

Horne, Donald.

1984. *The Great Museum: Re-Presentation of History.* London: Pluto Press.

Horner, Alice E.

1993.   "Personally Negotiated Authenticities in Cameroonian Tourists Arts." Paper presented to the International Seminar "New Directions of Tourism, with Special Reference to Authenticity and Commoditization." Convened by Shuzo Ishimori and Nelson Graburn, National Museum of Ethnology, Osaka, Japan.

Houdijk, Cootie, and Jan Houdijk.

1990.   *Naar de ware Jacob. Dagboek van een voettocht naar Santiago de Compostela.* Santiago de Compostela—Bibliotheek 4. Hague: Vitgeverij Conserve.

Huidobro y Serna, Luciano.

1949–57. *Las peregrinaciones jacobeas.* 3 vols. Madrid: Publicaciones del Instituto de España.

Iriarte, Antxon.

1993a.   "¿Andando o en Bici?" *Actividades Jacobeas. Asociación de Amigos de los Caminos de Santiago de Guipúzcoa* 11: 8–11.

1993b.   "Peregrinación en autobús." *Actividades Jacobeas. Asociación de Amigos de los Caminos de Santiago de Guipúzcoa* 14: 4–8.

Jacobsen, Jens Kristian S.

1997.   "The Making of an Attraction: The Case of North Cape." *Annals of Tourism Research* 24(2): 341–56.

James, William.

[1902] 1985. *The Varieties of Religious Experience.* Cambridge, Mass.: Harvard University Press.

Janin, Louis.

1994.   "Hospitalero en Hornillos del Camino." In *Hospitaleros en el Camino de Santiago. Informes y Experiencias. Dossier 1994,* 9–11. [Santo Domingo de la Calzada, Spain]: Oficina del Peregrino.

Kendall, Alan.

1970.   *Medieval Pilgrims.* New York: Putnam.

King, Georgiana Goddard.

1920.   *The Way of Saint James.* Hispanic Notes and Monographs, Peninsula Ser. 1. 3 vols. Hispanic Society of America. New York: G. P. Putnam's Sons.

Kondo, Dorinne K.

1990.   *Crafting Selves: Power, Gender, and Discourses of Identity in a Japanese Workplace.* Chicago: University of Chicago Press.

Krötzl, Christian.

1989.   "Pilgrims to Santiago and Their Routes in Scandinavia." *The Santiago de Compostela Routes: Architectural Heritage Reports and Studies,* no. 16, 64–69. Strasbourg: Council of Europe.

Kruyer, Ann.

1996.   "The Jato Experience." *Confraternity of St. James Bulletin* 57: 23–27.

Küchler, Susan.

1993.   "Landscape as Memory: The Mapping of Process and Its Representation in a Melanesian Society." In *Landscape: Politics and Perspectives*, ed. B. Bender, 85–106. Oxford: Berg.

Künig von Vach, Hermann.

1989.   *Un guide du pèlerin vers Saint-Jacques de Compostelle. Le Wall- fahrtsbuch d'Hermann Kunig (1495)*. Trans. L. Marquet. Verviers: Imprim-Express.

La Coste-Mességelière, René de.

1965.   "Les chemins de Saint-Jacques." In *Pèlerins et Chemins de Saint- Jacques en France et en Europe du Xe siècle à nos jours*, ed. R. de La Coste-Mességelière, 41–58. Paris: Tournon.

Ladner, Gerhart B.

1967.   "*Homo Viator*: Mediaeval Ideas on Alienation and Order." *Speculum: A Journal of Mediaeval Studies* 42: 233–59.

Laffi, Domenico.

1997.   *A Journey to the West: The Diary of a Seventeenth Century Pil- grim from Bologna to Santiago de Compostela*. Trans. J. Hall. Leiden, The Netherlands: Primavera Pers.

La Fray, Jean.

1997.   "El camino interior de un peregrino francés." *Compostela* 11: 9–10.

Lamers, Henny.

1987.   *Daboek van een pelgrim naar Santiago de Compostela*. Utrecht: H. J. Lamers.

Lanfant, Marie-Françoise, and Nelson H. H. Graburn.

1992.   "International Tourism Reconsidered." In *Tourism Alternatives: Potentials and Problems in the Development of Tourism*, ed. V. Smith and W. Eadington, 88–112. Philadelphia: University of Pennsylvania Press.

Lavie, Smadar, Kirin Narayan, and Renato Rosaldo.

1993.   "Introduction: Creativity in Anthropology." In *Creativity/ Anthropology*, ed. S. Lavie, K. Narayan, and R. Rosaldo, 1–8. Ithaca: Cornell University Press.

Lea, Henry Charles.

1968.   *A History of Auricular Confession and Indulgences in the Latin Church. Vol. 2*. New York: Greenwood Press.

Lodge, David.

1995.   *Therapy*. New York: Penguin.

Longrigg, David.

1994.   *Reflections on the Santiago Pilgrimage, 1994*. Oxford: St. Giles' Church.

López-Barxas, Paco.

1994.   "Compostela. Por la capitalidad cultural del 2000." *Cuadernos del Camino de Santiago* 5: 10–20.

Lowenthal, David.

1985.   *The Past Is a Foreign Country*. Cambridge: Cambridge Univer- sity Press.

1989. "Nostalgia Tells It Like It Wasn't." In *The Imagined Past,* ed. C. Shaw and M. Chase, 18–32. Manchester: Manchester University Press.

de Lozoya, Marqués.
1969. "De Santiago Peregrino a Santiago Matamoros." *Cuadernos Hispanoamericanos* 238–40: 399–405.

Luhrmann, T. M.
1989. *Persuasions of the Witch's Craft: Ritual Magic in Contemporary England.* Cambridge, Mass.: Harvard University Press.

MacCannell, Dean.
[1976] 1989. *The Tourist: A New Theory of the Leisure Class.* Rev. ed. New York: Schocken Books.

McKie, Alan, and Jean McKie.
1996. "Returning from Pilgrimage." *Confraternity of St. James Bulletin* 58: 25.

McLuhan, Marshall.
1964. *Understanding Media: The Extensions of Man.* New York: Signet.

Mahía, Andrés.
1993. "Xerardo Estévez." *Cuadernos del Camino de Santiago* 1: 6–10.

Mandianes, Manuel.
1993. *Peregrino a Santiago. Viaje al fin del mundo.* Barcelona: Ronsel.

Marcus, George E.
1995. "Ethnography In/Of the World System: The Emergence of Multi-Sited Ethnography." *Annual Review of Anthropology* 24: 95–117.

Martínez, Luisa, and Francisco Novoa.
1993. "Santiago en Europa." *Cuadernos del Camino de Santiago* 2: 82–85.

Marcos-Alonso, Jesús A.
1967. "Hacia una tipología psicosocial de la identificación religiosa en el catolicismo española." In *Análisis Sociológico del Catolicismo Español,* ed. R. Duocastella, J. A. Marcos-Alonso, J. M. Díaz-Mozaz, and P. Almerich, 97–132. Barcelona: Nova Terra.

Mauss, Marcel.
[1936] 1973. "Techniques of the Body." Trans. B. Brewster. *Economic Sociology* 2: 70–88.

Meintel, Deirdre A.
1973. "Strangers, Homecomers and Ordinary Men." *Anthropological Quarterly* 46: 47–58.

Melczer, William, trans.
1993. *The Pilgrim's Guide to Santiago de Compostela.* New York: Italica Press.

Merton, Thomas.
1967. *Mystics and Zen Masters.* New York: Farrar, Straus and Giroux.
1993. *Thoughts in Solitude.* London: Shambala.

Mieck, Ilja.
1977. Kontinuität im Wandel. Politische und soziale Aspekte der Santiago-

Wallfahrt vom 18. Jahrhundert bis zur Gegenwart. *Geschichte und Gesellschaft* 3: 299–328.

Mitchell, Timothy.
1988.   *Violence and Piety in Spanish Folklore.* Philadelphia: University of Pennsylvania Press.

Mooney, Carolyn.
1996.   "Notes from Academe: Spain. Battling Blisters and Finding Saints on the Road to Santiago." *Chronicle of Higher Education,* 19 July, A47.

Moore, Sally F., and Barbara Myerhoff, eds.
1977.   *Secular Ritual.* Amsterdam: Van Gorcum.

Mora, Juan, José Ignacio Tamargo, and Nacho Catalán.
1993.   *El Camino de Santiago a pie . . . y en bicicleta.* 2d ed. Madrid: El Pais Aguilar.

Moralejo, A., C. Torres, and J. Feo, trans.
1992.   *Liber Sancti Jacobi. "Codex Calixtinus."* Pontevedra: Xunta de Galicia.

Morán, Gregorio.
1996.   *Nunca llegaré a Santiago.* Madrid: Anaya y Mario Muchnik.

Morín, Juan Pedro, and Jaime Cobreros.
[1976] 1990. *El Camino Iniciático de Santiago.* 4th ed. Barcelona: Ediciones 29.

Morinis, E. Alan.
1992.   "Introduction." In *Sacred Journeys,* ed. E. A. Morinis, 1–28. Westport, Conn.: Greenwood Press.

Morris, James.
1964.   *The Presence of Spain.* London: n.p.

Moser, Dietz-Rüdiger.
1985.   "Die Pilgerlieder der Wallfahrt nach Santiago." In *Festschrift für Ernst Klusen zum 75. Geburtstag,* ed. G. Noll and M. Bröcker, 321–52. Bonn: Peter Wegener.

Mouriño López, Eva.
1997.   *Vivir o camiño. Revivir a historia.* Vigo: Ir Indo Ediciones.

Myerhoff, Barbara.
1993.   "Pilgrimage to Meron: Inner and Outer Peregrinations." In *Creativity/Anthropology,* ed. S. Lavie, K. Narayan, and R. Rosaldo, 211–22. Ithaca: Cornell University Press.

Myers, Joan.
1991.   *Santiago: Saint of Two Worlds.* Albuquerque: University of New Mexico Press.

Neillands, Robin.
1985.   *The Road to Compostela.* Ashbourne, Derbyshire: Moorland.

Nolan, Mary Lee, and Sidney Nolan.
1989.   *Christian Pilgrimage in Modern Western Europe.* Chapel Hill: University of North Carolina Press.

Norris, Kathleen.
1996.   "Religio-Tourism on the Shelves." *Hungry Mind Review* 37: 19, 55.

Noticiario Turístico.
1965.   *Camino de Santiago.* Suplemento no. 74. Madrid: Dirección General de Promoción de Turismo.
Los Obispos del "Camino de Santiago" en *España.*
1988.   "El Camino de Santiago." In *Un camino para la peregrinación cristiana. Carta pastoral.* 2d ed. Santiago de Compostela.
O'Guinn, Thomas, and Russell Belk.
1989.   "Heaven on Earth: Consumption at Heritage Village, USA." *Journal of Consumer Research* 16(2): 227–38.
O'Reilly, Sean, O'Reilly, James, and O'Reilly, Tim, eds.
1997.   *Travelers' Tales: The Road Within. True Stories of Transformation.* San Francisco: Travelers' Tales.
Oreja, Marcelino.
1988.   Editorial. *A Future for Our Past* (Council of Europe) 32: 3.
1989.   "Message from the Secretary General of the Council of Europe." In *Architectural Heritage Reports and Studies,* no. 16. Report of the Bamberg Congress. Strasbourg: Council of Europe.
Orensanz, Aurelio.
1974.   *Religiosidad popular española (1940–1965).* Madrid: Nacional.
Oursel, Raymond.
1984.   *Routes romanes. La route aux solitudes.* St. Leger Vauban: Zodiaque.
Palli, Pierre.
1994.   "Crónica de un hospitalero en Logroño." In *Hospitaleros en el Camino de Santiago. Informes y Experiencias. Dossier 1994, 8.* [Santo Domingo de la Calzada, Spain]: Oficina del Peregrino.
Passini, Jean.
1984.   *Villes médiévales du Chemin de Saint-Jacques-de-Compostelle, de Pampelune à Burgos.* Paris: Editions Recherche sur les Civilisations.
1988.   "Identification and Mapping of the 'French Route' in Spain." *A Future for Our Past* (Council of Europe) 32: 23–24.
Payne, Stanley.
1984.   *Spanish Catholicism: An Historical Overview.* Madison: University of Wisconsin Press.
"Un peregrino auténtico."
1989.   *Peregrino* 6: 10.
"La peregrinación en 1996."
1997.   *Compostela* 11: 19–25.
Peregrinación nacional de la Falange a Santiago.
1943.   La Coruña: Delegación Provincial de la Educación Popular.
Pérez-Díaz, Victor.
1990.   "The Emergence of a Democratic Spain and the 'Invention of a Democratic Tradition.'" *Estudios: Working Papers of the Juan March Institute* 1: 1–46.
1991.   "The Church and Religion in Contemporary Spain." *Estudios: Working Papers of the Juan March Institute,* 19: 1–72.

Pfaffenberger, Bryan.
 1983. "Serious Pilgrims and Frivolous Tourists: The Chimera of Tourism in the Pilgrimages of Sri Lanka." *Annals of Tourism Research* 10: 57–74.
Piñeiro, Félix.
 1997. *Camino de vida y muerte de un peregrino.* Santiago: Grial.
Pliego, Domingo.
 1994. "¿Cómo debería de ser el »auténtico« peregrino?" *Estafeta Jacobea* 22: 38–39.
Plötz, Robert G.
 1989. "Pilgrims and Pilgrimages Yesterday and Today, Around the Example of Santiago de Compostela." *The Santiago de Compostela Routes: Architectural Heritage Reports and Studies,* no. 16, 90–108. Strasbourg: Council of Europe.
 1997. "Las cofradías de Santiago en Europa." *Compostela* 12: 4–11.
Pombo Rodríguez, Antón Anxo.
 1994. "Fisterra y Muxía: Sendas jacobeas hacia el ocaso." In *Actas del III Congreso Internacional de Asociaciones Jacobeas.* Oviedo, Spain. 209–47.
Post, Paul.
 1994. "The Modern Pilgrim: A Study of Contemporary Pilgrims' Accounts." *Ethnologia Europaea* 24: 85–100.
Prescott, H. F. M.
 1958. *Once to Sinai: The Further Pilgrimage of Friar Felix Fabri.* New York: Macmillan.
Preston, James J.
 1992. "Spiritual Magnetism: An Organizing Principle for the Study of Pilgrimage." In *Sacred Journeys,* ed. E. Morinis, 31–46. Westport, Conn.: Greenwood Press.
Quaife, Patricia, ed.
 1994. *Pilgrim Guides to Spain. 1: The "Camino Francés"* 1994. London: Confraternity of St. James.
 1996. "Discoveries." *Confraternity of St. James Bulletin* 58: 18–22.
Raju, Alison.
 1996. "Winter Pilgrim." *Confraternity of St. James Bulletin* 58: 29–33.
Ramón y Ballesteros, Francisco de.
 1970. *Oscurantismo finisterrano.* 2d ed. Santiago de Compostela: Porto y Cía.
 1976. *Sinfonía en mar mayor: Finisterre.* Santiago de Compostela: Porto y Cía.
Ramos García, Armando.
 1980. *España. Geográfica, física, humana y económica.* Madrid: Everest.
Redfield, James.
 1993. *The Celestine Prophecy: An Adventure.* New York: Warner Books.
Rilke, Rainer Maria.
 1951. *Duineser Elegien; Die Sonette an Orpheus.* Zurich: Manese Verlag.

Roa Irisarrí, Antonio.

1995.   Letter to author, February 27.

Röckelein, Hedwig, and Gottfried Wendling.

1989.   "Following in the Footsteps of the Santiago Pilgrims in the Up-
          per Rhineland." *The Santiago de Compostela Routes: Architec-
          tural Heritage Reports and Studies*, no. 16, 33–36. Strasbourg:
          Council of Europe.

Rodríguez Fernández, José Carlos.

1995.   *Guía para una peregrinación a Compostela*. Logroño, Spain: Aso-
          ciación Riojana de Amigos del Camino de Santiago.

Rodríguez Tero, Agustín.

1997.   "Peregrinar a Santiago y sus valores. El Camino solo y en grupo."
          Compostela 11: 6–8.

Romero Pose, Eugenio.

1989.   *El Camino de Santiago Camino de Europa*. Madrid: Encuentro.

1993.   "Apuntes para la teología de la peregrinación." *Lumieira* 8(22):
          11–26.

Roseman, Sharon.

1996.   "Santiago de Compostela in the Year 2000: From Religious Cen-
          tre to European City of Culture." Paper presented at the annual
          meeting of the Canadian Anthropological Society, St. Catharines,
          Ontario, May 25–28.

Sallnow, Michael.

1981.   "Communitas Reconsidered: The Sociology of Andean Pilgrim-
          age." *Man* 16: 163–82.

Sánchez-Agustino, José Luís.

1993.   *La traslación del Apóstol. Historia, tradiciones y leyendas*.
          Brétema: Vigo.

Schaad, Evelyn.

1994.   "Una experiencia de hospitalera en Belorado." In *Hospitaleros
          en el Camino de Santiago Informes y Experiencias. Dossier
          1994*, 56–58. [Santo Domingo de la Calzada, Spain]: Oficina del
          Peregrino.

Schieffelin, Edward L.

1993.   "Performance and the Cultural Construction of Reality: A New
          Guinea Example." In *Creativity/Anthropology*, ed. S. Lavie,
          K. Narayan, and R. Rosaldo, 270–95. Ithaca: Cornell University
          Press.

Schutz, Alfred.

1945.   "The Homecomer." *American Journal of Sociology* 50: 369–76.

Selby, Betina.

1994.   *Pilgrim's Road: A Journey to Santiago de Compostela*. London:
          Little, Brown.

Shaw, Christopher, and Malcolm Chase.

1989.   "The Dimensions of Nostalgia." In *The Imagined Past*, ed.
          C. Shaw and M. Chase, 1–17. Manchester: Manchester Univer-
          sity Press.

Shore, Cris, and Annabel Black.

1992.   "The European Communities and the Construction of Europe."
         Anthropology Today 8(3): 10–11.

Smith, Valene.

1992.   "The Quest in Guest." *Annals of Tourism Research* 19(1): 1–17.

Sobieski, Jacobo.

1878.   "Viaje desde el mes de Marzo hasta Julio de 1611." Trans. F. Ro-
         zansky. In *Viajes de extranjeros por España y Portugal en los
         siglos XV, XVI y XVII,* ed. Javier Liske, 233–67. Madrid:
         Medina.

Soria y Puig, Arturo.

1993.   *El Camino de Santiago. Vías, estaciones y señales.* 2d ed. Madrid:
         Ministero de Obras Públicas y Transportes.

Stafford, William.

1989.   "'This Once Happy Country': Nostalgia for Pre-modern Society."
         In *The Imagined Past,* ed. C. Shaw and M. Chase, 33–46. Man-
         chester: Manchester University Press.

Stanton, Edward F.

1994.   *Road of Stars to Santiago.* Lexington: University of Kentucky
         Press.

Starkie, Walter.

1957.   *The Road to Santiago: Pilgrims of St. James.* Berkeley: Univer-
         sity of California Press.

Stolcke, Verena.

1995.   "Talking Culture: New Boundaries, New Rhetorics of Exclusion
         in Europe." *Current Anthropology* 36(1): 1–24.

Storrs, Constance.

1994.   *Jacobean Pilgrims from England to St. James of Compostella.* San-
         tiago de Compostela: Xunta de Galicia.

Stromberg, Peter.

1981.   "Consensus and Variation in the Interpretation of Religious
         Symbolism: A Swedish Example." *American Ethnologist* 8:
         544–59.

Suárez Bautista, Joaquin.

1987.   Al peregrino del Camino de Santiago/To the Pilgrim on the Way
         to Santiago," trans. M. Burke Guerrero. *Confraternity of St.
         James Bulletin* 23: 7–9.

Sullivan, Lawrence E.

1990.   "Body Works: Knowledge of the Body in the Study of Religion."
         History of Religions 30(1): 86–99.

Sumption, Jonathan.

1975.   *Pilgrimage: An Image of Medieval Religion.* London: Faber and
         Faber.

"Sur les chemins de Compostelle à l'âge de la 'gazolina.'"

1962.   *Eclair,* November 8.

Swinnen, E.

1983.   Letter in author's possession, 6 June.

Tandeau, Leonard de.
    1997.   "Vivir para los peregrinos." Trans. I. Melchor. *Peregrino* 52: 12.
Taylor, Frank.
    1996.   "Pasos hasta la Compostela." *Estafeta Jacobea* 34: 11–12.
Teas, Jane.
    1988.   "'I'm Studying Monkeys; What Do You Do?' Youth Travelers in Nepal." *Kroeber Anthropological Society Papers* 67–68: 35–41.
Testimonios.
    1994.   *Actividades Jacobeas y Caminos del Espíritu. Asociación de Amigos de los Caminos de Santiago de Guipúzcoa* 18: 13–16.
Theilman, John.
    1987.   "Medieval Pilgrims and the Origins of Tourism." *Journal of Popular Culture* 20(4): 93–102.
Thoreau, Henry David.
    1952.   *Walden; or Life in the Woods. On the Duty of Civil Disobedience.* New York: Rinehart.
Tilley, Christopher.
    1994.   *A Phenomenology of Landscape: Places, Paths and Monuments.* Oxford: Berg.
Torres, Fray Juan Antonio.
    1996.   *Tu solus peregrino. Viaje interior por el Camino de Santiago.* Silos, Spain: Monasterio de Silos.
Tuan, Yi-Fu.
    1977.   *Space and Place: The Perspective of Experience.* Minneapolis: University of Minnesota Press.
Turner, Victor.
    1967.   "Betwixt and Between: The Liminal Period in Rites of Passage." In *The Forest of Symbols*, 93–111. Ithaca: Cornell University Press.
    1969.   *The Ritual Process: Structure and Anti-Structure.* Ithaca: Cornell University Press.
    1992.   "Death and the Dead in the Pilgrimage Process." In *Blazing the Trail*, ed. E. Turner, 29–47. Tucson: University of Arizona Press.
Turner, Victor, and Edith Turner.
    1978.   *Image and Pilgrimage in Christian Culture: Anthropological Perspectives.* New York: Columbia University Press.
Uli Ballaz, Alejandro.
    1990.   *¿Te vienes a Santiago?* Zaragoza: Octavio y Felez.
Uría Maqua, Juan.
    1993.   "Patronazgo de Santiago." *Cuadernos del Camino de Santiago* 2: 34–38.
Valiña, Elías.
    1986.   "Editorial." *Boletín del Camino de Santiago* 9: 132.
    1992.   *El Camino de Santiago. Guía del Peregrino a Compostela.* Vigo: Galaxia.
Van Gennep, Arnold.
    [1909] 1960. *The Rites of Passage.* Trans. M. B. Vizedom and G. L. Caffee. Chicago: University of Chicago Press.

Vázquez de Parga, Luis, José María LaCarra, and Juan Uría Ríu.

[1948] 1993.   *Las peregrinaciones a Santiago de Compostela.* 3 vols. Pamplona: Iberdrola.

Victor.

1994.   "Lágrimas de peregrino." *Peregrino* 37–38: 10–11.

Villares Barrio, Manuel.

1971.   *Ritual del Peregrino. Peregrinación nacional de la Organización Juvenil Española a Santiago de Compostela.* [Madrid]: Delegación Nacional de la Juventud.

Vogel, Cyril.

1963.   Le pèlerinage pénitential. In *Pellegrinággi e culto dei santi in Europa fino alla,* 37–94. Todi: Centro di Studi Sulla Spiritualita Medievale.

Vuijsje, Herman.

1990.   *Pelgrim zonder God.* Amsterdam: Utigeverij Contact.

Warcollier, Jean.

1965.   "Les confréries des pelerins de Saint Jacques." In *Pelerins et Chemins de Saint-Jacques en France et en Europe du Xe siècle a nos jours,* ed. R. de La Coste-Messeliere, 85–89. Paris: Tournon.

Ward, Benedicta.

1982.   *Miracles and the Medieval Mind.* Philadelphia: University of Pennsylvania Press.

Wey, William.

1992.   "An English Pilgrim to Compostela." Trans. J. Hogarth. *Medieval World* 5: 15–19.

Whitehill, Karen.

1990.   *A Walk across Holy Ground.* Wheaton, Ill.: Tyndale House.

Winchester, Simon.

1994.   "The Long, Sweet Road to Santiago de Compostela." *Smithsonian* 24(11): 64–75.

Zimdars-Swartz, Sandra.

1991.   *Encountering Mary: From La Salette to Medjugorje.* Princeton: Princeton University Press.

찾아보기

인류학자가 들려주는
산티아고
순례 이야기

펴낸날 2018년 11월 5일 초판 1쇄
지은이 낸시 루이즈 프레이(Nancy Louise Frey)
옮긴이 강대훈
만들어 펴낸이 정우진 강진영 김지영
꾸민이 Moon&Park(dacida@hanmail.net)
펴낸곳 (04091) 서울 마포구 토정로 222 한국출판콘텐츠센터 420호 도서출판 황소걸음
편집부 (02) 3272-8863
영업부 (02) 3272-8865
팩 스 (02) 717-7725
이메일 bullsbook@hanmail.net / bullsbook@naver.com
등 록 제22-243호(2000년 9월 18일)
ISBN 979-11-86821-29-9 03380

황소걸음
Slow & Steady

정성을 다해 만든 책입니다. 읽고 주위에 권해주시길…
잘못된 책은 바꿔드립니다. 값은 뒤표지에 있습니다.

이 도서의 국립중앙도서관 출판시도서목록(CIP)은 서지정보유통지원시스템 홈페이지(http://seoji.nl.go.kr)와
국가자료공동목록시스템(http://www.nl.go.kr/kolisnet)에서 이용하실 수 있습니다.
(CIP제어번호 : CIP2018033460)